精品课程新形态教材
21世纪应用型人才培养系列教材
新时代创新型人才培养精品教材



NEIBU
KONGZHI

# 内部控制

主编 陈冰玉 张艳平 祝 群

山东大学出版社
SHANDONG UNIVERSITY PRESS
·济南·

**图书在版编目（CIP）数据**

内部控制/陈冰玉，张艳平，祝群主编. —济南：山东大学出版社，2019.3（2024.6 重印）
ISBN 978-7-5607-6323-1

Ⅰ. ①内… Ⅱ. ①陈…②张…③祝… Ⅲ. ①企业内部管理-研究 Ⅳ. ①F272.3

中国版本图书馆 CIP 数据核字（2019）第 079340 号

责任编辑：尹凤桐
封面设计：尤　岛
美术编辑：张　荔

---

出版发行：山东大学出版社
社　址　山东省济南市山大南路 20 号
邮　编　250100
电　话　市场部（0531）88364466
经　　销：新华书店
印　　刷：北京俊林印刷有限公司
规　　格：787 毫米×1092 毫米　1/16
17 印张　　387 千字
版　　次：2019 年 3 月第 1 版
印　　次：2024 年 6 月第 3 次印刷
定　　价：42.00 元

---

# 前　言

高校应全面贯彻和落实党的二十大精神，坚持立德树人，以培养经管类专业高级应用型人才为目标，服务于地方经济社会高质量发展。我国企业对内部控制的内涵认识不清的现象是普遍的，认为内部控制就是内部控制制度，是企业防止发生错误和舞弊，或者是用以应付有关部门及主管单位检查而制定的各项规章制度。在内部控制实际运行过程中，企业往往认为有关的职责分工、审批授权制度就是内部控制制度，完成有关部门或主管单位所要求的内部控制制度制定工作就是实施了企业内部控制，对内部控制只注重制度建设而不重视制度执行，缺乏对内部控制实际执行效果的考核与评价。而按照 COSO 对于内部控制的定义：企业内部控制是受企业董事会、管理当局和其他员工的影响，目的在为实现经营效果和效率、财务报告的可靠性、遵循适当的法规等目标而提供合理保证的一种过程，应由内部环境、风险评估、控制活动、信息与沟通、监控五个方面内容构成。COSO 框架强调内部控制是为了保证企业目标的实现的控制过程，要围绕五要素来构建内部控制框架，是一项比较复杂的系统工程。

内部按制是由企业董事会、监事会、经理层和全体员工实施的、旨在实现控制目标的过程。企业内部控制是现代企业管理的重要手段。内部控制有效与否，直接关系到一个企业的兴衰成败。企业实行有效的内部控制制度，有助于促进企业发展生产，提高经济效益。实现合理的内部控制目标，能够保证企业经营管理合法合规、资产安全、财务报告及相关信息真实完整、提高经营效率、促进企业实现发展战略，国内外企业实践证明，内部控制是企业各项管理工作的基础，是企业提高企业管理水平和防范风险能力的一种有效机制。

为了促进企业建立、实施和评价内部控制，规范注册会计师内部控制审计行为，帮助上市公司和大中型企业能够更快、更好地理解企业内部控制理论并加以应用，我们根据《基本规范》《配套指引》及相关案例编写了《内部控制》一书。本书具有知识系统完善、内容丰富、应用性强的特点，既适合工商管理各专业学生使用，也可作为企业各级管理者学习及对员工培训的教材。本书章节脉络清晰，内部控制理论知识体系和实际应用都有系统的体现。为进一步体现本书实践性和应用性较强的特点，在每章都有导入性案例的基础上，有些章后又增加了一些案例，既可使较为枯燥、较难理解的内部控制的教学和学习尽可能地有趣和生动，又能实现理论性与实践性的统一。

在本书的写作过程中，我们参阅了国内外大量的文献和资料，在此，对所有企业内部控制研究领域的专家和学者致以最诚挚的谢意。本书虽力求完善，然而由于能力有限，难免存在的错误和不足之处，敬请读者批评指正。此外，编者还为广大一线教师提供了服务于本教材的教学资源库，有需要者可致电 13811187534 或发邮件至 1176142336@ qq. com。

编　者

# 目 录

# 第一章 总 论

## 导入案例

### 内部控制演进——以广东OC医院为例

广东OC医院及固定资产内部控制概况：建院于1978年的广东OC医院是一所三级甲等医院，现在已发展成为集医疗、教学、科研、预防、保健、康复功能于一体的面向海内外开放的综合性现代化医院。广东OC医院当前的发展思路和经营策略是：抓住时机，更新思维，选准方向，跨越式发展，尽快缩短与同级医院的差距；采用超常规投入的办法扩大再生产及提高可持续发展能力，财务预算与规模投资相配合，合理调节运作资金，并有计划、分步骤地组织实施。经过几年的战略发展，医院已取得了长足的进步。目前医院技术力量雄厚，总资产5.5亿元，其中固定资为3亿元，开放床位900张，拥有高场强磁共振、多排螺旋CT、大型数字减影血管造影机、单光子发射计算机断层成像仪、化学发光检测仪、全自动生化检测仪、直线加速器及伽玛刀肿瘤治疗仪等先进大型医疗设备。固定资产一直占医院总资产一半以上的比例。广东OC建院之初，固定资产所占比例较高，曾一度达到75%。当各科室的医疗设备逐步添置齐全后，医院竞争力的主要来源就是医疗水平和服务质量的提升。这样，固定资产比例逐渐下降，到20世纪90年代初时已下降到60%左右，21世纪初时进一步降低到50%以下。但随着广东OC医院新战略实施，筹建新综合大楼、添置床位和各类最先进的医疗设备，固定资产所占比例又上升到了55%，且近几年继续维持这个高位。从内部控制视角看，广东OC医院固定资产管理的规范过程滞后于流动资产管理，其内部控制可分为防控阶段、制度规范阶段和效益阶段。

第一阶段：防控阶段（1981~1999）。广东OC医院早期几乎没有正式的固定资产内部控制，完全靠员工的主人翁精神和以院为家的归属感。但随着经济与社会环境的变化，固定资产管理日益变成一个影响医院正常经营的因素。1995~1996年间相继发生员工私占照相机、科室领导不当占用电脑、科室拆分带来固定资产管理混乱及固定资产报废管理缺失等事件，使得医院不得不提出“反私占挪用，防账物不符”的号召，并出台《广东OC医院固定资产管理条例》，明确了固定资产归口管理部门的相关职责和可移动办公器材及设备的使用区间、使用规则和设备管理与护养等。

第二阶段：制度规范阶段（2000~2006）。经过前一阶段固定资产管理改进，账物不符、私占挪用问题基本得到了解决。但很快又出现了新的问题。从2000年中开始，随着广东OC医院的迅速发展及与周边医院的业务竞争日趋激烈，各科室纷纷申请购置新的医疗器材，淘汰旧设备。这一过程中，由于固定资产管理没有及时跟进到位，出现了很多新的问题。如新设备添置问题，有些科室未经审批，就私下试用甚至使用某供货商提供的新设备，到审批下达时，有些设备实际已经使用了一段时间。这种现象带来的问题，除了使一部分人不当得益外，还有可能因为固定资产管理不规范带来一些潜在的纠纷，如试用中的设备损害，试用后不购买该设备等。旧设备淘汰问题方面，典型的例子是，如果相关科室不说明该设备性能状况，设备科在不了解的情况下，很可能将其作废品处理了。实际上，旧设备淘汰中如果管理不善，潜存的风险更大，对医院造成的经济损失和社会声誉影响更大。

通过调研和分析现存问题及此前的固定资产管理经验，医院管理层认为，随着医疗水平的提升和同行竞争加剧，医疗器械设备管理将比其他一般性固定资产管理越发重要。要彻底解决上述问题，应该进行“防范、规范和示范”，也就是采购和报废时的问题防范，使用中的使用和护养规范，成功或失败的防范与规范措施对相关固定资产管理的示范作用。这需要采用一个制度性的解决方案，为此，经过多次研讨和试点，广东 OC 医院在随后几年相继出台了一系列制度性固定资产管理的解决方案，包括《固定资产（医疗设备）管理实施细则》(2004)、《固定资产管理制度》(2005)、《广东 OC 医院财务会计内部控制规定》(2006)。

第三阶段：效益阶段（2006 年至今）。进入 2006 年后，珠三角地区医院行业竞争进一步加剧，竞争手段不断升级：兼并区级医院、与企业医院建立战略合作、新建或装修医疗大楼、购置高端新型医疗仪器与设备、提高医疗管理水平等。广东 OC 医院为了有效提高医院整体竞争力和医疗服务水平，按“跨越式发展，尽快缩短与同级医院的差距；采用超常规投入的办法扩大再生产及提高可持续发展能力”的发展思路和经营策略，让各科室不断配备高端新型医疗器械和设备。此时，全国医疗系统也开始正式实施国资委提出的国有资产保值增值措施。在双重压力之下，2006 年 12 月，广东 OC 医院提出了“确保固定资产保值增值，以更好地实施新的战略目标”。但快速发展带来了管理水平难以跟上的问题。因此，在新医疗器械与设备的引进中，出现了几起严重的固定资产管理问题，如 2007 年 2 月，医院肾移植科花费 50 多万元采购一台高性能的德国费森尤斯血透机，但使用时才发现，这套设备与其他一般设备不同，不能使用普通蒸馏水或纯净水，必须用特殊净化水。这台新设备使用几次后，终因成本过高而被迫放弃闲置。但 2008 年 8 月就蒸汽房更新设备的一次“节能减排”专题研讨上，“先管理节能，再技术节能”的观点让医院受益匪浅。结果，医院不仅避免了不必要的固定资产投资，而且还最大程度地实现了国有资产保值增值。这几起例子让管理层意识到风险因素对医院经营成败的影响，遂于 2010 年年底固定资产管理年会上，正式提出了固定资产管理“保值增值”的目标，强调效益意识是保值增值的前提，要在社会效益与经济效益并举的基础上实现国有资产保值增值，并为新目标下的固定资产管理提供了制度体系保障。

（刘海燕、朱仁宏：《内部控制演进机理研究——以广东 OC 医院固定资产管理为例》，《财会通讯》2012 年第 13 期）

## 第一节 内部控制的历史演进

“控制”一词最早于公元 1600 年前后才出现于英语词典中。该词来源于希腊文，原意为“掌舵术”，即为掌舵的方法和技术之意，此后又多次变义用来表示国家管理的艺术。1948 年美国数学家诺伯特·维纳（Norbert Wiener）出版了《控制论——关于在动物和机器中控制和通讯的科学》一书，标志着控制论的诞生，控制论开始成为一门新兴科学。在控制论中，“控制”是主体为改善某对象的功能或运行，获取信息，并以这种信息为基础而施加于该对象的作用。控制的基础是信息，控制系统实际是信息反馈系统。

自维纳创立控制论以后，控制论的思想和方法技术很快渗透到了各个自然科学和社会科学领域，形成了诸如工程控制论、生物控制论、神经控制论、经济控制论以及社会控制论等边缘学科。内部控制属于控制论中经济控制论的一个分支，它是用控制论和经济控制论的原理和方法，来分析和研究组织的经营控制过程。

内部控制理论与实践的发展大体上经历了内部牵制、内部控制系统、内部控制结构、内部控制整体框架、风险管理框架等五个不同的阶段，并已初步呈现与企业风险管理整合框架交融发展的趋势。

## 一、萌芽期——“内部牵制”阶段（20 世纪 40 年代以前）

单要素内部控制。内部牵制阶段是内部控制的最初形态。

所谓内部牵制是指一个人不能完全支配账户，另一个人也不能独立地加以控制的制度。也就是一名员工与另一名员工必须是相互控制、相互稽核的。在这一阶段，内部牵制主要以账目间的相互核对为主要内容并实施岗位分离，即通过授权审批、职责分工、双重记录、核对记录等手段，坚持钱、物、账分管，来防止弊端的发生，以保证会计记录的正确和财产的安全。它是现代内部控制理论中有关组织控制、职务分离控制的雏形，是在当时生产规模较小和管理理论比较原始的条件下，通过总结以往经验并结合实践的基础上逐渐形成的。

最初的内部牵制实践，可以追溯到公元前 3600 年前的美索不达米亚文化时期，出现了用各种标记和符号对钱、财、物的使用情况进行核对和记录的简单内部控制实践，这是内部控制的萌芽期。古埃及人设置银库记录官和银库监督官对银库实施双重监督，通过让两个官吏同时对税收加以记录来进行简单的控制。如果没有签发的支出令单，任何东西都不能出库。古罗马时代，出现了“双人记账制”和财务支出检查与复核制度，掌握现金的财务官没有擅自批准支出的权限，只有出具书面证明才能从国库提取货币。财政记录官负责记录所有的经济业务，财务官负责对全部的政府财政事项进行监督和审查。此举存在利用内部牵制来审查有无记账差错或舞弊行为，进而达到控制财产收支目的的思想。

在我国西周时期，内部牵制制度已经基本形成。周王朝统治者为了防止掌管财物的官吏贪污盗窃或弄虚作假，对其实施了严密的分工牵制和交互考核等方法，并达到“一毫财赋之出入，数人耳目之通焉”的程度。

13 世纪，“借贷”复式记账法的出现，极大地促进了内部控制的发展。以账目间互相核对为主要内容并实施一定程度的岗位分离，在当时被认为是确保钱财和物品正确无误的理想方法。在漫长的几千年里，内部控制一直以最原始的“内部牵制”的形式出现。在这一历史阶段，企业这种组织形式从无到有，数量较少，规模较小，主要是个人业主制企业或合伙制企业，企业内部管理的重点在于保护业主资产的安全。内部牵制以业务授权、权责分工、双重记录、定期核对等为基本内容，以加强内部分工控制为手段，来保护组织或个人的财产安全。这满足了在管理上依靠个人的经验和判断、处于小生产经营管理方式的组织内部管理的需要。在现代企业内部控制中，仍然闪耀着古代内部牵制的思想和方法的光芒。比如，现代会计记录依然沿用的是意大利复式记账方法；西周时期要求财赋管理应做到“一豪财赋之出人，数人耳目之通焉”，演绎至现代即是“四眼原则”。内部牵制主要包括四项功能：实物牵制，由两个或两个以上的人员共同掌握必要的实物工具，共同操作才能完成一定程序的牵制；物理牵制，利用既定的标准或业务处理程序对各个部门、岗位或人员进行控制；分权牵制，通过组织规划与结构设计把各项业务活动按其作业环节划分后交由不同部门或人员；簿记牵制，在账簿组织方面，利用复式记账和账簿之间的钩稽关系，做到相互制约。

18 世纪工业革命以后，企业规模逐渐扩大，公司制企业开始出现。当时美国铁路公司为了对遍及各方的客货运输业务进行控制和考核，采用了内部稽核制度，因收效显著而为各个企业纷纷效仿。20 世纪初期，资本主义经济迅猛发展，股份有限公司的规模迅速扩大，生产资料的所有权与经营权逐渐分离。为了提高自己的市场竞争力，赚取更多的剩余价值并防范和揭露舞弊，美国的一些企业逐渐摸索出一些组织、调节、制约和检查企业生产经营活动的办法。基于以下主观设想：两个或两个以上的人或部门无意识犯同样错误的机会或可能性很小；两个或两个以上的人或部门有意识地合伙舞弊的可能性也大大低于一个人或部门舞弊的可能性，人们建立了内部牵制制度，规定有关经济业务或事项的处理不能由一个人或一个部门总揽全过程。1912 年，蒙哥马利在其出版的《审计——理论与实践》一书中指出，所谓内部牵制是指一个人不能完全支配账户，另一个人也不能独立地加以控制的制度。某位职员的业务与另一位职员的业务必须是相互弥补、相互牵制的关系，即必须进行组织上的责任分工和业务的交叉检查或交叉控制，以便相互牵制，防止发生错误或舞弊，这就是内部控制的雏形。

纵观这一历史时期的内部牵制，可以发现它基本上是以查错防弊为目的，以职务分离和账目核对为手段，以钱、账、物等为主要控制对象，其主要特点是以任何个人或部门不能单独控制任何一项或一部分业务权力的方式进行组织上的责任分工，每项业务通过正常发挥其他个人或部门的作用和功能进行交互检查或控制。内部牵制思想是从一个环节或一个部门出发进行控制管理的，它缺乏全局观念，不强调业务流程和系统控制，即只强调点，不注重点与点之间的关系。在现代内部控制理论中，内部牵制仍占有相当重要的地位，并成为现代内部控制中有关组织控制、职务分离控制的雏形。

### 二、发展期——“内部控制系统”阶段（20 世纪 40 年代到 70 年代末）

两要素内部控制，包括内部会计控制和内部管理控制。

20 世纪 40 年代以前，人们习惯使用内部牵制这一概念。内部控制作为一个单位管理活动中的自我调整和制约的手段，是在内部牵制的基础上，由企业管理人员在经营管理实践中创造并经注册会计师理论总结而逐步完善起来的。

现代意义上的内部控制诞生于 20 世纪 40～70 年代的美国企业。随着经济的发展，市场竞争日益加剧，企业想要在竞争中赢得主动，就必须加强管理，采取更加完善、更为有效的控制方法。20 世纪 40~70 年代，在内部牵制思想的基础上，产生了内部控制制度的概念。内部控制制度的形成，可以说是传统的内部牵制思想与古典管理理论相结合的产物。当时，生产的社会化程度空前提高，股份公司也相应迅速发展起来，并逐渐成为西方各国主要的企业组织形式。一方面企业本身迫切需要在企业管理上采用更为完善、更为有效的控制方法，以改变传统的靠小生产方式及经验管理对企业的影响；另一方面为了适应当时社会经济关系的要求，保护投资者和债权人的利益，西方各国纷纷以法律的形式要求强化对企业财务会计资料以及各种经济活动的内部管理。在这种形式下，与手工工厂相适应的局限于会计事项完整性的内部牵制显然已难以满足企业内部管理的现实需求。与此同时，一大批管理者结合自己的实践经验，深入研究探索如何加强企业管理。素有“科学管理之父”之称的泰勒以及法约尔等人创立的科学管理与组织管理理论，使企业管理逐渐摆脱了传统的经验管理对企业的影响，开始注重并实施工作标准化、组织分工等科学的方法对内部的经营管理活动进行控制。第二次世界大战以后，伴随着自然科学技术的迅猛发展及其在企业中的普遍应用，企业生产过程的连续化、自动化程度以及生产的社会化程度空前提高。管理者一方面要实行分权管理，以调动员工的积极性，提高经济效益；另一方面又需要采取比单纯的内部牵制更为完善的控制措施，以达到有效经营的目的。因此，以账户核对和职务分工为主要内容的内部牵制，从 20 世纪 40 年代开始逐步演变为由组织结构、岗位职责、人员条件、业务处理程序、检查标准和内部审计等要素构成的较为严密的内部控制系统。

为了给内部控制下一个准确而完整的定义，美国注册会计师协会（AICPA）所属的审计程序委员会经过两年的研究，于 1949 年发表了一篇题为《内部控制：系统协调的要素及其对管理部门和公共独立会计师的重要性》的特别报告，首次正式提出了内部控制的定义：“内部控制是所制定的旨在保护资产、保证会计资料可靠性和完整性、提高经营效率、推动管理部门所制定的各项政策得以贯彻执行的组织计划和相互配套的各种方法及措施。”可见，内部控制已经突破了与财会部门直接有关的控制的局限，并且强调这个定义有可能比这个术语所包括的意义要广一些，它承认内部控制制度超过了与财会部门直接相关的事项。

这一时期，内部控制开始有了内部会计控制和内部管理控制的划分。1958 年该委员会发布的第 29 号审计程序公报《独立审计人员评价内部控制的范围》将内部控制分为内部会计控制（Internal Accounting Control）和内部管理控制（Internal Administrative Control）两类，其中前者涉及与财产安全和会计记录的准确性、可靠性有直接联系的方法和程序，后者主要是与贯彻管理方针和提高经营效益有关的方法和程序。这种内部控制的“制度二分法”使得审计人员有可能在研究和评价企业内部控制制度的基础上来确定实质性测试的范围和方式。但由于管理控制的概念显得比较空泛和模糊，且在实际业务中，管理控制与会计控制的界限也难以明确划清。因此，1972 年 12 月，美国 AICPA 所属审计准则委员会在其公布的《审计准则公告第 1 号》中，重新阐述了内部管理控制和内部会计控制的定义：管理控制包括（但不限于）组织规划及与管理部门业务授权决策过程有关的程序和记录；会计控制包括组织规划和涉及保护资产与财务记录可靠性的程序和方法。管理控制中的授权是直接与达到组织目标的责任相联系的管理职能，是对经济业务建立会计控制的出发点。总的来说，内部控制的范围更大了，方法更趋于科学与完善。

## 三、成熟期——“内部控制结构”阶段（20世纪70年代到90年代末）

三要素内部控制，包括控制环境、会计制度和控制程序。

第二次世界大战以后，资本主义经济的进一步发展促使内部控制从对单项经济活动进行独立控制为主向对全部经济活动进行系统控制为主演变，进而形成了包括内部审计在内的涵盖范围更广、运行机制更为有效的严密的控制系统。

在这一时期，企业开始需要以经营业务为导向，针对主要经营业务进行风险控制评价。所以，管理环境被纳入内部控制的视线，并引起内部控制各要素的重新划分与结构整合。注册会计师也在不断改进审计方法的探索中逐渐认识到内部控制及其对审计工作的重要性。于是，他们从开展审计业务的实际需要出发，将内部控制从企业管理活动中抽象出来，进行专门的研究与评价，逐渐把在管理实践中产生与发展的内部控制通过理性化思考上升为理论，并不断深化。

“内部控制结构”阶段的标志是1988年。美国注册会计师协会（AICPA）发布的《审计准则公告第55号》（SAS NO. 55），以《财务报表审计对内部控制结构的考虑》为题，首次采用“内部控制结构”一词，并将其界定为：为合理保证企业特定目标的实现而建立的各种政策和程序。具体包括以下方面的内容：一是控制环境，指对建立、加强或削弱特定政策和程序效率发生影响的各种因素，首次将企业的组织结构、管理者的影响以及影响企业业务的各种外部关系纳入内部控制结构。二是会计系统，指为认定、分析、归类、记录、编报各类经济业务，明确资产与负债的经管责任而规定的各种方法。三是控制程序，指单位为保证目标的实现而建立的政策和程序，如经济业务和经济活动的适当授权、明确各个人员的职责分工以及关于财产、凭证、账簿的保护措施等内容。

在“内部控制结构”中，不再划分内部会计控制与内部管理控制，而统一以要素表述内部控制，且正式将控制环境纳入内部控制范畴，它是充分有效的内部控制体系得以建立和运行的基础及保证。

## 四、完善期——“内部控制整体框架”阶段（20世纪90年代以后）

五要素内部控制，包括控制环境、风险评估、控制活动、信息沟通和监控。

20世纪80年代，美国的一系列财务报告舞弊和企业“突发”破产事件，引起人们对内部控制的重新思考。此时，很多人认识到可以把加强上市公司内部控制作为从根源上解决虚假财务信息的手段之一。1985年，由美国注册会计师协会（AICPA）、美国会计学会（AAA）、内部审计人员协会（IIA）及管理会计师协会（IMA）、财务经理人员协会（FEI）共同赞助成立了全国反对舞弊性财务报告委员会（National Commission on Fraudulent Financial Reporting）。由于该委员会委员长是德韦（J. C. Treadway），故又称“德韦委员会”。该委员会所探讨的问题之一就是舞弊性财务报告产生的原因，其中包括内部控制不健全问题。两年之后，德韦委员会提出报告，并提出了很多有价值的建议。基于德韦委员会的建议，其赞助机构又组成了一个专门研究内部控制问题的委员会，即COSO委员会（Committee of Sponsoring Organizations of the Treadway Commission）。

1992年，COSO委员会提出报告《内部控制——整体框架》，并于1994年进行了增补。COSO委员会指出，内部控制是由企业董事会、经理阶层和其他员工实施的，为营运的效率效果、财务报告的可靠性、相关法令的遵循性等目标的达成而提供合理保证的过程。提出了内部控制构成的概念，指出其构成要素应该来源于管理阶层经营企业的方式，并与管理的过程相结合。内部控制整体框架包含五个相互联系的要素：（1）控制环境，其内容有单位员工的诚实和职业道德、人员胜任能力、管理哲学和经营作风、董事会及审计委员会、组织机构、权责划分、人力资源政策及执行；（2）风险评估，包括经营环境的变化、新技术的应用及企业改组等；（3）控制活动，包括职务分离、实物控制、信息处理控制、业绩评价等；（4）信息与沟通，包括确认记录有效的经济业务、采用恰当的价值计量、在财务报告中恰当提示；（5）监督，包括日常的管理监督活动，还包括内部审计及与单位外部团体进行信息交流的监督。

### 五、整合期——风险管理框架阶段（2001年后）

八要素内部控制，包括控制环境、目标确定、事件识别、风险评价、风险反应、控制活动、信息沟通和监控。

2001年，COSO委托普华永道开发一个对于管理当局评价和改进他们所在组织的企业风险管理的简便易行的框架，在美国有史以来最大的能源交易商——安然公司的破产和施乐、世通等大公司财务舞弊问题的暴露后，人们充分认识到了对风险管理的必要性。因此在2004年底，COSO委员会发布了《企业风险管理——总体框架》。企业风险管理整合框架认为："企业风险管理是一个过程，它由一个主体的董事会、管理当局和其他人员实施，应用于战略制定并贯穿于企业之中，旨在识别可能会影响主体的潜在事项，管理风险以使其在该主体的风险容量之内，并为主体目标的实现提供合理保证。"该框架拓展了内部控制，更有力、更广泛地关注于企业风险管理这一更加宽泛的领域。尽管风险框架不打算、也的确没有取代内部控制框架，但风险管理框架文本中指出风险管理框架将内部控制框架涵盖在其中。

风险管理框架包括了八大要素：内部环境、目标设定、事项识别、风险评估、风险应对、控制活动、信息与沟通、监控。企业风险管理并不是一个严格的顺次过程，一个构成要素并不是仅仅影响接下来的那个构成要素。它是一个多方向的、反复的过程，在这个过程中几乎每一个构成要素都能够、也的确会影响其他构成要素。

## 第二节 内部控制的定义

内部控制是企业管理的一个重要环节，加强内部控制有利于企业优化管理，从而促进经济效益与工作效率的提高，避免资源的重复浪费，使企业在有限的资源中创造出更大的价值。随着社会主义市场经济的发展，企业内部控制建设问题越来越得到重视和关注。从20世纪90年代起，我国政府就陆续颁布和修订了一系列法律法规，要求企业建立相应的内部管理和内部控制制度，这些法律法规的出台推动了内部控制在我国的发展。我国对于内部控制定义也经历了从无到有、从局限到完整的过程。

## 一、国外关于企业内部控制的定义

1949年，美国会计师协会下属的内部控制委员会发表了《内部控协调系统诸要素及其对管理部门和注册会计师的重要性》，首次提出内部控制的权威定义："内部控制是企业所制定的旨在保护资产，保证会计资料可靠性和准确性，提高经营效率，推动管理部门所制定的各项政策得以贯彻执行的组织计划和相互配套的各种方法及措施。"

1972年，美国会计师协会发布了更为严格的定义："会计控制是组织计划和所有与下面有关的方法和程序：（1）保护资产，即在业务处理和资产处理过程中，保护资产免遭过失错误、故意致错或舞弊造成的损失；（2）保证对外报告的财务资料的可靠性。"

1988年，美国会计师协会发布《审计准则公告第55号》："内部控制制度有两类：内部会计控制制度和内部管理控制制度，内部管理控制制度包括且不限于组织结构的计划以及关于管理部门对事项核准的决策步骤上的程序与记录。会计控制制度包括组织机构的设计以及与财产保护和财务会计记录可靠性有直接关系的各种措施。"

美国上市公司会计监督委员会（PCAOB）的定义是："注册会计师对企业财务报告进行审计必须关注财务报告内部控制，同时管理层应该对企业内部控制作出评估。"

目前，国外较常见的有关内部控制的定义可以查看1992年的美国COSO委员会在其《内部控制整体框架》中的定义是："内部控制是由董事、管理层及其他人员在公司内进行的，旨在为经营的有效性、财务报告的可靠性、适用法律法规的遵循性提供合理保证的过程。"而根据2003年的新COSO说，内部控制是一个过程，受到组织的董事会、管理阶层及其他人员的影响，被设计用来提供合理的确认关于达成下列各类的目标：有效果和有效率的营运；可靠的报道；遵循相关法令。

COSO的定义强调内部控制是由不间断的任务和活动所组成的一个过程，此为达到目的一个手段，最终目的都是为了企业的更好运营；内部控制不仅受到政策、系统和形式的影响，而且还受到任何在组织中会影响内部控制的人的影响；仅能对董事会及管理阶层提供合理确认而非绝对确认。

## 二、我国关于企业内部控制的定义

由于我国对企业内部控制的研究起步较晚，所发布的相关文件中对于内部控制的定义，基本是在西方发达国家的理论基础上发展和演化而来的。我国现行的主要内部控制观点可查看财政部、证监会、审计署、银监会、保监会联合下发的《企业内部控制基本规范》对其定义为："内部控制是由企业董事会、监事会、经理层和全体员工实施的，旨在实现控制目标的过程。"而根据《中国注册会计师审计准则第1211号——了解被审计单位及其环境并评估重大错报风险》，内部控制是指被审计单位为了合理保证财务报告的可靠性、经营的效率和效果以及对法律法规的遵守，由治理层、管理层和其他人员设计和执行的政策和程序。

此定义体现了全面、全员、全过程的全面控制的理念。这个定义不再局限于会计控制的范围，范围扩大到整个企业内部的控制，体现了全面控制的思想。现代意义上的内部控制已经超出了会计控制的范畴，涉及企业的方方面面，也就是现今的全面内控。

此定义明确了内部控制的主体。通常来说内部控制的主体是企业，内部控制要求全员参与，从高层管理者到普通员工以主人翁的姿态积极参与内部控制的实施，主动承担相应责任，也就是我们说的全员控制。尽管内部控制的概念最早是由审计部门提出的，但企业内部控制的真正主体是企业管理部门而不是审计部门。因为内部控制制度实质上是一种内部管理制度，是由管理部门主导实施的。审计人员设计内部控制制度仅仅是为了避免职业风险而拟定的一个想象的标准。

当然，由于内部控制涉及企业方方面面的内容，因此，内部控制制度的设立与实施还需要会计、内部审计等相关部门与人员的广泛参与。同时，这也体现了全面控制的观点。

由以上两个定义的理解可以将内部控制定义为：企业为了实现既定的管理目标，合法利用各种有效的经济手段来对财务信息资料、资产、经营方针等从内部进行全面调整、规划、控制，以保证其能够在最大程度上符合企业发展的需求，从而提高经营管理活动的有效性与经济性，增加企业的竞争能力和促进企业的持续稳定发展。

## 第三节　内部控制的理论基础

### 一、控制论

#### （一）控制论与企业内部控制

从 1948 年诺伯特·维纳发表了著名的《控制论——关于在动物和机器中控制和通讯的科学》一书以来，控制论的思想和方法已经渗透到了几乎所有的自然科学和社会科学领域，并且随着社会的发展和进步，控制论在企业内部控制制度的制定和实施过程中发挥着越来越重要的作用。而内部控制制度是现阶段企业管理中不可或缺的组成部分，能够在一定程度上影响企业的生存和发展。所以本文就控制论和企业内部控制制度的内涵进行了阐述，分析了控制论和企业内部控制制度的关系，进一步基于控制论对企业的内控制度进行了设计和规划，以期能够使企业的内控制度实现价值的最大化，进而实现企业利润的最大化，促进企业更好更快地发展和进步。

控制论是关于动态系统控制调节的机理和一般规律的科学。其基本观点是：一切控制系统所共有的基本特性是信息的交换和反馈过程，利用这些特征可以达到对系统的认识、分析和控制的目的。从控制论角度，企业内控制度可以描述为：股东作为最终控制主体，董事会、经理层、各职能部门和企业全体员工作为不同层级的控制主体与受控对象，通过股东、董事会、经理层、职能部门和全体员工之间的信息耦合，使系统朝着企业整体目标运行的各种规范的综合。其主要目标就是使企业达到合规与提高效益性，从而实现所有者资本保值增值的目标。

#### （二）控制和企业内部控制方法

控制是指按既定目标通过选择来缩小系统变化的可能范围。其基本前提是：具有控制目标，控制对象的发展存在几种可能性，控制主体有能力作出选择。其过程为：控制主体掌握控制对象和外部环境的有关信息，经加工处理后向执行装置发出控制信息，经执行装置转换为控制力作用于受控对象产生符合锁定目标的变化。基于企业内部是一个复杂的大系统的认识，企业内部控制应实行多级递阶控制。具体方法可以为按一个角度分解的“多目标递阶最优化”和按几个角度交叉分解协调的“递阶交叉协调”以及更复杂的“递阶全息模型”。

考虑到控制信息的不同，企业内部控制应包含：(1) 闭环控制，亦称“反馈控制”，即用受控系统的输出量的反馈信息来产生控制力。(2) 开环控制，其控制过程不用被控结果的信息，只由外来控制信息起控制作用。由于提供计划与建立未来系统超前的信息往往很难准确预料，因此常常与闭环控制组合运用形成混合控制，如在预算控制的基础上建立经济责任制。

### (三) 企业内控制度的设计

根据控制论的观点，企业内控制度设计的过程实际上是建立一个功能模型。在功能模型的建立中，我们经常运用到黑箱技术。运用黑箱技术进行企业内控制度设计，一般应包括如下几个步骤：(1) 控制目标的定位；(2) 内部控制框架的确定；(3) 控制程序的设计；(4) 内控制度的评价。

控制目标的定位是内部控制的根本所在。美国 COSO 报告将内部控制目标定位于：财务报告的可靠性、经营的效率效果以及法律法规的遵循性。而我国《内部会计控制基本规范（征求意见稿）》将控制目标定位在建立和完善符合现代管理要求的内部组织结构，形成科学决策机制、执行机制和监督机制，确保单位能够实现经营管理目标；建立行之有效的风险控制系统，强化风险管理，确保单位各项业务活动能够健康运行；堵塞漏洞，消除隐患，防止并及时发现和纠正各种欺诈、舞弊行为，保护单位财产的安全完整，提高会计信息质量，确保相关法律法规得到贯彻执行。由此可知，企业内部控制系统是一个多目标的控制系统。

内部控制框架成熟于美国 COSO 报告的五大要素：控制环境、风险评估、控制活动、信息与沟通以及监督。而从我国新颁布的《内部会计控制基本规范（征求意见稿）》来看，企业内部控制直接以内容而非以要素形式存在，但也有向美国 COSO 报告靠拢的趋势。

控制程序的设计包括内部控制的设置方式与业务程序的设计。企业内部控制设置方式通常与内部控制的基本结构结合在一起。《加强货币资金会计控制的若干规定（征求意见稿）》作为内部控制的具体规范规定了可按业务循环设置相应的流程图，设立相互制约的岗位，确立关键控制点，进行内部控制。这对于我们进行内控制度设计具有重要意义。

内部控制评价规范的制定是内控制度设计中的重要环节。具体包括两个方面：监督机构的设置和内部控制评价标准的制定。企业应该结合规范要求和自身情况以及同行业平均情况进行纵向和横向的比较，从而得出评价意见。

## 二、组织行为论

### （一）组织行为论与内部控制

在内部控制的发展阶段中，内部控制结构阶段和内部控制框架阶段体现出组织行为的内容。

完善内部控制理论体与组织行为学理论内部控制的渊源可以从审计和管理两个方面追溯，但内部控制并不局限于审计和管理。随着生产的发展和社会的变迁，内部控制理论也在进一步地拓展和完善，人们对内部控制的要求和定位也越来越高。从最初的查错防弊、保护资产到后来的遵循相关法律法规、财务报告可靠性、经营效率提高、战略目标实现等等，人们对内部控制赋予越来越多、越来越高的期望。至今，人们也更加关注企业的经营效率、效果、经营战略、竞争优势、价值的创造乃至企业的持续经营和发展。从控制手法上来看，由传统的内部牵制、核实、监督检查扩展到了文化、道德、激励、学习等手段，从消极的控制转向积极的引导。内部控制的目标也逐渐呈现多元化、体系化、层次化发展，由最初的仅包括企业利益的单一目标到融入了多个相关利益主体目标的目标体系，内部控制目标的实现关键靠人的行动来完成，组织行为学理论对关键点的把握起着至关重要的作用。

由于人们对内部控制定位越来越高，赋予的使命也越来越多，所以对内部控制的研究也不能局限于一个视角，需要从多个视角对其进行研究，从组织行为学角度分析内部控制中存在的问题，把组织行为学理论和内部控制理论结合起来，相互借鉴，系统地对内部控制理论进行分析研究。由于各个角度研究的侧重点不同，从组织行为学角度能发现并解决一些其他视角难以发现和解决的问题。

### （二）内控基本假设的组织行为学分析

2008 年，潘琰、郑仙萍在《会计研究》第 2 期发表的《论内部控制理论之构建：关于内部控制基本假设的探讨》一文中提到了四个基本假设：控制实体假设、可控性假设、复杂人性假设和“不串通”假设。在内部控制制度制定时，“复杂人”假设十分关键。只有在这一假设基础上，才能制定合理完善的制度。这样既可以考虑人性“恶”的一面，也会考虑“善”的一面。制度的制定就是要提倡“善”的一面，所以在内部控制制度制定时，要考虑不同个性人的职位，同时对员工进行价值观教育，使其向有益的一方面改进。我们应从组织行为尊重人性的角度展开针对企业、管理层和员工的分析。

从企业整体战略规划角度来看，我国很多企业缺乏完整的战略规划，也并非定要以发展到大公司为目标。企业的危机意识不足，并没有构建内部控制体系的内在需求，缺乏动力和主动性。从成本角度来看，对于很多中小型企业来说，建立一个完善的内部控制体制实属强人所难，成本与收益不一定相称。例如，很多中小企业由于人员编制不足并且业务简单，建立一个复杂的控制系统反而会增加职员的业务量，这与节约成本的追求不符。固然产生这种现状的因素很多，但不可否认，在是否需要建立内部控制体系这个层次来说，我们应对企业状况予以尊重和考量，不可一刀切。企业作为组织，其发展能力、发展动力等人性因素也应考虑在内。

企业的任何制度的制定和实施都离不开制度的制定者，企业内部控制同样也无法越过那些制定、管理与监督制度的人的行为及其价值观。但当前现实情况是企业高管舞弊已经成为审计的重中之重，财务舞弊、违法违规屡见不鲜。

而从管理层人员角度出发，他们的管理理念、对自身在企业的定位、对内部控制的理解、对企业现状的认识都影响着一些重要问题：他们自身是否赞成建立内控，企业现在是否需要内部控制，应当如何建立内部控制。因此，在内部控制建立初始，对处于组织领导地位的管理层，其利益和态度是否有考量，其观念是否进行改进和统一，其积极性是否充分调动等等，应给予尊重。我们应对管理层的能力、观念、自身利益等方面给予人性化的思考。

内部控制的成败自然离不开组织的员工，要有效实施内部控制，必须确保组织中每个人均清楚地知道其所承担的特定职务，有胜任能力、忠诚的员工是提供有效控制的基础。而这些需要在员工的招聘、评价、培训、晋升和奖励办法等各个阶段进行内部控制，并将其作为内控的组成部分。著名的“丰田召回”事件正是一个反面的例子，曾以“全面质量管理”这一控制中重要组成部分著称的丰田生产方式从20世纪80年代开始便是全球典范，但后面却爆发出多起质量问题。丰田过去的成功便是以员工发现问题可停止生产线为基础，一步步地改进质量控制得来的。丰田章男在记者会上强调：这次招回问题的背景，是与这些年丰田的增长速度过快而员工和组织结构的成长跟不上有关，这些年的快速发展使我们不能像以前那样停下来去思考和作出改进，真可谓“成也萧何败也萧何”。

而不串通假设只是为内部控制存在必要性奠定基础。在人们现实行为中，串通是可能存在的，比如当两人在面对金钱与道德的选择时，二者有着共同的利益，而且也有着相同的选择——金钱。这时他们很有可能串通起来，共同抵制法律和道德。也就是说，他们在获取共同的更高的个人效用时，会联合起来。从组织行为学上看，人的个性和价值观是多样的，要想在某一件事上，达到共同的认识是很难的。尤其在面对法律法规和道德的制约时，人们对彼此的不信任，对对方的不了解，共识很难达成。

#### （三）从组织行为角度完善内控的实施

由以上分析，我们认为对内部控制建设应从企业、管理层和员工三层次的需求出发开始，使企业、管理层和员工首先意识到自身对内部控制的需求，继而产生实施动力，并在内部控制实施中有自我价值实现的满意感。对此，提出建议：第一，提高企业风险意识，使企业全面认识其生存环境充满挑战与风险。要在激烈的竞争中取得优势，建立全面有效的内部控制不失为有效手段。第二，建立内部控制的基础，帮助管理层和员工走出误区、更新观念、强化管理需求。首先得到管理层的强烈需求和重视，再将这种观念传达给基层员工，从而建立内部控制建设的良好环境和欢迎态度。

### 三、代理理论

#### （一）代理理论的起源和内涵

委托—代理理论是过去30年中代理理论发展中最重要的部分。美国经济学家伯利和米恩斯在20世纪30年代，通过研究发现企业的所有者同时作为经营者的这种关系存在很大弊端，于是提出了“委托—代理理论”。该理论认为，企业的所有权和经营权应当分离。信息不对称在委托代理关系中是一种普遍的现象，莫里提出了信息不对称下的委托代理理论，为促使代理人依照委托人的意愿行事，设计有效的激励机制是必需的。斯蒂格利兹和韦尔斯分别提出了逆向选择的一般理论。“逆向选择”是指代理人比委托人具备更多的信息并利用这些私有信息进行决策。

### （二）代理理论和内部控制的关系

内部控制是委托代理理论的重要保证，委托代理理论是内部控制的重要理论之一。

经营权与所有权的分离是现代企业经营的重要特点。对企业的经营者来说，内部控制是其履行受托经营责任、实现企业经济效益最大化目标的重要保证。受托经营者有义务按照所有者控制企业的要求提供全面有效的会计信息，这是经营者履行受托经营责任所必须做的。当然，经营者向所有者提供会计信息仅仅是其履行受托责任的一种表现形式，其内涵必须保证能够做到真实的经营获利，只有经营者经营效益最大化的目标被切实实现了，才算真正履行了受托经营责任。因此，内部控制是经营者实现企业经营目标、履行受托经济责任的重要基础和保证。而且，内部控制能够协调所有者与经营者之间的利益冲突，使双方建立起相互信任的委托代理关系。根据委托代理理论，委托人和代理人之间存在信息不对称的问题，二者有不同的控制目标，尤其在信息需求和利用方面存在不对称性和外部性，这样会对委托人的利益构成威胁。为了使委托人的利益得到保护，就必须改善委托代理关系。而内部控制制度能够在企业经营管理中起到约束双方行为并对未来进行合理运筹的重要作用。所以，在改善委托代理关系的有效途径中，内部控制是至关重要的。

### （三）委托代理理论是内部控制实施的基础和前提

按委托代理理论涉及的领域来分析，它主要研究企业内部的一种契约关系。在这种契约下，代理人依据委托人的委托，在其授权范围和时间内，以代理人的身份进行相应的活动。从这一理论形成的现实背景可以发现，资本原始积累的完成，到企业从个体业主形式转向合伙制企业，最后变成公司制形式，是委托—代理这一理论产生的源头。生产社会化程度提高、资本高度聚集和经营职能的高度专业化为其产生创造了前提条件。企业生产规模不断扩大，投资主体多元化以及财产所有权与经营权相分离，是该理论最终形成的内在原因。从企业总体发展的趋势及实际运行的效果来看，公司制企业是一种最高的企业组织形式，即投资人或股东将企业资产的经营权交由经营管理者承担，财产所有权和经营权相分离，使委托代理关系的存在成为必然。可见，作为一个由各利益相关者组成的契约组织，企业是多种委托—代理关系的集合。为使企业能够持续稳定地发展下去，内部控制系统的建立健全是一个有效解决不利选择和道德风险问题的内在机理。企业内部控制建设的实践也证实了委托代理理论是其发展和完善的内在根源。

### （四）代理理论的发展是实现内控有效性的重要措施

1. 强化激励与监督机制

在企业内部控制制度中，公司董事会和管理层要加强落实激励机制和监督机制的政策法规，从上层管理者到基层员工实现奖惩分明的内部控制的激励对策。在上下级和同级之间设立严格的监督机制，完善内部控制中监督这一重要内容的薄弱环节。而代理人收入应与企业经营业绩直接挂钩，因此，在内部控制中良好的激励和监督机制能使代理人更加富有创新精神和进取动力，并成为约束自身行为的根本保证。

2. 增加公司资本结构中负债的比重

内部控制对公司财务资本结构管理中要求负责比重越大，代理人所形成的压力也就越大。负债比例越高，也就意味着破产成本越大，如果代理人不认真、勤奋地努力工作，那么他们将来就会面临很大的失业风险。因此，他们只能尽职尽责，最终使代理成本降低。但是，为了避免负面效应——负责本身所带来的代理成本，最关键的问题是确定什么时候财务杠杆是有利的，什么时候是不利的，只有充分利用有利的财务杠杆才能在不增加负债成本的前提下，降低公司的代理成本。

3. 建立对代理人的平等竞争机制和动态筛选机制

在公司经营权和所有权分离的情况下，由于委托人和代理人之间的信息不对称性，二者之间已形成种种冲突。因此，在公司的内部控制制度中建立平等竞争和动态筛选的控制机制，可使代理人的素质和行为朝着有利于委托人利益的方向发展。作为代理人的管理人员不仅要有来自同行业企业经营者的竞争力，而且还应有潜在的管理阶层市场的竞争压力。

4. 实行注册会计师对内控信息进行审计并强制其披露

现阶段，我国对内部控制信息自愿性进行披露的动机并不强，造成了内部控制信息供给严重不足，导致公司所有者缺乏这方面的信息，助长了代理人的道德风险和逆向选。因此，强制披露企业内控信息可以使委托人与代理人的矛盾得到一定程度上的缓解。此外，内部控制报告可以让小股东了解控股委托人行使内部控制权的基本情况，制约控股委托人的侵占行为，保护自己的利益。

5. 完善我国关于内控有效性政策法规的建设

目前，我国关于内控所实施的政策法规，其构建的内部控制体系实际上还停留在发展阶段，不能满足企业正常运营和风险管理的需要，自然也不能满足委托人和代理评估内控效果之需要。因此，应尽快完善我国内部控制的政策法规，以利于审计界在实践中的具体操作和实施有法可依、有章可循。

## 四、系统论

### （一）内部控制系统的理论基础——系统论理论

系统论的基本思想方法，就是把所研究和处理的对象，当作一个系统，分析其结构和功能，研究系统、要素、环境三者的相互关系和变动的规律性，并优化系统观点。世界上任何事物都可以看成是一个系统，系统是普遍存在的。现代系统论的观点认为，系统是普遍存在的，只要由两个以上的要素（元素、部分或环节）所组成，要素和要素、要素和整体、整体与环境之间就存在着相互作用和相互联系，就构成了一个具体的系统。在自然界和人类社会中，一切事物都是以系统的形式存在的，任何事物都可以看作是一个系统。集合性是系统最基本的特征，一个系统至少由两个或两个以上的子系统（要素）构成。要形成一个系统，它所包含的元素不是简单地集合在一起就能形成系统的，各要素之间还存在着相互依存、相互制约的关系。

系统论的任务，不仅在于认识系统的特点和规律，而且还在于利用这些特点和规律去控制管理、改造或创造这一系统，使它的存在与发展合乎人的目的需要。也就是说，研究系统的目的在于调整系统结构，使系统达到优化目标。

由此可得出结论，内部控制也是一个系统，而且是一个开放系统和动态系统。我们可以称其为内部控制系统。它是为了达到一定目的，由许多相互关联的要素组成，并依靠各个要素之间的相互联系、相互作用有机结合在一起的复杂的耦合运行的一个人造经济系统。

### （二）系统论视角下的企业内部控制

1. 系统论的普遍联系观体现于内部控制系统

随着信息技术的发展和广泛应用，有关经营决策的信息可以实现对经营决策过程及其影响的实、充分、同步的反映，大大降低企业信息的不对称，使得信息的实时传输成为信息化环境中企业的一项基本特征。此时，传统环境下企业所面临的风险可能依然存在，但可能性有所减弱。信息化环境中企业将面临许多新的特殊风险。企业应当运用信息技术加强内部控制，建立与经营管理相适应的信息系统，促进内部控制流程与信息系统有机结合，实现业务和事项的自动控制，减少或消除人为操纵因素。

2. 运用系统论中要素层次观，注重内部控制的风险管理

企业应当根据设定的控制目标，全面系统持续地收集相关信息，结合实际情况，及时进行风险评估。企业应当结合不同发展阶段和业务拓展情况，持续收集与风险相关的信息，进行风险识别和风险分析，及时调整风险应对策略。企业以 COSO《内部控制整体框架》为基础，汲取 COSO《企业风险管理框架》主要内容，为企业建立以风险管理为核心的内部控制体系确立基础架构。企业将研究确定与发展战略相协调的风险管理理念，指导企业开展管理工作，树立风险管理理念，培育风险管理文化。

建立健全风险管理制度，首先明确企业风险管理总体策略，确定风险偏好，建立风险管理有效性标准。其次明确风险管理的组织体系和职责，建立风险管理的责任机制。建立风险评估方法体系，明确风险评估的程序，规范企业风险评估工作。最后是建立风险管理的监督、考核、评价机制。

### （三）系统论的普遍联系观和动态观对内部控制的影响

1. 运用系统动态化原理，培养风险控制意识

企业在生产经营的许多方面都会受到来源于企业外部和内部诸多因素的影响，因此具有很大的不确定性，这些不确定性也就意味着有风险，从而会影响企业目标的实现。为了适应信息化环境中企业内控风险防范内涵的改变，必须发现新环境中面临的风险与传统环境中面临的风险差异。要完成内部控制防范风险的任务，认清自己面临的风险是前提。随着信息技术的发展和广泛应用，培训是企业内部控制工作不断加强的前提和基础，直接关系到全员“风险控制意识”是否能够真正融入日常经营管理过程。企业要针对风险控制开

展不同层次的培训工作，建立常态化的培训机制。要使员工认识到现在企业存在的风险，让每个员工都对风险有一种责任感。这既体现内部控制环境中强调的“风险态度”和“控制氛围”，也是实际操作中需要掌握各项“控制要求”的重要手段。作为企业的高级管理人员，是企业经营管理的主要决策者，承担着更大的风险控制责任，理应接受更高层次的培训。建议有关部门制定办法规定企业高管接受企业风险培训的具体要求，并提供良好的智力支持。

2. 运用系统方法，正确处理外审与内部控制评价关系

从系统论的观点看，任一事物都是系统。在现代企业管理制度这一系统内，企业治理和外部审计同属于管理制度而又各自成系统；系统又都有其边界，从而使系统显示出相对独立性和层次性，同时系统又都是在环境的作用下演化的。但是由于环境的作用和系统的自运行，系统中要素的性质或功能会发生涨落，于是使得一些要素具有了竞争的力量。有了离散张力，系统要不断地作出整合，从而使系统维持准稳态存在或发展演化。处在一起的若干事物未形成系统时是处于混沌无序状态的，即集合体状态。只有经过一系列的发展演变，系统内的各要素才能达到统一的状态，这个过程是漫长的。因此企业治理和外部审计的发展演变也在不断达到现代企业制度的要求，这个过程促使现代企业制度不断创新和完善。

## 第四节　内部控制的框架体系

### 一、我国企业内部控制的基本规范

2008 年 6 月 28 日，财政部会同证监会、审计署、银监会、保监会制定并印发了《企业内部控制基本规范》（以下简称《基本规范》，《基本规范》）在形式上借鉴了 COSO 内部控制整合报告五个要素框架，同时在内容上体现了 COSO 风险管理八要素框架的实质。

2010 年 4 月 26 日，财政部会同证监会、审计署、银监会、保监会联合发布了《关于印发企业内部控制配套指引的通知》。配套指引是依据内部控制基本规范发布的，具体内容包括《企业内部控制应用指引》《企业内部控制评价指引》《企业内部控制审计指引》，配套指引为企业实施内部控制、对内部控制进行自我评估及注册会计师对内部控制进行审计提供技术标准和依据。《企业内部控制基本规范》和配套指引的颁布标志着我国内部控制规范体系的形成，是我国内部控制制度发展的里程碑。

《企业内部控制基本规范》，是内部控制体系的最高层次，起统驭作用。它描述了建立与实施内部控制体系必须建立的框架结构，规定了内部控制的定义、目标、原则、要素等基本要求，是制定应用指引、评价指引、审计指引和企业内部控制制度的基本依据。《基本规范》共七章五十条，分为总则、内部环境、风险评估、控制活动、信息与沟通、内部监督和附则。《基本规范》主要明确了内部控制的目标、原则和要素。内部控制目标规定了五个方面，即合理保证企业经营管理合法合规、资产安全、财务报告及相关信息真实完整，提高经营效率和效果，促进企业实现发展战略。《基本规范》第四条规定了企业建立

与实施内部控制的五项原则：一是全面性原则；二是重要性原则；三是制衡性原则；四是适应性原则；五是成本效益原则。《基本规范》第五条规定了内部控制的五要素，即内部环境、风险评估、控制活动、信息与沟通和内部监督。

我国企业内部控制规框架体系如图 1-1 所示。

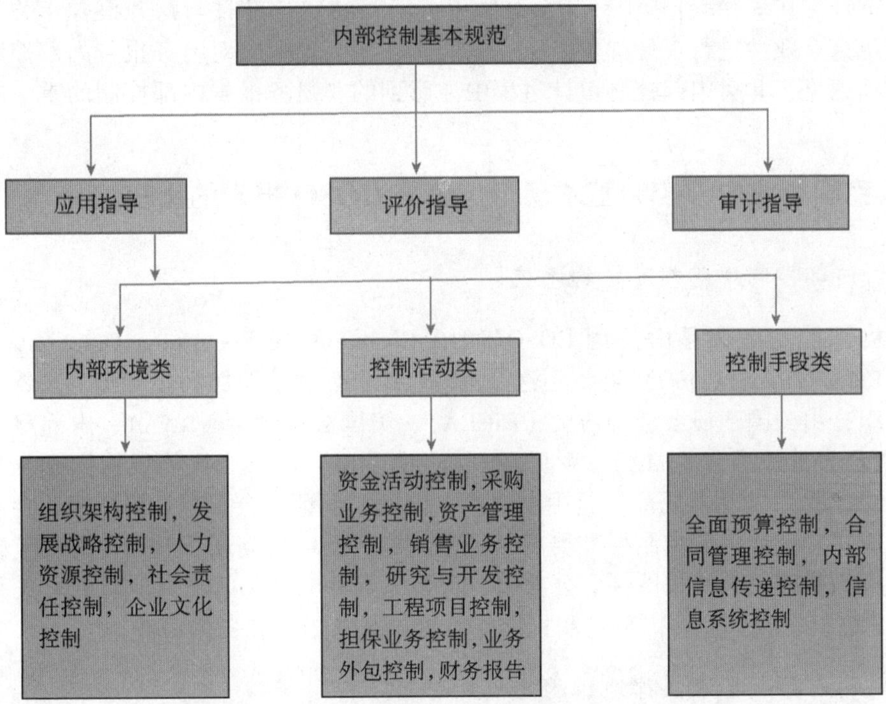


**图 1-1　我国企业内部控制规范框架体系**

《企业内部控制应用指引》由三大类组成，即内部环境类指引、控制业务类指引、控制手段类指引。这三类指引基本涵盖了企业资金流、实物流、人力流和信息流等各项业务和事项。内部环境是企业实施内部控制的基础，支配着企业全体员工的内控意识，影响着全体员工实施控制活动和履行控制责任的态度、认识和行为，因此内部环境类指引具有基础性地位，它们是构成企业的基本条件，对企业的经营与发展起到不可或缺的决定性作用。内部环境类应用指引包括组织架构、发展战略、人力资源、社会责任和企业文化等指引。控制业务类应用指引是对各项具体业务活动实施的控制，此类指引包括资金活动、采购业务、资产管理、销售业务、研究与开发、工程项目、担保业务、业务外包、财务报告等指引。控制手段类应用指引偏重于“工具”性质，往往涉及企业整体业务或管理。此类指引有四项，包括全面预算、合同管理、内部信息传递和信息系统等指引。

内部控制评价是指企业董事会或类似权力机构对内部控制有效性进行全面评价、形成评价结论、出具评价报告的过程。在企业内部控制实务中，内部控制评价是极为重要的一环，它与日常监督共同构成了对内部控制制度本身的控制。企业内部控制评价指引主要内容包括：实施内部控制评价应遵循的原则、内部控制评价的内容、内部控制评价的程序、内部控制评价缺陷的认定以及内部控制评价报告。

内部控制审计是指会计师事务所接受委托，对特定基准日内部控制设计与运行的有效性进行审计。它是企业内部控制规范体系实施中引入的强制性要求，既有利于促进企业健全内部控制体系，又能增强企业财务报告的可靠性。审计指引主要内容包括：审计责任划分、审计范围、整合审计、计划审计工作、实施审计工作、评价控制缺陷、出具审计报告以及记录审计工作。《审计指引》为会计师事务所对特定基准日与财务报告相关的内部控制设计与执行有效性进行审计提供指引。它明确注册会计师应对财务报告内部控制的有效性发表审计意见，并对内部控制审计过程中注意到的非财务报告内部控制的重大缺陷予以披露。

## 二、我国企业内部控制基本规范与美国 COSO 报告的比较

### （一）内部控制规范制定机构比较

美国内部控制框架是由美国 COSO（The Committee of Sponsoring Organizations of the Treadway Commission，COSO）委员会这一民间组织制定的，属民间主导型。该委员会是一个民间组织，由美国注册会计师协会（AICPA）、美国会计学会（AAA）、内部审计师协会（IIA）、管理会计师协会（IMA）、财务经理协会（MEI）等五个民间机构发起，并独立于这五个组织。我国《基本规范》是由财政部，国资委、证监会、审计署，银监会、保监会联合发起成立的企业内部控制标准委员会研究制定。制定机制属于政府主导型。政府主导型的制定机制具有很强的权威性和公信力，能够协调各方利益，较少地受到有关利益方的影响，为建立健全我国企业内部控制标准体系提供政策指导和咨询服务。

### （二）内部控制标准法律地位的比较

美国 COSO 委员会制定的《内部控制整合框架》属于民间机构的研究成果，不具有法律效力。但该框架于 1992 年出台并在 1994 年修订后，得到了包括美国证交会（SEC）等相关政府机构的认可。尤其是在安然、世通等公司财务欺诈案件发生，美国国会出台了《萨班斯—奥克斯利法案》后，《内部控制整合框架》得到了美国法律的认可，具有较高的法律地位。我国的《基本规范》及相关指引由财政部牵头制定，以财政部文件形式发布，是规范性文件，具有法律力。但是《基本规范》及相关指引制作为规范性文件，法律级次还较低，要引导企业按照《基本规范》及相关指引的要求建立和完善内部控制，还需要其他法律的配合。因而，为了在企业建立和健全内部控制，提高《基本规范》及相关指引的约束力，相关部门在以后修订的公司法、证券法、会计法等法律中，应明确要求企业建立健全内部控制，明确建立健全内部控制的责任在董事会或相应权力机构，明确建立健全内部控制的依据是国务院财政部门制定的内部控制规范。

### （三）内部控制规范基本内容的比较

1. 内部控制的定义比较

COSO 报告认为，内部控制是由董事会、管理层和员工共同设计并实施的，旨在为实现组织目标提供合理保证的过程。COSO 报告认为内部控制是一过程，是实现目标的手段，是与管理过程融合在一起的，是一个不断发现和解决问题的循环往复的动态过程。内部控

制的有效性也只是这个“动态过程”中某个时点上的一种状态。我国《企业内部控制基本规范》所称内部控制，是由企业董事会、监事会、经理层和全体员工实施的旨在实现控制目标的过程。

2. 内部控制的目标比较

COSO 报告指出，内部控制是为实现以下三类目标提供合理保证：经营的效率和效果、财务报告的可靠性、适用法律法规的遵循性。为应对未来外部环境变化给企业带来的风险，新 COSO 报告又增加了战略目标。我国《企业内部控制基本规范》指出，内部控制旨在实现以下五类目标：企业战略；经营的效率和效果；财务报告及管理信息的真实、完整；资产安全；遵循国家法律法规和有关监管要求。可见，《基本规范》既借鉴了 COSO 报告的目标，同时又考虑到我国国有大型企业比重大、国有资产流失严重的国情，增加了资产安全目标，这是我国内部控制规范对 COSO 报告的补充。

3. 内部控制的构成要素比较

《内部控制整合框架》提出内部控制由控制环境、风险评估、控制活动、信息与沟通、监督五个要素构成。该框架强调了风险评估在内部控制中的作用，强调了信息与沟通是强化内部控制的重要途径，强调了对内部控制的监督是内部控制发挥作用的重要环节。《内部控制整合框架》对各国内部控制理论和实务均产生了重大影响。五要素取决于管理层经营企业的方式，并融入管理过程本身，其相互关系可以如图 1–2 所示。

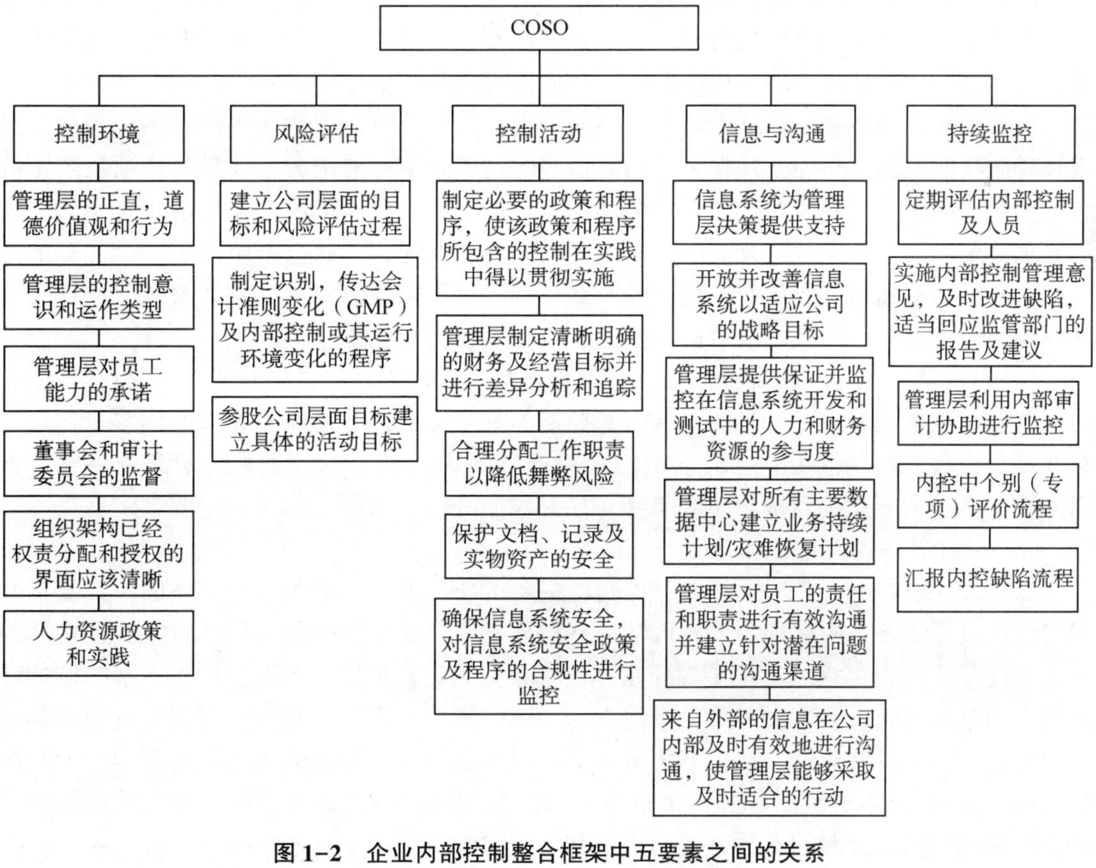


**图 1–2 企业内部控制整合框架中五要素之间的关系**

（1）内控环境。内控环境是企业的基调、氛围，直接影响企业员工的控制意识。内控环境要素是推动企业发展的发动机，也是其他一切要素的核心，包括员工的诚信、职业道德和工作胜任能力；管理层的经营理念和经营风格；董事会或审计委员会的监管和指导力度；企业的权责分配方法和人力资源政策。可以说人及其人进行的活动是任何企业的核心，是构成内控环境的重要因素，又与环境相互影响、相互作用。

（2）风险评估。风险评估是识别、分析相关风险以实现既定目标的基础。每个企业都面临着诸多来自内部和外部的风险，影响企业既定目标的实现。因此必须设立一个机制来识别、分析和管理影响目标实现的相关风险，并适时加以管理。

（3）内控活动。内控活动指那些有助于管理层决策顺利实施的政策和程序，是针对风险采取的控制措施。它们包括诸如批准、授权、查证、核对、复核经营业绩、资产保护和职责分工等活动。

（4）信息与沟通，是指企业经营管理所需信息必须被识别、获得并以一定形式及时传递，以便员工履行职责。信息不仅包括内部产生的信息，而且还包括与企业经营决策和对外报告相关的外部信息。畅通的沟通渠道和机制使企业员工能及时取得他们在执行、管理和控制企业经营过程中所需的信息，并交换这些信息。

（5）监督，是对内部控制系统有效性进行评估的过程，可以通过持续性监督、独立评估或两者的结合来实现对内控系统的监督。

内控体系五要素之间的关系我们可以理解为：企业的核心是人，人的诚信、道德价值观和胜任能力构成了企业的内控环境，这是企业发展的基础。每个企业都有自己的发展目标，为了目标的实现，必须分析影响因素，即进行风险评估。针对风险评估的结果需要采取相应的内控活动来控制和减少风险。同时与内控环境、风险评估和内控活动相关的信息应及时被获取、加工整理，并在企业内部传递，这就是信息与沟通。信息与沟通系统围绕在内控活动周围，反映企业各项管理活动的运转情况。为了保证内控体系的正常运转，还需要对整个内控过程进行监督。内部控制五要素之间的配合和联系，组成了一个完整的系统，可以灵活地随条件变化而变化，任一要素都可以影响其他要素。例如对风险的评估不仅仅影响内控活动，而且还可能影响信息和沟通、监督行为等。

《基本规范》中定义内部控制要素包括内部环境、风险评估、控制活动、信息与沟通、内部监督。该规范引用了COSO报告内部控制的五个要素，并在风险评估的内容上体现了企业风险管理框架。《基本规范》中的风险评估要素包括了《企业风险管理——整合框架》中的八个要素中的目标设定、事项识别、风险评估、风险应对等四个要素。

4. 内部控制的责任主体比较

在COSO报告下，管理层对内部控制负主要责任，不但要向董事会下属的审计委员会报告，而且还要评估内部控制的有效性，并对外发布内部控制报告。我国的《企业内部控制基本规范》对内部控制的主要责任主体的责任分别进行规定：董事会负责内部控制的建立健全和有效实施；监事会对董事会建立与实施内部控制进行监督；经理层负责组织领导企业内部控制的日常运行。在COSO报告中，内部控制的责任主体主要是管理层。而我国《企业内部控制基本规范》却强调了董事会对内部控制的重要责任，而且更加明确地规定各责任主体对内部控制的责任，使治理层和管理层的责任分工更加明确。

5. 内部控制的外部审计比较

在 COSO 报告下，审计师要在审计财务报表的同时对企业的财务报告内部控制进行审计，既要评价管理层对内部控制的评价，又要对内部控制的有效性发表意见。在我国，执行《企业内部控制基本规范》的上市企业，应当对本企业内部控制的有效性进行自我评价，披露年度自我评价报告，同时应当聘请具有证券、期货业务资格的会计师事务所对内部控制的有效性进行审计并出具审计报告。可见，我国《企业内部控制基本规范》和 COSO 报告都强制要求对内部控制进行外部审计。

# 第二章　内部控制目标和流程

## 导入案例

### 内部控制五目标的融合——以华为公司为例

华为技术有限公司是一家生产销售通信设备的民营通信科技公司，总部位于中国广东省深圳市龙岗区坂田华为基地。华为的产品主要涉及通信网络中的交换网络、传输网络、无线及有线固定接入网络和数据通信网络及无线终端产品，为世界各地通信运营商及专业网络拥有者提供硬件设备、软件、服务和解决方案。华为于 1987 年在中国深圳正式注册成立。2014 年 10 月 9 日，Interbrand（品牌咨询）在纽约发布的“最佳全球品牌”排行榜中，华为以排名第 94 名的成绩出现在榜单之中，这也是中国大陆首个进入 Interbrand top100 榜单的企业公司。2015 年，华为被评为新浪科技 2014 年度风云榜年度杰出企业。

华为公司基于组织架构和运作模式设计实施了内部控制（简称“内控”）体系，发布的内控管理制度及内控框架适用于公司所有流程（包括业务和财务）、子公司，以及业务单元。该内控体系基于 COSO 模型而设计，包括控制环境、风险评估、控制活动、信息与沟通、监督五大部分，同时涵盖了对财务报告的内控，以确保财务报告的真实、完整、准确。

控制环境：控制环境是内控体系的基础。华为致力于倡导及维护公司诚信文化，高度重视职业道德，严格遵守企业公民道德相关的法律法规。公司制定了员工商业行为准则（BCG），明确全体员工（包括高管）在公司商业行为中必须遵守的基本业务行为标准，并例行组织全员培训与签署，确保其阅读、了解并遵从 BCG。华为建立了完善的治理架构，包括董事会、董事会下属专业委员会、职能部门以及各级管理团队等，各机构均有清晰的授权与明确的问责机制。在组织架构方面，华为对各组织明确了其权力和职责的分离，以相互监控与制衡。公司 CFO 负责全公司内控管理，业务控制部门向公司 CFO 汇报内控缺陷和改进情况，协助 CFO 建设内控环境。内部审计部门对公司所有经营活动的控制状况进行独立的监督评价。

风险评估：华为设立了专门的内控与风险管理部门，定期开展针对全球所有业务流程的风险评估，对公司面临的重要风险进行识别、管理与监控，预测外部和内部环境变化对公司造成的潜在风险，并就公司整体的风险管理策略及应对方案提交公司决策。各流程责任人负责识别、评估与管理相关的业务风险并采取相应的内控措施。公司已建立内控与风险问题的改进机制，能够有效管理重大风险。

控制活动：华为建立了全球流程与业务变革管理体系，发布了全球统一的业务流程架构，并基于业务流程架构任命了全球流程责任人负责流程和内控的建设。全球流程责任人针对每个流程识别业务关键控制点和职责分离矩阵，并应用于所有区域、子公司和业务单元；例行组织实施针对关键控制点的月度遵从性测试并发布测试报告，从而持续监督内控的有效性；围绕经营痛点通过流程和内控优化，以提升运营效率和效益，帮助业务目标达成；每半年进行半年度控制评估，对流程整体设计和各业务单元流程执行的有效性进行全面评估，向审计委员会报告评估结果。

信息与沟通：公司设立多维度的信息与沟通渠道，及时获取来自客户、供应商等的外部信息，并建立公司内部信息的正式传递渠道，同时在内部网站上建立了所有员工可以自由沟通的心声社区。公司管理层通过日常会议与各级部门定期沟通，以有效传递管理导向，保证管理层的决策有效落实。同时，公司在内部网站上发布所有业务政策和流程，并定期由各级管理者/流程责任人组织业务流程和内控培训，确保所有员工能及时掌握信息。公司亦建立了各级流程责任人之间的定期沟通机制，回顾内控执行状况，跟进和落实内控问题改进计划。

监督：公司设立了内部投诉渠道、调查机制、防腐机制与问责制度，并在与供应商签订的诚信廉洁合作协议中明确相关规则。供应商能根据协议内提供的渠道，举报员工的不当行为，以协助公司对员工的诚信廉洁进行监察。内部审计部门对公司整体控制状况进行独立和客观的评价，并对违反商业行为准则的经济责任行为进行调查，审计和调查结果报告给公司高级管理层和审计委员会。此外，华为建立了对各级流程责任人、区域管理者的内控考核、问责及弹劾机制，并例行运作。审计委员会和公司 CFO 定期审视公司内控状况，听取内控问题改进计划与执行进展的汇报，并有权要求内控状况不满意的流程责任人和业务管理者汇报原因及改进计划，或向人力资源委员会提出问责建议或弹劾动议。

华为公司实现了内部控制五个目标的融合，利用内控约束企业运行合法合规，按流程操作，建立合理的预算审批手续和科学的资金管理制度，保证了资产的安全，各部门沟通顺畅，配合紧密，努力使公司的资源配置达到最优，报告信息真实完整，内部各部门有效运转也有利于企业的战略决策。当涉及投资、转型等较大决策时，准确的数据是十分重要的。可见，内部控制五个目标在实际操作中是应该融合的，每个目标都很重要，忽视某一目标会导致其他目标不能实现，与经典的“木桶原理”相似。

（资料来源：《内部控制五目标的融合——以华为公司为例》，https://weibo.com/p/1001603912789050679298？sudaref=www.baidu.com&display=0&retcode=6102）

# 第一节　内部控制的目标

目标是主体在既定期间内期望达到的境地。内部控制的目标就是企业希望通过内部控制的设计与运行欲达到某些方面的改进与完善，主要表现为业绩的提高、企实业战略的实现、经营能够富有成效、所提供的财务信息可靠等。确立控制目标并逐层分解目标是控制的开始，内部控制的所有方法、程序和措施无一不是围绕着目标而展开的；如果没有了目标，内部控制就会失去方向。

## 一、内部控制的基本目标

内部控制的总体目标或基本目标，也是企业所追求的最终目标。这一目标可以概括为实现企业的可持续发展和取得企业最大化的利益。

上述基本目标可以进一步分解成三个方面，即通过内部控制使单位一要生存，二要发展，三要盈利。其中，生存是最基本的要求，如果单位不能生存，其他所有的追求都无从谈起；发展不只是生存的简单延续，而且必须有量的扩张和质的提高，从一个小企业变成大企业，从一个生产和经营能力弱的企业变成一个生产和经营能力强的企业；盈利是企业最根本的目的，从投资者的立场讲，如果企业不能给他们利润，那么企业的生存和发展都是无意义的，也是没有必要的。

## 二、内部控制的具体目标

内部控制的具体目标是内部控制总体目标的细化。内部控制的具体目标可以分为以下五项，这也是单位实施内部会计控制所要完成的具体任务。

### （一）经营管理合法合规

经营管理合法合规的目标也称为“合规性目标”或“遵循性目标”，是指内部控制体系的设计要确保企业经营管理活动的合法合规性。遵纪守法不仅是每个公民的责任和义务，而且还是每个单位和组织应尽的责任和义务。一般来说，企业目标是尽可能地创造价值，使企业价值最大化，而这一目标的实现又依赖于企业的经济活动实践。现实经济活动实践中，企业的经济活动不仅关系到企业自身的经济利益，而且还一定与另一个（或多个）主体的经济利益有关。企业自身的利益要通过交易另一方的经济利益实现，不然正常的经济交易秩序就将萎缩甚至消失。为此，国家有关部门和企业都会制定相应的法规、制度与条例等对有关经济行为加以管理和规范，以便防止经济交易各方的不正当行为，进而维护正常的经济秩序。如果企业在追逐自身利益的同时，无视其他方利益，盲目追求利润甚至无视国家法律、法规，必将为其行为付出惨重代价。因此，确保经营管理合法合规是一个企业生存和发展的基本条件，也是企业内部控制的基础性目标。无视此目标，企业要想实现其他内部控制目标也将是缘木求鱼！经营管理合法合规目标指的是企业内部控制要合理保证企业在国家法律、法规允许的范围内开展自身的经营活动，严禁违法经营。企业为了更好地落实国家相关的法律、法规就必须组织和实施内部控制，将应该遵循的法律、法规的相关要求嵌入企业经营管理的各个方面，将违法违规的风险降低至最小限度，以最终合理保证企业经营管理活动的合法性和合规性。

### （二）资产安全

资产是企业所拥有或控制的各种可以用货币计量的经济资源，是企业开展正常生产经营活动的必要物质条件。企业要实现其价值最大化目标，就必须确保资产的保值增值，这就需要企业在其资产管理过程中关注资产自身的安全完整和资产的有效使用。企业内部控制通过制定涉及各类资产的取得、使用、保管、报废等各环节的严格的管理制度、管理流程，明确各类资产管理过程中的风险事件和风险点，制定资产运用奖惩指标和标准，来保证各项资产的安全完整，防止各项资产发生损失或被侵吞损害，提高资产的有效利用，减少不必要的损失和浪费，从而实现对资产安全性的有效控制。

（三）财务报告及相关信息真实完整

我国的银广夏，美国的安然、世通等公司的“轰然倒塌”无不与财务报告及相关信息的失真或舞弊有关。财务报告及相关信息是所有利益相关者决策的直接依据，也是企业经营管理活动的直接反映。财务报告及相关信息的提供者可能出于政治动机、经济动机、个人利益动机、违法违规的掩盖动机等对财务报告及相关信息进行舞弊财务信息不及时、不真实、不可靠，一直也是各国企业存在的具有普遍性的问题。因此，确保企业财务报告及相关信息的及时、真实、可靠，是企业内部控制的又一目标。

内部控制的财务报告及相关信息真实完整目标就是指内部控制要合理保证企业提供的财务信息和其他信息是真实可靠的。这就需要企业组织和实施内都控制，通过对生产经营活动中每一具体环节的业务手续和凭证流转等业务处理程序进行设计，保证业务记录的可靠性；通过对会计确认、计量、记录和报告等一系列会计处理程序及方法的规范，保证会计记录和财务报告这些财务会计信息的真实可靠，从而预防和控制信息披露环节的风险及由此而带来的损失。

（四）提高经营的效率和效果

《企业内部控制基本规范》要求单位结合自身所处的特定的经营、行业和经济环境通过健全有效的内部控制，不断提高营运活动的盈利能力和管理效率。

企业的核心工作就是进行生产经营活动，一切生产经营活动都是为了获得最大的经营收益，为企业、为社会创造价值。事实上，如果企业的经营活动效率和效果不佳，经营活动产生的现金流为负数，企业就无法生存，更谈不上发展。因此，企业内部控制的另一重要目标就是保证企业生产经营活动健康有效运行，促进提高经营的效率和效益，实现企业经营目标。企业内部控制通过健全法人治理结构，不断完善科学决策机制和组织结构，明确权责利分配标准，提高企业整体管理水平，使各项业务活动内容合理合法并符合企业整体业务目标要求和效益大于成本的原则。企业通过内部控制使各项业务风险控制在可预见的范围之内，各项业务活动效果具有可持续发展的效益性和前瞻性，各项业务活动运行程序明确、顺畅、快捷、高效，确保企业经营管理活动健康运行。

（五）促进企业实现发展战略

发展战略是指企业在对现实状况和未来趋势进行综合分析和科学预测的基础上，制定并实施的长远发展目标与战略规划。内部控制作为企业经营管理活动的一个重要分支，其终极目标自然是促进企业发展战略的实现。

《企业内部控制应用指引》认为，发展战略是企业在对现实状况和未来趋势进行综合分析和科学预测的基础上，制定的长远发展目标与战略规划。企业作为市场经济的主体，要想求得长期生存和持续发展，关键在于制定并有效实施适应外部环境变化和自身实际情况的发展战略。现实中，如果企业缺乏明确的发展战略或发展战略实施不到位，势必导致企业盲目发展，难以形成竞争优势，丧失发展机遇和动力；如果企业发展战略过于激进，脱离企业实际能力或偏离主业，也将导致过度扩张、经营失控，甚至失败；企业发展战略频繁变动，也将可能导致资源严重浪费，最后危及企业的生存和持续发展。内部控制通过改善内控环境，优化内控要素，强化内控手段，规范内控制度和流程，构建内控文化，实施内控活动的推进与评价，进而“查错防弊”，“提高效率和效果”，“控制风险”，以此来保证日常经营管理活动按照企业发展战略来实现。

### 三、内部控制目标之间的关系

内部控制的五个目标不是彼此孤立的，而是相互联系、共同构成了一个完整的内部控制目标体系。其中，战略目标是最高目标，是与企业使命相联系的终极目标；经营目标是战略目标的细化、分解与落实，是战略目标的短期化与具体化，是内部控制的核心目标；资产目标是实现经营目标的物质前提；报告目标是经营目标的成果体现与反映；合规目标是实现经营目标的有效保证。内部控制的五个目标的关系如图 2-1 所示。

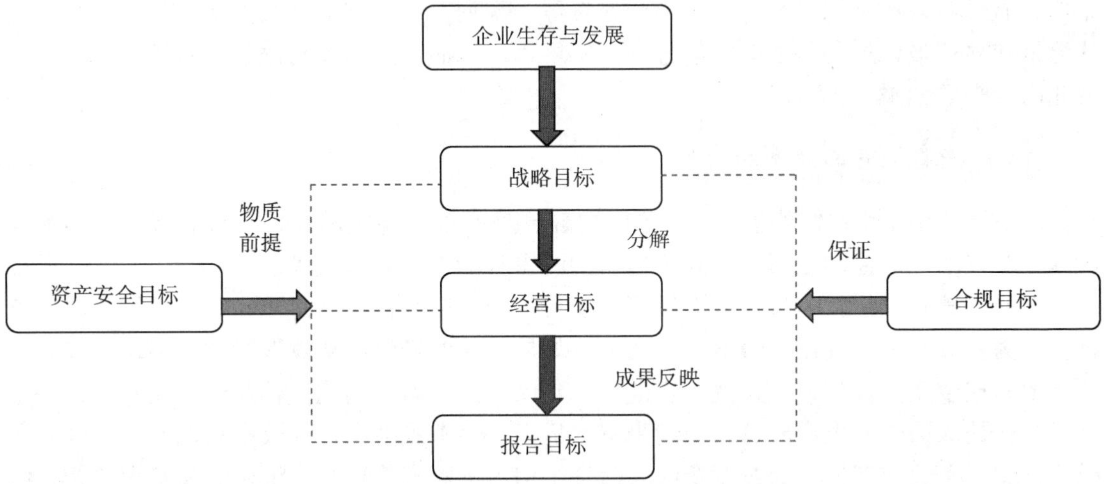


**图 2-1　内部控制目标关系**

## 第二节　内部控制五要素

### 一、内部控制要素的定义

要素是组成系统的基本单元，是系统产生、变化、发展的动因。内部控制要素是指内部控制制度的构成要素，它是组成内部控制系统必要内容的基本单元。

### 二、内部控制五要素的由来

20 世纪 90 年代以后，世界经济动荡不安，重大舞弊案例开始不断涌现并引起世人的关注，反舞弊的呼声日益高涨并引起共鸣，对于内部控制的研究也进入了一个新的阶段。1992 年，由美国会计学会（AAA）、美国注册会计师协会（AICPA）、国际内部审计协会

(IIA)、财务经理协会(FEI)和管理会计协会(IMA)共同赞助发起成立了美国全国舞弊性财务报告委员会(National Commission on Fraudulent Financial Reporting),即特雷德韦委员会。该委员会组建了一个专门研究内部控制的委员会——COSO 委员会(Committee of Sponsoring Organizations of the Treadway Commission)。1992 年 COSO 发布的《内部控制——整体框架》报告和 1996 年发布的《审计准则第 78 号》,将内部控制定义为:"由一个企业的董事长、管理层和其他人员实现的过程,旨在为下列目标提供合理保证:A. 财务报告的可靠性;B. 经营的效果和效率;C. 符合使用的法律和法规。"

## 三、内部控制规范的规定及五要素内容

我国财政部于 2001 年发布了《内部会计控制规范——基本规范(试行)》,明确了单位建立与完善内部会计控制体系的基本框架和要求。2003 年 4 月,中国内部审计协会发布的《内部审计具体准则第 5 号——内部控制审计》认为,内部控制是指组织内部为实现经营目标、保护资产完整、保证对国家法律法规的遵循、提高组织运营的效率及效果而采取的各种政策和程序,包括控制环境、风险评估、控制活动、信息与沟通、监督五个要素。

COSO 将内部控制划分为五要素,即控制环境、风险评估、控制活动、信息与沟通、监督。它是以控制环境为基础,以风险评估为依据,以控制活动为手段,以信息与沟通为载体,以监督为保证。我国内部控制五要素详解如下:

### (一)控制环境(Control Environment)

控制环境是企业建立和实施内部控制的基础,一般包括治理结构、机构设置、权责分配、内部审计、人力资源政策、企业文化等。控制环境影响着企业内部控制的方方面面,是内部控制其他四个构成要素的基础,在企业内部控制建立与实施中发挥着基础性作用。控制环境的因素具体包括:

(1)诚信原则和道德价值观。无论是企业最高管理层还是其他成员都应当做到:严格一致地保持诚信行为和道德标准;不要盲目追求不切实际的目标,以致形成不必要的压力;对敏感职位之间的财务分工要准确明细,避免造成偷窃资产或隐藏不佳绩效的引诱;加强企业的内部审核制度;发挥董事会的职能,使其客观监督企业的高层管理阶层;提供道德方面的指导,使所有雇员在一般和特定环境下能够保持正确的判断;制作文字化的行为准则和政策声明,将其传达给全体雇员;将诱发人们不诚实、非法和不道德行为的动机降至最低。

(2)评定员工的能力。管理部门须制定正式或非正式的职务说明书,逐项分析并规定各工作岗位所需具备的知识和技能。

(3)董事会和审计委员会。组成这两个机构须考虑的因素主要包括:成员的经验;相对于管理层的独立性;外部董事的比例;其成员参与管理的程度;所采取措施的适宜性;对管理层提出问题的深度和广度;他们与内部、外部审计人员的关系。

(4)管理哲学和经营风格。主要考虑:对待和承担经营风险的方式;依靠文件化的政策、业绩指标以及报告体系等与关键经理人员沟通;对财务报告的态度和所采取的措施;

对信息处理以及会计功能、人员所持的态度；对现有可选择的会计准则和会计数值估计所持有的谨慎或冒进态度。

（5）组织结构。企业的组织结构是指为公司活动提供计划、执行、控制和监督职能的整体框架。具体应考虑：组织结构的合适性及其提供管理企业所需信息的沟通能力；各主管人员所负责任的适当性；按照主管人员所担负的责任，判断其是否具备足够的知识及丰富的经验；当环境改变时，企业配合改变其组织结构的程度；员工，尤其是负责管理及监督职能的员工人数的充足程度。

（6）责任的分配与授权。强调对于组织内的全部活动要合理有效地分配职责和权限，为执行任务和承担职责的组织成员特别是关键岗位的人员提供和配备所需的资源，并确保他们的经验和知识与职责权限相匹配。要使所有员工知道：他们的工作行为以及职责担负形式和认可方式，与达成组织目标的联系。

（7）人力资源政策及实务。内部控制是由人来进行并受人的因素影响，保证组织所有成员具有一定水准的诚信、道德观和能力的人力资源方针与实践，是内部控制有效的关键因素之一。具体包括：有完善的招聘与选拔方针及操作性程序；对新员工进行企业文化和道德价值观的导向培训；对违反行为准则的任何事项，制订纪律约束与处罚措施；对业绩良好的员工，制订具有奖励和激励作用的报酬计划，并避免诱发不道德行为；根据阶段性的业绩评估结果，对员工予以晋升、指导以及奖罚。

### （二）风险评估（Risk Appraisal）

风险评估是企业及时识别、系统分析经营活动中与实现内部控制目标相关的风险，合理确定风险应对策略的过程。风险评估由目标设定、风险识别、风险分析和风险应对构成，是内部控制的重要环节。在企业生产经营过程中，只有进行科学的风险评估，自觉地将风险控制在可承受范围之内，才能实现企业的可持续发展。风险评估就是分析和辨认实现所定目标可能发生的风险。

（1）目标。企业的整体目标，通常是由企业的理念及其所追求的价值所决定的，而与之相配合的是企业下一级各部门的具体目标。整体目标主要是：营运目标，包括绩效和获利目标及保障资产的安全，使其免受损失；财务报告目标，防止对外报送不真实的财务报告；遵循目标，企业遵循国家的相关法律法规。

（2）风险。辨识和分析风险的过程是一种持续及反复的过程，也是内部控制的关键组成要素。管理阶层须谨慎注意各部门阶层的风险，并采取必要的管理措施。企业的风险一般是由外部因素和内部因素所产生的。外部因素包括：科技发展、顾客的需求或预期改变、竞争、新的法律和行政命令、自然灾害、经济环境改变等。内部因素包括：信息系统处理的中断，聘用员工的品质、培训方法及激励制度；经理人员的责任改变，企业活动的性质以及员工可接近资产的程度，董事会或监事会不够坚定或无效等。

（3）环境变化后的管理。经济、产业及管理的环境都是会改变的，企业的活动应随之改变。因此，风险评估中最基本的部分，就是如何辨认已发生的改变，并采取必要的行动。这些改变因素包括：行业环境的改变，新员工，业务迅速成长，新科技，新业务、产品、作业，公司重组，国外业务等。

### （三）控制活动（Control Activity）

控制活动是企业根据风险评估结果，通过手工控制与自动控制、预防性控制与发现性控制相结合的方法，采用相应的控制措施，将风险控制在可承受范围之内。控制措施一般包括不相容职务分离控制、授权审批控制、会计系统控制、财产保护控制、预算控制、运营分析控制、绩效考评控制等。控制活动在企业内的各个阶层和职能之间都会出现，这主要包括：

（1）高层经理人员对企业绩效进行分析。管理阶层记录经营活动（如市场的扩展、生产过程改良、成本的控制）的结果，然后再与预算、预测、前期及竞争者的绩效相比较，以衡量目标达成的程度和监督计划（如新产品开发、合资经营、融资行为）的制订情况。

（2）直接部门管理。负责某一部门的经理人员复核自己所负责部门的业绩报告，检查本部门各业务活动的情况，以便辨认趋势。

（3）对信息处理的控制。对信息系统的控制活动可分为两类：第一类是一般控制（General Control），它帮助管理阶层确保系统能持续、适当地运转。第二类是应用控制（Application Control），它包括应用软件中的电算化步骤及相关的人工程序。一般控制包括：对资料中心运作的控制；对系统软件的控制；存取安全的控制；对应用系统的发展及维护的控制。应用控制包括输入控制、输出控制。

### （四）信息和沟通（Information and Communication）

信息与沟通是指企业及时、准确地收集、传递与内部控制相关的信息，确保信息在企业内部、企业与外部之间进行有效沟通。信息与沟通贯穿于内部环境、风险评估、控制活动、内部监督四个基本要素，同时又是四个基本要素的重要工具，为企业内部控制的有效运行提供信息保证，从而有助于提高企业内部控制的效率和效果。围绕在控制活动周围的是信息与沟通系统。这些系统使企业内部的员工能取得他们在执行、管理和控制企业经营过程中所需的信息，并交换这些信息。企业在其经营过程中，需按某种形式辨识，取得确切的信息，并进行沟通，以使员工能够履行其责任。信息系统不仅处理企业内部所产生的信息，而且还处理与外部的事项、活动及环境等有关的信息。企业所有员工必须从最高管理阶层清楚地获取承担控制责任的信息，而且必须有向上级部门沟通重要信息的方法，并与外界顾客、供应商、政府主管机关和股东等做有效的沟通。

（1）信息系统。信息系统处理企业内部信息和外部信息。内部信息资料包括采购资料、销售交易资料、内部营业活动资料和内部生产过程资料。外部信息资料包括显示本企业产品的需求发生改变时，某种特定市场或行业的经济资料，用于企业生产的商品的资料，显示顾客偏好的市场情报，竞争对手产品开发活动的信息，立法机关与行政机关所发布的信息。企业建立良好的信息系统，必须做到建立良好的信息系统支持策略，信息系统与企业营运应有效地结合；选择更新信息系统的最佳时间；有很好的信息品质。

（2）沟通。企业的信息系统提供有效信息给适当的人员，通过沟通，使员工能够知悉其营业、财务报告及遵循法律的责任。企业沟通包括内部沟通和外部沟通。内部沟通需要做到：所有的员工，特别是那些负有重要营业责任或财务管理责任的员工，除了得到用以管理其职责活动的重要资料以外，还应当得到来自最高管理层的需谨慎承担内部控制责任的清楚信息；必须让每个人清楚地知道个人所担负的特定任务，了解内部控制制度的各项规定、它们如何生效以及他（她）在控制系统中所扮演的角色及所承担的责任；员工在执行任务时，一旦有非预期的事项发生，除了要注意该事项本身之外，还应当注意导致该事项发生的原因，如此才有办法辨认潜在缺失，采取行动，并预防再度发生；员工必须知道他（她）所负责的活动是怎样与他人的工作发生关联的；员工必须拥有在组织中向上沟通重要信息的方法。外部沟通应做到：顾客和供应商能经过开放的沟通管道输入重要的信息；与相关的外部团体沟通，以便获悉关于本企业内部控制功能的重要信息；外部审计人员对企业营业、相关业务问题及控制系统审计后，可以提供给管理阶层及董事会重要的控制信息；政府主要机关（如银行或保险机关）所报道的复核或检查的结果，可以有效地弥补控制的缺失。

（五）监督（Monitoring）

内部监督是企业对内部控制建立与实施情况进行监督检查，评价内部控制的有效性，发现内部控制的缺陷，并及时加以改进。内部监督与内部控制其他要素相互联系、互为补充，共同促进企业实现控制目标，是企业内部控制得以有效实施的机制保障。整个内部控制的过程必须施以恰当的监督，通过监督活动在必要时对其加以修正。COSO 委员会同时提出，企业所设定的目标是一个企业努力的方向，而内部控制组成要素则是为实现或达成该目标所必需的条件，两者之间存在直接的关系。每一个组成要素适用于所有的目标类别，每一个组成要素也与每一个目标都有关。对于任何企业或企业中的任何部门，内部控制都极为重要。内部控制系统须被监督。监督是由适当的人员，在适当及时的基础下，评估控制的设计和运作情况的过程。监督活动由持续监督、个别评估所组成，可确保企业内部控制能持续有效的运作。

（1）持续的监督活动。持续的监督活动在营运过程中发生，它包括例行的管理和监督活动以及其他员工为履行其职务所采取的行动。持续监督活动包括：负责营运的管理阶层（Operating Management）在履行其日常的管理活动时，取得内部控制系统持续发挥功能的资料。当营运报告、财务报告与他们所得到的资料有较大偏离时，可对报告提出质疑；来自外界团体的沟通，可以验证内部信息的正确性，并能及时反映问题的所在；适当的组织机构及监督活动，可用来辨识缺失；各个职务的分离，使不同员工之间可以彼此相互检查，以防止舞弊；把信息系统所记录的资料同实际资产核对；内、外部稽核人员定期提出强化内部控制系统的建议；培训课程、规划会议和其他会议，可把控制是否有效的重要信息反馈给管理层；定期要求员工陈述他们是否了解企业的行为准则，并加以遵守，对于负责业务和财务的员工，则要求他们陈述某些特定控制是否都予执行，管理层或内部稽核人员还必须验证这些陈述是否真实。

（2）个别评估。尽管持续监督程序可以有效地评价内部控制体系，但企业有时需要组织例外评估，以直接监视控制系统的有效性，这种做法可评估持续性监督程序。评估的范围和频率，视风险的大小及控制的重要性而定。

（3）报告缺陷。内部控制的缺失应由下往上报告。某些缺失应报告给高层管理人员及董事会知道。同以往的内部控制理论及研究成果相比，COSO 报告提出了许多新的、有价值的观点。在世界内部控制发展史上，COSO 报告第一次明确地阐述了内部控制的制定与实施的责任问题。该报告认为，不仅仅是管理人员、内部审计或董事会，组织中的每一个人都对内部控制负有责任。确立这种组织思想有利于将企业的所有员工团结一致，使其主动地维护及改善企业的内部控制，而不是与管理阶层相互对立，被动地执行内部控制。强调内部控制应该与企业的经营管理过程相结合。COSO 报告认为，经营过程是指通过规划、执行及监督等基本的管理过程对企业加以管理。这个过程由组织的某一个单位或部门进行，或由若干个单位或（及）部门共同进行。内部控制是企业经营过程的一部分，与经营过程结合在一起，而不是凌驾于企业的基本活动之上。不过，内部控制只是管理的一种工具，并不能取代管理。强调内部控制是一个"动态过程"。内部控制是对企业的整个经营管理活动进行监督与控制的过程，企业的经营活动是永不停止的，企业的内部控制过程也因此不会停止。企业内部控制不是一项制度或一个机械的规定，企业经营管理环境的变化必然要求企业内部控制越来越趋于完善。内部控制是一个发现问题、解决问题、发现新问题、解决新问题的循环往复的过程。

## 四、五要素之间的关系

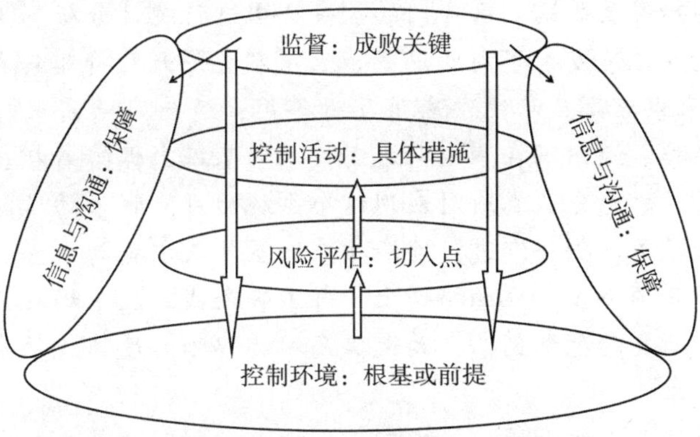


**图 2-2　内部控制五要素构成框架示意图**

上述五要素是围绕控制目标构成的一个密不可分的整体。控制环境是内部控制的基础，主要解决两个问题：（1）实施内部控制的企业目前所具备的控制条件以及根据其控制条件可以建立什么样的控制系统；（2）企业的控制环境是否可以进行改善和优化，以便实施更有效的内部控制。风险评估主要解决控制什么的问题，它要求企业识别自身面临的风险、风险发生的可能性以及影响程度，并提出相应的应对策略。控制活动则是在确定应对策略的基础上解决如何控制的问题，即采取哪些措施控制企业面临的风险。信息与沟通主要解决控制中的协调问题，即通过信息的传递、沟通与反馈使内部控制各要素之间步调一致，共同完成内部控制的目标。监督主要是通过持续监督和改进来保证内部控制的有效性。

## 案例分析

### 沃尔玛的成功

2010年，沃尔玛公司再次荣登《财富》世界500强榜首，并在《财富》杂志"2010年最受赞赏企业"调查的零售企业中排名第一。目前，沃尔玛在全球15个国家开设了超过8400家商场，下设55个品牌，员工总数210多万人，每周光临沃尔玛的顾客2亿人次。那么，使沃尔玛如此成功的原因有哪些呢？

沃尔玛的定位是面向中低收入的大众阶层，经营低位、多而全的商品，提出"帮顾客节省每一分钱"的宗旨。几十年来，沃尔玛也一直恪守薄利多销天天降价的经营战略。(1) 在货物方面，为减少成本沃尔玛跳过中间商直接向厂商进货，然后将统一订购的商品送到配送中心。配送中心根据每个分店的需求对商品就地筛选、重新打包。这种"零库存"的做法使沃尔玛每年都可节省数以百万美元计的仓储费用。(2) 除价格便宜外，沃尔玛的企业文化也是极具特色，例如三米微笑、日落原则、200%满意、收银七步曲、设立迎宾员、"一站式"新概念等等措施。(3) 沃尔玛还提倡每个人所负责的区域就是一个"店"，每个人就是自己店的总经理。另外，每隔一段时间，每家店都会举行"草根会议"，随意抽取各部门员工了解情况。

每年，沃尔玛总部都会在全球范围内开展"基层调查"，以无记名形式了解整个店的经营管理情况，密封后寄至美国，由专门的调查公司进行统计分析。沃尔玛传达信息的速度也很快，他们斥资4亿元发射了商业卫星。卫星系统每天可将销售点的资料，快速、直接地传递给4000多家供应商，以便供应商及时备用，适应市场需求。总部的高速电脑与全世界沃尔玛商店连接。沃尔玛在不断引进新技术的基础上保持着相当谨慎的态度。每位主管想建立新系统时，总是先认真地对应用这个系统后可能带来的风险进行评估，并且谨慎地推行系统的应用范围，循序渐进，逐渐推广。虽然沃尔玛为了降低成本，一再缩减广告方面的开支，但对各项公益事业的捐赠上，却不吝金钱。沃尔玛在公益活动上大量的长期投入以及活动本身所具的独到创意，大大提高了品牌知名度，成功塑造了品牌在广大消费者心目中的卓越形象。

沃尔玛成功的原因是多方面的，其中完善的内部控制制度是主要的原因之一。内部控制五要素中控制环境是基础，控制活动是必需，风险评估是关键，信息和沟通是保证，手段是监控。企业价值观以"为顾客省每一分钱"为宗旨，实施低成本的经营战略，尊重个人，服务顾客，追求卓越的企业文化和"我为人人，人人为我"的企业理念，实行任人唯贤、提供员工培训的人力资源政策。

风险评估的主要表现：(1) 合理的风险应对。沃尔玛合理地分析和管理相关风险的机制，创造"天天低价"控制的特色。沃尔玛比竞争对手成本低，商品周转快，真正做到了"成本抑减"的工作。"零库存"的做法使沃尔玛每年都可节省数以百万美元计的仓储费用。(2) 谨慎的态度。每位主管想建立新系统时，总是先认真地对应用这个系统后可能带来的风险进行评估，并且谨慎地推行系统的应用范围，循序渐进，逐渐推广。

控制活动：(1) 独特的管理：店中有店。每个人所负责的区域就是一个"店"，每个人就是自己店的总经理。(2) 先进存货控制：沃尔玛总部的高速电脑与全世界沃尔玛商店连接，可及时控制存货存储量。

信息与沟通：高效的信息传递。斥资4亿美元发射商业卫星，信息传递快速。

监控：(1) 草根会议。每隔一段时间，每家店都会举行“草根会议”，随意抽取各部门员工了解情况。(2) 基层调查。每年，沃尔玛总部都会在全球范围内开展“基层调查”，以无记名形式了解整个店的经营管理情况，密封后寄至美国，由专门的调查公司进行统计分析。

启示：每一个成功的优秀企业都需要一个完善足够强劲的内部控制。内控环境是其他四要素发生作用的基础，企业要想成功，首先要打造企业的坚固核心——企业文化，为人之道即为商之道。新经济时代交易类型和工具日新月异，环境的变化都会使企业经营风险增大，所以企业必须要设立可以辨认、分析和管理风险的机制。控制活动能使企业保证控制目标有效落实。不相容职位分离，对员工业绩进行评价，控制公司实物等。企业只有对信息的掌握速度快，才能跟上日新月异的市场需求。最后，企业应重视内部监督，完善内部监督机制，加强内部审计。

# 第三节 内部控制流程

## 一、前期准备：内控诊断底稿

### (一) 工作组织

公司层面的内控诊断底稿，由项目经理填列；业务层面的内控诊断底稿，由项目组成员填列，项目经理应确定好业务流程和业务层面内控配套指引的对应关系。

### (二) 工作注意事项

(1) 尽可能详细填列内控诊断底稿。

(2) 底稿中的评价指标分成两类：一类是合规性评价指标；一类是合理性评价指标。后者需要一定的经验判断。项目组成员可以不填列合理性指标，项目经理可以尽量补填。

(3) 重在设计有效性评价，原则上不对执行有效性发表意见。

(4) 内控评价结论按照公司层面和业务层面分别归集。

(5) 内控评价结论最好能够有一定的归集整合，避免流水账逐条说明和平铺直叙。

(6) 凡是涉及体系性的组织架构调整、集团管控模式重塑、部门职责调整的意见，原则上不提。如果企业有明确的意向，可以采用出具管理建议书方式解决，原则上需要另外签订委托协议。

## 二、现场调研

### (一) 流程梳理

现场调研第一个阶段就是流程梳理。只有在清晰地了解了企业业务的处理流程后，才可能分析出企业的业务流程和管理方法与内控体系存在什么差异，哪些不合理，哪些需要作出优化和调整，需要做出什么样的调整，为后期搭建内控体系做准备。

流程的梳理分三个步骤：识别主流程、划分子流程、流程记录。

（1）识别主流程：确认经营范围和业务范围。主流程即企业的价值链，描述企业创造价值的过程，由企业的业务模块构成。可以根据企业以往所颁发管理标准、规章制度和其他文件识别的要求，内控指引规范以及适用法律法规的要求，行业内控标杆企业的主流程的划分等识别。

一般企业的主流程的差异主要在业务流程，管理流程一般都是一致的。主流程的划分就是看公司的组织架构图以及部门职责。

（2）划分子流程：对单个主流程梳理的内容进行风险评估，确认关键控制点，并将关键控制点作为一个二级或者三级子流程。

在一个主流程中往往含多个二级乃至三级细分的流程，而这些流程的划分是按照关键控制环节进行细分。

一级流程：企业的价值链，描述企业创造价值的过程，由企业的业务模块构成。

二级流程：每个业务模块的运营内容，也即三级流程的逻辑关系。

三级流程：跨部门、岗位间的工作流程，由工作事项组成。

四级流程：部门内、岗位间的工作流程，仍由工作事项组成，但局限于部门内。

五级流程：岗位内的工作流程，即某岗位某工作的标准作业程序（SOP）。

六级流程：某个具体工作步骤所涉及的工作内容细节，例如一张表单的表头设置等。

（3）流程记录：将第一步的主流程以及第二步确认的子流程进行统一汇总，形成流程清单。以流程描述的方式记录控制活动。

**表 2-1　编写关键控制点——记录与财务报告相关的内部控制的七个要素**

| 要素 | 内容 |
|---|---|
| 何时 | 什么时候来执行这项控制，例如是某项业务的发生时还是结束时；这项控制的发生频率，例如是每年、每季、每月、每周、每天，还是频繁发生 |
| 谁 | 谁来执行这项控制程序，其所属的部门、职位是什么 |
| 控制目标 | 执行该控制点所规避的风险及控制目标 |
| 控制活动 | 实施什么控制活动 |
| 如何做 | 如何实施该项控制（人工/自动） |
| 跟进措施 | 差异如何处理 |
| 证据 | 该项控制执行后会留下什么证据，例如会留下签字痕迹、书面文档、单据、报告，还是会在系统中留下痕迹等 |

### （二）内控诊断

内部控制缺陷是指公司内部控制的设计或运行无法合理保证内部控制目标的实现。内部控制缺陷按其成因分为设计缺陷和运行缺陷，按其影响程度分为重大缺陷、重要缺陷和一般缺陷。

1. 按照内部控制缺陷的本质分类

（1）设计缺陷：设计缺陷是指企业缺少为实现控制目标的必需控制，或现存的控制并不合理及未能满足控制目标。这又分为系统的缺陷和手工的缺陷。

（2）运行缺陷：运行缺陷是指设计合理及有效的内部控制，但在运作上没有被正确地执行，包括不恰当的人员执行，未按设计的方式运行，如频率不当等。例如，物资采购申请金额已超其采购权限，却未向上级公司申请安排大宗物品采购。这存在权限管理规定问题。

2. 按照内部控制严重程度分类

（1）重大缺陷：重大缺陷也称“实质性漏洞”，是指一个或多个控制缺陷的组合，可能严重影响内部整体控制的有效性，进而导致企业无法及时防范或发现严重偏离整体控制目标的情形。

（2）重要缺陷：重要缺陷是指一个或多个一般缺陷的组合，其严重程度低于重大缺陷，但导致企业无法及时防范或发现严重偏离整体控制目标的严重程度依然重大，需引起管理层关注。例如，有关缺陷造成的负面影响在部分区域流传，为公司声誉带来损害。

（3）一般缺陷：这是指除重要缺陷、重大缺陷外的其他缺陷。

## 三、风险评估

一般地，风险评估是指在风险事件发生之前或之后（但还没有结束），对该事件给人们的生活、生命、财产等各个方面造成的影响和损失的可能性进行量化评估的工作，即风险评估就是量化测评某一事件或事物带来的影响或损失的可能程度。运用到企业中，风险评估则可以具体认为是企业及时识别、系统分析经营活动中与实现内部控制目标相关的风险，合理确定风险应对策略。当今社会经济环境变幻莫测，企业之间竞争也是异常激烈，企业经营风险不断提高，运用内部控制，目的就是帮助企业降低风险。首先就需要对风险有准确的认识和评估，这是前提条件。只有正确适当地评估了风险，才能够有的放矢地防范风险。从内部环境到监督，每一个环节都少不了对风险的评估这一项。风险评估涉及确定风险度、识别风险（包括内部风险和外部风险）、风险分析和风险应对四个方面。

1. 确定风险度、风险识别

风险承受度是指企业能够承担的风险程度，包括整体风险承受能力和业务层面的可接受风险水平。要进行风险评估，首先应当准确识别与实现控制目标相关的内部风险和外部风险，进而确定相应的风险承受度。

2. 风险分析

一般意义上的风险分析，是指对可能遇到的自然环境的灾难和危害的潜在频率和后果，所提出的各种备选方案，作出评估和分析。企业应当进行风险分析，专业人员和严格规范的程序都是必备的条件。这些前提是风险分析结果准确性的保障。

3. 风险应对

风险应对是指在确定了决策的主体经营活动中存在的风险，并分析出风险概率及其风险影响程度。根据风险性质和决策主体对风险的承受能力制定回避、承受、降低或者分担风险等相应防范计划。制定风险应对策略主要考虑四个方面的因素：可规避性、可转移性、可缓解性、可接受性。《企业内部控制规范》认为，企业应对风险的策略一般包括风险回避、风险承担、风险降低和风险分担等。企业应当综合运用这四个风险应对策略，以实现对风险的有效控制。

## 四、设计改进内控政策与流程

### （一）内部控制设计原则

一套完整有效的内部控制体系才有助于实现内部控制的目标，进而实现企业的目标。完整有效的内部控制体系除了应当满足相关规范的要求外，还应当体现出其所应具备的系统性、适当性及预防性功能。因此，在进行内部控制设计时应当遵循以下原则：

1. 系统性原则

从内部控制的发展历程可以看出，内部控制的发展体现出内涵越来越广泛、与企业的经营者及企业的经营目标联系越来越密切，各个构成部分不断融合为一个不可分割的系统等特点。因此，内部控制的设计首先要遵循系统性原则，即内部控制系统应当涵盖企业所有的层面，并相互协调，使企业的治理层次、管理层次有效地整合为内部控制体系。

2. 可操作性原则

不适当的内部控制会对企业产生不良的影响，一套具有可操作性的内部控制体系一定是从企业自身特点出发而建立的，是遵循成本效益原则的，也是充分考虑到了内部控制的局限性的。设计者进行企业内部控制设计应当：

（1）充分考虑企业的特点。

（2）认真进行成本效益分析。

（3）正确认识内部控制的固有局限性。

3. 预防性原则

内部控制设计的合理性和执行的有效性是防止错弊发生的关键，也是使企业能够有序运转的关键。因此，内部控制设计应体现出其预防性功能。预防性功能主要表现为对各类风险的分析和防范。预防性功能的实现主要有赖于企业风险管理机制的设立、内部牵制制度的实施及业务活动的流程化设计。因此，设计内部控制时，企业应当实施以下行为：

（1）设置风险管理机制。

（2）实施内部牵制制度。

（3）设计流程化的业务活动。

### （二）内部控制设计的流程

内部控制设计的流程是用以指导内部控制设计者有序、有效地完成内部控制设计的每一个环节和步骤。规范化的内部控制设计流程应当包括内部控制设计的规划阶段、内部控制设计的实施阶段和内部控制的试运行及完善阶段，并按照以下程序进行：

1. 内部控制设计的规划阶段

（1）界定内部控制设计的需求

一般来讲，企业的内部控制设计需求包括以下内容：

①设计或完善企业的整个内部控制体系。有的企业需要建立并完善企业的整个内部控制系统，以满足相关部门对企业建立、评价以及披露内部控制系统运行状况的需要。

②分析和控制企业的风险。由于各种不确定性因素的存在，企业面临着客观存在的各种风险。企业能否对风险进行有效的管理和控制，是企业能否生存发展、能否实现企业预期目标的关键。因此，有的企业进行内部控制设计，目的主要在于分析和控制企业的风险。

③改进企业的商业流程或企业的绩效。有的企业进行内部控制设计可能是局部性的，具有一定的针对性，如改进企业的特定商业流程或提高企业的绩效。

（2）评价内部控制环境

对企业控制环境的评价，内部控制设计者应当主要对以下问题进行判断：是否存在总裁独裁；是否是行政化或家族化管理；法人治理机制是否规范；内部审计的权威性程度如何；管理模式是否成熟；是否存在管理人员违规；是否存在越权接触实物、现金和重要凭证；是否存在企业文化危机等。

（3）评估内部控制成本

由于内部控制设计应当遵循成本效益原则，因此，内部控制设计者应当对企业现行的内部控制系统进行描述，调查内部控制现状，从而确定满足内部控制设计需求，实现内部控制设计目标，需要付出的内部控制成本。主要包括：①调查内部控制现状。②评价内部控制健全程度。③评估内部控制成本。

（4）制定内部控制设计实施计划

经过对内部控制设计需求的界定，确定了内部控制设计的目标以及评估了内部控制环境和内部控制评估成本后，注册会计师应当制定内部控制设计实施计划，包括人员、时间及具体设计活动安排等。

2. 内部控制设计的实施阶段

正如前文所述，企业内部控制设计应当分层进行，因此，以一套完整的内部控制系统为例，内部控制设计者应当按照下列顺序和内容来完成内部控制设计实施阶段的工作。

（1）分解企业内部控制的目标

内部控制目标的设立是构建企业内部控制系统的关键。但是，过于笼统宽泛的内部控制目标定义不便于进行内部控制设计，内部控制目标应当具体且便于理解。内部控制设计者应当对企业内部控制的目标进行分解，以便于进行内部控制的设计。内部控制设计者应当根据企业各方面的特点来定义企业不同层次的内部控制目标，以便设计达到预期。

控制目标的控制活动和程序其分解过程可以简单描述为：企业目标和股东目标→董事会目标→公司层面内部控制目标→经营活动控制目标。

（2）设计公司层面的内部控制

公司层面内部控制的设计应当包括：公司治理机制；公司组织机构与权责分派；公司预算与业绩考评；对公司下属部门及附属公司的管理控制；内部审计；信息系统管理控制制度。

(3) 设计业务活动环节的内部控制

对各业务活动环节内部控制的设计应当包括业务活动控制的目标、控制的方式和业务控制流程几个方面。

设计业务层面的控制，必须首先确定控制的目标，其次识别可能存在哪些风险。哪些风险会导致目标不能实现，然后针对这些风险设计控制活动，最后通过信息交流与沟通将目标、风险、控制活动连为一体。这种从目标到风险到控制活动到整合的思路称为 ORCA 模式。

需要注意的是，内部控制设计阶段初步完成后，应当进行内部控制的试运行，从而对内部控制系统的合理性和有效性进行评价，并进行必要的完善，最后内部控制系统才能进行实际的运行。

## 五、实施内部控制改进方案

要按照已设计并且改进好的内部控制方案实施，但在实施过程中应注意以下问题：

(1) 授权批准控制：明确各部门、岗位及人员的权限和责任，确保各部门、岗位及人员在授权批准的范围内行使职权。

(2) 不相容岗位分离控制：事先合理设定不相容的岗位，再根据设定的岗位进行人员分工，明确职责权限，形成相互制衡机制。

(3) 业务流程控制：制定各业务环节相互制约和相互衔接的业务流程，保证业务活动有序开展。

(4) 预算控制：预先编制收支计划，加强对预算执行情况的监控，严格控制无预算的资金使用。

(5) 会计控制：严格实行会计出纳岗位责任制，制定严密的会计出纳处理程序，保证会计出纳业务符合社会保险基金财务会计制度的规定和规范化的要求。

(6) 风险控制：树立风险意识对可能发生的各种管理风险进行预测、评估和监测，采取定期盘点和定期对账等措施确保基金资产的安全完整。

(7) 信息技术控制：运用电子信息技术手段加强对业务和财务的控制，减少人为因素造成的差错和舞弊。

(8) 报告控制：建立内部业务和财务信息报告制度，保持内部上下级间的信息沟通和交流。

## 六、内部控制监督与评价

### (一) 内部控制监督

内部监督分为日常监督和专项监督。日常监督是指企业对建立与实施内部控制的情况进行常规、持续的监督检查；专项监督是指在企业发展战略、组织结构、经营活动、业务流程、关键岗位员工等发生较大调整或变化的情况下，对内部控制的某一或者某些方面进行有针对性的监督检查。专项监督的范围和频率应当根据风险评估结果以及日常监督的有效性等予以确定。

企业应当结合内部监督情况，定期对内部控制的有效性进行自我评价，出具内部控制自我评价报告。

（二）内部控制评价

（1）内部控制评价的定义

内部控制评价是指企业董事会或类似权力机构对企业内部控制的有效性进行全面评价，形成评价结论，出具评价报告的过程。

（2）内部控制评价的内容

内部控制评价的对象是内部控制的有效性，而内部控制的有效性，则是企业建立并实施内部控制，对实现控制目标提供合理保证的程度。内部控制的目标包括合规目标、资产目标、报告目标、经营目标和战略目标。因此，内部控制评价的内容应是对以上五个目标的内部控制有效性进行全面评价。

①内部环境评价。内部环境评价具体包括组织架构、发展战略、人力资源、企业文化、社会责任等方面。其中，组织架构评价可以重点从机构设置的整体控制力、权责划分、相互牵制、信息流动路径等方面进行。发展战略评价可以重点从发展战略的制定合理性，有效实施和适当调整三方面进行。人力资源评价应当重点从企业人力资源引进结构合理性、开发机制、激励约束机制等方面进行。企业文化评价应从建设和评估两方面进行，以促进诚信、道德价值观的提升，为内部控制的完善夯实人文基础。社会责任可以从安全生产、提高产品质量、保护环境与节约资源、促进就业，保护员工权益等方面进行。

②风险评估评价。风险评估评价应当对日常经营管理过程中的目标设定、风险识别、风险分析、应对策略等进行认定和评价。

③控制活动评价。控制活动评价应当对企业各类业务的控制措施与流程的设计有效性和运行有效性进行认定和评价。

④信息与沟通评价。信息与沟通评价应当对信息收集、处理和传递的及时性、反舞弊机制的健全性、财务报告的真实性、信息系统的安全性以及利用信息系统实施内部控制的有效性进行认定和评价。

⑤内部监督评价。内部监督评价应当对管理层对于内部监督的基调、监督的有效性及内部控制缺陷认定的科学性、客观性、合理性进行认定和评价。重点关注监事会、审计委员会、内部审计机构等是否在内部控制设计和运行中有效发挥监督作用。具体的内部控制评价内容可通过设计内部控制评价指标体系来确定（见表 2-2），评价指标是对内部控制要素的进一步细化，评价指标可以有多个层级，大体可分为核心指标和具体指标两大类。企业可根据其实际情况进行细分（内部控制评价核心指标及参考标准见表 2-2）。具体的评价内容确定之后，内部控制评工作应形成工作底稿，详细记录企业执行评价工作的内容，包括评价要素、评价指标、评价标准、评价和测试的方式、主要风险点、采取的控制措施、有关证据资料以及认定结果等。工作底稿可以通过一系列评价表格加以实现，通过分别对每个要素核心指标的分解、评价，最终汇总出评价结果。

**表 2-2　内部控制评价指标体系**

| 核心指标 | 参考标准 |
| --- | --- |
| 内部监督能够覆盖并监控企业日常业务活动 | 1. 管理层是否定期与内部控制机构沟通评价结果，并积极整改 |
| | 2. 是否落实各职能部门和所属单位在日常监督中的责任，及时识别环境和业务变化 |
| | 3. 日常监督的内容是否为经过分析确认的关键控制环节并有效控制，是否按重要程度将发现的问题如实反馈内部控制机构，是否积极采取整改措施 |
| | 4. 用以证明内部控制有效性的日常监督是否充分，监督人员是否具有胜任能力和客观性 |
| | 5. 内部审计的独立性是否得以保障，审计委员会和内部审计机构是否独立、充分地履行监督职责 |
| | 6. 是否开展了必要的专项监督 |
| | 7. 内部控制机构是否追踪重大和重要业务，是否制定内部控制自我评价态法和考核奖励办法，明确评价主体、职责权限、工作程序和有关要求，定期组织开展内部控制自我评价，报送自我评价报告，合理认定内部控制缺陷并分析原因，提出整改方案建议 |
| 内部控制缺陷科学、客观、合理，且报送机制健全 | 1. 内部控制机构是否制定科学的内部控制缺陷标准并予以一贯执行 |
| | 2. 是否对控制缺陷进行全面、深入的研究分析，提出并实施整改方案。采取适当的形式及时向董事会、监事会或者经理层反映，督促业务部门整改，重大缺陷按规定予以披露 |
| | 3. 对发现的内部控制重大缺陷，是否追究相关责任单位和责任人的责任 |
| | 4. 是否建立内部控制缺陷信息数据库，并对历年发现的内部控制缺陷及其整改情况进行跟踪检查 |
| 内部控制建设与评价文档妥善保管 | 1. 是否采取书面或其他适当方式对内部控制的建立与实施情况进行记录 |
| | 2. 是否妥善保存内部控制相关记录和资料，确保内部控制建立与实施过程的可验证性 |
| | 3. 对暂未建立健全的有关内部控制文档或记录，是否有证据表明已实施了有效控制或者替代控制措施 |

# 第三章　内部环境

## 导入案例

### 从内部环境看三鹿集团三聚氰胺事件

三鹿集团全称“石家庄三鹿集团股份有限公司”，是集奶牛饲养、乳品加工、科研开发为一体的大型企业集团，连续6年入选中国企业500强。20世纪90年代初，该公司开创了“奶牛+农户”饲养管理模式，曾为三鹿确立了为同行所效仿的奶源优势。2007年，集团实现销售收入100.16亿元，同比增长15.3%。但是这种高增长背后隐藏的内部控制及其环境问题却被严重忽视。从2008年3月份起，三鹿就陆续接到一些患泌尿系统结石病儿童家长的投诉，一些媒体也开始以“某品牌”影射三鹿，但是三鹿并未就此引起足够重视，未加强企业内部控制，导致事态日益恶化。据估计，9.02亿元的巨额医疗费和赔款已经造成三鹿集团严重资不抵债。2008年12月25日，石家庄市委、市政府发布三鹿破产消息，一个曾经作为奶业龙头的企业一夜之间消失。究其原因，企业内部控制环境不佳是主要原因之一。

三鹿集团的大股东是三鹿乳业公司，享有56%的控股权。第二大股东是新西兰恒天然集团，持有三鹿集团43%的股权。其余1%的零散股份由小股东持有。从表面上看，三鹿集团具有良好治理的所有权结构。但大股东三鹿乳业公司推行的是员工持股，并且由经营者持大股，96%左右的股份由900多名老职工拥有，其余股份由石家庄国资委持有。因此，三鹿集团的实际控制人或者说股权相当分散。以田文华为代表的强势管理层的存在，使得三鹿集团的治理结构演变成内部人控制。

资料显示，三鹿集团早在2008年3月就接到消费者反映，但直到2008年8月三鹿已经秘密召回部分问题奶粉之时，却仍然没有将事件真相及可能产生的后果公之于众，有媒体称这种做法直接导致此后的一个多月里又有一批婴儿食用了三鹿问题奶粉。显然，此次事件在某种程度上检验了三鹿集团决策层的诚信与道德观。事实上除了三鹿集团外，向牛奶中添加三聚氰胺的耿氏兄弟等不法分子、告知这些不法分子通过添加三聚氰胺可通过检测的技术人员、销售给不法分子三聚氰胺化工原料的人员，都存在着只顾利益不顾消费者健康的问题，而这种环境因素也许才是真正导致此次事件的罪魁祸首。

我们常说“道德使之不愿，法律使之不敢，制度使之不能”，这说明诚信与道德观或者是企业文化在某种程度上是高于制度本身的。我国的内部控制基本规范中将职业道德修养和专业胜任能力作为聘用员工的重要标准，要求企业加强文化建设，培育积极向上的价值观和社会责任感，这对培育一个良好的环境氛围，更好地发挥内部控制的风险防范作用有着积极的意义，而要实现这个目标显然非一朝一夕之功。

（作者根据相关资料整理而成）

# 第一节　内部环境概述

## 一、内部环境的定义

任何经济组织的内部控制都是在特定环境下建立并实施的。正如COSO报告指出的，控制环境是一种氛围和条件，它奠定了公司的内部控制结构，决定了组织的控制基调，影响了整个组织内所有人员的控制意识和控制行为。可见，内部环境是企业实施内部控制的基础条件，它决定了一个经济组织的内部控制特点及其有效性。2008年5月，根据我国《企业内部控制基本规范》的定义，“内部环境是企业实施内部控制的基础，一般包括治理结构、机构设置及权责分配、内部审计、人力资源政策、企业文化等”。

## 二、内部环境与内部控制的关系

完善的内部环境是企业内部控制有效性的保障，有效的内部控制又将推进内部环境不断完善。

### （一）内部环境是内部控制的基础

美国著名学者阿尔文·阿伦斯和詹姆斯·洛布贝克在其合著的《审计学方法研究》中提出，控制环境是其他四个要素的保护伞，如果没有一个有效的控制环境，其他四个要素无论质量多高，都不可能形成有效的内部控制。COSO报告认为，内部环境设定了企业的基调，是企业风险管理其他构成要素的基础。

我国《企业内部控制基本规范》也指出，内部环境是企业实施内部控制的基础。内部环境是内部控制各要素中的一个非常关键的要素，它直接影响着内部控制的价值观念、风险偏好、组织形式和管理风格，也是企业内部控制其他要素发挥作用的基础，决定了其他控制要素能否发挥作用，对企业内部控制系统的实施以及职能的发挥产生着重大、持久的影响。处于基础地位的内部环境若存在极大的缺陷，其他要素构建得再完美，也只能起到事倍功半的效果。不良的内部环境，必然导致企业缺乏一套行之有效的监督制衡机制，导致内部控制制度形同虚设。

### （二）内部环境与内部控制相互联系又相互依存

作为环境和制度，二者相互区别，但在内容上相互联系。首先，构成控制环境的各要素本身就是内部控制的重要内容。其次，内部环境决定了企业风险管理、控制活动、信息与沟通、监督等要素作用发挥的效果。

同时，二者也相互依存。内部环境功能作用的有效发挥，需要以内部控制其他要素的有效运行来推动。缺乏有效的内部控制各要素，内部环境也只能是“空中楼阁”，落不到实处；同样，完善的内部环境有利于内控制度的建立和执行，会促进内部控制的不断健全、完善和有效运行。

（三）内部环境与内部控制相互制衡

内部环境是对建立、加强或削弱特定程序与政策的效率有重大影响的因素。从内部环境和其他要素的关系看，所有控制活动都是内部环境与其他要素之间的联动，内部控制的效果的好坏取决于环境要素对控制活动的推动或阻碍。内部环境对其他要素具有刚性约束，其他要素对内部环境也具有优化的需求。

（四）内部控制与内部环境的互动关系

我国《企业内部控制基本规范》，将内部环境列于内部控制五大要素之首，这是因为任何企业的内部控制都是在特定的环境中实施的，内部控制系统功能发挥的过程就是内部控制系统与内部环境相互作用的过程。

企业内部环境与内部控制之间，是一种互动关系，而非单向的传递或影响的主从关系，或简单的决定与被决定、适应与不适应、选择与被选择的关系。两者在企业运作过程中形成相互依赖、相互作用、相互渗透、相互制约、相互促进的良性循环，即完善的内部环境对内部控制运行至关重要。反过来，内部控制也并不只是被动地适应内部环境，而是可以根据内部环境的特性及动态变化的一般规律，通过内部控制的深入和创新，改善和优化内部环境。在国内外大量的企业管理实践中，有证据表明，健全有效的内部控制通过产生高质量的会计信息能够逐渐完善内部环境。

## 三、内部环境的构成要素

COSO 在《企业风险管理——整合框架》中指出：内部环境是企业风险管理所有其他构成要素的基础，为其他要素提供约束和结构。内部环境影响着企业的战略和目标如何制定、经营活动如何组织以及如何识别、评估风险并采取行动。内部环境还影响着企业的控制活动、信息与沟通体系和内部控制措施的设计与运行。

内部环境是一种氛围，包含组织的基调，塑造企业内部各成员实施控制的自觉性，决定其他控制要素作用的发挥，并受到企业的历史和文化的影响。内部环境反映了董事会、经理层以及其他人员对内部控制及风险管理的态度、认识和行动，涵盖了包括经理层在内的企业员工所形成的内部控制理念，建立全员的风险控制责任。依据我国《企业内部控制基本规范》，并结合 COSO 报告对内部控制的内部环境的界定，内部环境主要包括公司治理结构、机构设置及权责分配、审计委员会与内部审计、人力资源政策、发展战略、企业文化、社会责任等要素。

# 第二节 组织架构

## 一、组织架构的定义

根据《企业内部控制应用指引第 1 号————组织架构》的定义，组织架构是指企业按照国家有关法律、法规、股东（大）会决议、企业章程，结合本企业实际情况，明确董事会、监事会、经理层和企业内部各层级机构设置、职责权限、人员编制、工作程序和相关要求的制度安排。一家企业的组织架构存在缺失或缺陷，其他一切生产、经营、管理活动都会受到影响。

在内部环境中居于基础地位的是组织架构，包括治理结构、内部机构两个层面。企业实行现代企业制度，必须建立健全治理结构，科学设置内部机构，合理分配职责权限。

## 二、治理结构

### （一）治理结构的定义

公司治理是一个多角度、多层次的概念，可以从狭义和广义两个方面去理解。

狭义的公司治理，是指所有者，主要是股东对经营者的一种监督和制衡机制，即通过一种制度安排，来合理地配置所有者和经营者之间的权利与责任关系。公司治理的目标是保证股东利益的最大化，防止经营者对所有者利益的背离，其主要特点是通过股东大会、董事会、监事会及管理层所构成的公司治理结构进行内部治理。

广义的公司治理则不局限于股东对经营者的制衡，而是涉及广泛的利益相关者，包括股东、债权人、供应商、雇员、政府和社区等与公司有利益关系的集团。公司治理是通过一套包括正式或非正式的、内部的或外部的制度（机制）来协调公司与所有利益相关者之间的利益关系，以保证公司决策的科学化，从而最终维护公司各方面的利益。

公司治理结构指的是内部治理结构，又称“法人治理结构”，是根据权力机构、决策机构、执行机构和监督机构相互独立、权责明确、相互制衡的原则实现对公司的治理。公司治理结构是由股东大会、董事会、监事会和管理层组成的，决定公司内部决策过程和利益相关者参与公司治理的办法，主要作用在于协调公司内部不同产权主体之间的经济利益矛盾，克服或减少代理成本。

### （二）治理结构框架的内容

公司治理与内部控制是环境与制度的关系，合理、规范的公司治理是内部控制的有效保障，有效的内部控制将有助于公司治理目标的实现及其作用的发挥。

1. 股东和股东大会

股东是指公司的出资者，有自然人股东和企事业单位法人股东。股东按其持有的股份享有平等的权利，并承担相应的义务。股东大会是公司的最高权力机关，它由全体股东组成，对公司重大事项进行决策，有权选任和解除董事，并对公司的经营管理有广泛的决定权。股东大会既是一种定期或临时举行的由全体股东出席的会议，又是一种非常设的由全体股东所组成的公司制企业的最高权力机关。它是股东作为企业财产的所有者对企业行使财产管理权的组织。企业一切重大的人事任免和重大的经营决策一般都是由股东大会认可和批准方才有效。

股东大会的性质主要体现在以下两个方面：一是股东大会应体现全体股东的意志。股东大会是由全体股东组成的权力机关。它是全体股东参加的大会，而不应是股东代表大会。现代企业股权分散，股东人数有上万甚至几十万，他们不可能全部出席股东大会。因此，股东不能亲自到会的，应委托他人代为出席投票，以体现全体股东的意志。二是股东大会是企业最高权力机关。股东大会是企业经营管理和股东利益的最高决策机关，不仅要选举或任免董事会和监事会成员，而且企业的重大经营决策和股东的利益分配等都要得到股东大会的批准。但股东大会并不具体和直接介入企业生产经营管理，它既不对外代表企业与任何单位发生关系，也不对内执行具体业务，本身不能成为企业法人代表。

股东大会主要行使的职权如下：

（1）决定公司的经营方针和投资计划。

（2）选举和更换由非职工代表担任的董事、监事，决定有关董事、监事的报酬事项。

（3）审议批准董事会的报告。

（4）审议批准监事会或监事的报告。

（5）审议批准公司年度财务预算方案、决算方案。

（6）审议批准公司的利润分配方案和弥补亏损方案。

（7）对公司增加或减少注册资本作出决议。

（8）对发行公司债券作出决议。

（9）对公司合并、分立、解散、清算或者变更公司形式作出决议。

（10）修改公司章程。

我国公司的股东大会具有以下特征：

（1）股东大会是公司依法必须设置的机构，它不同于股东大会会议。

（2）股东大会由全体股东组成。由于股东人数众多，各股东观点和意见不完全一致，所以必须组成全体股东共同参加的公司权力机构，决定重大事项。

（3）股东大会只是公司“议事机关”，只能就有关公司的重大问题作出决议，不能对内执行公司具体事务、对外代表公司，我国的股东大会构成基本沿用国外的原有制度和做法。

2. 董事和董事会

董事是指对外代表公司、对内执行业务的公司常设机构的成员。占据董事职务的人是自然人，也可以是法人。股份有限公司的董事由股东大会选举产生，可以由股东或非股东担任。董事的任期一般都是公司内部细则中给予规定，有定期和不定期两种。定期是把董事的任期限制在一定的时间内，一般为 3 年左右；不定期是指从任期那天算起，满 3 年改选，但可连选连任。

董事会是依照有关法律、行政法规和政策规定，按公司章程设立并由全体董事组成的业务执行机关，具有以下特征：董事会是股东大会这一权力机关的业务执行机关，负责公司或业务经营活动的指挥与管理，对股东大会负责并报告工作。上市公司董事会可以按照股东大会的有关决议，设立战略、审计、提名、薪酬与考核等专门委员会。专门委员会成员全部由董事组成，其中审计委员会、提名委员会、薪酬与考核委员会中独立董事应占多数并担任召集人，审计委员会中至少有一名独立董事是会计专业人士。

战略委员会的主要职责是对公司长期发展战略和重大投资决策进行研究并提出建议。《企业内部控制应用指引第 2 号——发展战略》规定，企业应当在董事会下设立战略委员会，或者指定相关机构负责发展战略管理工作，履行相应职责。企业应当明确战略委员会的职责和议事规则，对战略委员会会议的召开程序、表决方式、提案审议、保密要求和会议记录等作出规定，确保议事过程规范透明、决策程序科学民主。战略委员会应当组织有关部门对发展目标与战略规划进行可行性研究和科学论证，形成发展战略建议方案；必要时，可借助中介机构和外部专家的力量为其履行职责提供专业咨询意见。战略委员会成员应当具有较强的综合素质和实践经验，其任职资格和选任程序应当符合有关法律法规和企业章程的规定。

审计委员会的主要职责：①提议聘请或更换外部审计机构。②监督公司的内部审计制度及其实施。③负责内部审计与外部审计之间的沟通。④审核公司的财务信息及其披露。⑤审查公司的内部控制制度。

提名委员会的主要职责：①研究董事、经理人员的选择标准和程序并提出建议。②广泛搜寻合格的董事和经理人员的人选。③对董事候选人和经理人进行审查并提出建议。

薪酬与考核委员会的主要职责：①研究董事与经理人员考核的标准，进行考核并提出建议。②研究和审查董事、高级管理人员的薪酬政策与方案。

根据《公司法》的规定，董事会行使下列职权：①召集股东会会议，并向股东会报告工作。②执行股东会的决议。③决定公司的经营计划和投资方案。④制订公司的年度财务预算方案、决算方案。⑤制订公司的利润分配方案和弥补亏损方案。⑥制订公司增加或者减少注册资本以及发行公司债券的方案。⑦制订公司合并、分立、解散或者变更公司形式的方案。⑧决定公司内部管理机构的设置。⑨决定聘任或者解聘公司经理及其报酬事项并根据经理的提名决定聘任或者解聘公司副经理、财务负责人及其报酬事项。⑩制定公司的基本管理制度。

董事会作为执行机关，具有极大的经营权和管理权。权力重心的下移对董事会制度的运行提出了相应的挑战，如何平衡董事会的权力并发挥其高效的工作机能成为公司治理结构中必须解决的难题。

3. 经理

经理是公司业务的执行机关，是公司日常经营管理活动的组织者。经理机关与股东大会、董事会、监事会等机关不同的是，后三者都是会议体机关，经理机关是由经理个人来承担的。董事会与经理之间是典型的委托代理关系，经理对董事会负责。经理受董事会之委托，承担公司日常经营管理工作，必须拥有一定的职权，同时也应承担相应的责任。根据《公司法》的规定，经理行使的职权包括：①主持公司的生产经营管理工作，组织实施董事会决议。②组织实施公司年度经营计划和投资方案。③拟定公司内部管理机构设置方案。④拟定公司的基本管理制度。⑤制定公司的具体规章。⑥提请聘任和解聘公司副总经理、财务负责人。⑦决定聘任或者解聘除应当由董事会决定聘任和解聘以外的负责管理人员。⑨董事会授予的其他职权。公司章程对经理职权另有规定的，从其规定。经理列席董事会会议。经理受董事会之委托从事具体的公司经营活动，在享有一定职权的同时，也要承担相应的责任：①经理应当遵守公司章程，忠实履行职务，维护公司利益，不得利用在公司的地位和职权为自己谋取私利，不得利用职权收受贿赂或者其他非法收入，不得侵占公司的财产。②不得挪用公司资金或者将公司资金借贷给他人，不得将公司资产以个人名义或者以其他个人名义开立账户存储，不得以公司资产为本公司的股东或者其他个人债务提供担保。③不得自营或者为他人经营与其所任职公司同类的活动或者从事损害本公司利益的活动。④除依照法律规定或经股东大会同意以外，不得泄露公司秘密。⑤经理在执行职务时违反法律法规或者公司章程的规定，给公司造成损害的，应当承担赔偿责任。

4. 监事和监事会

监事是股份公司中常设的检查机关的成员，亦称“监察人”。监事会是公司的常设机构，负责监督公司的日常经营活动，以及对董事、经理等人员违反法律、章程的行为予以指正。监事会的设立目的是由于公司股东分散，专业知识和能力差别很大，为了防止董事会、经理滥用职权，损害公司和股东利益，需要在股东大会上选出这种专门监督机关，代表股东大会行使监督职能。

监事会是对董事和经理行使监督职能的机构。监事会的权力来源于股东大会，监事会的监督权是由出资者所有权决定的，是出资者所有权的延伸。作为出资者监督权主体，监事会具有以下特点：①监事会具有完全的独立性。监事会一经授权，就完全独立地行使出资者监督权，监事在履行职责时不受其他公司机构的干预。董事、经理和财务负责人不得兼任监事，保持监事的独立性，这是监事会有效行使出资者监督权的前提。②监事行使监督权的平等性。所有监事对公司的业务和会计账册均有平等的、无差别的监督权，监事会主席和其他人不得阻挠或者妨碍监事个人行使职权。监事个人行使职权的平等性有利于其充分掌握公司经营信息，为有效监督提供条件。这一点与董事会有很大差别，监事会是个决策机构，它采取的是一种集体议事、少数服从多数的原则。③监事会构成的复合型。从理论上说，监事会是代表出资者进行监督的，理应由股东组成监事机构。但实践中，监事会的组成是复合型的，职工、社会专家都可以被选为监事。作为出资者监督权主体，监事会一般情况下不参与公司具体业务，也不干预董事会正常行使职权。

### （三）公司治理结构的主要风险

公司治理结构集中的风险点主要存在以下十种情况：

（1）股东大会是否规范而有效地召开，股东是否可以通过股东大会行使自己的权利。

（2）企业与控股股东是否在资产、财务、人员方面实现相互独立，企业与控股股东的关联交易是否贯彻平等、公开、自愿的原则。

（3）对与控股股东相关的信息是否根据规定及时、完整地披露。

（4）企业是否对中小股东权益采取了必要的保护措施，使中小股东能够和大股东同等条件参加股东大会，获得与大股东一致的信息，并行使相应的权利。

（5）董事会是否独立于经理层和大股东，董事会及其审计委员会中是否有适当数量的独立董事存在且能有效发挥作用。

（6）董事对于自身的权力和责任是否有明确的认知，并且有足够的知识、经验和时间来勤勉、诚信、尽责地履行职责。

（7）董事会是否能够保证企业建立并实施有效的内部控制、审批企业发展战略和重大决策并定期检查、评价其执行情况，明确设立企业可接受的风险承受度，并督促经理层对内部控制有效性进行监督和评价。

（8）监事会的构成是否能够保证其独立性，监事能力是否与相关领域相匹配。

（9）监事会是否能够规范而有效地运行，监督董事会、经理层正确地履行职责并纠正损害企业利益的行为。

（10）对经理层的权力是否存在必要的监督和约束机制。

### （四）治理结构的设计与评价

1. 上市公司治理结构设计

公司治理结构包括股东大会、董事会、监事会和经理层。企业应当根据国家有关法律、法规的规定，按照决策机构、执行机构和监督机构相互独立、权责明确、相互制衡的原则，明确董事会、监事会和经理层的职责权限、任职条件、议事规则和工作程序等。

上市公司是公众公司，具有重大的公众利益，因而必须对投资者和社会公众负责。上市公司治理结构的设计，应当充分反映“公众性”特点。具体而言，上市公司治理结构设计重点包括以下几个方面：

（1）设立独立董事制度

上市公司董事会应当设立独立董事。独立董事不得在上市公司担任除独立董事外的其他任何职务。独立董事对上市公司及全体股东负有诚信与勤勉等义务。

（2）设置董事会专业委员会

上市公司董事会应当根据治理需要，按照股东大会的有关决议设立战略决策、审计、提名、薪酬与考核等专门委员会。审计委员会、薪酬与考核委员会中独立董事应当占多数并担任负责人。审计委员会中至少还应有一名独立董事是会计专业人士。董事会专业委员会中的审计委员会，对内部控制的建立健全和有效实施发挥着重要的作用。审计委员会对经理层提供的财务报告和内部控制评价报告进行监督。审计委员会成员应当具备独立性、专业性、道德性。

（3）设立董事会秘书

董事会秘书为上市公司的高级管理人员，直接对董事会负责，并由董事长提名，董事会负责任免。董事会秘书是一个重要的角色，负责上市公司股东大会和董事会会议的筹备、文件保管以及公司股东资料的管理，办理信息披露事务等事宜。

2. 上市公司治理结构评价设计

上市公司治理结构评价指标体系构建基于公司治理结构的概念和相关理论，并结合中国上市公司的现状，至少应包括如下内容：

（1）股权结构评价

股权结构是公司治理的基础，它决定了股东结构，影响公司治理模式的形成、运作及绩效。对于公司股权结构的评价从三个层面进行：

首先，股权集中度。股权集中度是指全部股东因持股比例的不同所表现出来的股权集中还是分散的数量化指标。股权集中度作为衡量公司的股权分布状态的一个重要的量化指标，不仅反映了股东对企业资产的所有权，对企业剩余收益的索取权，而且在一定程度上还决定着股东对企业经营的控制程度和监督能力，因而对公司治理产生影响，进而影响公司绩效。对股权集中度的评价主要包括：第一大股东的持股比例；公司第一大股东与第二大股东持股比例的比值；第二至第四大股东的持股比例之和是否超过第一大股东，并与第一大股东形成制衡关系；前五大股东的持股比例；前十大股东的持股比例。

其次，股权构成。股权构成是指不同背景的股东分别持有股份的多少。我国上市公司的股本有国家股、法人股、A 股、B 股、H 股、内部职工股和转配股之分。其中，国家股、法人股、内部职工股和转配股不能在市场上自由流通，A 股、B 股和 H 股为流通股，流通股又可区分机构投资者所持股份和中小投资者所持股份。

最后，股权结构清晰度。股权结构不清晰使投资者很难准确判断公司的投资价值及投资风险，控股股东可能回避必要的信息披露，从而损害中小投资者的利益。对股权结构清晰度的考察主要有：股权结构是否存在争议或纠纷；国有股的地位和作用；前几大股东之间名义上与实际上的关联关系；控股股东本身的控制权与所有权结构等。

（2）董事会评价

董事会是公司治理的核心组成部分，公司治理结构是否规范关键是看董事会是否发挥作用。对董事会的评价主要是对董事会的人员构成、运作等方面的评价，包括董事会成员的人数、胜任能力、参与程度，构成董事会的议事规则；股东大会对董事会的授权；董事会的决策程序、决策方式；董事会决策的民主性等。

（3）监事会评价

我国《公司法》规定，监事会是公司的监督机构。监事会成员由股东大会（职工监事由公司职工）选举产生，依法行使监督权。对监事会评价主要是对监事会的人员构成和运作等方面的评价，包括监事会成员的人数、胜任能力、参与程度，监事会的议事规则，股东大会对监事会的授权，监事会的监督程序、监督方式、监督内容、监督效果等。

（4）经理层评价

国内外研究机构对经理人员的评价大多集中于激励与约束两个方面，评价的范围过窄，主要是从薪酬和股权激励与约束方面进行评价。我国上市公司治理的实践表明，对经理人员的评价不仅要从薪酬、股权激励与约束方面（包括经理层薪酬总量、总经理薪酬、经理人员的薪酬与公司业绩相挂钩的程度、经理层持股数量、总经理持股比例、在任期内股份的可转让性等）评价，而且还应从任免激励与约束、业绩激励与约束方面（包括总经理任免程序的透明性、经理人员的来源渠道、控股股东是否干预经理人员的任免、上市公司是否公开披露对经理人员的选拔及考核结果、经理人员的任免程序是否符合规定、业绩评价是否公开和透明、业绩评价是否公正、业绩是否与经理人员的经济利益挂钩、业绩评价结果是否对外披露等）进行评价。

（5）股东评价

股东权利应得到充分的保护，否则，公司的正当利益也难以得到有效的保障。股东评价包括两个方面：一是中小股东权利的评价；二是控股股东的行为的评价。

（6）信息披露与上市公司的独立性评价

真实、准确、完整、及时地披露信息是上市公司应该履行的法律义务，也是投资者判断公司价值的主要依据。对信息披露的判断，主要从真实性、完整性与及时性三个方面来判断。上市公司的独立性则主要包括人员独立、业务独立、资产和财务独立等。

## 三、内部机构

### （一）内部机构的定义

内部机构则是企业内部分别设置不同层次的管理人员及其由各专业人员组成的管理团队，针对各项业务功能行使决策、计划、执行、监督、评价的权利并承担相应的义务，是为了保证业务顺利开展的支撑平台。

### （二）内部机构的形式

现代企业的组织结构一般包括四种基本形式，即 U 形结构、M 形结构、H 形结构和矩阵形结构。

1. U 形结构（直线职能制）

U 形结构是一种中央集权式的组织结构。它同时设置纵向的领导指挥机构和横向的参谋咨询机构。其优点是领导集中、职责清楚、秩序井然、工作效率较高，整个组织有较高的稳定性。而缺点是上下级部门的主动性和积极性的发挥受到限制；部门间条块分割，互通情报少，不能集思广益地作出决策；当职能参谋部门和直线部门之间目标不一致时，容易产生矛盾，致使上层主管的协调工作量增大；整个组织系统的适应性较差，因循守旧对新情况不能及时地做出反应。

对于只生产一种或少数几种产品的中小型企业而言，职能式组织结构是一种最佳模式。但对于规模较大、决策时需要考虑较多因素的组织，则不太适用。

2. M 形结构（区域事业部制）

M 形结构是一种分权与集权相结合的组织结构。企业按产品、客户、地区等来设立事业部，每一个事业部都是一个有相当自主权的利润中心，独立地进行日常经营决策，各事业部都相当于一个 U 形企业。

在纵向关系上，按照“集中决策，分散经营”的原则，处理企业高层领导与事业部之间的关系。实行事业部制，企业最高领导层可以摆脱日常的行政事务，集中力量研究和制定企业发展的各种经营战略和经营方针，而把最大限度的管理权限下放到各事业部，使他们能够依据企业的政策和制度，自主经营，充分发挥各自的积极性和主动性。在横向关系方面，各事业部作为利润中心，实行独立核算。各事业部间的经济往来遵循等价交换原则，结成商品货币关系。

3. H 形结构（控股公司制）

控股型组织结构简称 H 形组织结构，是指在公司总部下设立若干个子公司，公司总部作为母公司对子公司进行控股，承担有限责任。母公司对子公司既可以通过控股性股权进直接管理，又可以通过子公司董事会来进行控制。

H 型结构的管理运作主要是依据资产纽带，且被控股公司又具有法人资格，结构过分松散，使得控股公司总部往往难以有效控制各子公司，控股公司的战略计划难以实现与贯彻；过度分权导致管理效率的下降，增加了控股公司的管理成本；子公司难以充分利用控股公司总部的参谋人员；控股公司的投资协调比较困难。

4. 矩阵制形式

矩阵制组织结构是按职能划分部门和按任务特点（产品和项目）划分小组相结合所产生的矩阵型组织结构形式。当环境一方面要求专业技术知识，另一方面又要求每个产品线能快速作出变化时，就可以应用矩阵式结构。如前所述，职能式结构强调纵向的信息沟通，而事业部式结构强调横向的信息流动，矩阵式就是将这两种信息流动在企业内部同时实现。

矩阵组织结构不是一种常设型组织结构模式，这种组织结构适合在需要对环境变化作出迅速而一致反应的企业中使用。

企业组织结构作为对企业管理进行的组织设计，是随着经济的发展和科学技术的进步而不断演变的。近年来，由于知识经济的兴起和信息革命的推动，各种企业组织创新的形式不断涌现。企业组织结构变革趋势主要表现在以下几个方面：组织结构扁平化、组织结构网络化、组织的无边界化、组织结构分立化、组织结构柔性化等。

### （三）内部机构的设计要求

内部机构的设计是组织架构设计的关键环节。内部机构的设计应满足以下三个要求：

1. 企业应当按照科学、精简、高效、透明、制衡的原则，明确各机构的职责权限，避免职能交叉、缺失或权责过于集中，形成各司其职、各负其责、相互制约、相互协调的工作机制。

2. 企业应当对各机构的职能进行科学合理的分解，确定具体岗位的名称、职责和工作要求等，明确各个岗位的权限和相互关系。尤其应当体现不相容岗位相分离原则，努力识别出不相容职务。

岗位职责是对某一工作部门或个人的工作任务、责任与权限所作的统一规定。企业应当对岗位职责进行描述，包括工作名称、工作职责、任职条件、工作所要求的技能、工作对个性的要求。描述的对象是工作本身，而与从事这项工作的人无关。这样做的目的是便于员工理解职位所要求的能力、工作职责、衡量的标准，让员工有一个可遵循的原则。

3. 企业应当制定组织结构图、业务流程图、岗（职）位说明书和权限指引等内部管理制度或相关文件，使员工了解和掌握组织架构设计及权责分配情况，正确履行职责。值得特别指出的是，就内部机构设计而言，建立权限指引和授权机制非常重要。有了权限指引，不同层级的员工就知道该如何行使权力并承担相应责任，也利于事后考核评价；“授权”表明的是，企业各项决策和业务必须由具备适当权限的人员办理，这一权限通过公司章程约定或其他适当方式授予。

企业内部各级员工必须获得相应的授权，才能实施决策或执行业务，严禁越权办理。按照授权对象和形式的不同，授权分为常规授权和特别授权。常规授权一般针对企业日常经营管理过程中发生的程序性和重复性工作，可以在由企业正式颁布的岗（职）位说明书中予以明确，或通过制定专门的权限指引予以明确。特别授权一般是由董事会给经理层或经理层给内部机构及其员工授予处理某一突发事件（如法律纠纷）、作出某项重大决策代替上级处理日常工作的临时性权力。

# 第三节　发展战略

## 一、发展战略的定义

根据《企业内部控制应用指引第 2 号——发展战略》，发展战略是企业在对现实状况和未来趋势进行综合分析和科学预测的基础上，制定并实施的中长期发展目标与战略规划。战略的失败是企业最彻底的失败，它甚至会导致企业的消亡。

## 二、发展战略的意义

企业制定科学合理的发展战略，具有重要意义。

1. 发展战略可以为企业找准市场定位。市场定位就是要在激烈的市场竞争环境中找准位置。定位准了，才能赢得市场，才能获得竞争优势，才能不断发展壮大。发展战略要着力解决的正是企业发展过程中所面临的这些全局性、长期性的问题。

2. 发展战略是企业执行层的行动指南。发展战略指明了企业的发展方向、目标与实施路径，描绘了企业未来经营方向和目标纲领，是企业发展的蓝图，关系着企业的长远生存与发展。

3. 发展战略也是内部控制的最高目标。企业内部控制的系列目标中，促进发展战略的实现是内部控制最高层次的目标。发展战略为企业内部控制指明了方向，内部控制为企业实现发展战略提供了坚实保障。

## 三、发展战略的风险

企业制定与实施发展战略至少应当关注下列风险：

1. 缺乏明确的发展战略或发展战略实施不到位，可能导致企业盲目发展，难以形成竞争优势，丧失发展机遇和动力。

2. 发展战略过于激进，脱离企业实际能力或偏离主业，可能导致企业过度扩张，甚至经营失败。

3. 发展战略因主观原因频繁变动，可能导致资源浪费，甚至会危及企业的生存和持续发展。

## 四、发展战略的制定

### （一）建立和健全发展战略制定机构

企业要在人力资源配置、组织机构设置等方面为发展战略提供必要的保证。一般而言，企业可以通过设立战略委员会，或指定相关机构负责发展战略管理工作，履行相应职责。

战略委员会的主要职责是对公司的长期发展规划、经营目标、发展方针进行研究并提出建议，对公司所涉及的产品战略、市场战略、营销战略、研发战略、人才战略等经营战略进行研究并提出建议，对公司重大战略性投资、融资方案进行研究并提出建议，对公司重大资本运作、资产经营项目进行研究并提出建议等。

战略委员会对董事会负责，委员包括董事长和其他董事，委员应当具有较强的综合素质和实践经验。战略委员会主席应当由董事长担任。

### （二）分析评价影响发展战略的因素

1. 影响企业发展战略的因素

影响企业发展战略的因素主要包括以下几个方面：

（1）企业经营环境变化的风险。企业外部环境发生了很大变化，顾客、市场、竞争规则、竞争性质都逐渐变得激烈复杂。一般来讲，企业外部环境主要有三个变化：一是顾客在变化，现在随着生活水平的提高，经济的发展，顾客对企业产品的要求越来越高；二是竞争在变化，即竞争频率在加快，竞争的规则在改变；三是变化本身在变化，即变化的内容在变化，变化的周期在缩短，变化的突然性在增强。

（2）科学技术发展的风险。科学技术的飞速发展以及电子商务的出现，使得市场营销的某些原理受到严峻挑战。伊拉克战争展示了新的世界军事格局，现代的竞争已经从机械化的时代转向数字化、信息化的时代。制信息权、制空权、精准打击、光电隐形、超级武器、新概念武器等成为军事科学技术竞争的焦点。科学技术发展如此快速，企业制定战略的风险就大大提高了。

（3）走向国际化的风险。鉴于现行企业全球化竞争愈来愈烈，企业要想走向国际化，更需要有战略的指导，更需要注意战略的风险。

（4）企业内部发展的风险。企业外部环境发生很大变化，企业的战略也应该进行调整，因为大部分企业的战略是在过去比较老的观念下制定的，企业必须建立新的观念。新的观念必须符合当前世界经济一体化、全球信息化的形势，这样才会有新的思路，才会有新的战略，才会给企业带来比较好的效益。

（5）资本运营的风险。资本运营的风险加大，使得企业的兼并、收购、控股、参股等资本扩张需要有好的战略，否则会把自己拖垮。

以上是对影响企业发展战略的因素分析，但在这5个影响因素当中，企业经营环境变化的风险和企业内部发展的风险是关键因素，所以只有对企业所处的外部环境和拥有的内部资源展开深度分析，才能制定出科学合理的发展战略。

2. 外部环境分析

外部环境分析包括对企业所处的宏观环境分析、行业环境分析及竞争对手、经营环境等的分析。

（1）宏观环境分析。宏观环境分析一般通过政治和法律环境、经济环境、社会和文化环境、技术环境等因素分析企业所面临的状况。

（2）行业环境及竞争对手分析。行业环境分析最常用的工具是五种分析模型，用以确定企业在行业中的竞争优势和行业可能达到的最终资本回报率。这五种竞争驱动力决定了企业的最终盈利能力。

（3）经营环境分析。经营环境分析侧重于对市场及竞争地位、消费者消费状况、融资者、劳动力市场状等因素的分析。

3. 内部资源的分析

（1）企业资源分析。企业资源分析是对企业现有资源的数量和利用效率以及资源的应变能力等方面的分析，以便明确形成企业核心能力和竞争优势的战略性资源。

（2）企业能力分析。企业能力是企业有形资源、无形资源和组织资源等各种资源有机组合的结果，主要包括研发能力分析、生产能力分析、营销能力分析、财务能力分析、组织管理能力分析等。

（3）核心竞争力分析。并不是所有的资源都能形成核心竞争力。核心竞争力是指能为企业带来相对于竞争对手存在竞争优势的资源和能力，能够有助于企业构建核心竞争力的资源主要包括稀缺资源、不可模仿的资源、不可替代的资源、持久的资源等。

### （三）制定科学的发展战略

发展战略可以分为发展目标和战略规划两个层次。发展目标是企业发展战略的核心和基本内容，表明企业在未来一段时期内所要努力的方向和所要达到的水平。战略规划是为了实现发展目标而制定的具体规划，表明企业在每个发展阶段的具体目标、工作任务和实施路径是什么。

1. 制定发展目标

企业发展目标是指导企业生产经营活动的准绳。在制定企业发展目标过程中，企业应当重点关注以下内容：

（1）发展目标应当突出主业。在编制发展目标时应突出主业，只有集中精力做强主业，才能增强企业核心竞争力，才能在行业发展、产业发展中发挥引领和带头作用。

（2）发展目标不能过于激进，不能盲目追逐市场热点，不能脱离企业实际。

（3）发展目标不能过于保守，否则会丧失发展机遇和动力。

（4）发展目标应当组织多方面的专家和有关人员进行研究论证。

2. 编制战略规划

发展目标确定后，就要考虑使用何种手段、采取何种措施、运用何种方法来达到目标，即编制战略规划。战略规划应当明确企业发展的阶段和发展程度，制定每个发展阶段的具体目标和工作任务以及达到发展目标必经的实施路径等。

3. 严格审议和批准发展战略

发展战略拟定后，应当按照规定的权限和程序对发展战略方案进行审议和批准。审议战略委员会提交的发展战略建议方案，是董事会的重要职责。在审议过程中，董事会应着力关注发展战略的全局性、长期性和可行性。具体包括以下内容：

第一，发展战略是否符合国家行业发展规划和产业政策。

第二，发展战略是否符合国家经济结构战略性调整方向。

第三，发展战略是否突出主业，有助于提升企业核心竞争力。

第四，发展战略是否具有可操作性。

第五，发展战略是否客观全面地对未来商业机会和风险进行分析预测。

第六，发展战略是否有相应的人力、财务、信息等资源保障等。

董事会在审议中如果发现发展战略方案存在重大缺陷问题，应当责成战略委员会对建议方案进行调整。

企业发展战略方案经董事会审议通过后，应当报经股东（大）会批准后付诸实施。

## 五、发展战略的实施

科学制定发展战略是一个复杂的过程，实施发展战略更是一个系统工程。企业只有重视和加强发展战略的实施，在所有相关目标领域全力推进，才有可能将发展战略描绘的蓝图转变为现实。为此，企业应当加强对发展战略实施的统一领导，制订详细的年度工作计划，通过编制全面预算，将年度目标进行分解、落实，确保企业发展目标的实现。此外，还要加强对发展战略的宣传培训，通过组织结构调整、人员安排、薪酬调整、财务安排管理变革等配套措施，保证发展战略的顺利实施。

### （一）发展战略实施的领导

要确保发展战略有效实施，加强组织领导是关键。企业经理层作为发展战略制定的直接参与者，往往比一般员工掌握更多的战略信息，对企业发展目标、战略规划和战略实施路径的理解和体会也更加全面深刻，应当担当发展战略实施的领导者。依据“统一领导统一指挥”的原则，发挥企业经理层在资源分配、内部机构优化、企业文化培育、信息沟通、考核激励相关制度建设等方面的协调、平衡和决策作用，确保发展战略的有效实施。

### （二）发展战略的分解落实

发展战略制定后，企业经理层应着手将发展战略逐步细化。

（1）要根据战略规划，制订年度工作计划。

（2）要按照上下结合、分级编制、逐级汇总的原则编制全面预算，将发展目标分解并落实到产销水平、资产负债规模、收入及利润增长幅度、投资回报、风险管控、技术创新、品牌建设、人力资源建设、制度建设、企业文化、社会责任等可操作层面，确保发展战略能够真正有效地指导企业各项生产经营管理活动。

（3）要进一步将年度预算细分为季度、月度预算，通过实施分期预算控制，促进年度预算目标的实现。

（4）要通过建立发展战略实施的激励约束机制，将各责任单位年度预算目标完成情况纳入绩效考评体系，切实做到有奖有惩、奖惩分明，以促进发展战略的有效实施。

### （三）发展战略的宣传培训

企业应当重视发展战略的宣传培训工作，为推进发展战略实施提供强有力的思想支撑和行为导向。企业董事、监事和高级管理人员应当树立战略意识和战略思维，充分发挥其在战略制定与实施过程中的模范带头作用；通过采取内部会议、培训、讲座、知识竞赛等多种行之有效的方式，把发展战略及其分解落实情况传递到内部各管理层级和全体员工，营造战略宣传的强大舆论氛围；企业高管层要加强与广大员工的沟通，使全体员工充分认清企业的发展思路、战略目标和具体举措，自觉将发展战略与自己的具体工作结合起来，促进发展战略的有效实施。

（四）发展战略的执行

战略实施过程是一个系统的有机整体，目前复杂动态的市场环境和激烈的市场竞争，对企业内部不同部门之间的这种协同运作提出了越来越高的要求。为此，企业应当培育与发展战略相匹配的企业文化，优化调整组织结构，整合内外部资源，相应调整管理方式。

（五）发展战略的调整

公司战略委员会应当加强对发展战略实施情况的监控，定期收集和分析相关信息，对于明显偏离发展战略的情况，应当及时报告。

对由于经济形势、产业政策、技术进步、行业状况以及不可抗力等因素发生重大变化，确需对发展战略作出调整的，应当按照规定权限和程序调整发展战略。

# 第四节　企业文化

## 一、企业文化的定义与内部控制的关系

（一）企业文化的定义

企业文化是处于一定社会经济文化背景下的企业，在长期的发展过程中逐步形成和发展起来的日趋稳定的、独特的价值观，以及以此为核心而形成的行为规范、道德准则、群体意识、风俗习惯及外化的企业形象的集合，即企业文化是由价值理念、行为准则、企业形象三部分所构成的一个整体。企业文化根植于组织之中，对组织成员的行为和企业的发展有重大的影响。当企业文化形成并得到加强时，它会到处蔓延并通过左右组织成员的知觉、思想和感觉影响组织成员的行为，并进而影响企业的行为和发展。

按照《企业内部控制应用指引第 5 号——企业文化》的定义，企业文化是指企业在生产经营实践中逐步形成的、为整体团队所认同并遵守的价值观、经营理念和企业精神以及在此基础上形成的行为规范的总称。

1. 企业价值观

企业价值观是指企业在追求经营成功过程中所推崇的基本信念和奉行的目标。对于任何一个企业而言，只有当企业内绝大部分员工的个人价值观趋同时，整个企业的价值观才可能形成。与个人价值观主导个人的行为一样，企业所信奉和推崇的价值观是企业的日常经营与管理行为的内在依据。价值观是企业文化的核心。企业文化是以价值观为核心的，价值观是把所有员工联系到一起的精神纽带，价值观是企业生存、发展的内在动力，价值观是企业行为规范制度的基础。

2. 经营理念

经营理念是管理者追求企业绩效的根据，是顾客、竞争者以及职工价值观与正确经营行为的确认，然后在此基础上形成企业基本设想与科技优势、发展方向、共同信念和企业追求的经营目标。经营理念是企业的经营哲学、经营观念和行为规范。如闻名全球的麦当劳，它的经营理念是“Q，S，C，V”，即质量、周到的服务、清洁的环境、为顾客提供更有价值的食品。

3. 企业精神

企业精神是指企业员工所具有的共同内心态度、思想境界和理想追求，它表达着企业的精神风貌和企业的风气。企业精神包括三方面内容：

（1）员工对企业的特征、地位、形象和风气的理解和认同。

（2）由企业优良传统、时代精神和企业个性融合的传统信念、作风和行为准则。

（3）员工对企业的生产、发展、命运和未来抱有的理想和希望。

企业可以根据自己的情况提炼出能够充分显示自己企业特色的企业精神。企业精神一旦形成，就会产生巨大的有形力量，就能对企业成员的思想和行为起到潜移默化的作用。

### （二）企业文化与内部控制

《企业内部控制基本规范》第十八条第一款规定：“企业应当加强文化建设，培育积极向上的价值观和社会责任感，倡导诚实守信、爱岗敬业、开拓创新和团队协作精神，树立现代管理理念，强化风险意识。”企业文化属于内部控制环节中一个重要的组成部分：一方面，企业文化为内部控制的设计和执行提供了一个良好的氛围；另一方面，在内部控制制度执行过程中可以不断丰富企业文化的内涵，为加强企业文化建设做出贡献。内部控制与企业文化同为现代企业制度，二者在各自制度建设中互为前提，相互支撑，齐头并进，共同完善。

内部控制保持其有效性依赖于企业文化的支持，良好的企业文化氛围保证内部控制制度贯彻执行。总之，企业文化是一种无形的力量，能够增强企业的凝聚力，提高企业内部控制的有效性。企业文化的缺失将直接导致内部控制的运行偏离其目标。重视内部控制的企业文化，不仅有利于科学、合理地制定和执行内部控制制度，而且还可以弥补内部控制制度的不足，使企业内部控制始终处于有效状态。在良好的企业文化基础上建立的内部控制制度，必然成为人们的行为规范，会得到很好的贯彻执行。

企业应当采取切实有效的措施，积极培育具有特色的企业文化，引导和规范员工行为，打造以主业为核心的企业品牌，培育体现企业特色的发展愿景、积极向上的价值观、诚实守信的经营理念、履行社会责任和开拓创新的企业精神以及团队协作和风险防范意识，形成整体团队的向心力，促进企业长远发展。

## 二、企业文化的意义

企业文化的作用巨大。美国管理学界在研究日本企业成功的原因时，发现日本企业内部有一种强大的精神企业文化，正是这种企业文化在推动着日本经济的崛起。美国知名管理和领导权威约翰科特教授与其研究小组的研究成果表明：企业文化会产生极其强有力的经营业绩。美国兰德公司的研究也表明，世界500强企业之所以强，关键在于以文化实力制胜，这是不可否认的事实。

具体地讲，企业文化建设可以为企业提供精神支柱，可以提升企业的核心竞争力，还可以为内部控制有效性提供有力保障。

## 三、企业文化的风险

1. 缺乏积极向上的价值观、诚实守信的经营理念和为社会创造财富并积极履行社会责任的企业精神，可能导致员工丧失对企业的认同感，人心涣散，企业缺乏竞争力。

2. 忽视企业并购重组中的文化差异和理念冲突，可能导致并购重组失败。

3. 缺乏开拓创新、团队协作和风险意识，可能导致企业发展目标难以实现，影响可持续发展。

4. 缺乏诚实守信的经营理念，可能导致舞弊事件的发生，导致企业损失，影响企业信誉。

## 四、企业文化的建设

### （一）企业文化建设的特点

企业文化是共性与个性的统一，中国企业文化必然带有中国本土文化、企业特点以及市场经济等各种因素的特征。

1. 企业文化具有鲜明的个性特色

企业文化因企业的类型，所处行业的性质、规模、人员结构、发展阶段等方面的差异而各不相同。不同的社会、不同的民族、不同地区的不同企业，其文化风格各不相同。即使两个企业在环境、设施设备、管理组织、制度手段上可能相近甚至一致，在文化上也会呈现出不同的特点。这是由企业生存的社会、地理、经济等外部环境以及企业所处行业的特殊性、自身经营管理特点、企业家素养风范和员工的整体素质等内在因素决定的。企业文化是企业基本特点的体现，是一个企业独特的理念和风格的具体反映。当然，由于企业作为市场经济和文明社会的产物，其文化中体现着市场经济的一般规律，渗透着人类文明的共同意识，不同企业的文化也具有很多共性。企业文化的共性是时代特征和社会特征的综合体，反映了社会环境对企业文化的影响。

2. 企业文化建设具有很强的实践性

企业文化建设要针对企业实际，解决实际问题，将企业文化落到实处。企业文化纲领的起草过程，重在使企业的文化生根落地，而不仅仅是追求拿出一个时髦的文本。它是要把企业文化渗透到企业的制度建设、流程建设以及员工的行为规范的过程中去，并把制度建立在心理契约的基础之上，使员工行为从他律走向自律，使企业进入组织管理的最高境界——文化管理。

3. 企业文化建设是一个长期的过程

企业文化的定义和性质决定了企业文化建设不可能一蹴而就。一是提炼凝固成企业文化并逐步形成企业独特的氛围是长期的过程；二是企业文化建设虽然有终极目标，但是在企业发展过程中不断地提高、改进、修正也是长期的过程。将一种意志统一为群体的意志，再将这种意志转化为持久的行动，一定需要长期的、艰苦的努力。

企业文化建设没有速成的。有完整的企业文化手册、规范的制度文化和形象识别系统，甚至包括大规模的文化理念导入，仅仅是企业文化建设的开始。企业文化里包含着企业的终极目标，但是企业文化建设却不是企业的终极目标，而是企业明晰自己终极目标的过程，找到实现这一终极目标的路径过程，推动实现这一终极目标的运动过程。企业文化要在过程中推进，在过程中调整，在过程中实现其自身的价值。

4. 企业文化建设是全员参与的系统工程

企业文化纲领的起草过程是全体员工共同参与的一个过程，也是一个组织变革与文化创新的过程，更是员工自我超越的过程，因此它需要全体员工为企业文化纲领的起草、贯彻、执行贡献心智。要实现企业高层与中层、基层之间的有效沟通就必须建立一个共同语言系统，即企业文化的传递系统。起草企业文化纲领实际上也是寻找一个传递系统、一个共同语言系统，使上下对企业未来可持续发展的基本问题彼此达成共识，从而形成面向未来的内聚力。企业文化这些纲领性文件的起草过程本身就是一个文化建设的过程，让全体员工共同参与起草企业文化纲领，使企业上下对企业的使命、追求、核心价值观达成共识。

### （二）企业文化建设的重要性

1. 企业文化建设是促进企业发展和提高企业经济效益的重要途径

经济文化一体化已成为知识经济时代的显著特征，构建优秀的企业文化已成为国内外许多知名企业发展战略的重要内容。优秀的企业文化，是企业在长期生产经营、改革发展中倡导、积累并经过筛选提炼形成的，是企业生存和发展的内在动力，是规范企业和员工行为的软约束，是提升企业形象、增加企业价值的无形资产，是企业核心竞争力的形成要素和重要组成部分，也是促进企业发展、提高经济效益、使企业立于不败之地的重要途径。

2. 企业文化建设是留住人才的根本途径

人才与文化是企业竞争力的源泉，是企业可持续发展的基本驱动力。先进的企业文化是企业的灵魂、竞争的源头。先进的企业文化可使企业由小变大、由弱变强，可给员工以安全感，给优秀人才提供施展才华和智慧的平台。企业要靠待遇留人，更重要的还要靠企业的发展留“心”，靠企业文化留“心”。留住了“心”，自然也就留住了人。因此，文化管理是现代企业管理的最高境界。

3. 企业文化建设是提升企业形象的有效途径

企业形象是企业文化的外化，是企业文化在传播媒介和对外交往中的映射，企业文化则是企业形象的核心和灵魂。每一个企业都要注重塑造良好的企业形象，以使企业能够更好地获得消费者认知，让广大消费者能够在众多的商品和服务中认识本企业和本企业所提供的产品或服务，并且进一步产生认同感和良好的印象，只有这样才能提升自己的市场占有率。

### （三）企业文化建设的重点

按照《企业内部控制应用指引第 5 号——企业文化》的要求，企业应关注以下方面。

1. 塑造企业核心价值观

核心价值观是企业在经营过程中坚持不懈、努力使全体员工都必须信奉的信条，体现了企业核心团队的精神，往往也是企业家身体力行并坚守的理念。

核心价值观是企业的灵魂，会渗透到企业行为的各个方面。核心价值观的作用机制为："核心价值观—企业的理念、原则—企业制度—员工的行为"。企业文化建设应该以塑造企业核心价值观为主导。企业应当根据发展战略和实际情况，总结优良传统，挖掘文化底蕴，提炼核心价值，确定文化建设的目标和内容，形成企业文化规范，使其构成员工行为守则的重要组成部分。企业的管理者和员工应该始终重视核心价值观的培育、维护、延续和创新。

2. 打造以主业为核心的品牌

打造以主业为核心的品牌，是企业文化建设的重要内容。品牌通常是指能够给企业带来溢价、产生增值的一种无形的资产，其载体是用来和其他竞争者的产品或服务相区分的名称、术语、象征、记号或者设计及其组合。品牌之所以能够增值，主要来自于消费者心智中形成的关于其载体的印象。品牌价值的核心是信誉，品牌管理的核心是对企业信誉的管理。

3. 充分体现以人为本的理念

"以人为本"是企业文化建设应当信守的重要原则。企业的"企"字是上"人"下"止"，就是告诉人们，企业无人则止，企业无人则不足以兴业。一个企业经营得好坏关键是看企业能不能聚人，能不能人尽其才，能不能才尽其用。有灵魂的企业，可以通过核心价值观、企业文化，使每个人充分发挥自己的才能，实现自己的价值。

4. 强化企业文化建设中的领导责任

《企业内部控制应用指引第 5 号——企业文化》第七条指出："董事、监事、经理和其他高级管理人员应当在企业文化建设中发挥主导和垂范作用，以自身的优秀品格和脚踏实地的工作作风，带动影响整个团队，共同营造积极向上的企业文化环境。"同时，企业应当促进文化建设在内部各层级的有效沟通，加强企业文化的宣传贯彻，确保全体员工共同遵守。

5. 高度重视并购重组中的文化整合

企业并购，应当特别注重文化整合。一要在组织架构设计环节考虑文化整合因素。如果企业并购采用的是吸收合并方式，则必然会遇到各种参与并购企业员工"合并"工作的情况。为防止文化冲突，既要在治理结构层面上强调融合，又要在内部机构设置层级上体现"一家人"的思想，务必防止出现吸收合并方员工与被吸收合并方员工"分拨"的现象。

6. 推进文化创新

没有创新，企业文化建设就没有活力，就无法结出有生命力的硕果。企业文化建设不是静止和一成不变的，必须与时俱进，适应形势变化。为此，企业应当建立企业文化评估制度，明确评估的内容、程序和方法，落实评估责任制，避免企业文化建设流于形式。

# 第五节　人力资源

## 一、人力资源的定义

根据《企业内部控制应用指引第 3 号——人力资源》定义，人力资源是指企业组织生产经营活动而录（任）用的各种人员，包括董事、监事、高级管理人员和一般员工，其本质是企业组织中各种人员所具有的脑力和体力的总和。

## 二、人力资源的对象

1. 高级管理人员

高级管理人员包括决策层和执行层。企业董事会成员和董事长构成企业的决策层，是决定企业发展战略的关键管理人员。决策层团队应具有战略眼光，具备国内、国际形势和宏观政策的分析判断能力，对同行业、本企业的优势具有很强的认知度。执行层通常又被称为“经理层”，应当树立“执行力”这一重要概念。

2. 专业技术人员

核心技术是企业赖以生存和发展的关键所在。专业技术人员是企业核心技术的创造者和维护者。

3. 一般员工

一般员工是企业人力资源的主体。人员素质的高低对企业内部控制的执行有重要的影响。内部控制制度作为规范的标准或者条例，具有既定性质，而企业经济活动环境经常处于变动之中，决定了制度执行者在业执行制度过程中有选择性。不同的选择将有不同的执行结果，完善制度执行的选择控制从实质上讲也是企业员工素质控制的内容之一。若员工素质良好，有信用，有正义感，即使某些控制措施缺失，企业也能行为规范、信用可靠；若员工素质较低、无原则、无正义感，则即使有控制制度，企业也可能因此蒙受损失或者名誉扫地。因此，人员控制也是内部控制的关键内容之一。

## 三、人力资源的主要风险

1. 人力资源缺乏、结构不合理、开发机制不健全，可能导致企业发展战略难以实现。

2. 人力资源激励约束制度不合理，关键岗位人员管理不善，优胜劣汰机制不完善，可能导致人才流失、经营效率低下或者关键技术、商业秘密和国家机密泄露。

3. 人力资源退出机制不当，可能导致法律诉讼或使企业声誉受损。企业应当重视人力资源建设，建立科学的人力资源管理制度，对人力资源规划与实施、激励与约束、离职等作出明确规定，充分调动整体团队的积极性、主动性和创造性，全面提升企业的核心竞争力。

## 四、人力资源的设计

### （一）人力资源的引进与开发

企业应当根据发展战略，结合人力资源现状和未来需求预测，制定人力资源总体规划，优化企业人力资源整体布局，确保人力资源供给和需求达到动态平衡，实现人力资源合理配置。企业应当根据人力资源总体规划，结合生产经营实际需要，制订年度人力资源计划，按照规定的权限和程序审批后实施。

根据人力资源能力框架要求，明确各岗位的职责权限、任职条件和工作要求，遵循德才兼备、以德为先和公开、公平、公正的原则，通过公开招聘、竞争上岗等多种方式选聘优秀人才，重点关注选聘对象的价值取向和责任意识。企业选拔高级管理人员和聘用中层及以下员工，应当切实做到因事设岗、以岗选人，避免因人设事或设岗，确保选聘人员能够胜任岗位职责要求。

企业应当建立选聘人员试用期和岗前培训制度，对试用人员进行严格考察和岗前培训，促进选聘员工全面了解岗位职责，掌握岗位基本技能，适应工作要求。试用期满考核合格者，方可正式上岗；试用期满考核不合格者，应当及时解除劳动关系。

员工素质是内部控制得以有效实施的关键所在，员工的素质控制是内部环境的重要组成部分。而员工培训则是保证和提高员工职业素质和专业胜任能力的重要途径。因此，企业应当重视人力资源开发工作，通过多种形式促进高级管理人员和中层以下员工的知识更新，不断提升整体团队的服务效能。

1. 高级管理人员引进与开发控制制度设计

（1）高级管理人员聘任。企业要拟定高级管理人员引进计划，并提交董事会；对拟定人员要进行任前考察，对其价值观、战略思维、企业家精神、综合素质和能力进行全局性评估，判断其创新、决策、管理和承担风险的能力；董事会要对高级管理人员的引进进行审议，关注高级管理人员的引进是否符合企业发展战略，是否符合企业当前和长远需要，是否有明确的岗位设定和能力要求，是否设定了公平、公正、公开的引进方案；推行任前公示制度，广泛听取意见。

（2）高级管理人员任用。实行高级管理人员任职试用期制度，实行高级管理人员任职亲属回避制度，实行高级管理人员系统培训制度。企业对高级管理人员的开发要注重激励和约束相结合，创造良好的干事业的环境，让高级管理人员的聪明才智充分显现，真正成为企业的核心领导者。

2. 专业技术人员的引进和开发控制制度设计

专业技术人员的引进和开发控制制度设计应注重的措施有：注重专业技能和综合素质建立选聘专业技术人员试用期和岗前培训制度，对试用人员进行严格考察，促进选聘人员全面了解岗位职责，掌握岗位基本技能，适应工作要求。试用期满考核合格以后，方可正式上岗、试用期满考核不合格者，应当及时解除劳动关系。树立尊重知识、尊重人才的企业文化，建立合理的人才团队，形成人才队伍梯队，以建立良好的专业人才激励约束机制等。

3. 一般员工引进和开发控制制度设计

一般人员的流动性大，招聘的一般人员数量较多，所处岗位的物质待遇相对较低。因此，在企业内部要弘扬和确立尊重知识、尊重人才的文化氛围；重视岗位练兵和现场管理工作，鼓励基层员工钻研业务，开展现场管理和挖掘活动，树立“工人专家”的典型，客观开展岗位评价工作。最重要的是，打通不同级别岗位之间的晋升通道，在员工和岗位之间形成科学有序的良性流动机制。

### （二）人力资源的激励、约束和退出

企业应当建立人力资源的激励、约束与退出机制，确保整体团队持续处于优化状态。

1. 绩效考核

企业应当设置科学的业绩考核指标体系，对高级管理人员和中层以下员工的业绩进行考核与评价，以此作为确定员工薪酬、晋升、降级、辞退等的重要依据，切实做到严格考核，有奖有惩，强化对整体团队的激励与约束。

首先，绩效考核可以建立员工认同的标准，解决管理上的问题：谁应该晋升，谁应该得到奖金，谁应该进行调动。

其次，绩效考核可帮助先进持续发展，鼓励落后者前进，根据员工的职业路线、能力特点，确定谁适合做什么工作，谁需要补充基础知识，谁需要学习新的知识。

最后，绩效考核可以使员工的目标和企业保持一致，提高员工的责任感、企业的凝聚力和工作效率。

2. 定期轮岗

企业应当制定各级管理人员和关键岗位员工定期轮岗制度，明确轮岗范围、轮岗周期、轮岗方式等，形成相关岗位的有序持续流动。在实行职务轮换制度时，原则上是同专业领域内对换，不跨专业。在每一次职务轮换过程中，应重点办好相互交接工作，划清各自责任。

3. 激励和约束

约束是控制员工素质的一个重要途径，可以促使员工自觉提高其自身素质。约束主要包括对员工确立责任、考勤和处罚方面的内容。激励同样是控制员工素质的一个重要方面，可以激发员工内在的工作动力，激发他们努力工作，更好地去实现企业既定的目标和任务，更好地履行其工作职责。激励的方式有物质激励和精神激励。企业应当制定与业绩考核挂钩的薪酬制度，切实做到薪酬安排与员工贡献相协调，体现效率优先，兼顾公平。

4. 退出机制

企业员工退出（辞职、解除劳动合同、退休等），应当符合国家有关法律法规的规定，退出的条件和程序应当予以明确。企业应当根据绩效考核的结果，对不能胜任岗位要求的员工，应当及时暂停其工作，安排再培训；或调整工作岗位，安排转岗培训。如果培训后仍不能满足岗位职责要求的，应当按照规定的权限和程序解除劳动合同。董事、经理及其他高级管理人员离职应当进行工作交接或离任审计。

企业应当定期对年度人力资源计划执行情况进行评估，查找人力资源管理中存在的主要缺陷和不足，采取有效措施，及时加以改进，确保企业整体团队充满生机和活力。

（1）高级管理人员的激励、约束和退出

企业高级管理人员，除了人性的弱点所引发的道德风险外，还有企业制度本身存在缺陷的原因，对企业高级管理人员缺乏有效的激励和约束，使得他们有机会利用手中掌握的权力，谋求个人利益，做出危害企业的事情。

在个人要素方面，主要防范的是高级管理人员的道德风险和能力风险。在制度方面主要考察企业制度方面的缺陷，评估企业在产权制度、治理结构、组织结构、管理制度等方面是否科学，是否能够有效地调动企业高级管理者的工作热情，有效监督约束他们的行为，避免因缺乏有效激励和监督约束而导致高级管理人员心态失衡、有机可乘，产生风险。

（2）技术人员的激励、约束和退出

对于掌握或涉及产品技术、市场、管理等方面关键技术、知识产权、商业秘密或国家机密的工作岗位上的员工，企业要按照国家有关法律、法规并结合企业实际情况，建立健全相关规章制度，加强日常管理，并与退出的技术人员约定相关保密责任和竞业限制期限，防止其泄露企业的核心技术、商业机密和国家机密等。

（3）一般员工的激励、约束和退出

对于一般员工，首先，要建立符合企业发展战略的薪酬制度与激励制度，激发劳动者的工作积极性。其次，要建立科学合理的人才晋升机制，对于具备足够忠诚度和业务能力的员工，向其提供走向管理层的机会。最后，一般员工退出企业时，企业要向其支付与其劳动价值相匹配的薪酬，尤其是对于需要辞退的员工，还要给予充分的理由，避免不必要的法律诉讼风险。

# 第六节　社会责任

## 一、社会责任的定义

根据《企业内部控制应用指引第 4 号——社会责任》的规定，企业社会责任，是指企业在经营发展过程中应当履行的社会职责和义务，主要包括安全生产、产品质量（含服务）、环境保护、资源节约、促进就业、员工权益保护等。

之所以单独制定了社会责任指引，主要是从实现企业与社会协调发展的要求出发，旨在促进企业在创造利润、对股东利益负责的同时，不要忘记对员工、对消费者、对社会和环境的社会责任，包括遵守商业道德、生产安全、职业健康、保护劳动者的合法权益、保护环境、支持慈善事业、捐助社会公益、保护弱势群体等方面。

## 二、社会责任的意义

企业履行社会责任有很多积极意义。

1. 企业是在价值创造过程中履行社会责任

通过价值创造，不断通过税收、红利、工资和产品等形式为国家、股东、员工以及消费者提供财富，其本质就是在履行社会责任。

2. 履行社会责任可以提高企业的经济效益

企业承担社会责任，并不必然导致企业竞争力的削弱，反而会有助于改善企业形象吸引更多的客户及强化企业的经济效益。可见，企业将履行社会责任融入产品之中会为企业带来额外的收益。

3. 履行社会责任可以实现企业的可持续发展

社会责任的履行可以帮助企业规避监管等风险，赢得品牌和声誉，赢得公信力和商机。只有得到社会尊敬的企业才能进入良性发展的轨道，实现企业价值最大化目标，这也是实现可持续、长远发展的根本所在。

## 三、社会责任的主要风险

企业至少应当关注履行社会责任方面的下列风险：

1. 安全生产措施不到位，责任不落实，可能导致企业发生安全事故。
2. 产品质量低劣，侵害消费者利益，可能导致企业巨额赔偿、形象受损，甚至破产。
3. 环境保护投入不足，资源耗费大，造成环境污染或资源枯竭，可能导致企业巨额赔偿，缺乏发展后劲，甚至停业。
4. 促进就业和员工权益保护的力度不够，可能导致员工积极性受挫，影响企业发展和社会稳定。

## 四、社会责任的设计

### （一）企业高管人员应给予充分重视

企业高管人员尤其是一把手的支持和承诺是企业社会责任管理体系的关键所在，对体系的建立、运行和保持具有十分重要的意义。企业高管人员应当重视履行社会责任，切实做到经济效益与社会效益、短期利益与长远利益、自身发展与社会发展相互协调，实现企业与员工、企业与社会、企业与环境的健康和谐发展。企业应该积极解决企业负责人无视社会责任的问题，既要在遴选、任命环节严格把关，也应依赖于民主监督、法律制裁，将问题消灭于萌芽期。

### （二）企业应建立或完善履行社会责任的体制和运行机制

企业要把履行社会责任融入企业发展战略，落实到生产经营的各个环节，明确归属管理部门，建立健全预算安排，逐步建立和完善企业社会责任统计指标和考核体系，为企业履行社会责任提供坚实的基础与保障。

### （三）企业应建立责任危机处理机制

近年来，一系列与人民生活息息相关的企业逃避社会责任事件不断曝光，不少企业相继陷入社会信誉危机。面对危机，有的企业化险为夷，而有的则轰然坍塌。化解危机的关键在于企业有无合理的责任危机处理机制。

企业首先应该建立危机处理责任制度，对于影响企业外部形象和自身发展的突发事件，要在第一时间及时处理，把损失降低到最低程度；对于可能对公众信心、消费者选择产生重大影响的事件，应由单位负责人在媒体上予以说明并致歉；企业内部应保持畅通的沟通渠道，将平时的小问题及时反映、沟通并解决，避免形成大问题。

### （四）应建立良好的企业社会责任报告制度

发布社会责任报告，是企业履行社会责任的重要组成部分，可使企业由外而内地深入审视企业与社会的互动关系，全面提高企业服务能力和水平，提高企业的品牌形象和价值。

### （五）应着力防范安全生产风险

安全生产要求最大限度地减少劳动者由工伤和职业病所带来的风险，保障劳动者在生产过程中的生命安全和身体健康。在我国，由于企业安全生产的意识非常淡薄，众多生产经营单位的生产安全条件差、安全技术装备陈旧落后、安全投入严重不足，企业负责人和从业人员安全执业素质低、安全管理混乱等原因，致使我国安全生产事故频发。

企业防范安全生产风险的控制措施有：

（1）建立安全规章制度。

（2）建立安全生产管故频发管理机构。

（3）落实安全生产责任制。

（4）加大安全生产投入，特别是高危行业中的企业应当将安全生产投入列为首位。

（5）组织开展生产设备的经常性维护管理，及时排除安全隐患，切实做到安全生产。

（6）加强安全生产教育。

（7）实施岗位资格认证制度。

（8）建立安全事故应急预警。

（9）建立完善安全生产报告机制。

### （六）应有效控制产品质量风险

企业产品质量的优劣，事关消费者的身体健康和安全，保证产品质量是企业履行社会责任的一个重要方面。但企业的逐利行为常常成了企业发展的第一要务，忽视消费者权益的情况时有发生。企业如何忠实地履行对产品质量的承诺，真正尊重与维护消费者的权利，是一家企业最基本的道德准则和最重要的社会责任。

控制产品质量风险的主要措施有：建立健全产品质量标准体系，严格质量控制和检验制度，加强产品售后服务等。

### （七）应切实降低环境保护与资源节约风险

企业环境保护和资源节约方面的风险包括：环境法律、法规、行业政策的限制风险。绿色消费的推崇、绿色贸易壁垒的设置风险，企业所属行业的特点引起的环境风险。生产企业在降低环境保护和资源节约风险方面的控制措施包括：（1）转变发展方式，实现技术、管理水平的限制引起的环境风险等；（2）依靠科技进步和技术创新，着力开发利用可再生资源；（3）建立环境保护和资源节约监测考核体系等。

### （八）应切实规避促进就业与员工权益保护风险

企业在促进就业方面的风险主要包括：（1）法律风险；（2）招聘失败风险；（3）人才过剩风险。降低企业促进就业方面风险的控制措施主要包括：（1）提供公平就业机会；（2）加强对应聘人员的审查。

企业在保护员工合法权益方面的风险主要包括：（1）侵犯员工民主权利的风险；（2）侵犯员工人身权益的风险；（3）薪酬管理风险；（4）员工发展风险等。

企业在促进就业与保护员工合法权益方面的风险控制措施有：（1）提供公平的就业机会；（2）加强对应聘人员的审查；（3）建立完善科学的员工培训和晋升机制；（4）建立科学合理的员工薪酬增长机制；（5）维护员工的身心健康。

### （九）应重点管理产学研用结合风险

《企业内部控制应用指引第4号——社会责任》第二十条规定："企业应当按照产学研用相结合的社会需求，积极创建实习基地，大力支持社会有关方面培养、锻炼社会需要的应用型人才。"企业在产学研用结合方面的风险可能有：（1）研发风险；（2）市场风险；（3）利益分配风险等。

产学研用结合风险的控制措施有：（1）企业应当重视产学研用结合；（2）确定不同产学研合作方式下的利益分配模式。

### （十）应格外关注慈善事业风险

《企业内部控制应用指引第4号——社会责任》第二十一条规定："企业应当积极履行社会公益方面的责任和义务，关心帮助社会弱势群体，支持慈善事业。"大力推动企业支持社会慈善爱心活动，对于组织调动社会资源、调节贫富差距、缓解社会矛盾、促进社会公平、构建和谐社会具有重要而深远的意义。慈善事业风险的影响主要在于对企业形象负面影响的风险和捐款过度给企业带来的现金短缺风险。

## 案例分析

### 海尔的内部控制环境

海尔集团的前身青岛冰箱总厂是一个濒临倒闭的集体企业。1984年有员工820人，年生产电冰箱740台，销售收入348万元，固定资产500万元，年亏损147万元，出口为零。而几年之后，青岛利勃海尔电冰箱获得中国电冰箱生产史上第一枚国优金牌，一跃成为我国家电第一名牌。1993年，青岛海尔电冰箱股份有限公司股票上市。2000年，海尔总资产40.35亿元，固定资产12.14亿元，年销售收入48.28亿元，利润总额4.24亿元。目前，海尔集团在49个国家和地区拥有18000多个营销点，产品销往87个国家和地区。在短短20多年的时间里，海尔从一个即将倒闭的企业发展成为一个国际化公司，成为成千上万企业竞相仿效的对象。而在海尔众多的"法宝"中，不得不谈的是其成功的基石——

良好的内部控制环境。

## 一、海尔的内部控制环境

### （一）管理哲学和文化建设

管理层只有重视内部控制制度，企业的内部控制才能有效。海尔坚持管理高质量，不做表面文章，注重管理实效，管理制度、标准、程序确定以后必须严格执行，依法治厂，无一例外。1984 年，一位用户要买一台冰箱，但挑了许多台，都或多或少存在毛病，最后只能勉强拉走一台。顾客走后，现任海尔集团董事长、时任海尔冰箱总厂厂长的张瑞敏派人把库里 400 多台冰箱全部翻箱，发现有缺陷的就有 76 台冰箱。他将冰箱摆在车间里，让每一个员工参观，让大家说怎么办。大家一致的看法是，便宜处理给职工。当时一台冰箱 800 多元，但职工的月工资只有 40 元，一台冰箱相当于一个工人 2 年的工资。张瑞敏对员工说，如果便宜处理给你们，就等于告诉大家可以生产这种带缺陷的冰箱，今天是 76 台，明天就可能是 760 台、7600 台。张瑞敏决定砸毁这有缺陷的 76 台冰箱，很多职工在砸冰箱时流下了眼泪。这种处理办法，将依法治厂的观念深植于职工的心中，让职工深深地意识到企业的管理制度必须严格执行，这样才能保证制度有效。迄今为止，海尔是中国家电行业唯一一家五大产品全部通过 ISO9001 国际质量保证体系认证和国内首家通过 ISO14001 认证的家电集团，也是中国第一个列入美国 UL 认证名录的企业，并通过了欧盟 EN45001 认证，是中国第一家产品在国内就可获得国际认证的企业。

企业文化有助于在企业职工中形成向心力，使内部控制制度得以顺利实施。多年来，海尔把企业文化作为与企业高科技发展并存的一项系统工程来建设。海尔文化由企业理念和管理组成，渗透到集团各个分支机构和实业经营部门的经营管理中，贯穿于海尔的企业管理、质量、检测、销售、服务、资产重组、体制转换、跨国经营、科研、教育等领域之中，具体体现在企业经营策略和各种规范、规章制度的实践中，比如发展战略、经营目标体系、组织结构、人力资源的开发和利用、激励和竞争的奖惩制度、职业纪律与规范、环境建设、员工行为仪表等。1995 年，海尔兼并了青岛红星电器厂，展现出海尔文化的威力。当时青岛红星电器厂总资产 4 亿多元，而负债高达 5 亿元，兼并后海尔没有注入一分钱，没增加一台机器，只是派了 3 位管理人员将海尔文化、海尔的管理体系带到被兼并企业，使被兼并企业的员工从思想上、观念上实现脱胎换骨的转换。被兼并企业在 3 个人进入后 3 个月就停止了亏损，5 个月后摆脱困境，盈利逾 151 万元。

### （二）管理组织架构

合理的企业组织架构可以保证内部控制活动有条不紊地进行。1991 年，海尔开始着手解决体制创新和组织结构调整问题，当年以海尔电冰箱总厂、青岛空调器厂和青岛电冰柜总厂为基础共同组建了股份制的集团总公司。1993 年，海尔在上海证交所上市，这标志着海尔集团又一次的体制创新，进一步得到了与自身现代化经营相互适应的体制保证。集团内部形成了适应经营特点的联合舰队体制框架，下属企业也按照《中华人民共和国公司法》进行产权规范，建立了母公司与子公司、子公司和子公司之间相互交叉持股、参股的多元投资主体的产权关系。集团兼并的 18 个企业，无论是国有企业还是其他所有制成分的企业，都与集团公司形成了出资明晰的产权关系。随着集团规模的扩大，完全靠集团公司指挥每一个企业是不现实和低效率的，海尔又一次调整组织机构，改为事业部制，形成了责权明晰的四个层次的管理体系：集团总部是投资决策中心，各事业部是利润中心，生产工厂、公司为成本控制中心，员工为质量中心，各个层次各负其责。这一以事业部为基础的联合舰队模式使每个加入海尔集团的单位，都成为有很强战斗力的舰只，既能各自为战，又能联合作战，最终实现了整体大于各部门之和的经营效果。

（三）人事政策和程序

海尔的成功说到底是人力资源控制和开发的成功。海尔认为，企业发展来源于员工个人价值的实现，因此，海尔将员工的管理摆在了第一位。海尔对人的管理原则是：充分发挥人的潜能，让每个人不仅能感受到来自内部竞争和市场竞争的压力，而且能将压力转化为竞争的动力。集团各企业根据实际情况制定自己的管理规章制度，做到事事有章可循，处处有法可依。

1. 聘用机制

企业实行管理人员公开招聘，竞争上岗，每月由干部管理部门公布空岗情况和招聘条件，经过笔试、面试和实绩考核，进行选拔上岗或进入人才储备库。上岗干部由人才库提供信息和建议，经公司党政联席会议决定、总裁同意后生效。

2. 考核机制

对已经在岗的干部进行控制，每月要考评一次，根据考评结果进行选拔上岗或淘汰降职。实行“三工”并存、动态转换的用工制度，即设置优秀员工、合格员工、适用员工三个等级，依据考核标准有升有降，每年必须有一定比例的员工被淘汰，以保持企业人员的活力。将实际完成值、目标值和上期完成值进行对比，给予 A、B、C 三个等级的评价，月末按照考核成绩计算出该岗位的工资金额。

3. 激励机制

海尔的工资分档次发放，绩效联酬，为管理人员设置了海尔金、银、铜奖，为企业工人设置了海尔希望奖、合理化建议奖、信得过班组奖、自主管理班组奖，根据考核绩效，给予突出员工奖励。

4. 培训机制

海尔有上岗前培训、适应性培训、提高再培训等几种培训方式，培训内容根据培训机制具体岗位而定。工人接受入厂培训、中级工培训等；管理员工实行继续教育；科研开发岗位员工除继续教育外，还可根据需要参加短期培训和出国培训。每年 12 月，集团公司根据市场变化情况和本年度目标完成情况，制定下一年度的总目标；然后将层次分明、内容完整、责任明确的总目标分解到各个部门，由各个部门再分解为月度目标和计划；各部门将子目标分解为各车间控制的项目，由各车间再分解到每个岗位、每个员工每天的工作项目和责任。

在精细化管理控制上，海尔人坚持人人都管事的原则，将每项管理责任精细到责任。每名员工，大到机器设备，小到每块玻璃都挂有张三负责、李四检查的牌子。每名员工既是责任者，又是管理者，变企业管理是少数人的事为全体员工的事，坚持“事事、物物有人管”的原则，实施全方位的管理，使管理的各要素全部处于控制之中，使各项管理工作都确定了主管人、责任者、配合者、审核者、复审者、工作程序等责权明确的组织管理系统，通过自控、互控和专控形成严密的控制系统。比如电冰箱共有 156 道工序，545 个工位责任区，全部的生产与管理的责任都分解落实到每个人头上，就连冰箱仓库的1964块玻璃，也是每个员工负责一块，必须擦得干干净净。

## 二、海尔启示

海尔内部控制实践说明，内部控制环境是构成内部控制体系的基础；严密的内部控制也熏陶着内部控制的主体——员工。

内部控制的制定和执行首先取决于“人”的影响，这些人包括企业董事会成员、管理阶层及其他员工。COSO报告将内部控制环境构建作为企业内部控制建立和有效运行的基础，居于五大要素之首位，是内部控制“人本观”的最具体体现。

内部控制的效果完全取决于制定并执行控制政策和程序的人的素质与观念，如管理者的风险认知水平和风险偏好、管理风格与经营理念、内部控制意识等。董事会及审计委员会对企业风险的认知和把握、企业员工市场意识和质量观念以及操作技能等都会对内部控制的设计、实施产生深刻影响。反过来，内部控制通过共同遵守的制度和规范、业务特定的流程、企业特定的奖惩和激励政策也影响着员工个人的行为和习惯，上述长期形成的企业文化又不断强化、影响董事会、管理层、全体员工的观念、意识能力和水平等，因此，内部控制环境实质上是一个双向二元的人本过程。

美国政府为恢复投资者信心，挽救由安然、世通、施乐等一系列财务丑闻引发的诚信危机，启动紧急立法机制。美国国会2002年7月通过并颁布了旨在加强对上市公司监管的《萨班斯—奥克斯利法案》。该法案第一次对财务报告及内部控制的有效性提出了明确的要求，要求对上市公司董事及高层管理人员问责。公司的首席执行官和首席财务官必须对财务报告承担个人责任，他们需要声明与财务报告相关的所有材料都是对公司财务状况和运行绩效的准确和公正反映，对未遵守法案的公司和个人要采取罚款和监禁等法律处罚措施。由此可见，法案将公司内部控制的外部监管要求落实到上市公司董事及公司高级管理阶层，专门规定了财务信息对外报告作为公司的首席执行官和首席财务官的具体责任，也充分体现了内部控制的实质是以人为核心的思想。

（《海尔集团的控制环境》，http://ishare. iask. sina. com. cn/f/30VsicSyoRd. html.）

# 第四章　风险评估

## 导入案例

### 中信泰富巨亏事件

2008年10月20日，香港恒指成分股中信泰富突然惊爆，因投资杠杆式外汇产品而巨亏155亿港元！其中包括约8.07亿港元的已实现亏损和147亿港元的估计亏损，而且亏损有可能继续扩大。中信泰富两名高层即时辞职，包括集团财务董事张立宪和集团财务总监周至贤。莫伟龙获任集团财务董事，负责集团财务及内部监控。2008年10月21日，中信泰富股价开盘即暴跌38%，盘中更一度跌至6.47港元，跌幅超过55.4%，当日收报于6.52港元，跌幅达55.1%，远远超过业界预计的20%左右的跌幅。2008年10月22日，香港证监会确认，已经对中信泰富的业务展开调查，而由于中信 泰富的股价在两天内已经跌了近80%，联交所公布的公告显示，中信泰富主席荣智健及母公司中信集团，于场内分别增持100万股及200万股，来维持股价稳定。2008年11月，香港中信泰富在炒外汇衍生工具获得巨额亏损后，终于获母公司北京中信集团出手相助。中信集团向中信泰富授出116亿港元的备用信贷、认购中信泰富发行的可换股债券以及承担中信泰富在外汇累计期权合约的损失。2009年3月26日，中信泰富公布2008年全年业绩，大亏126.62亿港元，董事会主席荣智健强调集团财政状况仍稳健，暂时无供股需要。2009年4月3日，中信泰富继早前被香港证监会调查后，再度接受警方调查。警方商业罪案调查科前往中信泰富总部调查，在逗留一小时之后运走大批文件。2009年4月8日，中信泰富在港交所网站发布公告称，荣智健卸任中信泰富主席，北京中信集团副董事长兼总经理常振明接任。

资料显示，由于特种钢生产业务的需要，中信泰富2007年动用4.15亿美元收购了西澳大利亚两个分别拥有10亿吨磁铁矿资源开采权公司的全部股权。这个项目使得中信泰富对澳元有着巨大的需求。而为了防范汇率变动带来的风险，中信泰富在市场上购买了数十份外汇合约，即中信泰富把宝完全押在了澳元多头上。在中信泰富看来，澳元在最近几年的持续升值趋势还将保持，做多澳元肯定会赢利。中信泰富买入澳元期权合约共90亿澳元，比实际矿业投资额高出4倍多，并且其买入行为也不是一次完成的，而是采取分批买入的方式。应当说，中信泰富在投资澳大利亚磁铁矿时世界经济正处于上升时期的话，此时做多澳元完全可以理解。问题的关键在于，密集买入澳元的时段为2007年8月到2008年8月，而此时，全球经济已显危险征兆，特别是到了2009年，所有不同经济体衰退的趋势非常明显。在这种情况下，尽管中信泰富 已经发生明显亏损却仍在一味做多澳元。之所以如此，就是中信泰富认为澳元跌势已经见底，并试图通过追加投资挽回前面的损失，结果窟窿越填越大。

（作者根据相关资料整理而成）

# 第一节　风险概述

## 一、风险的概念及特征

人们在日常生活和各种经济活动中经常会提到“风险”一词。对于风险的定义，迄今为止国内外学术界众说纷纭，尚未得出一个各方一致认同的概念，经济学家、统计学家、社会学家、精算师、审计师、政治学家等对风险都有着不同的定义，但是他们均将风险同“不确定性”相联系。没有不确定性就没有风险。用“不确定性”来解释风险具有普遍的代表性，可以将其作为理解风险概念的基础。

关于风险的特点众说纷纭，总体来说可以归纳如下：

1. 风险的偶然性

它是指风险的发生不是确定的、必然的或是否定的，而是带有偶然性的。风险对影响目标而言，可能有也可能无，可能大也可能小，可能好也可能坏等，都具有偶然性。从整个社会看，风险事件的发生可能是必然的，如天灾、车祸、地震等等，在什么时间、什么地点，怎样发生，因主客观条件变化及不同又不具有必然性，而是偶然的、不确定的。风险的偶然性是由风险事故的随机性决定的，表现为种种不确定性。其风险事件发生与否具有偶然性，如火灾。就整个社会而言，火灾一定会发生，所以要准备消防设备，提高防火意识。但具体到某一企业、单位，或某一个家庭，就具有偶然性。其二，风险事件何时发生也具有偶然性。如企业会因为突发事件而导致灭亡。其三，风险事故怎样发生，对目标影响多大，也具有偶然性。例如，车祸的发生，尽管司机做了应对各种车祸发生的充分准备，但有时偶然也会发生，这与当时的主客观条件有关，有时是一种外生的强加于人的风险事故。所以某一具体风险事件是否发生，也具有偶然性。

2. 风险的客观性

风险是一种不以人的意志为转移、独立于人的意识之外的客观存在。因为无论是自然界的物质运动，还是社会发展的规律都是由事物的内部因素所决定，由超过人们主观意识所存在的客观规律所决定。人们只能在一定的时间和空间内改变风险存在和发生的条件降低风险发生的频率和损失程度。但是，从总体上说，风险是不可能彻底消除的。正是风险的客观存在，决定了各类风险管理制度、措施存在的必要性。

3. 风险的可变性

所谓可变性是指世上万事万物都处在变化之中，风险更是如此。风险的变化既有量的增减，也有质的改变；既有向有利于目标实现的方面变化，也可能向不利于目标实现的方面变化；原有的风险可能消亡了，而新的风险又可能产生，而且随着外部环境和内部条件的变化随时变化。变是绝对的，不变才是相对的。一切风险都在变，没有不变化的风险。但是，“变”都是在一定条件下的变。不具备一定的条件，风险也不会发生变化。

4. 风险的可测定性

个别风险的发生是偶然的、不可预知的，但通过对大量风险的观察会发现，风险往往呈现出明显的规律性。根据以往大量资料，利用概率论和数理统计的方法可测算风险事故发生的概率及其损失程度，并且可构造出损失分布的模型，成为风险估测的基础。例如，在人寿保险中，根据精算原理，利用对各年龄段人群的长期观察得到的大量死亡记录，就可以测算各个年龄段的人的死亡率，进而计算人寿保险的保险费率。

## 二、风险的分类

对风险的分类可以为风险的识别和管理提供不同的管理思路和界面。对风险可以从不同的角度进行分类，一般说来，风险有以下几种类型：

### （一）按损失产生的原因分类

按损失产生的原因不同，风险可分为自然风险和人为风险。

自然风险指的是由于自然界不可抗力而引起的自然灾害所导致的物质损失和人员伤亡，如台风、洪水、地震等。

人为风险是由人们的行为及各种政治、经济活动引起的风险。人为风险又可以具体分为行为风险、经济风险、政治风险和技术风险。

### （二）按风险的性质分类

按风险的性质不同，风险可分为纯粹风险和投机风险。纯粹风险是指只可能造成损失而无获利可能的风险，如火灾、洪水等。一般而言，纯粹风险事件会重复出现，通常服从大数定律，因而较有可能对其进行预测。

投机风险是指既能造成损失也可能产生收益的风险，它可能是与资产或商业行为有关的风险，也可能是与资本或金融有关的风险。投机风险所致结果有三种可能：损失、无损失和获利。例如，股票市场的变化既可使持股者获得盈利，也可能给持股者带来损失。投机风险较为多变和不规则，大数定律常常对它不适用。

### （三）按风险的对象分类

按风险的对象不同，风险可分为财产风险、人身风险和责任风险。

财产风险是指财产风险损失承担者遭受的财产发生毁损、灭失和贬值的风险，如厂房、设备、住宅、家具遭受自然灾害或因为事故所造成的损失。

人身风险是指人们因生、老、病、死、伤残等原因导致发生经济损失的风险。

责任风险是指个人或团体的行为因侵权或违约致使他人遭受人身伤亡或财产损失应负赔偿责任的风险。

### （四）按人的承受能力分类

按人的承受能力不同，风险可分为可接受风险和不可接受风险。

可接受风险是指预期的风险事故的最大损失程度在单位或个人经济能力和心理承受能力的最大限度之内。

不可接受风险是指预期的风险事故的最大损失程度已经超过了单位或个人经济能力和

心理承受能力的最大限度。

（五）按风险的可控程度分类

按风险的可控程度不同，风险可分为可控风险和不可控风险。

可控风险是指人们能比较清楚地确定形成风险的原因和条件，能采取相应措施控制发生的风险。

不可控风险是指由于不可抗力而形成的风险，人们不能确定这种风险形成的原因和条件，表现为束手无策或无力控制。

## 三、企业风险的含义及分类

企业风险，指未来的不确定性对企业实现其经营目标的影响，具体是指企业在其生产经营活动的各个环节可能遭受的损失威胁。由此可见，企业风险是一个广义的概念，它涉及的范围相当广泛。不管是在采购、生产、销售等不同的经营过程中，还是在计划、组织、决策等不同职能领域里，企业所遇到的风险都统称为企业风险。根据企业的边界可将风险分为内部风险和外部风险。

（一）内部风险

企业的内部风险来源于企业的决策和经营活动。企业决策的风险一方面表现在与外界环境不相适应，另一方面表现在企业本身的经营活动中，经营活动中的风险来自企业的各个流程和各个部门。企业常见的内部风险有战略风险、经营风险（营运风险）、财务风险等。

1. 战略风险

战略风险指不确定性对企业战略目标实现的影响。理解战略风险需要注意：一是战略风险是未来影响企业的各种不确定性事件，已经发生的确定性事件不能作为企业战略风险；二是尽管企业战略因素来源广泛，但并不是每个事件或可能性都构成战略风险，只有当这个事件或偶然性影响到战略目标的实现时，才可以称为战略风险。

2. 营运风险

营运风险指因企业内部流程、人为错误或外部因素而令公司产生经济损失的风险。营运风险包括公司的流程风险、人为风险、信息系统风险、事件风险和业务风险。流程风险指交易流程中出现错误而引致损失的风险。人为风险指因员工缺乏知识和能力、缺乏诚信或道德操守而引致损失的风险。信息系统风险指因系统失灵、数据的存取和处理、系统的安全和可用性、系统的非法接入与使用而引致损失的风险。事件风险指因内部或外部欺诈、市场扭曲、人为或自然灾害而引致损失的风险。业务风险指因市场或竞争环境出现预期以外的变化而引致损失的风险。

3. 财务风险

财务风险指在企业各项财务活动过程中，由于各种难以预料或控制的因素影响，使企业的财务收益与预期收益发生偏离，从而使企业有蒙受损失的可能性。从财务管理职能的角度，企业财务风险可分为筹资风险、投资风险和收益分配风险。筹资风险包括增加企业资金成本和降低企业偿债能力两类风险。投资风险指由于项目不确定因素导致投资报酬率无法达到预期目标的风险。投资决策是建立在一系列假设前提基础上的，当实际情况与假设情况可能出现不一致时，便会形成投资风险。公司股利分配没有达到投资者的预期，可能会导致投资者低估公司价值、抛售公司股票，甚至联合罢免管理层等，这些都会给生产经营活动带来不确定影响。但是，公司过多地分配股利会降低公司的现金拥有量，一方面导致部分投资项目缺乏资金，另一方面还可能引起债务危机。财务风险是客观存在的，企业管理者只能采取有效的措施来降低财务风险，而不可能完全消除财务风险。

（二）外部风险

企业的外部风险来自企业经营的外部环境，包括外部环境本身和外部环境的变化对企业目标的影响。常见的外部风险主要有自然风险、政治风险、市场风险、法律风险、政策风险等。

例如，一家服装鞋类进口商确定了企业的一个总体目标要成为高档时装业的领头羊，企业层面考虑到的外部风险有：

（1）供货渠道（包括质量、数量和外国制造商）的稳定性。

（2）外汇汇率的波动。

（3）接收运货的及时性以及海关检验耽搁的影响、海运公司的可靠性与运费。

（4）国际上敌对事件和贸易禁运的可能性。

（5）来自客户和投资者的压力，比如要求抵制与某个国家的贸易往来，因为该国政府实行了令人无法接受的政策。

除此以外，还应该考虑的风险有：经济状况好转还是恶化的影响，市场对产品是否接受，在该企业的市场范围内是否出现新的竞争对手以及环境或监管的法律、法规是否发生改变等。

1. 自然风险

自然风险是指自然灾害、环境状况等自然环境因素导致的建筑物的损失、限制获取原材料，或者人力资本等方面的损失。

2016 年 9 月 15 日，第 14 号台风“莫兰蒂”登陆厦门。这是 1949 年以来登陆闽南的最强台风，给福建省带来了严重的灾害。在“莫兰蒂”的影响下，多家新三板上市公司发布了不同程度的受损公告。其中，厦门东帝士广告股份有限公司（证券简称“东帝士”，证券代码：（836648）公告称，受强台风及强降雨影响，公司多处户外广告设施受到不同程度的破坏，但未造成人员伤亡。据统计，此次灾情中公司共有 5 块户外看板及数十块公交车广告设施受到不同程度的损坏，直接经济损失大约为 150 万元，预计将对公司 2016 年度营业绩产生一定影响。

2. 政治风险

政治风险是因投资者所在国与东道国政治环境发生变化、东道国政局不稳定、政策法规发生变化给投资企业带来经济损失的可能性。

达信全球风险及特殊险部总裁约翰·佐智克（John Drzik）表示：“随着欧洲难民危机、恐怖袭击等事件的发生，目前的世界政治局势已达到冷战以来最脆弱的时刻。如此动荡的政治环境正迫使跨国企业领导者调整战略决策，他们不得不谨慎考虑这些风险可能对其企业在海外拓展、品牌声誉和供应链体系等方面造成的诸多影响。”①

3. 市场风险

市场风险包括产品市场风险、金融市场风险等。产品市场风险是指因市场变化、产品滞销等原因导致的产品跌价或不能及时卖出自己的产品。金融市场风险包括利率风险、外汇风险、股票与债券市场风险、期货、期权与衍生工具风险等。按照企业参与的产品市场类型，可以分为供给市场风险和需求市场风险。供给市场风险主要来自获取关键设备、主要原材料和人力资源的不确定性，包括供给数量和价格。需求市场中消费者需求改变、产品更新换代、竞争程度加剧、营销渠道不畅以及品牌形象降低等都会造成企业市场风险的暴露。

4. 法律风险

法律风险指因企业内外部的具体行为不规范，引起与企业所期望达到的目标相违背的法律上的不利后果发生的可能性。根据引发法律风险的因素来源，可以分为外部环境法律风险和企业内部法律风险。所谓外部环境法律风险，是指由于企业以外的社会环境、法律环境、政策环境等因素引发的法律风险，包括立法不完备，执法不公正，合同相对人失信、违约、欺诈等。由于引发因素不是企业所能够控制的，因而企业不能从根本上杜绝外部环境法律风险的发生。所谓企业内部法律风险，是指企业战略决策、内部管控、经营行为、经营决策等因素引发的法律风险。表现为企业自身法律意识淡薄，未设置较为完备的法律风险防范机制，对法律环境认知不够，经营决策未充分考虑法律因素，甚至违法经营等。

## 第二节　目标设定

### 一、目标设定的含义

目标设定是风险识别、风险分析和风险应对的前提。企业应当按照战略目标，设定相关的经营目标、财务报告目标、合规性目标与资产安全目标，并根据设定的目标合理确定企业整体风险承受能力和具体业务层次上的可接受的风险水平。

战略目标反映了管理层就主体如何努力为其利益相关者创造价值所作出的选择，是高层次的目标，与其使命相关联并支撑其使命。战略是实现企业目标的全面性、方向性的行动计划。企业在考虑实现战略目标的各种方案时，必须考虑与各种战略相伴的风险及影响。对于同样的战略目标可以选择不同的战略加以实现，而不同的战略则具有不同的风险。因此，企业在战略选择之前，有必要对当前的经营状况进行评估，分析内、外部环境因素，公司在行业中所处的位置及面临的机遇和挑战，从而不断审视当前的目标与使命。

经营目标与企业经营的有效性和效率有关，包括业绩和盈利目标的实现，需要反映企

① 袁蓉君：《世界经济论坛：全球各种风险发生概率上升》，2016 年 1 月 16 日《金融时报》。

业运营所处的特定经营、行业和经济环境。

报告目标与报告的可靠性有关。企业报告包括内部和外部报告，可能涉及财务和非财务信息。可靠的报告为管理层提供适合其既定目标的准确而完整的信息，支持管理层的决策，并对主体活动和业绩实施有效监控。财务报告向报告使用者提供与企业财务状况、经营成果等有关的会计信息，反映企业管理层受托责任的履行情况，有助于报告使用者作出经营决策。内部控制报告可以增强 CEO 及其他高层管理人员的控制意识，传递高层管理人员对内部控制的承诺，进而增强内部控制的有效性。

合规目标与企业活动的合法性有关。企业从事活动必须符合相关的法律和法规，并有必要采取具体措施。这些法律、法规可能与市场、价格、税收、环境、员工福利以及国际贸易有关。企业需要根据相关的法律、法规制定最低的行为标准并作为企业的遵循目标，企业的合规记录可能对它在社会上的声誉产生极大的正面或负面影响。

资产安全目标是我国内部控制体系在 COSO 框架基础上结合国情的创新，资产的安全与完整对于我国企业尤其是国有企业有非常重要的现实意义。近年来，国有资产流失的案件时有发生，内部控制应该把资产安全作为一个重要的目标来加以实现。

## 二、如何设定目标

企业的战略目标一般是稳定的，但与其相关的业务层面的目标具有动态性，会随着内部和外部的条件而调整。在企业风险管理目标的设计过程中，我们首先要确定企业层面的目标，即战略目标。

1. 制定战略目标

战略目标需要通过董事会及员工的相互沟通后确定，同时还要有支持其实现的资金预算及战略计划。战略目标的制定需要经过如下四个阶段：

（1）明确企业发展目标。企业在其中长期规划中应明确自身的发展目标和发展方向，通过培训、宣传手册、领导讲话等方式将企业层面的目标清晰地传达给员工。

（2）制定实现目标的战略规划。企业通过 SWOT 分析，在了解自身的优势、劣势、机会和威胁的基础上制定企业实现目标的战略规划。

（3）制定年度计划及资金预算。企业根据制定的中长期战略规划，编制年度经营计划、年度资金预算等。该年度经营计划及预算应符合企业中长期战略规划的效益目标、投资方向和投资结构。

（4）企业编制企业预算管理办法，明确编制预算的基本原则、内容、编制依据等。

2. 确定业务层面目标

业务层面目标包括如上所述的运营目标、报告目标、合规目标和资产安全目标，它来自企业战略目标及战略规划，并制约或促进企业战略目标的实现。业务层面的目标应具体并具有可衡量性，且与重要业务流程密切相关。业务层面目标的制定需要经过如下四个阶段：

（1）制定业务层面目标。企业的总目标及战略规划为业务层面的目标指明方向，业务层面根据自身的实际情况及总体目标的要求提出本单位的目标，通过上下不断沟通最终确定。

（2）根据企业的发展变化，定期更新业务活动的目标。

（3）配置资源以保证业务层面目标的顺利实现。企业在确定各业务单位的目标之后，将人、财、物等资源合理分配下去，以保证各业务单位有实现其目标的资源。

（4）分解业务目标并下达。企业确定业务层面的目标后，再将其分解至各具体的业务活动中，明确相应岗位的目标。

3. 合理确定风险承受能力

为了合理地确定风险承受能力，在目标设定阶段，企业必须解决以下三个基本问题：

（1）风险偏好。风险偏好是指企业在实现其目标的过程中愿意接受的风险的数量。可以采用定性和定量两种方法对风险偏好加以度量。风险偏好与企业的战略直接相关，在战略制定阶段，企业应进行风险管理，考虑将该战略的既定收益与企业的风险偏好结合起来，目的是帮助企业的管理者在不同的战略之间选择与企业的风险偏好相一致的战略。

（2）风险容忍度。风险容忍度是指在企业目标实现的过程中对差异的可接受程度，是企业在风险偏好的基础上设定的对相关目标实现过程中所出现的差异的可容忍限度。在确定各目标的风险容忍度时，企业应考虑相关目标的重要性，并将其与企业风险偏好联系起来。

（3）风险组合观。企业风险管理要求企业管理者以风险组合的观点看待风险，对相关的风险进行识别并采取措施，以使企业所承担的风险控制在风险偏好的范围内。对企业内每个单位而言，其风险可能控制在该单位的风险容忍度范围内，但从企业总体来看，总风险可以超过企业总体的风险偏好范围，因此应从企业总体的风险组合的观点看待风险。

# 第三节　风险识别

## 一、风险识别的概念

风险识别是对企业面临的各种潜在事项进行确认。所谓潜在事项，是指来自于企业内部和外部可能影响企业战略的执行和目标的实现的一件或者一系列偶发事项。企业应采用系列技术来识别有关事项并考虑有关事项的起因，对企业过去和未来的潜在事项以及事项的发生趋势进行计量。

《企业内部控制基本规范》第三章第二十一条规定：“企业开展风险评估，应当准确识别与实现控制目标相关的内部风险和外部风险，确定相应的风险承受度。”风险识别的目的就是确认所有风险的来源、种类以及发生损失的可能性，为风险分析和风险应对提供依据。由此可见，风险识别是整个风险评估过程中重要的程序之一。

## 二、风险识别的内容

风险识别的主要内容包括如下两个方面：

1. 感知风险事项

通过调查和了解，运用不同的方法，识别企业存在的内部风险和外部风险事项。

2. 分析风险事项

通过归类分析，掌握风险事项产生的原因和条件以及风险事项具有的性质。感知风险事项和分析风险事项构成了风险识别的基本内容，两者是相辅相成、互相联系的。感知到风险事项的存在才能进一步有意识、有目的地分析风险，进而掌握风险的存在及导致风险事项发生的原因和条件。

企业开展风险评估，应当准确识别与实现控制目标相关的内部风险和外部风险。需要注意的是，这些影响企业风险的事项通常不是孤立的，一个事项可能引发另一个事项。在事项识别的过程中，企业应清楚事项彼此之间的关系，通过评估这种关系，才能确定采取何种风险应对措施是恰当的。例如，提高存款准备金的政策，会使利率、汇率、股票价格、房地产价格等都发生联动变化。由此可见，企业对风险事项的识别需要具有一定的前瞻性和系统性。

## 三、风险识别的方法

风险识别实际就是收集有关风险因素、风险事故和损失暴露等方面的信息，发现导致潜在损失的因素。风险识别的方法就是收集和分析这些信息的方法和技术。风险识别的方法一般有财务报表分析法、流程图分析法、事件树分析法、现场调查法、保单对照法等。

### （一）财务报表分析法

财务报表分析法是通过资产负债表、利润表、现金流量表和其他附表等财务信息的分析来识别风险事项。财务报表分析法是由 A. H. 克里德尔于 1962 年提出的事项识别方法。克里德尔认为，分析资产负债表等财务报表和相关的支持性文件，风险管理人员可以识别风险主体的财产风险、责任风险和人力资本风险等。这是因为风险主体的经营活动最终会涉及货币或财产，运用财务报表进行分析可以发现企业所面临的主要风险。

财务报表分析法具体分为以下几种主要方法：

1. 趋势分析法

趋势分析法是通过对一家企业连续数期的利润表和资产负债表的各个项目进行比较，以求出金额和百分比增减变动的方向和幅度，以揭示当期财务状况和经营状况增减变化的性质及其趋向。例如，进行资产负债表比较分析，如果发现企业大量举债而又缺乏按时偿还的能力，那么企业可能落入“举债—再举债—债上加债”的恶性循环之中，危及企业的生存。

趋势分析法通常包括横向分析法和纵向分析法。横向分析法又称“水平分析法”，是在会计报表中用金额、百分比的形式，将各个项目的本期或多期的金额与基期的金额进行比较分析，以观察企业经营成果与财务状况的变化趋势。纵向分析法又称“垂直分析法”，是对会计报表中某一期的各个项目，分别与其中一个作为基期金额的特定项目进行百分比分析，借以观察经营成果与财务状况的变化趋势。例如，企业资产负债率=总负债/总资产×100%。该指标反映企业长期偿债能力，将该指标同以往年度的可比指标进行对比，能更加清楚地揭示出企业长期偿债能力的变化趋势，并能够进一步分析企业是否存在财务风险。

2. 比率分析法

比率分析法就是把财务报表的某些项目同其他项目进行比较，这些金额或者数据可以选自一张财务报表，亦可以选自两张财务报表。比率分析法可以分析财务报表所列项目与项目之间的相互关系，运用得比较广泛。主要有经营成果的比率分析、权益状况的比率分析、流动资产状况的比率分析。例如，资金利润率的大小反映资本投资的综合效果，如果其值很小乃至是负值，则企业的经营风险增大。存货周转率要适中，存货过多会浪费资金，存货过少不能满足流转需求。

3. 因素分析法

因素分析法也是财务报表分析中常用的一种技术方法，它是指把整体分解为若干个局部的分析方法，包括比率因素分解法和差异因素分解法。

（1）比率因素分解法

比率因素分解法是指把一个财务比率分解为若干个影响因素的方法。例如，净资产收益率可以分解为总资产收益率和权益乘数两个因素的乘积，财务比率是财务报表分析的特有概念。在实际的分析中，分解法和比较法是结合使用的，比较之后需要分解，以深入了解差异的原因。分解之后还需要比较，以进一步认识其特征。不断地比较和分解，构成了财务报表分析的主要过程。

（2）差异因素分解法

为了解释比较分析中形成差异的原因，需要使用差异分解法。例如，将直接人工成本差异分解为价格差异和数量差异。差异因素分解法又分为定基替代法和连环替代法两种。

定基替代法是测定比较差异成因的一种定量方法。按照这种方法，需要分别用标准值（历史的、同业企业的或预算的标准）替代实际值，以测定各个因素对财务指标的影响。连环替代法是另外一种测定比较差异成因的定量分析方法。按照这种方法，需要依次用标准值替代实际值，以测定各个因素对财务指标的影响。

4. 杜邦分析法

杜邦分析法是由美国杜邦公司创造并最先使用的一种财务分析方法，其最大的特点是把一系列的财务指标有机地结合在一起，利用各个指标之间的递进关系，揭示出指标之间的内在联系，找到造成某一个指标发生变动的相关因素，为公司经营者控制该项指标朝着良性的方向发生变动提供可靠的依据。

杜邦分析法是财务指标分解的综合方法，它以最能反映公司理财目标的指标——净资产收益率作为核心和出发点，通过指标的层层分解，揭示出各个财务指标之间的内在联系和不同财务指标对股东权益收益率的影响关系。

财务报表分析法能综合反映一个风险管理单位的财务状况，因为风险管理单位存在的许多问题都能够通过财务报表真实、可靠地反映出来。财务报表分析法的缺点是专业性较强，缺乏财务相关的专业知识就无法识别。另外，它不能反映以非货币形式存在的问题，如人员素质、体制改革和其他经济因素的变化等，因此财务报表分析法需要辅以其他识别方法。

### （二）流程图分析法

流程图分析法是将风险主体的全部生产经营过程，按其内在的逻辑联系绘成作业流程图，针对流程中的关键环节和薄弱环节调查和分析风险。企业内部经营的流程图反映了各种经营活动的种类和顺序，它把企业看作一个加工单位，可以设法发现所有可能中断这个过程的偶然因素。对企业经营流程图的分析可以偏向风险主体揭示企业经营异常的方面，而这些方面常常存在特有的风险。流程图有以下类型：

1. 按照流程路线的复杂程度划分，可以分为简单流程图和复杂流程图

简单流程图是将主体的活动以大致流程进行分析，将其主要过程的内置联系和对这个过程中可能出现的风险进行分析，发现活动过程中可能存在的风险事项。简单流程图如图4-1所示。

**图4-1 简单流程图**

复杂流程图是将主体所面临的风险事项，在风险主体的活动过程中的主要程序以及每程序中的各个详细环节都进行分析。

2. 按照流程的内容划分，可以分为内部流程图和外部流程图

内部流程图是以主体内部的活动为流程路线绘制的流程图，因而也称为生产制造程序流程图。外部流程图（以某生产企业为例）是以产品的销售运输过程为流程路线绘制的流程图。外部流程图用以揭示企业从原料供应到制成产品，直到销售出去的全过程存在的风险。

3. 按照流程图的表现形式划分，可以分为实物形态流程图和价值形态流程图

实物形态的生产流程图（以某生产企业为例）是以某种产品的生产全过程为基本流程路线，将主要生产经营活动以及各种辅助活动以实物形态反映在图表中，对每一过程、每环节逐步进行调查分析，从中发现潜在的风险。简单的实物形态流程图如图4-2所示。如果该生产企业拥有其他产品，则需要绘制不同的流程图。

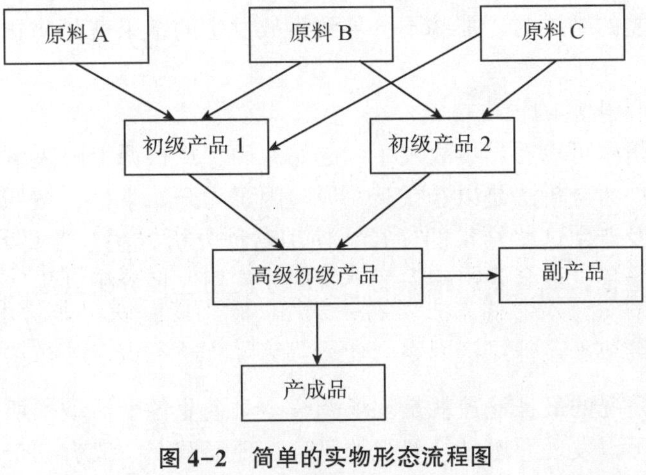


**图4-2 简单的实物形态流程图**

价值形态流程图则是以标有价值额度的流程路线来反映生产经营过程内在联系的流程图。在这一流程图中，通过货币价值额指标，可以更清楚地揭示风险主体各部门之间相互联系的程度，明确整个生产过程的关键部门和关键环节以及生产过程中某一程序的中断给其他程序带来的影响。

流程图分析法最大的好处是促使工作人员熟悉主体运作中技术层面上的问题，可以将复杂的生产过程或业务流程简单化，从而增加发现公司中一些特殊问题的可能性。企业的生产工序、经营活动越复杂，越能够表现出流程图识别风险的优势，但流程图的绘制要耗费大量时间，另外也不能进行定量分析以判断风险发生可能性的大小，所以其应用仍然具有局限性。

### （三）事件树分析法

事件树分析法又称“故障树法”，其实质是利用逻辑思维的规律和形式，从宏观的角度去分析事故形成的过程。它的理论基础是，任何一起事故的发生，必定是一系列事件按时间顺序相继出现的结果，前一事件的出现是随后事件发生的条件。在时间的发展过程中，每事件有两种可能的状态，即成功和失败。这是我国标准局规定的事故分析的技术方法之一。

事件树法从某一风险结果出发，运用逻辑推理的方法推导出引发风险的原因，遵循“风险事件—中间事件—基本事件”的逻辑结构。它的具体操作是：从事件的起始状态出发，用逻辑推理的方法，设想事故的发展过程，然后根据这个过程，按照事件发生先后顺序和系统构成要素的状态，并将要素的状态与系统的状态联系起来，以确定系统的最后状态，从而了解事故发生的原因和发生的条件。事件树分析法具有如下特点：

1. 事件树分析是一个动态过程

事故的发生是一连串事件连续失败的结果，而且是一环扣一环，形成一个事故链。这些事故链相当于多米诺骨牌理论中的若干治理的骨牌，每一块骨牌就像企业的一个因素，一块倒了之后就可能引起多米诺骨牌一块挨着一块倒下。若中间环节事件有一个不失败，事故就不会发生了。

2. 可以指出防止事故发生的途径

在分析所有可能的结果时，那些不会导致事故发生的结果就是防止事故发生的各种可能的途径。

3. 能够找出消除事故的根本措施

从事件树的分析中可以看出事故发生的起始原因，从根源上解决事故。

由此可见，事件树分析法是以选择某一风险因素为开始事件，按照逻辑推理，推论其各种可能的结果以及产生这些结果的途径。使用这种分析方法，需要大量的资料和时间，所以一般只有在风险很大或者隐患很深的系统中才使用这种分析方法。

### （四）现场调查法

获知主体经营情况的最佳途径就是现场调查。对企业各个活动场所进行检查，与各种员工或管理员沟通可以发现原本已经忽视的风险。现场调查一般有三个步骤：调查前的准备，包括确定调查时间（开始的时间、持续的长短）和调查对象等；现场调查和访问，认真填写表格，形成调查报告与反馈。在实际调查之前先对企业情况作一个大致的了解，包括调查对象的名称、职能、年限、目前状况、故障状况和应采取的行动等项目，这样能达到更好的检查效果；风险人员对所关注的问题要具备一定的感性认识，同时还要关注那些并不明显的细节，这样则更容易发现主体的风险事项。现场调查中要注意带上专业管理人员，并且带上必备专业工具，还有照相机或录音笔之类便于记录现场情况的设备。

### （五）保单对照法

保单对照法，是将保险公司现行出售的保单风险种类与风险分析调查表融合修改而成的，用于风险识别的问卷式表格，风险管理者可以根据这一表格与主体已有的保单加以对照分析，发现现存的风险事项。下面是美国某保险公司设计的保单对照分析表的部分内容（见表4-1）。

**表4-1 保单对照分析表（节选）**

| |
|---|
| 一、财务风险 |
| （一）有需要进行财产毁损基本防护但实际未执行的情形吗？ |
| （1）自由建筑物和财物的直接毁损 |
| （2）起源于财损的间接损失 |
| （3）他人财产的直接毁损 |
| （4）运送中财产的直接毁损 |
| （二）被保物的风险保障足够吗？ |
| 1. 自有的建筑物和财物 |
| （1）对附共保条款的保单，保额少于共保条款的要求吗？ |
| （2）任何财产保险的保额少于其可保价值吗？ |
| （3）财物价值波动剧烈吗？ |
| （4）其他地点的财物有未投保的情形吗？ |
| （5）重置成本保险有必要吗？ |
| （6）商业财产保障适合吗？ |
| （7）附有“售价”条款吗？ |
| （8）附加任何批单可改变保障的情形吗？ |
| （9）办公室财物特别保障适合吗？ |
| （10）流动财产保单财物提供了完好的保障吗？ |
| 2. 间接损失（略） |
| 3. 他人财产（略） |
| 4. 运送中财产（略） |
| （三）财产保单的签订有不当之情形吗？ |
| （四）节省保费可能吗？ |
| 二、犯罪风险 |
| 三、法律责任和工人补偿损失 |

保单对照法是从保险的角度，由保险专家设计，突出了对风险管理主体可保风险的调查，而对一些不可保风险事项的识别则具有相当的局限性。另外，这种方法的使用要求风险管理人员具有丰富的保险专业知识，并对保单性质和条款有较深的了解。

### （六）其他方法

风险事项管理人员不能一直依靠企业的其他人员来报告企业里正在发生的一切，风险管理人员必须一致对新的、变化中的风险保持警惕，而经常检查关键文档就是一个好方法。关键文档包括：董事会会议的详细记录、资金申请表、公司指南、年度报告等，这些文件提供的信息并非详尽，却是风险管理中使用最为频繁的信息资源。

面谈也是另外一个有利于风险事项识别的重要信息资源。许多信息没有记录在文档文件里面，而只存在于经营管理人员和员工的头脑里。与不同层次不同领域的员工面谈以便增加识别潜在风险事项的信息资源。一般情况下，可以考虑和以下人员进行面谈：经营部门经理、首席财务官、法律顾问、人力资源部门经理、基层护理人员、工人和领班、外部人员等。与一般基层工人的谈话可以发现一些不安全的设备和操作方法，这些问题在正规的报告里面是不会反映出来的，而通过与高层管理者的面谈，风险防范人员能够知道最高管理层可以容忍的纯粹风险程度（即企业可以部分或全部消化的风险）以及希望转移的风险。

企业事项识别的方法很多，各有其优缺点和适用条件，没有绝对的适用所有事项识别的方法，所以风险主体要考虑事项识别方法的适用性。主体不同，事项识别的方法也不同，试图用一种方法来识别主体所面临的所有事项是不现实的。因此要根据主体单位的性质、规模以及每种方法的适用性结合使用，根据实际条件选择最优的事项识别方法或方法组合。事项识别是一个连续不断的、系统的过程，事项识别方法既关注过去，也着眼将来，仅凭一两次有限的分析不能解决所有的问题，许多复杂的和潜在的事项要经过多次识别才能获得最佳效果。

## 四、建立风险识别系统

风险识别是事项识别的一个重要方面，影响着企业风险管理的完整性和有效性。识别影响企业层面风险及业务层面的内部和外部因素，对于有效的风险评估来说是极其重要的。因此，我们应从企业层面及业务层面来建立风险识别系统。

1. 建立企业层面的风险识别系统

无数的内部和外部因素驱动着企业的战略执行和目标实现，能够识别这些因素。对于企业的风险管理来说，其重要性不言而喻。企业应从多方获得信息，识别风险。

（1）从外部专家处获得有关企业层面的风险意见

企业可从法律顾问、外部审计师等专业机构获得有关企业层面的风险意见，经分析后在年报中予以披露。所披露的事项包括汇率风险、价格风险、行业风险、自然灾害风险等。同时企业还可以通过参加行业联合会，以与同行业知名企业、咨询机构沟通的方式，获得更多、更全面的信息，从而更准确地识别企业层面的风险。

（2）从内部管理人员处获得有关企业层面的风险意见

管理人员通过对企业所处的内外部环境进行分析，从而识别出可能存在的风险。外部环境分析包括对宏观环境、行业情况、竞争态势等方面的分析。与此同时，企业也要对自身的资源及能力进行分析。内容包括人力资源分析、财务资源分析、无形资产分析、管理能力分析等，以此来识别影响企业战略目标实现的内部风险因素。

2. 建立业务层面的风险识别系统

企业除必须识别企业层面的风险外，还应辨识业务层面的风险。通过采取必要措施管理业务层面的风险，有利于把企业层面的风险维持在一个合理的、可接受的水平上。企业同样可以通过听取内部及外部专家的意见来获取业务层面风险的有关信息。

（1）从外部供应商、客户等相关利益方获取风险信息

管理人员可以从供应商、客户等相关利益方那里获得有关企业采购、生产、销售、技术等各方面的信息，从中辨识存在的风险。

（2）从业务管理人员处获得风险信息

各业务部的管理人员，对本部门的情况相对于其他人来讲更加了解。他们在管理过程中碰到的各种问题，可通过适当的渠道反映到高层管理者那里，以帮助管理者识别其中存在的风险，并采取措施避免风险事件的发生。

# 第四节　风险分析

## 一、风险分析的定义

风险分析是结合企业特定条件（如企业规模、经营战略等）在风险识别的基础上，运用定量或定性方法进一步分析风险发生的可能性和对企业目标实现的影响程度，并对风险的状况进行综合评价，以便为制定风险管理策略、选择应对方案提供依据。

风险分析是风险应对的基础，并为制定合理的风险应对策略提供依据，没有客观、充分、合理的风险分析，风险应对将毫无头绪、效率低下。

## 二、风险分析的内容

风险分析的内容复杂多样，简单地说，就是分析风险发生的可能性和影响程度。可能性表示一个给定事项将会发生的概率，影响程度则代表它的后果。一般来说，对识别出来的风险，从可能性和影响程度两个方面进行分析后，就可以根据分析的结果采取应对措施。

1. 风险发生的可能性分析

可能性分析是指假定企业不采取任何措施去影响经营管理过程将会发生风险的概率。可能性分析通常是通过实际情况的收集和利用专业判断来完成的。科学的方法是使用数理统计原理，以数值为依据，根据现象特征，采用二项分布、泊松分布等数学模型，进行科学测算。

风险可能性分析的结果一般有“很少”“不太可能”“可能”“很可能”和“几乎确定”五种情况。“很少”意味着在例外情况下可能发生，“不太可能”意味着在某些时候不太能够发生，“可能”意味着在某些时候能够发生，“很可能”意味着在多数情况下很可能发生，“几乎确定”意味着在多数情况下预期会发生。对可能性的定性测评见表 4-2。

表 4-2 可能性的定性测评

| 序号 | 描述符 | 详细描述举例 |
|---|---|---|
| 1 | 几乎确定 | 在多数情况下预期会发生 |
| 2 | 很可能 | 在多数情况下很可能发生 |
| 3 | 可能 | 在某些时候能够发生 |
| 4 | 不太可能 | 在某些时候不太能够发生 |
| 5 | 很少 | 在例外情况下可能发生 |

2. 风险产生的影响程度分析

影响程度分析主要是指对目标实现的负面影响程度分析。风险影响程度的大小是针对既定目标而言的，因此对于不同的目标，企业应采取不同的衡量标准。按照影响的结果（通常是量化成数值），一般将风险划分为“不重要”“次要”“中等”“主要”和“灾难性”五级。影响程度的定性分析，见表 4-3。

表 4-3 影响程度的定性分析

| 序号 | 描述符 | 详细描述举例 |
|---|---|---|
| 1 | 不重要 | 不受影响，较低的损失 |
| 2 | 次要 | 轻度影响（情况立刻受到控制），轻微的损失 |
| 3 | 中等 | 中度影响（情况需要外部支持才能得到控制），中等的损失 |
| 4 | 主要 | 严重影响（情况失控，但无致命影响），重大的损失 |
| 5 | 灾难性 | 重大影响（情况失控，给企业致命影响），极大的损失 |

在进行风险分析的过程中，公司应从自身的具体状况出发，运用适当的风险分析技术，定量或定性地评估相关事项，根据风险分析的结果，按风险发生的可能性及影响程度进行排序分析，分清哪些是主要风险、哪些是次要风险，从而筛选出企业的关键风险，为风险应对提供依据。

## 三、风险分析的方法

根据《企业内部控制基本规范》第三章第二十四条的规定，企业应当采用定性与定量相结合的方法，按照风险发生的可能性及其影响程度等，对识别的风险进行分析和排序，确定关注重点和优先控制的风险。企业进行风险分析，应当充分吸收专业人员，组成风险分析团队，按照严格规范的程序开展工作，确保风险分析结果的准确性。

### （一）定性分析的方法

定性分析的方法是目前风险分析中采用比较多的方法。它具有很强的主观性，往往需要凭借分析者的经验和直觉或者国际标准和惯例，对风险因素的大小或高低程度进行定性描述，如高、中、低三级。

定性分析的操作方法多种多样，有问卷调查、集体讨论、专家咨询、人员访谈等。常见的定性分析方法是风险评估图法。风险评估图法是把风险发生的可能性、风险发生后对目标的影响程度，作为两个维度绘制在同一个平面上（即绘制成直角坐标系）。风险评估图如图 4-3 所示。

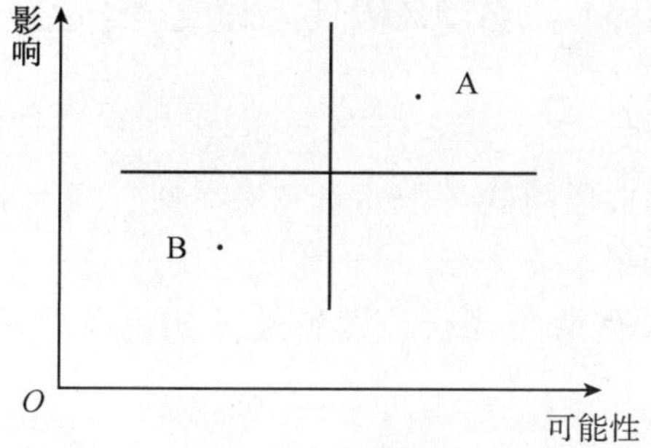


图 4-3 风险评估

与影响较小且发生的可能性较低的风险（图 4-3 中的 B 点）相比，具有重大影响且发生的可能性较高的风险（图 4-3 中的 A 点）亟待关注。需要注意的是，每种风险的重大程度及影响会因企业结构的不同而有所差别，所以企业应根据自身的经营特点来确定各风险因素影响程度的等级。

绘制风险评估图的目的在于对多项风险进行直观的比较，从而确定各风险管理的优先顺序和策略。例如，某公司绘制了风险评估图，如图 4-4 所示。

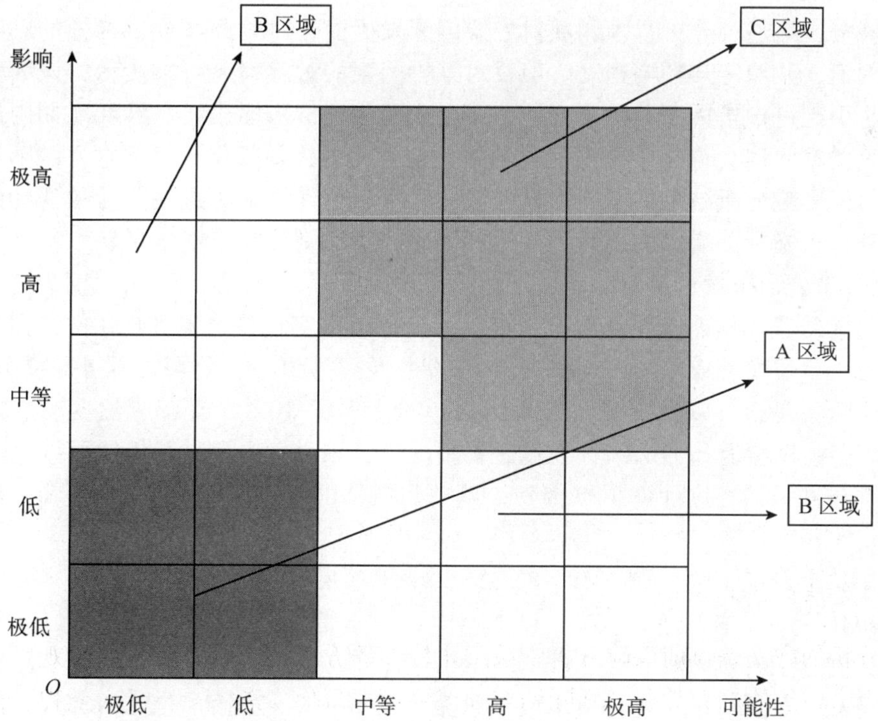


图 4-4 某公司风险评估

根据风险发生的可能性和风险发生后的影响程度，将该图划分为A、B、C三个区域。A区域是低风险区域，B区域是中等风险区域，C区域是高风险区域。公司决定承担A区域中的各项风险且不再增加控制措施；严格控制B区域中的各项风险且专门补充各项控制措施；确保规避和转移C区域中的各项风险且优先安排实施各项防范措施。

### （二）定量分析的方法

定量分析法，就是对构成风险的各个要素和潜在损失的水平赋予数值或货币计量的金额，从而量化风险分析的结果。

比较常用的定量分析法有情景分析、敏感性分析、风险价值（Value-at-risk，简称"Var"）、压力测试等。

1. 情景分析法

情景分析法是通过假设、预测、模拟等手段生成未来情景，并分析其对目标产生影响的一种分析方法。情景分析法适用于对可变因素较多的项目进行风险预测和识别。它在假定关键影响因素有可能发生的基础上，构造出多种情景，提出多种未来的可能结果，以便采取适当措施防患于未然。

情景分析法在国外得到了广泛应用，并产生了一些具体的方法，如历史情景重演法、目标展开法、空隙填补法、未来分析法、因素分解法、随机模拟法、风险坐标图等，一些大型跨国公司在对一些大项目进行风险分析时都陆续采用了情景分析法。

2. 敏感性分析

敏感性分析是通过分析、预测项目主要因素发生变化时对经济评价指标的影响，从中找出敏感因素，并确定其影响程度。项目对某种因素的敏感程度可以表示为该因素按一定比例变化时引起评价指标变动的幅度，也可以表示为评价指标达到临界点（如内部收益率等于基准收益率）时允许某个因素变化的最大幅度，即极限变化。简言之，敏感性分析就是从改变可能影响分析结果的不同因素的数值入手，估计结果对这些变量的变动的敏感程度。那些对评价指标影响大的因素称为敏感因素，反之则称为非敏感因素。

例如，AT公司拟投资新建一条生产线，原始投资额为40万元，使用期为5年，按直线法折旧，无残值。预计该项目自第一年年末起每年可实现销售量5 000件，预计产品单价为100元，单位变动成本为60元，公司预期收益率为10%，公司的所得税税率为25%。那么，这个项目是否可以投资呢？如果销售单价上升了10%，或者单位变动成本下降了10%，又或者销售量上升了10%，在这三种情况下，该投资项目是否仍然可行呢？

在已知条件下，经过计算可以得到，该项目的NPV=-58 828元，小于0，所以该项目不可行。

如果单价上升了10%，则NPV=83 325元，该项目可行。

如果单位变动成本下降了10%，则NPV=26 464元，该项目可行。

如果销售量上升了10%，则NPV=-1 967元，该项目不可行。

由此可知，单价、单位变动成本或销售量上升或下降相同的幅度（10%），NPV的变动幅度却不同。在此例中，NPV对于单价的变动更为敏感，其次是单位变动成本，最后是销售量。

反应敏感程度的指标是敏感系数，其计算原理如下：

某因素的敏感系数=评价指标的变化（%）/该因素的变化（%）

（1）敏感系数的绝对值>1，即当某影响评价指标的因素变化时，评价指标会发生更大程度的变化，该影响因素即为敏感因素。

（2）敏感系数的绝对值<1，即评价指标变化的幅度小于影响因素变化的幅度，则该因素为非敏感因素。

（3）敏感系数的绝对值=1，即影响因素变化会导致评价指标相同程度的变化，则该因素也为非敏感因素。

作为企业的管理者，在掌握了有关因素对利润的敏感程度之后，接下来的任务就是如何利用敏感性分析帮助决策，以实现企业的既定目标。在这里，抓住关键因素，综合利用各有关因素之间的相互联系采取综合措施，是成功的关键。

虽然敏感性分析已得到广泛的应用，但也有其局限性。这种方法要求每一关键变量的变化是相互独立的。然而，管理层更感兴趣的是两个或两个以上关键变量变化的综合影响。仅仅考虑独立的因素是不现实的，因为它们往往是相互影响的。

3. 风险价值（Var）

风险价值（Var），是指在正常的市场条件和给定的置信水平（通常是95%，或99%）上，在给定的特有期间内，某一投资组合预期所面临的潜在的最大损失金额。在正常的市场条件和给定的时间段内，该投资组合发生Var损失的概率为给定的概率水平（置信水平）。它是为适应当前风险管理的需求而产生的，以规范的统计全面权衡市场风险的方法。Var把对预期的未来损失的大小和该损失发生的可能性结合起来，不仅让投资者知道发生损失的规模，而且还知道其发生的可能性，是一种数量化市场风险的重要量度工具。

设$R$表示资产在初始时刻的价格，$P_t$为资产在$t$时刻的价格，经过$t$时间后，市场价格的变化为$P_t-P_0$，即损益在$1-\alpha$的置信水平下，不超过Var（记为$\text{Var}^P$，上标$P$表示基于价格）。用数学公式表示：

$$\text{Prob}\ (P_t-P_0 \geqslant -\text{Var}^P) = 1-\alpha$$

定义$r_t=\ln P_t-\ln P_{t-1}$，为$t$时刻的单期收益率；定义$R_t=r_t$为$t$期收益率；$\text{Var}^R$为$R_t$在置信度$1-\alpha$下的最坏情况（通常为负数，上标$R$表示基于收益率）

$$\text{Prob}\ (P_t \geqslant \text{Var}^R) = 1-\alpha$$

Robert F 1999年证明了$\text{Var}^P$和$\text{Var}^R$之间的转换关系式，如果得到了$R_t$的分布，就可以求出指定置信度下的$\text{Var}^R$，即可得到$\text{Var}^P$。

计算Var常用的方法主要有三种：历史模拟法、方差—协方差法和蒙特卡罗模拟法。

（1）历史模拟法。这是一个完全估值模型，以历史可以在未来重复自身为假设前提，用给定时期所观察到的风险因子的变化来表示风险因子影响金融工具收益的市场因素，在此基础上，再得到整个组合收益的概率分布，最终求解出Var值。

（2）方差—协方差法。它假定风险因子的变化服从特定的分布（通常是正态分布），通过历史数据分析和估计该风险因子收益分布的参数值（如方差），从而得出整个收益组合的特征值。

（3）蒙特卡罗模拟法。先建立一个概率模型或随机过程，然后以随机产生的风险因子回报值来模拟组合的收益分布。

Var 的特点主要有：首先，Var 值可以用来简单明了地表示市场风险的大小，单位是人民币、美元或其他货币，没有任何技术色彩，没有任何专业背景的投资者和管理者都可以通过 Var 值对金融风险进行评判。其次，可以事前计算风险，不像以往风险管理的方法都是在事后衡量风险大小。最后，不仅能计算单个管理工具的风险，而且还能计算由多个管理工具组成的投资组合风险，这是传统风险管理所不能做到的。

Var 可以帮助企业解决资源配置的问题，在对企业的投资或投资组合的总体风险评估的基础上进行分解，决策者可据此进行判断，设置某类投资的资金上下限。Var 限额分解到子公司中，各子公司又可将 Var 再分解到各自的子公司中去。这样，利用 Var 方法进行风险控制，设置 Var 限额，使各子公司都能明确自己的最大风险交易额（≤自身的 Var），以防止过度投机行为的出现，确保公司稳健经营。

Var 方法是机构投资者进行投资决策的有力分析工具。机构投资者应用该方法，在投资过程中对投资对象进行风险分析，将计算出的风险大小与自身对风险的承受能力加以比较，以此来决定投资额和投资策略，以减少投资的盲目性，尽可能减轻因投资决策失误所带来的损失。目前，Var 方法除了被金融机构广泛运用外，也开始被一些企业所采用，用来指导企业计量和分析市场风险。

4. 压力测试

压力测试，是指在具有极端影响事件的情景下，分析评估风险管理模型或内控流程的有效性，发现问题，制定改进措施的方法。极端情景是指在非正常情况下，发生概率很小，而一旦发生，后果十分严重的事情。它与情景分析中关注一个更正常规模的变化相反，压力测试一般被用作概率度量方法的补充，用来分析那些通过与概率技术一起使用的分布假设可能没有充分捕捉到的低可能性、高影响力的事件的结果。与敏感性分析类似，压力测试通常用来评估经营事项或金融市场中各种变化的影响。例如，产品生产缺陷的增加，外汇汇率的变动，衍生工具所基于的一个基础因素价格的变动，固定收益投资组合价值的利率增加，影响一个生产厂家运营成本的能源价格提高等。目的是防止企业出现重大损失事件。

例如，一家企业已有一个稳定的生产环境和销售渠道，除发生极端情景以外，企业的生产和销售一般不会受到影响。因此，在日常交易中，该企业只需应用常规的风险管理策略和内控流程即可。采用压力测试的方法，是假设该企业在未来发生极端情况（如其财产被毁于地震、火灾、被盗等意外情况或生产的劣质产品使企业信用突降等），给企业造成了重大损失。而该企业常规的风险管理策略和内控流程在极端情景下不能有效防止重大损失事件发生，为此，该企业采取了购买保险或相应衍生产品、成立应急小组等措施。

### （三）两类分析方法的比较

定性分析法与定量分析法在实际应用中并非相互排斥，而是相互补充、相辅相成的。

理论上讲，通过定量分析可以对风险进行精确分析，而且定量分析的结果很直观，容易理解。但定量分析法的应用是以可靠的数据指标为前提的。事实上，在信息系统日益复杂多变的今天，定量分析所依据数据的可靠性是很难保证的，再加上数据统计缺乏长期性，获得更多的数据需要更高的成本，由此使分析的细化很困难。此外，定量分析法虽然较精确，但许多非计量因素无法考虑。例如，国家的方针政策以及政治经济形势的变动，消费者心理以及习惯的改变，投资者的意向以及职工情绪的变动等。这些因素都是定量分析无法量化的。

与定量分析相比较，定性分析的可行性较好，但精确度不够。定性分析虽然可以将一些非计量因素考虑进去，但估计的准确性在很大程度上受到分析人员的经验和能力的影响，这不可避免地使风险分析结果因人而异，带有一定的主观随意性，且定性分析的结果也很难有统一的解释。

因此，风险分析中，定量分析与定性分析技术的结合是必要的，两者可以互补其不足。企业可以依据自身的特征决定采用具体的结合形式。

# 第五节　风险应对

## 一、风险应对的概念

风险应对，是指在风险分析的基础上，针对企业所存在的风险因素，根据风险分析的原则和标准，运用现代科学技术知识和风险管理方面的理论与方法，提出各种风险解决方案，经过分析论证与评价从中选择最优方案并予以实施，以达到降低风险的目的。

## 二、风险应对的策略

《企业内部控制基本规范》第三章第二十六条规定："企业应当综合运用风险规避、风险降低、风险分担和风险承受等风险应对策略，实现对风险的有效控制。"

### （一）风险规避

风险规避是企业对超出风险承受度的风险，通过放弃或者停止与该风险相关的业务活动以避免和减轻损失的策略。风险规避能将特定风险造成的各种可能损失完全消除，因此，也有人将其称为最彻底的风险管理技术。

1. 风险规避的方式

（1）完全放弃，是指企业拒绝承担某种风险，根本不从事可能产生某些特定风险的活动。例如，某 IT 企业打算开展软件外包业务，但是发现市场上开展此类业务的企业之间竞争极其激烈，于是该企业完全放弃了开展软件外包业务的计划。

（2）中途放弃，是指企业终止承担某种风险。例如，一个经销家庭日用品的企业在经销小儿麻痹疫苗的过程中发现，有缺陷的小儿麻痹疫苗在某些情况下会导致小儿麻痹症，于是决定终止这种经销活动，以免引发该产品责任索赔案。这种风险规避通常与环境的较大变化和风险因素的变动有关。由于发生了新的不利情况，经过权衡利弊后，认为得不偿失，故而放弃。

（3）改变条件，是指改变生产活动的性质、改变生产流程或工作方法等。其中，生产性质的改变属于根本的变化。例如，某电子仪器厂在开发生产高频接插件时，如果选择从日本引进全套设备，需要投资1000万元，企业难以承受由此带来的财务压力。于是，企业采取逐步改变条件的策略，先投资300万元，引进散件和后续工序设备，待收回投资后再成套引进，最终使新产品开发获得成功。

2. 风险规避的优点和局限性

风险规避是通过中断风险源，规避可能产生的潜在损失或不确定性，是处理风险的有用的、极为普遍的方法。风险规避也是风险应对策略中最简单亦较为消极的方法。比如，一家企业为了避免企业出现坏账的风险而拒绝在任何情况下的赊销行为，即在规避该种风险的情况下，企业同时也失去了从风险中获益的可能性，更何况有些风险根本无法避免，因此，风险规避的适用范围受到一定限制。

（1）有些风险无法规避，对企业而言，有些基本风险如世界性的经济危机、能源危机、自然灾害等绝对无法规避。

（2）有些风险可以规避但成本过大，即对某些风险即使可以避免，但就经济效益而言也许不合适。

（3）消极地避免风险，只能使企业安于现状，不求进取。一家企业固然可以借着不从事任何营业行为而避免风险。但从整体情况来看，一家企业没有营业行为自然也就没有营业收入，当然也就无法赚取利润，获得发展。

3. 风险规避的适用范围

最适合采用风险规避策略的情况有以下两种：

（1）某种特定风险所致的损失概率和损失程度相当大。

（2）应用其他风险处理技术的成本超过其产生的效益，采用风险规避方法可使企业受损失的程度降到最低。

### （二）风险降低

风险降低是企业在权衡成本效益之后，准备采取适当的控制措施降低风险或者减轻损失，将风险控制在风险承受度之内的策略。风险降低的目的在于积极改善风险特性，使其能为企业所接受，从而使企业不丧失获利机会。因此，相对于风险规避而言，风险降低是较为积极的风险处理策略。

风险降低根据目的的不同可以划分为损失预防和损失抑制两类。前者以降低损失概率为目的，后者以缩小损失程度为目的。如汽车安全气囊的装设是损失预防措施，而火灾警报器和自动喷淋系统则是损失抑制措施。

1. 损失预防

损失预防是指在损失发生前，为了减少或消除可能引起损失的各项因素所采取的具体措施，也就是消除或减少风险因素，以便降低损失发生的概率，即做到预先防范。损失预防与风险规避的区别在于，损失预防不消除损失发生的可能性，而风险规避则使损失发生的概率为零。

例如，某建筑公司要盖一幢大楼，在施工合同签订时，明确索赔权利，防止违约；项目施工前，建立安全规程和制度，并对员工进行安全教育，防止事故发生；楼房交付使用前，得到相关部门的验证审批及相关责任人签字盖章，明确责任，防止交付后不必要的麻烦。

2. 损失抑制

损失抑制，是指在事故发生过程中或事故发生后，采取措施减少损失发生范围或损失程度的行为。如通过给计划提供支持性的证明文件并授权合适的人作决策，应对偶发事件。

事实上，一项风险降低的实践计划往往将预防损失和损失抑制两者结合起来，从而更有效地降低风险。

### （三）风险分担

风险分担（risk sharing）又称“风险转移”，是企业准备借助他人力量，采取业务分包、购买保险等方式和适当的控制措施，将风险控制在风险承受度之内的策略。风险分担是事前的风险应对策略，即在风险发生前，通过各种交易活动，如业务外包、购买保险、租赁等，把可能发生的风险转移给其他人承担，避免自己承担全部风险损失。通过分担方式应对风险，风险本身并没有减少，只是风险承担者发生了变化。

风险分担的方式主要可以分为三种：财务型非保险转移、控制型非保险转移和保险转移。

1. 财务型非保险转移

财务型非保险转移，是指利用经济处理手段转移经营风险。比较常用的手段有保证、再保证、证券化、股份化等。

（1）保证。保证是保证人与被保证人通过某种契约签署的，为使保证人履行相关义务以确保被保证人合法的既得利益的文件，其中有执行合约双方应尽责任的要求，如有违背，保证可能被取消或作相应调整。

（2）再保证。由于事项重大，为使被保证人的利益确实得到保护，在“保证”的基础上，由实力或声望更高的团体或个人通过合约或契约对被保证人所作的承诺。

（3）证券化。利用可转换债券、双汇率债券等金融工具方式，满足投资人、筹资方利益的需要，这是一种双赢的风险转移。

（4）股份化。股份化又叫“公司化”，指通过发行股票的方式，将企业风险转嫁给多数股东，这种操作实际上只是分散原始股东的风险，增强了企业抵抗风险的能力，而企业的运营风险并未得到转移。

2. 控制型非保险转移

控制型非保险转移是通过契约、合同将损失的财务和法律责任转嫁给他人，从而解脱自身的风险威胁。常用的方法有外包、租赁、出售、售后回租等。

（1）外包。外包又称“转包”或“分包”。转让人通过转包或分包合同，将其认为风险较大的业务转移给非保险业的其他人，从而将相应的风险全部或部分转移给承包人。

（2）租赁。出租人通过合同将有形或无形的资产交给承租人使用，承租人交付一定租金，承租人对所租物只有使用权。

（3）出售。通过买卖契约将与财产或活动相关的风险转移给他人。

（4）售后回租。这是将出售和租赁合并操作的风险转移方式。为避免错过市场行情或由于资金紧张将资产整体卖掉，然后租回部分资产。

3. 保险转移

保险，是指通过签订保险合同，向保险公司缴纳一定的保险费，在事故发生时就能获得保险公司的赔偿，从而将风险转移给保险公司。采用保险的方式：一方面，风险转移到保险公司之前，投保人须履行其义务，有责任缴付保险金；另一方面，当损失出现时，保险公司将会代替投保人承受因风险所带来的损失。企业对于自身不能控制、无法通过抑制实现转移的风险，或者根据外部与内部环境的变化对风险控制效果有一定的担忧时，可以采用投保的方式转移风险。

### （四）风险承受

风险承受是企业对风险承受度之内的风险，在权衡成本效益之后，不准备采取控制措施降低风险或者减轻损失的策略。风险承受是一种风险财务技术，企业明知可能有风险发生，但在权衡了其他风险应对策略之后，出于经济性和可行性的考虑将风险留下。若出现风险损失，则依靠企业自身的财力去弥补风险所带来的损失。风险承受的前提是自留风险可能导致的损失比转移风险所需代价小。

风险承受对策包括非计划性风险承受和计划性风险承受两种。非计划性风险承受是非计划的和被动的，主要是由于风险识别过程的失误、风险的评价结果认为可以忽略、风险管理决策延误等原因造成的。如果在风险管理规划阶段已对一些风险有了准备，当风险事件发生时马上执行应急计划，自留风险就是计划性风险承受。风险自留的计划性主要体现在风险自留水平和损失支付方式两方面。风险自留水平，是指选择风险事件作为风险自留的对象。确定风险承受的水平可以从风险发生的概率及损失期望值大小的角度考虑，一般应选择风险发生概率小、损失期望值小的风险事件作为风险自留的对象。损失支付方式是指风险承受应预先制订损失支付计划。常见的损失支付方式有从现金净收入中支出，建立非常基金储备，建立风险准备金等。

1. 选择风险承受应考虑的原则

（1）企业具有承受这些自留风险的能力。

（2）同其他可行的风险应对策略相比，风险承受的预期损失较小。

应用风险承受策略还应考虑到，风险的意外性扩大而使企业面临着更加严重的损失。甚至在极端情况下，风险承受可能使企业承担巨大风险，以至于可能危及企业的生存和发展。

2. 风险承受策略的优点

（1）成本较低。风险承受可以使企业直接避免许多费用支出。

（2）控制理赔进程。风险承受避免了保险在理赔工作上的不及时和对企业恢复生产的延误。

（3）提高警惕性。在采用风险承受策略的情况下，企业更加注重损失控制，会尽可能地减少损失发生的概率和损失的严重程度。

（4）有利于货币资金的运用。损失发生前，可以将不必支出的应急费用（如其他策略下的保险费用）用于生产经营，并获得一定的效益。

3. 应用风险承受策略的弊端

（1）可能的巨额亏损。在特殊情况下，例如，发生自然灾害等，采用风险承受策略可能使企业面临承担巨额风险损失的危险。

（2）可能产生更高的成本费用。在承受风险策略下，企业往往需要聘请专家进行指导和评估，在某些情况下，可能比采用其他策略支出的费用更大。

（3）获得服务的种类和质量受限制。由于企业自身实力有限，当采用风险承受策略时，本来由保险公司提供的一些专业化服务就失去了作用。

（4）可能造成员工关系紧张。例如，为企业职工安排福利补偿的问题，无论如何处理，在很多情况下都会有员工认为不公平，造成企业员工关系紧张。而如果通过企业外部保险公司来处理，则会避免该类情况的发生。

## 三、选择风险应对的策略

《企业内部控制基本规范》第三章第二十七条规定："企业应当结合不同发展阶段和业务拓展情况，持续收集与风险变化相关的信息，进行风险识别和风险分析，及时调整风险应对策略。"因此，风险应对策略与企业的具体业务或者事项相联系，不同的业务或事项采取不同的风险应对策略，同一业务或者事项在不同的时期要采取不同的风险应对策略，同一业务或事项在同一时期也可以综合运用多种风险应对策略。选择风险应对策略时，应考虑以下因素：

1. 风险承受度

企业抵抗风险的能力决定了企业能够承受多大的风险，也决定了企业应对策略的选择。企业抵抗风险的能力取决于多种因素，包括管理者的风险偏好、企业的资源和财力水平、企业的风险态度等。《企业内部控制基本规范》尤其强调，企业应当合理分析，准确掌握董事、经理及其他高级管理人员及关键岗位员工的风险偏好，采取适当的控制措施，避免因个人风险偏好给企业经营带来重大损失。

2. 成本与效益

实际上每一种风险应对策略在设计和实施过程中都会产生一些直接或间接成本，这些成本要与其创造的效益相权衡。只有风险应对策略的成本小于其带来的收益时，这种风险应对策略才是可行的。

3. 风险的特性

制定风险应对策略，必须以风险的特性为依据，对不同特性的风险制定相应的应对措施。例如，对于风险较大（超出企业的风险承受度）的业务，企业一般采用风险规避策略；对于自然灾害等不可抗力风险，企业一般采用风险转移策略。

4. 可供选择的措施

对于某一特定风险，如果可以采取多种应对策略，那么风险应对措施的制定就需要在多种策略中进行比较，选择最有效的风险应对措施。

## 案例分析

### 中航油折戟狮城

2003年11月30日，中国航油（新加坡）股份有限公司［以下简称中航油（新加坡）］发布了一个令世界震惊的消息：这家新加坡上市公司因石油衍生产品交易，总计亏损5.5亿美元。净资产不过1.45亿美元的中航油（新加坡）因此严重资不抵债，已向新加坡最高法院申请破产保护，这让许多中小投资者难以置信。中航油（新加坡）在新加坡一贯被视为信誉良好的公司，自2001年11月上市以来，股价稳步上升，2003年更是增长了80%。其中，4月和10月，中航油（新加坡）在投机失利和耗尽现金的两个关键时点，其股价更是达到最高点。

**一、中航油（新加坡）发展历程**

中航油（新加坡）成立于1993年，由中央直属大型国企中国航空油料控股公司控股，总部和注册地均位于新加坡。

在经历初期4年的亏损休眠后，1997年，中航油（新加坡）迎来了新的掌舵人陈久霖。陈久霖在资金严重短缺的背景下，开始了艰难创业，利用中航油（新加坡）所拥有的“航油专营权”想出了许多办法，进行“业务创新”。其中包括请求国内有资信的企业帮助“过账”，即先讲好条件，然后请卖家先将油品卖给国内有实力的企业（但这些企业其实并不具备“专营权”），中航油（新加坡）再从国内企业买进（先提货后付款，可以利用时间差赚钱）并支付一定的费用，这一招很快拉来了大批业务。

从此，在陈久霖的“创新”之下，2003年7月，中航油（新加坡）与10家跨国银行共同签署了一项1.6亿美元的长期融资协议。公司在无抵押、无担保、无母公司安慰函的情况下获得如此巨额的低利率贷款，这在海外中资企业中是第一个。中航油（新加坡）一举扭亏为盈，逐渐实现“石油运输公司转为石油贸易公司”的转型，以批量采购的办法降低采购成本，为母公司系统的所有用油户采购石油，从单一的进口航油采购业务逐步扩展到国际石油贸易业务。

3年后，借母、子公司之便，中航油（新加坡）的采购量占到了中航油总公司系统全部用油量的98%。2000年3月，中航油总公司正式下发文件，要求包括参股企业在内的所有下属公司在今后几年内必须通过中航油（新加坡）在海外进行采购。2001年10月，中航油总公司又再次承诺决不撤销以往的安排。2001年11月，中航油（新加坡）挂牌新加坡股市，成为中国首家利用海外自有资产在国外上市的中资企业，中国航油垄断进口商的地位已相当醒目。

2001年年底，中航油（新加坡）在新加坡上市后，该公司迅速成为投资者的宠儿，其股价在首次公开募股之后增长了7倍。6年间，净资产由1997年的16.8万美元猛增至2003年的1.28亿美元。因可分享企业盈利的10%，陈久霖2003年的薪酬达到创纪录的2300余万元人民币。

中航油（新加坡）作为唯一入选的中资公司，2002年3月，被新加坡证券投资者协会评为该年度新加坡“透明度最高的56家企业”之一。2003年10月，世界经济论坛将陈久霖评为2003年度“亚洲经济新领袖”。2004年，中航油（新加坡）进入标准普尔中国海内外上市企业第40位。2004年3月入选道琼斯新加坡蓝筹股“道琼斯新加坡泰山30指数”。2003年4月，被美国应用贸易系统（ATS）机构评选为亚太地区“最具独特性、成长最快和最有效率的石油公司”。

## 二、中航油（新加坡）败局

至20世纪90年代末，陈久霖领军中航油（新加坡）就已进入石油期货市场，也曾多有盈利。2001年11月，中航油（新加坡）的招股说明书上已经将石油衍生品交易列为业务之一。2002年的年报显示，中航油（断加坡）凭投机交易获得相当高的盈利。2003年4月，中航油（新加坡）的母公司中海油集团也成为第二批国家批准有资格进入境外期货交易的企业。

自2003年下半年开始，中航油（新加坡）开始交易石油期权，到年底，公司的盘位是空头200万桶，中航油（新加坡）在交易中获利。

陈久霖看准油价将会在下半年开始下跌，或者至少不会再上涨。他决定将大量现金押宝于石油跌价。在原油价格位于每桶35~39美元价位区间时，该公司开始做空。所谓“做空”，就是按当时市场价格卖出一定数量的货品或期权合约，等价格下跌后，实现高价卖出、低价买进的差额利润。在这种既定策略下，从年初开始，中航油（新加坡）连续持有大量做空期货合约，并等待油价反转下跌。陈久霖认为，油价必将下跌或至少不再上涨。但令他始料未及的是，受伊拉克危机、俄罗斯尤科斯震荡、阿拉伯恐怖袭击等国际事件的影响，直到2004年10月，国际油价仍然涨势如潮。而陈久霖的对手们——国际对冲基金也利用这些事件的放大效应哄抬油价。

亏损在2004年一季度显现。到3月28日，公司已经出现580万美元的账面亏损，这是一个不小的数目。公司决定延期交割合同，期望油价能回跌，交易量也随之增加。然而，油价没有停止上涨的步伐。到2004年6月，公司因期权交易导致的账面亏损已扩大至3000万美元。

陈久霖甘冒风险、将错就错的思路在延续。既然坚信油价必然下跌，不愿意也没有胆量承认失败，投机之心尚存，幻想最后能赚大钱，从2004年7月到9月，中航油（新加坡）随着油价的上升，唯有继续加大卖空量，整个交易已成狂赌。10月份，国际石油价格达到55.67美元时，中航油（新加坡）的油品期货合同已经高达5200万桶，中航油（新加坡）每年的进口量约为1500万桶，卖空投机的盘位高达5200万桶，已经超过中国航空用油3年的用量。数额之大、投机之甚，足以令人叹为观止。中航油（新加坡）持有的期权总计5200万桶合约分散在2005年和2006年。其中2006年3412万桶，占总盘位的79%。油价在大幅上涨，公司需要支付的保证金也在急剧增加。跨过10月，纽约交易所的油价在突破每桶50美元之后继续上行，中航油（新加坡）从当年38美元出货调整到2006年的平均43美元，此时已觉势如骑虎，且因现金流耗尽而身陷绝境。

10月26日和28日，公司因无法补加一些合同的保证金而遭逼仓，蒙受1.32亿美元实际亏损。

11月8~25日，公司的衍生商品合同继续遭逼仓，截至25日，实际亏损达3.81亿美元。

11月25日，高调的三季度财报公布后13天，中航油（新加坡）的实际亏损已经达到3.81亿美元。相比1.45亿美元的净资产已经技术性破产。

直至此时，中航油（新加坡）仍未正式公告真相，7000多名小投资者仍蒙在鼓中，但机构投资者中的先知先觉者亦不乏其人。中航油（新加坡）的股价一直在下跌，至11月27日周五收市，中航油（新加坡）的股价已跌至0.965新元，比1个月前向公司配股时跌了四成。

11月29日，周一，中航油（新加坡）申请停牌。翌日，公司正式向市场公告了已亏3.9亿美元、潜亏1.6亿美元的消息，并向法院申请债务重组，市场哗然。

**三、案例分析**

新加坡公司从事以上交易历时一年多，从最初的200万桶发展到出事时的5200万桶，一直未向中国航油集团公司报告，中国航油集团公司也没有发现。直到保证金支付问题难以解决、经营难以为继时，新加坡公司才向集团公司紧急报告，但仍没有说明实情。中航油（新加坡）从事石油投机亏损5.54亿美元后，一个被誉为棋盘上“过河尖兵”的明星国企瞬间濒临破产的边缘。“其兴也勃焉，其亡也忽焉”，人们在震惊之余，不免纷纷猜测其巨亏背后的故事，甚至有人说是中了西方大鳄的圈套。有一点是可以肯定的，和所有在衍生工具市场上发生的巨额亏损一样，中航油（新加坡）事件的根本原因在于其内部控制机制失灵。

1. 中国航油集团公司的内部监督控制机制形同虚设

中航油（新加坡）是经政府批准2003年开始做油品套期保值业务的，以后擅自扩大了业务范围，从事石油衍生品期权交易。与套期保值业务相比，衍生品期权交易风险极大，且不易控制。不论是中航油（新加坡）内部，还是中航油集在企业监管和风险管理上都爆出巨大的漏洞。

根据中航油（新加坡）内部规定，损失20万美元以上的交易，要提交公司风险管理委员会评估。累计损失超过35万美元的交易，必须得到总裁同意才能继续。任何将导致50万美元以上损失的交易，将自动平仓。多达5亿美元的损失，中航油（新加坡）才向集团报告，而且中航油（新加坡）总裁陈久霖同时也是中航油集团的副总经理，中航油（新加坡）经过批准的套期保值业务是中航油集团给其授权的，中航油集团事先没有发现问题，并建立相应的管控机制足以说明问题。

为满足国内大型企业正常经营、有效防范风险的需要，有关部门在2001年发布了《国有企业境外期货套期保值业务管理办法》，对从事高风险交易进行了严厉甚至苛刻的规定，基本上将业务限定在套期保值的范围内。同时还要求获得经营资格的企业建立严格有效的内部管理和风险控制制度。据悉，中远、建行等国企在新加坡的分支机构均建立了相关的内部控制机制。比如，中远的投资总裁的资金权限仅为500万美元，而建行新加坡分行衍生品交易损失一旦达到100万美元，就要强行止损。据悉，在香港的一家中资公司就因为3500万美元的衍生产品亏损而被国资委通报。我们不知道同为国企的中航油（新加坡）有没有建立相应的制度，或者说是否这些规定只停留在纸面上。总之，中航油（新加坡）内部机制失灵是毫无疑问的。

2. 中国航油集团公司控制不了“人”

据了解，陈久霖在中国航油集团公司重组、与民航总局脱钩前是一名普通干部。脱钩后，上级管理部门提出要提拔陈久霖担任中国航油集团公司副总经理，中国航油集团公司班子绝大多数人不同意。但上级主管单位领导说：“这是上级已经作出的决定。”陈久霖就这样被提拔为集团公司副总。即便陈久霖这样走上了领导岗位，如果有完善的机制约束，也许还不会造成如此严重的后果。可惜的是，中国航油集团公司的内部监督控制机制形同虚设。公司总裁陈久霖同时兼任集团副总经理，这样的人事安排相信也是内部控制失灵的原因之一。

3. 新加坡公司基本上是陈久霖一人的“天下”

最初公司只有陈久霖一人，2002 年 10 月，中国航油集团公司向新加坡公司派出党委书记和财务经理。但原拟任财务经理人选派到后被陈久霖以外语不好为由调任为旅游公司经理。第二任财务经理被安排为公司总裁助理。陈久霖不用集团公司派出的财务经理，从新加坡雇了当地人担任财务经理，只听他一个人的。党委书记在新加坡 2 年多，一直不知道陈久霖从事场外期货投机交易。

4. 集团公司通过正常的财务报表没有发现陈久霖的秘密

从新加坡公司上报的 2004 年 6 月的财务统计报表可以看出，公司当月的总资产为 42.6 亿元人民币，净资产为 11 亿元人民币，资产负债率为 73%。长期应收账款为 17 亿元人民币，应付款也是这么多。从账面上看，不但没有问题，而且经营状况很好。但实际上，2004 年 6 月，新加坡公司就已经在石油期货交易上面临 3580 万美元的潜在亏损，仍追加了错误方向“做空”的资金。由于陈久霖在场外进行交易，集团公司通过正常的财务报表没有发现陈久霖的秘密，新加坡的监督机构也没有发现，中航油（新加坡）公司还被评为 2004 年新加坡最具透明度的上市公司。

5. 中国航油集团公司和新加坡公司的风险管理制度也形同虚设

新加坡公司有风险管理委员会，制定了风险管理手册。手册明确规定，损失超过 500 万美元，必须报告董事会。但陈久霖从来不报，集团公司也没有制衡的办法。2004 年 6 月，陈久霖还在新加坡公开表示，新加坡公司只负责帮助客户采购，佣金收入相对稳定，风险很低，不会受到油价高低的影响。在具体期货操作上，在新加坡公司严格的风险管理系统总体控制下，新加坡公司不存在较大风险。

从中航油（新加坡）事件可以看出，上市公司内部控制的完善以及执行得有效与否与公司的经营管理状况、风险管理控制、发展前景及公司价值存在密切的关系，因此其内部控制信息的披露将对现有和潜在的投资者、债权人、监管机构等信息需求者的决策产生极大的影响，进而影响资源的配置。因此，完善我国上市公司内部控制信息披露已经势在必行。

（《中国内部审计》2005 年第 9 期）

# 第五章　控制活动

## 导入案例

### 案例股权激励的雏形——“身股制”

票号，亦称“票庄”“汇票庄”或“汇兑庄”，源于汇兑，是一种专门经营汇兑业务的金融机构，是中国封建社会金融业的重要组成部分。以清朝道光三年（公元 1823 年）“日昇昌”票号的诞生为标志，山西商人实现了由商业资本向金融资本的转变。此后 100 多年，被西方叹为观止的“山西票号（Shansi Bank）”执中国金融之牛耳，“票号汇通天下”，在中国的金融史上写下了辉煌的一笔。山西票号激励制度的核心就是身股制，其特点是身股与银股并重。票号财东一般不过问票号的事，实行掌柜负责制：财东出资设立票号，委托一个自己信赖的、精明能干的人做掌柜，财东把资金运用权、人员调配权、业务经营权等全部交给掌柜，让其独立自主地从事经营活动，只是定期结账（三到五年一次），由掌柜向财东汇报经营成果，就一些重大决策请示财东，同时分取应得的红利，由财东视其业绩决定去留。这种所有权与经营权分离、掌柜负责制的方式，为票号实行身股制提供了良好的制度环境。具体阐述如下：

（1）身股的确定。并非所有的员工都可以顶身入股，须以达到规定的工作年限和工作业绩为条件，具有一定资历和功劳的高级员工才能顶身入股，按股参与分配企业的红利。

（2）身股的增长。通常，在财东出资创立票号、设立银股的同时，就设立人力股（俗称“顶身股”“身股”），顶身入股。此后，随着票号规模的逐步壮大，顶身股越来越多，身股与银股的比例达到二比八、三比七，也有四比六的。到 20 世纪初期，各票号的身股数普遍超过了银股数。

（3）身股与银股同样分红。员工的身股与财东的银股可一起参与分红，企业的经营利润要按股份平分，身股与银股并重；但企业的经营亏损却完全由财东承担，顶身股者不承担亏赔责任。

上述“身股制”可以说是我国最早的管理层和员工持股的股权激励案例。它告诉我们，在充分实行两权分离的基础上，经营者和所有者、企业与员工的利益并不是完全分离或对立的，我们完全可以通过某种手段把它们结合起来，使其达到同步最优。

请从内部控制的角度分析身股反映出的理论及其优越性。

（作者根据互联网有关资料整理）

# 第一节 控制活动的内涵

作为内部控制基本要素之一的控制活动，在内部控制中处于特殊的位置，是实现内部控制目标的关键要素。企业内部控制理念需要通过控制活动体现出来；内部环境在为控制活动提供基础的同时，需要通过控制措施，借助于控制活动发挥其实现控制的作用；而风险评估的目的就在于为选择控制措施提供依据。可以说，风险评估的最终目的要通过控制措施的运用，通过控制活动表现出来。

## 一、控制活动的定义

控制活动是企业根据风险评估的结果，采取相应的控制措施，将风险控制在可承受度之内。企业在进行控制活动时应当结合风险评估结果，通过手工控制与自动控制、预防性控制与检查性控制相结合的方法，运用相应的控制措施，将风险控制在可承受范围之内。控制活动可以根据其相关的目标分为战略类、经营类、报告类和遵循类。有时，某一特定的控制活动，如经营性控制活动也有助于提高报告的可靠性；报告类的控制活动也会影响到法规的遵循。内部控制活动通常包括：不相容职务分离控制、授权审批控制、会计系统控制、财产保护控制、预算控制、运营分析控制和绩效考评控制等。

企业内部控制的核心是控制活动，而控制活动又是一个动态的管理过程。由于企业所面临的风险不是静止不动的，而是随着企业的发展和内外部环境的变化呈现动态特征。因此，企业在建立和实施内部控制的时候需要从一个动态管理的过程对内部控制进行全局性把握，把控制的各个因素要点进行系统性的链接，这样才能应对不断变化的风险。

## 二、控制活动的方法

控制活动的方法可以按照控制的形式与控制的性质来划分。

### （一）按照控制的形式划分

按照控制的形式，可以将控制方法分为两类：人工控制和自动控制。控制是掌握对象不使其任意活动或超出范围，或使其按控制者的意愿活动。控制由人来操作，即人工控制。在生产生活中有很多需要控制的事物。自动控制是指在没有人直接参与的情况下，利用外加的设备或装置，使机器、设备或生产过程的某个工作状态或参数自动地按照预定的规律运行。自动控制是相对人工控制概念而言的。如果企业采用人工控制，那么由于人为疏忽，会导致很多风险事件的发生。所以企业越来越愿意采用自动控制，不仅能准时，而且准确率非常高，现在很多软件都具有预警功能。

### （二）按照控制的性质划分

按照控制的性质，可以将控制方法分为两类：预防性控制和检查性控制。预防性控制是为了避免产生错误或尽量减少今后的更正性活动，是为了防止资金、时间或其他资源的损耗而采取的一种预防保证措施。检查性控制是指将已经发生或存在的错误检查出来的控制。检查性控制通常并不适用于业务流程中的所有交易，而适用于一般业务流程以外的已经处理或部分处理的某类交易，可能一年只运行几次，如每月将应收账款明细账与总账比较；也可能每周运行，甚至一天运行几次。相对来说，预防性控制比检查性控制要好，因为它不会让问题发生。所以，企业最好使用自动化控制系统，做到提前预防。

### 三、建立和实施企业内部控制活动的重要性

#### （一）有利于完善企业内部控制制度

为了加强和规范企业内部控制，提高企业经营管理水平和风险行为防范能力，促进企业可持续发展，维护社会主义市场经济秩序和社会公众利益，2008 年 5 月 22 日，财政部会同证监会、审计署、银监会、保监会制定了《企业内部控制基本规范》。该基本规范规定自 2009 年 7 月 1 日起在上市公司范围内施行，鼓励非上市的大中型企业执行。所以，建立和实施企业内部控制活动可以确保国家财经法律法规、规章制度的贯彻执行，这也是制定内部控制制度的首要目标。企业建立和实施内部控制活动，可使企业内部控制至臻至美，使得做事的有责权，监督管理的有章法可依，从而形成良性而有效的内部控制制度。

#### （二）有利于保护企业资产安全和完整

内部控制活动通常包括不相容职务分离控制、授权审批控制、会计系统控制、财产保护控制、预算控制、运营分析控制和绩效考评控制等。通过建立和完善内部控制活动的各项措施，可防止和减少贪污盗窃和舞弊行为的发生，实现保护财产物资安全和完整的目的。

#### （三）有利于促进企业经营管理水平的提高

通过建立健全内部控制活动，可不断完善会计、经营工作相关的岗位责任制，规范经营管理行为，强化管理工作，防范经营风险，提高经济效益，实现经营目标。

#### （四）有利于促进企业会计信息质量的提高

加大对会计信息的采集、归类、记录、汇总等过程和相关环节的监督和管理力度，能及时发现并有效纠正会计工作中出现的问题，提高会计信息质量，真实、完整地反映单位经营管理活动。

## 第二节　不相容职务分离控制

### 一、不相容职务分离控制的定义

不相容职务是指那些如果由一个人担任，既可能发生错误和舞弊行为，又可能掩盖其

错误和弊端行为的职务。这些职务通常包括授权、批准、业务经办、会计记录、财产保管、稽核检查等。不相容职务分离的核心是“内部牵制”，它要求每项经济业务都要经过两个或两个以上的部门或人员的处理，使得单个人或部门的工作必须与其他人或部门的工作相一致或相联系，并受其监督和制约。《企业内部控制基本规范》第二十九条规定：“不相容职务分离控制要求企业全面系统地分析、梳理业务流程中所涉及的不相容职务，实施相应的分离措施，形成各司其职、各负其责、相互制约的工作机制。”

## 二、不相容职务分离的内容

企业在内部机构设置时应体现不相容岗位相分离的原则，特别是在涉及重大或高风险的业务处理程序时，必须考虑建立各层级、各部门、各岗位之间的分离和牵制。企业在内部机构设置时首先要考虑哪些岗位和职务是不相容的；其次要明确规定各个机构和岗位的职责与权限，使不相容岗位和职务之间能够相互监督、相互制约，形成有效的制衡机制。不相容岗位是指设置的岗位不能交叉，不能重叠，不能由一个人担任。无论各行各业，从总体上看，不相容职务主要分为五种：授权审批职务、业务执行职务、会计记录职务、财产保管职务、审核监督职务。对于因机构人员较少并且业务简单而无法分离处理的某些不相容职务，企业应当制定切实可行的替代控制措施。

不相容职务分离控制图解如图 5-1 所示。

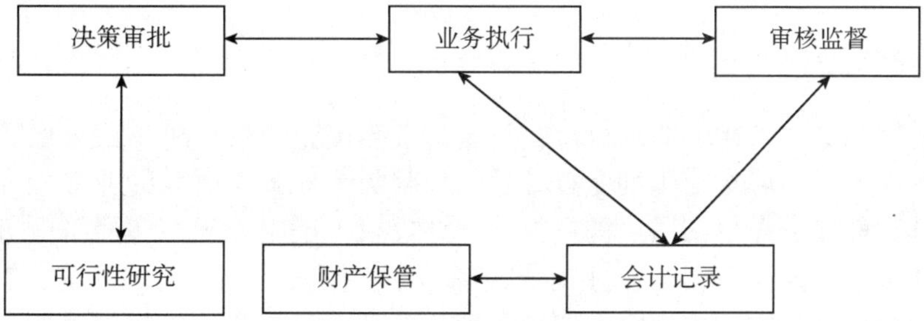


**图 5-1　不相容职务分离控制**

企业应当遵循不相容职务相分离的原则，综合考虑企业性质、发展战略、文化理念和管理要求等因素，形成各司其职、各负其责、相互制约、相互协调的工作机制，并确定具体岗位的名称、职责和工作要求等，明确各个岗位的权限和相互关系。在内部控制实务中不相容岗位一般有以下几种：

（1）货币资金业务的不相容岗位，至少应当包括货币资金支付的审批与执行；货币资金的保管与盘点清查；货币资金的会计记录与审计监督。出纳人员不得兼任稽核、会计档案保管和收入、支出、费用、债权债务账目的登记工作等。

（2）企业采购与付款业务的不相容岗位，至少包括请购与审批；询价与确定供应商；采购合同的订立与审核；采购、验收与相关会计记录；付款的申请、审批与执行等。

（3）存货业务的不相容岗位，至少包括存货的请购与审批，审批与执行；存货的采购与验收、付款；存货的保管与相关会计记录；存货发出的申请与审批，申请与会计记录；存货处置的申请与审批，申请与会计记录等。

（4）销售与收款不相容岗位，至少应当包括：客户信用调查评估与销售合同的审批签订；销售合同的审批、签订与办理发货；销售货款的确认、回收与相关会计记录；销售退回货品的验收、处置与相关会计记录；销售业务经办与发票开具、管理；坏账准备的计提与审批、坏账的核销与审批等。

（5）对外投资不相容岗位，至少应当包括：对外投资项目的可行性研究与评估；对外投资的决策与执行；对外投资处置的审批与执行；对外投资绩效评估与执行。

（6）筹资业务的不相容岗位，至少包括：筹资方案的拟订与决策；筹资合同或协议的审批与订立；与筹资有关的各种款项偿付的审批与执行；筹资业务的执行与相关会计记录等。

（7）成本费用业务的不相容岗位，至少包括成本费用定额、预算的编制与审批，成本费用支出与审批，成本费用支出与相关会计记录等。

（8）固定资产业务不相容岗位，至少包括固定资产投资预算的编制与审批，审批与执行；固定资产采购、验收与款项支付，固定资产投保的申请与审批，固定资产处置的申请与审批，审批与执行，固定资产取得与处置业务的执行与相关会计记录等。

# 第三节　授权审批控制

## 一、授权审批控制的定义

授权审批控制是在不相容职务分离控制基础上，由企业权力机构或上级管理者明确规定有关业务经办人员的职责范围和业务处理的权限与责任，使所有的业务经办人员在办理每项经济业务时都能事先得到适当的授权，并在授权范围内办理有关经济业务，承担相应的经济责任和法律责任。根据《企业内部控制基本规范》第三十条的规定，授权审批控制要求企业按照授权审批的相关规定，明确各岗位办理业务和事项的权限范围、审批程序和相应责任。企业内部各级管理人员必须在授权范围内行使职权和承担责任；业务经办人员必须在授权范围内办理业务。完善的授权审批控制有助于明确权利和义务，层层落实责任，层层把关，最大限度地避免经营风险的发生。毫无疑问，授权审批控制也是防范企业风险的一种重要手段。

## 二、授权控制

在进行授权控制时，应该恰当地确定一般授权和特殊授权的范围。一般授权的范围不宜太大，也不可太小，如果一般授权的范围太大，会使企业领导失去对重要业务的控制，从而产生较大的经营风险。因此，一般授权过大会削弱内部控制制度。反之，如果一般授权范围过小，凡事需要请示、批准，使一般授权名存实亡，也会削弱管理人员的工作积极性和责任心，对企业经营管理产生不利影响。

### （一）授权的种类

授权的种类分为常规授权和特别授权。

常规授权是指企业在日常经营管理活动中按照既定的职责和程序进行的授权，用以规范经济业务的权力、义务和有关责任者，其时效性一般较长。常规授权可以在企业正式颁布的岗（职）位说明书中予以明确，或通过制定专门的权限指引予以明确。如销售部门确定销售价格的权力、财务部门批准费用报销的权力。常规授权的范围不宜太大，也不可太小，如果常规授权的范围太大，会使企业领导失去对重要业务的控制，从而产生较大的经营风险。因此，常规授权过大会削弱内部控制制度。反之，如果常规授权范围过小，凡事需要请示、批准，使常规授权名存实亡，也会削弱管理人员的工作积极性和责任心，从而对企业经营管理产生不利影响。

特别授权一般是由董事会给经理层或经理层给内部机构及其员工授予处理某一突发事件（如法律纠纷）、作出某项重大决策、代替上级处理日常工作的临时性权力。例如在处理材料采购业务时，企业规定材料采购员对于1万元以下的材料采购业务有权根据实际情况进行处理，决定是否采购，而对于金额超过1万元的材料采购业务必须经过主管领导批准方可进行采购。前者即为一般授权的情况，而后者为特殊授权的情况。

### （二）授权控制的基本原则

1. 授权的依据——依事而不是依人

企业应该本着有利于实现战略目标，有利于资源配置的目的来设置职务并进行授权，而不是仅凭被授权者的能力，如果因人授权，虽然充分考虑了被授权人的知识与才能，但却不能确保职权被授予了最合适的人员，不利于企业目标的实现，即要遵循“因事设岗，以岗定人”原则，不能“因人设岗，以岗生事”。

2. 授权的界限——不可越权授权

授权者对下级的授权，必须在自己的权力范围内，不能超越自己拥有的权限进行授权。

3. 授权的“度”——适度授权

授权过程中对于“度”的把握是授权控制成败的关键，既不能贪恋权力，不愿下放，也不能过度授权。权力下放不到位会直接影响下级部门的工作效率和积极性；而过度授权则等于放弃权力，甚至出现滥用职权的现象。正确的做法是将下级在行使职责时必需的权力下放，并且做到权力和责任相匹配。对于重大事项的权限，不可轻易下放。

4. 授权的保障——监督

相关人员在授权后应该给予适当的监督。如果放任不管，可能发生越权或滥用职权的行为；如果常加干涉，则授权形同虚设，不利于调动下属的主动性和创造性。对授权进行监督的重点主要是防止下级越权操作和“先斩后奏”的行为。

### （三）授权的形式

授权一般以两种形式存在，即口头授权和书面授权。

（1）口头授权。口头授权是上级领导利用口头语言对下属进行工作交代，或者是上下级之间根据会议所产生的工作分配。这种授权形式一般适合于临时性与责任较轻的任务。

（2）书面授权。书面授权是上级领导利用文字形式对下属工作的职责范围、目标任务、组织情况、等级规范、负责办法与处理规程等进行明确规定的授权形式。这种授权形式适合比较正式与长期的任务。企业应当尽量采用书面授权的形式明确相关人员的权限和责任界限，以避免出现口头授权形式下误解权责范围、滥用职权以及出事之后相互推诿、无法问责等情况的发生。

## 三、审批控制

### （一）审批控制的原则

1. 审批要有界限——不得越权审批

越权审批就是超越被授权权限进行审批，通常表现为下级行使了上级的权力。如资金的调度权按规定属于总会计师，但总经理直接通知出纳将资金借给其他企业就属于越权审批的行为。

2. 审批要有原则——不得随意审批

审批控制的目的是为了保证企业的所有行为有利于经营效果和效率的提高，最终实现控制目标。因此，即便审批人有一定的审批权限，也不能随意批准，而应该依据企业的有关预算、计划或者决议进行。在审批中，应贯彻集体决策的原则，实行集体决策审批或者联签制度。要在综合正反两方面意见的基础上进行决策，而不应由少数人主观决策。

### （二）审批的形式

同授权的形式一样，审批也应该尽量采用书面形式。采用书面形式既可以方便上级进行批示，又可以避免口说无凭，责任不清。此外，还便于监督检查人员对该活动的监控。

## 四、授权审批体系的构成要素

授权审批是企业根据常规授权和特别授权的规定，明确各岗位办理业务和事项的权限范围、审批程序和相应责任。《企业内部控制基本规范》要求，企业应当编制常规授权的权限指引，规范特别授权的范围、权限、程序和责任，严格控制特别授权。从授权审批体系的含义来看，授权是指从治理层、管理层到员工，自上而下对企业各类“决策权限”的分配，审批则是指通过“审核”和“批准”使决策生效。从《公司法》的角度来看，授权可分为两个层面：在公司治理层面，包括股东会对董事会、董事会对管理层的授权；在经营管理层面，包括总经理对各级管理人员及员工的授权。从内部控制角度来看，授权审批控制属于事前控制，通过对决策事项的前置审核和批准来防范风险损失的发生。具体来说，授权审批体系的要素由以下三个主要方面构成：

（1）组织架构与岗位设置。组织架构和岗位设置是授权审批体系的前提。只有实现了这个前提，才能进行自上而下的、不同层级不同岗位的权限分配。部分企业在组织架构和人员职责都还不太完善的情况下，最终建立的授权审批权限没有对应到岗位，而是对应了具体的个人。这样的授权审批体系既无防范风险的作用，又僵化了审批过程，降低了管理效率，反而为未来发展埋下隐患。而健全的组织架构有利于指导各个岗位根据自身职责对事项进行审批，有效优化决策效果。

（2）决策事项的类别和范围。决策事项是授权审批体系的核心，所有的授权审批都围绕决策事项展开。决策事项可根据事项的类型、重要性水平、风险等级、常规性与突发性等进行分类处理，如生产投料计划、员工差旅费报销、发行债券进行融资等，这些事项的申请、审核、批准的过程和批准权限完全不同。对于上市公司而言，由于需要有针对性地保护公众投资者利益，还特别需要梳理董事会和股东大会的授权审批事项。

（3）申请、审核与批准的程序。“申请、审核与批准”是授权审批体系的实现过程。申请是指具有相关业务需求的岗位，为实现企业业务目标，提出拟实施的事项资金；审核是指由申请人之外的人员，从自身岗位职责出发，对该决策事项进行分析，排除该事项可能带来的风险（是否一定需要审核、审核的复杂性可根据该事项的重要水平和风险水平而定）；批准是指具有权限的岗位最终决定该事项的实施与否。从内部控制的角度来看，申请与审核、申请与批准彼此是不相容职责，不得由同一人实施，否则无法防范舞弊风险或决策失误。综合来看，组织架构与岗位职责、决策事项的类别和范围及申请、审核与批准的程序三者共同构成了授权审批体系的主要要素，在企业的实际操作中，应当从提升效率和防范风险的角度出发，来决定各个决策事项分别应由哪些岗位提出申请、进行审核和最终批准。

# 第四节 会计系统控制

## 一、会计系统控制的定义

会计系统是指企业为汇总、分析、分类、记录、报告公司交易等而建立的方法和记录的工作系统。它对内向管理层提供经营管理的信息，对外向投资者、债权人等提供相关的决策信息。

会计系统控制是指通过会计的核算和监督系统所进行的控制，主要包括会计凭证控制、复式记账控制、会计账簿控制、会计报表控制及其财务成果控制。会计系统控制是企业内部控制的核心之一。企业依据会计法和会计制度，制定适合本企业的会计控制制度，制定资金预算编制、调整的办法，制定资金审批、支付的程序，制定财务人员任用的标准和岗位设立的原则，制定资产管理的原则，制定会计凭证、会计账簿和会计报表的处理程序，制定会计档案保管和会计交接办法，制定内部财务业务稽核办法。通过实行会计人员岗位责任制，充分发挥会计人员的管理、核算和监督职能。我国《企业内部控制基本规范》第三十一条规定：“会计系统控制要求企业严格执行国家统一的会计准则制度，加强会计基础工作，明确会计凭证、会计账簿和财务会计报告的处理程序，保证会计资料真实完整。”

## 二、会计系统控制的原则

### （一）全面系统原则

会计系统控制的对象是资金运动，即对企业生产产品的价值形成全过程的控制，可以前馈控制，也可以事中反馈控制，既要有纵向控制，也要有横向控制，既要对总指标进行控制，又要对分指标进行控制，会计控制不强调全面系统就不可能实现企业效益和社会效益。

（二）及时性原则

会计系统控制及时性指会计控制标准的制订和下达要及时，测量经济活动的执行结果和信息反馈要及时，采取有效的改进措施要及时，纠正偏差要及时。会计控制如不遵循及时性原则，企业广大职工就不能把握控制的目标，不能对经济活动过程实施有效的管理，造成损失、浪费就不可避免。及时性原则要求会计控制应将事前控制、事中控制、事后控制有机结合起来。从时间上形成一个严密连续完整的控制体系，会计控制贵在及时，一旦发现问题，就应及时加以控制、改进。

（三）归口分级控制原则

会计系统控制应遵循统一领导、分级控制原则，以财务部门为中心，将各部门控制指标层层分解，归口分级落实到人，把整个生产经营活动置于一个严密的网络系统控制之下。从横向上看，各职能科室应对其分管指标加以严格的控制；从纵向上看，要切实加强企业层面、管理层面、员工个人层面的三级控制，把专业控制与群众控制有效地结合起来。只有这样，才能使会计控制有坚实的基础，会计职能的实现才能有组织保证，才能更具有科学性。

（四）责权利相结合原则

会计系统控制职能的实现，首先要明确各职能科室、部门各责任人的职责。同时，各责任人必须具有一定的权力，具有履行其职责的权力；为了激发广大职工参与管理的积极性、主动性，会计系统控制还应贯彻经济利益原则，正确理解和应用权责利相结合原则。对会计控制过程中责任归属的确定，应遵循权责利对等的原则，会计工作出现问题（如成本不实、利润虚假等），首先应追究企业领导责任，如属于会计人员本身工作造成失误，则应追究会计人员的责任。

## 三、会计系统控制的方法

（一）会计凭证控制

会计凭证控制是指在填制或取得会计凭证时实施的相应控制措施，包括原始凭证与记账凭证的控制。会计凭证控制的内容主要包括：（1）严格审查，对取得的原始凭证要进行严格的审查，对不符合要求的原始凭证予以退回。（2）设计科学的凭证格式，凭证格式应当符合规定要求，便于核算与控制；做到内容及项目齐全，能够完整地反映业务活动的全貌。（3）连续编号，对记载经济业务的凭证按照顺序统一编号，确保每项经济业务入账正确、合理、合法。（4）规定合理的凭证传递程序，各个部门应当按照规定的程序在规定期限内传递流转凭证，确保经济业务得到及时的反映和正确的核算。（5）明确凭证装订与保管手续，凭证传递完毕。各个部门有关人员应当按照顺序，妥善保管，定期整理归档，按照规定存放保管，以备日后查验。

### （二）会计账簿控制

会计账簿控制是指在设置、启用及登记会计账簿时实施的相应控制措施。其具体内容包括：（1）按照规定设置会计账簿；（2）启用会计账簿时要填写启用表；（3）会计凭证必须经过审核无误后才能够登记入账；（4）对会计账簿中的账页连续编号；（5）会计账簿应当按照规定的方法和程序登记并进行错误更正；（6）按照规定的方法与时间结账。

### （三）财务报告控制

财务报告控制，是指在编报财会报告时实施的相应控制措施。其具体内容包括：（1）按照规定的方法与时间编制及报送财务报告；（2）编制的会计报表必须由单位负责人、总会计师以及会计主管人员审阅、签名并盖章；（3）对报送给各有关部门的会计报表要装订成册，加盖公章等。

### （四）会计复核控制

会计复核控制，是指对各项经济业务记录采用复查核对的方法进行的控制，其目的是避免发生差错和舞弊，保证财务会计信息的准确与可靠，及时发现并改正会计记录中的错误，做到证、账、表记录相符。会计复核控制的内容主要包括：（1）凭证之间的复核；（2）凭证与账簿之间、账簿与报表之间以及账簿之间的复核；会计复核工作应由具有一定会计专业知识、熟悉业务、责任心强、坚持原则的人员担任。复核人员必须对会计凭证、会计账簿、财务会计报表和所附单据认真审查、逐笔复核，复核过的凭证及账表应加盖名章。未经复核人员复核的，出纳人员不得对外付款，会计人员不得对外签发单据或上报报表。

## 四、会计系统控制的内容

### （一）会计准则和会计制度的选择

企业管理层应当依据企业具体情况选择适用的会计准则和相关会计制度。例如，根据规模和行业性质，分别采用《企业会计准则》《企业会计制度》《小企业会计准则》等。

### （二）会计政策选择

企业的会计政策是指企业在会计确认、计量和报告中采用的原则、基础和会计处理方法。企业管理层应当以真实、公允地反映企业状况为标准来选择适当的会计政策，变更会计政策时要说明合理变更的原因。

### （三）会计估计确定

会计估计是指企业对其结果不确定的交易和事项以最近可利用的信息为基础所作出判

断。企业管理层需要依据企业的真实情况，作出合理的会计估计。如果资产和负债的当前状况及预期未来经济利益和义务发生了变化，则会计估计也需要作出相应改变。

（四）文件和凭证控制

企业应当对经济业务文件进行记录并且相关的凭证需要连续编号，避免业务记录的重复或遗漏，同时也便于业务查询，并在一定程度上防范舞弊行为的发生。例如，企业对产品出入库单预先编号，这样可以有效控制产品的流动，不会出现产品的无故短缺。

（五）会计档案保管控制

会计档案是指会计凭证、会计账簿和财务报表等会计核算专业资料，是记录和反映企业经济业务的重要历史资料和证据。企业应当详细记录且妥善保管合同、协议、备忘录、出资证明等重要的法律文书，作为企业重要的档案资料以备查用。

（六）组织和人员控制

企业应当依法设置会计机构，配备会计从业人员。从事会计工作的人员，必须具备相应的资质与能力。会计机构负责人应当具备会计师以上专业技术职务资格。大中型企业应当设置总会计师。设置总会计师的企业，不得设置与其职权重叠的副职。

（七）建立会计岗位制度

企业应根据自身规模大小、业务量多少等具体情况设置会计岗位。一般大中型企业设置会计主管、出纳、流动资产核算、固定资产核算、投资核算、存货核算、工资核算、成本核算、利润核算、往来核算、总账报表、稽核、综合分析等岗位。小型企业因业务量较少，应适当合并减少部分岗位。这些岗位可以一人一岗、一人多岗，也可以一岗多人，但出纳人员不得兼任稽核、会计档案保管和收入、费用、债权债务账目的登记工作。

（八）业务流程控制

企业应当采用业务流程图的形式清晰反映其业务流程（业务流程图是由特定的符号组成。反映在业务处理程序及部门之间相互关系的图表，既是企业管理的有效工具，也是评价企业内部控制的重要手段），使得员工能够充分理解企业的业务流程，从而清楚自己在整个业务流程中的地位，采取适当的工作方式实现自己的岗位责任。

## 第五节　财产保护控制

### 一、财产保护控制的定义

众所周知，保护资产的安全完整始终是企业最关心的问题之一，财产保护控制就是为了保护资产的安全而采取的控制措施。财产保护控制要求企业限制未经授权的人员对财产的直接接触，采取定期盘点、财产记录、账实核对、财产保险等措施，确保各种财产的安全完整。《企业内部控制基本规范》第三十二条规定："财产保护控制要求企业建立财产日常管理制度和定期清查制度，采取财产记录、实物保管、定期盘点、账实核对等措施，确保财产安全。"这里所述的财产主要包括企业的现金、存货以及固定资产等。它们在企业资产总额中的比重较大，是企业进行经营活动的基础，因此企业必须加强实物资产的保管控制，保证实物资产的安全与完整。

## 二、财产保护控制的措施

### （一）记录监控

实物保全控制要求企业建立即时记账制度。经济业务发生以后应及时记账，特别是涉及现金、银行存款、存货等资产的业务，更是要按照这一要求处理，做到日清月结，防止现金被挪用。同时加强银行存款和存货的对账工作，至少每月对账一次，确保账实相符，以防止时间的拖延而造成的疏漏和弊端。

对存货应建立存货永续盘存制度。永续盘存制度是平时对企业各项存货分别设立明细账，根据会计凭证连续记载其增减变化并随时给出余额的一种管理制度。这种盘存制能从账簿中随时反映出企业各项存货的收入、发出和结存数额，为及时掌握企业财产增减变动情况和余额提供可靠依据，以便加强企业财产物资的管理。

对固定资产应保管好所有权证。投资人以实物出资的，应及时将所有权证过户到企业名下。如果财产所有权人发生变更应及时更名。严格执行会计档案存档制度。会计档案是指会计凭证、会计账簿和会计报表和会计核算专业材料，它是记录和反映经济业务的重要史判和证据，是国家档案的重要组成部分，也是企业的重要档案之一。会计档案存档制度就是要建立会计档案立卷。归档、保管、调阅和销毁等管理制度。

### （二）限制接触

限制接触是指严格限制未经授权的人员对资产的直接接触，只有经过授权批准的人员才能接触资产。其他人员不论职位有多高，都限制接触特定资产，防止因非经授权的人员接触资产而使资产受到损害。限制接触包括限制对资产本身的接触和通过文件批准方式对资产使用或分配的间接接触。内部控制中，保护资产的最好方式就是限制接近，制定完善的资产限制接触制度。

1. 限制接触货币资金

企业的货币资金包括库存现金、银行存款和其他货币资金。限制接触货币资金包括不仅要限制对货币资金的直接接触，而且还应限制接触与货币资金有关的重要凭证，如银行汇票、空白支票、信用证等。货币资金和上述凭证只能由经过授权的出纳人员经管；汇往外埠的银行采购款项，只能由指定的采购人员经管。货币资金控制应严格执行不相容职务分离制。出纳人员下班时，必须盘点现金，并将现金和其他重要凭证存放保险柜中。超过库存现金限额的现金，应当送存银行。向银行提取大额现金时。必须有两人以上同行。签发支票、汇票、信用证等，必须按照规定的程序，经过企业负责人、总会计师或者会计主管人员审查签发。签发支票的印章应该分开保管，不得由出纳人员一人保管，更不得放在同一保险柜内。银行对账单应由会计人员负责核对。超过一个月的未达账项，应该列出清单呈报总会计师或者会计主管人员查明原因。

2. 限制接触实物资产

限制接触的实物资产包括原材料、半成品、产成品、易移动的固定资产等，尤其是贵重物品，有毒、易燃、易爆等危险品。存放贵重、有毒、易燃、易爆物品的仓库，应当与一般仓库分开，库房内须装有消防和防盗设施。贵重品如果需要可以存放银行保险库。存放危险品的仓库，必须设有特别安全设施，并远离厂区。仓库重地必须日夜有人巡视。仓库保管人员与控制库存的记账人员应定期或不定期地对仓库存货进行检查。检查凭证的合法性与真实性，核对账目与库存量，确保账实相符。

3. 盘点清查

盘点清查，是指定期或不定期地对存货、固定资产等进行实物盘点和对库存现金、银行存款、债权债务进行清查核对，说明资产管理上出现错误、浪费、损失或其他不正常现象，应当及时分析原因，查明责任，提出处理意见，出具清查报告，并将其结果及处理办法向企业的董事会或相关机构报告，完善管理制度。一般来说，盘点清查范围主要包括存货、库存现金、票据、有价证券以及固定资产等。

实物保全控制还要求企业建立安全、科学的保管制度。科学保管要求对财产物资分门别类地存放在指定地点，并进行科学的编号以便于保管和检查。同时建立完善的财产盘点清查制度。妥善处理清查中发现的问题，实物资产不论是发生盘盈还是盈亏，都要查明原因，并追究该项资产管理者的管理责任。按照规定的程序经过管理人员批准后才能进行账面调整处理。对于现金，应于每日业务终了时清点库存现金。存货应做到每月盘点，固定资产则应做到半年盘点或至少每年盘点一次，做到账实相符。另外，盘点存货时不仅要盘点数量，而且还应该关注一下存货的质量。盘点时，应该多人在场，盘点的人员应定期轮换。对盘点中发现的差异应及时查明原因，追究责任人的责任，严肃处理。对于财产清查盘点发现的管理漏洞应及时完善，防微杜渐。

4. 财产保险

企业可以根据实际情况，对其重要或特殊的财产投保，使得企业可以在意外情况发生时通过保险获得补偿，减轻损失程度。

# 第六节　预算控制

## 一、预算控制和全面预算

### （一）预算控制

预算控制是企业根据预算规定的收入与支出标准检查和监督各个部门的生产经营活动的控制。其作用是保证各种活动或各个部门在充分达成既定目标，实现利润的过程中对经营资源的利用，使费用支出受到严格有效的约束。其预算内容包括收入预算、支出预算、现金预算、资金支出预算和生产负债预算等方面。《企业内部控制基本规范》第三十三条规定："预算控制要求企业实施全面预算管理制度，明确各责任单位在预算管理中的职责权限，规范预算的编制、审定、下达和执行程序，强化预算约束。"

通过预算控制，企业可以规范组织的目标和经济行为过程，调整与修正管理行为与目标偏差，保证各级目标、策略、政策和规划的实现。因此，预算控制作为管理控制系统的一种模式，是确保战略目标最终实现的一种有效机制。

### （二）全面预算

全面预算是指企业对一定期间的经营活动、投资活动、财务活动等作出的预算安排。全面预算作为一种全方位、全过程、全员参与编制与实施的预算管理模式，凭借其计划、协调、控制、激励、评价等综合管理功能，整合和优化配置企业资源，提升企业运行效率，成为促进实现企业发展战略的重要途径。

全面预算是由经营预算（也称"业务预算"）、资本预算与财务预算等一系列预算组成的相互衔接和勾稽的综合预算体系，如图 5-2 所示。

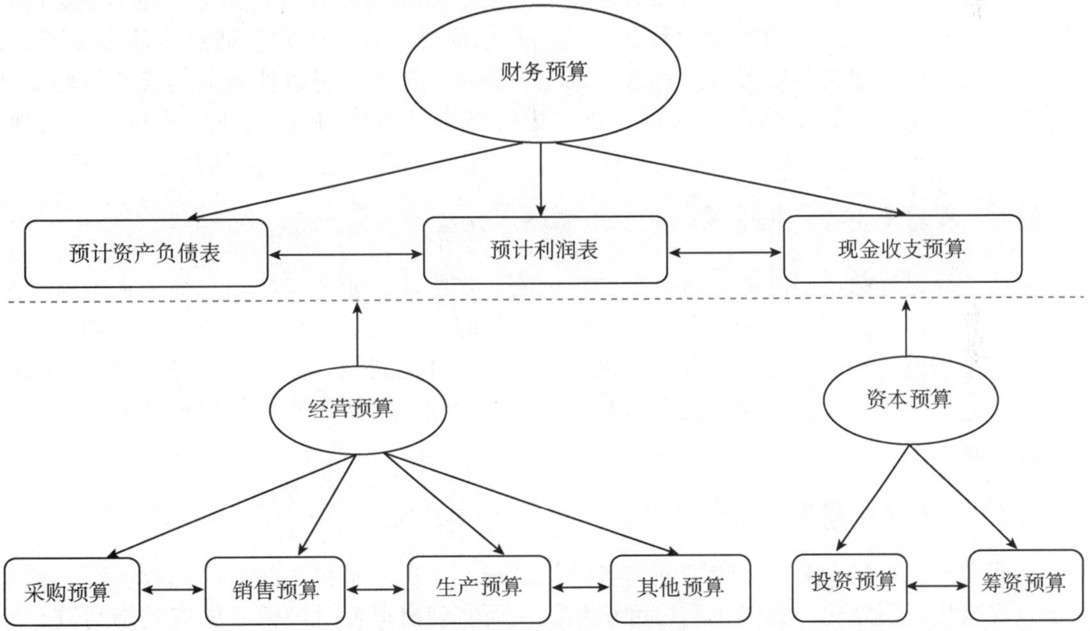


**图 5-2 全面预算体系**

其中，经营预算是明确所有的日常经营活动如销售、采购、生产等需要多少资源以及如何获得和使用这些资源的计划，如销售预算、采购预算、生产预算等；资本预算包括投资预算和筹资预算两类。资本预算是公司对将要进行的长期工程和将要引进的固定资产等的投资和筹资计划，如研究与开发预算、固定资产投资预算、银行借款预算等；财务预算是一系列专门反映公司未来一定预算期内预计财务状况和经营成果以及现金收支等价值指标的各种预算的总称。财务预算具体包括预计资产负债表、预计利润表和现金收支预算等内容。

## 二、全面预算的作用

有效的全面预算具有以下四个主要作用：

### （一）企业实施内部控制、防范风险的重要手段与措施

预算本身并不是最终目标，企业的最终目标是企业采取管理与控制手段来实现对企业风险的有效控制并达成企业目标，因此，全面预算的本质是企业内部管理控制的一项工具。全面预算的制定和实施过程，就是企业不断用量化的工具，使自身所处的经营环境与拥有的资源和企业的发展目标保持动态平衡的过程，也是企业在此过程中所面临的各种风险的识别、预测、评估与控制过程。因此，《企业内部控制基本规范》将预算控制列为重要的控制活动和风险控制措施，并专门制定了《企业内部控制应用指引第 15 号——全面预算》，旨在引导和规范企业加强全面预算管理各环节的风险管控。

### （二）企业实现发展战略和年度经营目标的有效方法和工具

“三分战略，七分执行”，企业战略制定得再好，如果得不到有效实施，终不能实现企业的最终目标，甚至可能因实际运营背离战略目标而导致经营失败。通过实施全面预算，将根据发展战略制定的年度经营目标进行细化、分解、落实，可以使企业的长期战略规划和年度具体行动方案紧密结合，从而实现“化战略为行动”，确保企业发展目标的实现。《企业内部控制应用指引第 2 号——发展战略》中明确规定，企业应当编制全面预算。

### （三）有利于企业优化资源配置，提高经济效益

全面预算是为数不多的能够将企业的资金流、实物流、业务流、信息流、人力流等相整合的管理控制方法之一。全面预算以经营目标为起点，以提高投入产出比为目的，其编制和执行过程就是将企业有限的资源加以整合，协调分配到能够提高企业经营效率效果的业务、活动、环节中去，从而实现企业资源的优化配置，增强资源的价值创造能力，提高企业经济效益。

### （四）有利于实现制约和激励

全面预算可以将企业各层级之间、各部门之间、各责任单位之间等内部权、责、利关系予以规范化、明细化、具体化、可度量化，从而实现出资者对经营者的有效制约以及经营者对企业经营活动、企业员工的有效计划、控制和管理。通过全面预算的编制，企业可以规范内部各个利益主体对企业具体的约定投入、约定效果及相应的约定利益；通过全面预算的执行及监控，可以真实反馈内部各个利益主体的实际投入及其对企业的影响并加以制约；通过对全面预算执行结果的考核，可以检查契约的履行情况并实施相应的奖惩，从而调动和激励员工的积极性，最终实现企业目标。

## 三、全面预算的实施主体

《企业内部控制应用指引第 15 号——全面预算》第四条指出：“企业应当加强全面预

算工作的组织领导，明确预算管理体制以及各预算执行单位的职责权限、授权批准程序和工作协调机制。”企业设置全面预算管理体制，应遵循合法科学、高效有力、经济适度、全面系统、权责明确等基本原则。其实施主体一般分为全面预算管理决策机构、工作机构和执行单位 3 个层次，如图 5-3 所示。

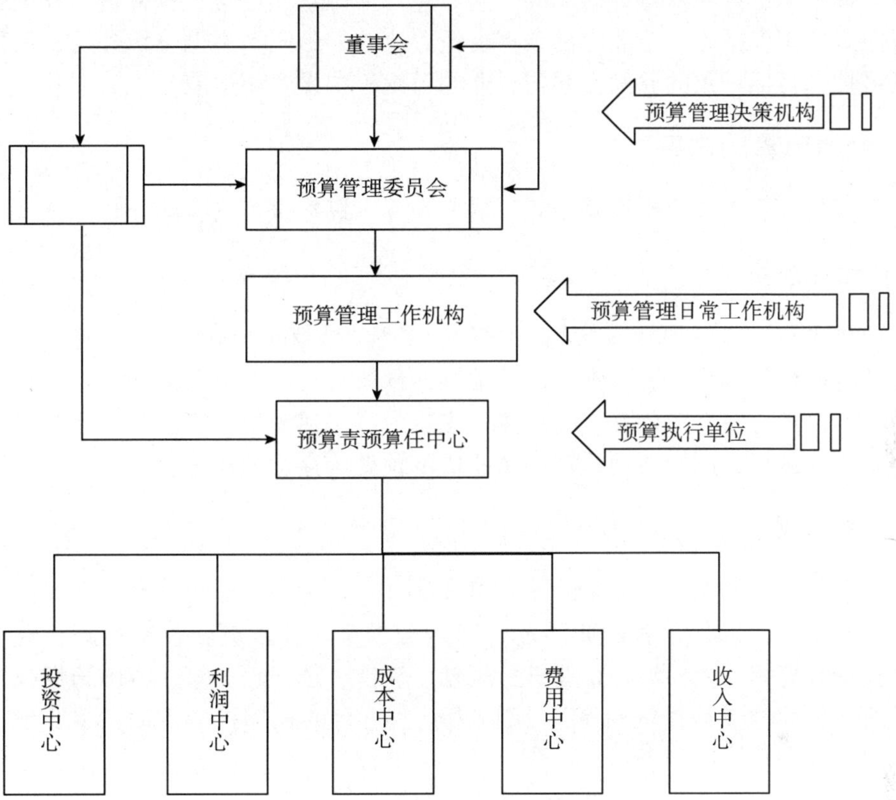


**图 5-3　全面预算实施主体**

（一）决策机构——预算管理委员会

预算管理委员会是预算管理的领导机构和决策机构，应作为预算控制的最高级别控制主体承担监控职责。预算管理委员会成员由企业负责人及内部相关部门负责人组成，总会计师或分管会计工作的负责人应当协助企业负责人负责企业全面预算管理工作的组织领导。预算管理委员会主要负责拟订预算目标和预算政策，制定预算管理的具体措施和办法，组织编制、平衡预算草案，下达经批准的预算，协调解决预算编制和执行中的问题，考核预算执行情况，督促完成预算目标。

（二）工作机构——预算管理工作机构

预算管理工作机构履行预算管理委员会的日常管理职责，对企业预算执行情况进行日常监督和控制，收集预算执行信息，并形成分析报告。预算管理工作机构一般设在财会部门，其主任一般由总会计师（或财务总监、分管财会工作的副总经理）兼任。工作人员除了财务部门人员外，还应有计划、人力资源、生产、销售、研发等业务部门人员参加。

（三）执行单位——各责任中心

各责任中心既是预算的执行者，又是预算执行的监控者，各责任中心在各自职权范围内以预算指标作为生产经营行为的标准，同预算指标比较，进行自我分析，并上报上级管理人员以便采取相应措施。企业内部预算责任单位的划分应当遵循分级分层、权责利相结合、责任可控、目标一致的原则，并与企业的组织机构设置相适应。

## 四、全面预算的内容

全面预算的内容一般包括经营预算、财务预算、资本预算三大部分。

（一）经营预算

经营预算也称“业务预算”“营业预算”，是为规划和控制未来时期的生产销售等日常业务以及与此相关的收入和成本费用而编制的预算。它与企业预算期损益状况有关，具有较强的操作性和时效性的最基本的预算。主要内容包括销售预算、生产预算、直接材料预算、直接人工预算、制造费用预算、产品成本预算、存货预算等。

（二）资本预算

资本预算是企业全面预算体系的重要组成部分，是指企业非正常经营活动的预算，一般是不经常发生的一次性预算。如固定资产购置预算、技术更新改造预算、资金筹集预算、对外投资预算等。主要涉及企业进行规划、评价、选择、决策、实施长期投资活动的全过程，所以又称“长期投资预算”；又因为企业进行的长期投资活动，主要是为了生产经营发展的长远需要，属于资本性投资活动，不能用当年的收益来补偿，故称作资本支出预算。

（三）财务预算

财务预算是在预测和决策的基础上，围绕企业战略目标，对一定时期内企业资金取得和投放、各项收入和支出、企业经营成果及其分配等资金运动所作的具体安排。主要包括现金流量、预计利润表和预计资产负债表。财务预算把经营预算和资本预算中的数据进行分析、汇总而编制的。现金流量预算是指预先估计企业在预算期内由于生产经营及投资活动引起的现金收入与现金支出，它实质上是其他预算有关现金收支部分的汇总，一般由现金收入、现金支出、现金多余和不足以及现金的筹集和运用四个部分构成。预计利润表揭示的是企业未来的盈利状况，它是在经营预算的基础上按照权责发生制的原则编制的，与一般利润表编制方法相同。预计资产负债表是综合反映企业在预算期末各账户的预计余额表，可以据此了解期末企业财务状况，可以提前采取有效措施，防止不良财务状况出现。它是以预算期期初的资产负债表为基础，根据各项分预算和其他与企业财务状况有关的数据资料，分析计算得出的。

在全面预算内容体系中，经营预算、财务预算、资本预算是相互依存、相互作用的。

经营预算是财务预算的基础，财务预算是经营预算的结果，即只有销售量、价格、采购原料类型、职工工资、能源消耗等预算确定后，才能据以做出利润表、资产负债表等反映财务结果的预算。而财务预算的效益水平或经营活动的现金流量又决定着投资预算的规模，投资预算对生产经营等业务预算产生直接影响，间接地影响财务预算，如图 5-4 所示。

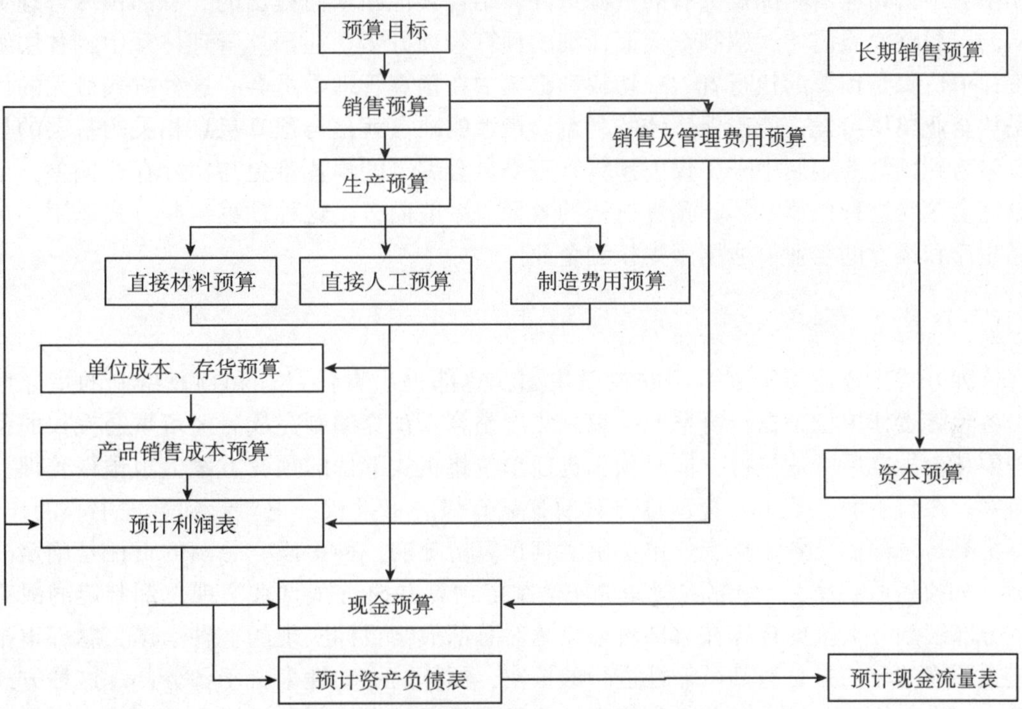


**图 5-4　全面预算管理的内容体系及其相互关系**

根据图 5-4 可以看出全面预算内容体系的特点：（1）销售预算是编制全面预算的起点，企业确定了预算目标后，首先要编制销售预算，生产预算和销售及管理费用预算要在销售预算确立之后才能编制，制造成本预算（直接材料、直接人工、制造费用预算）需在生产预算的基础上编制，进而在生产预算和制造费用预算基础上编制产品成本预算。(2) 资本支出预算应根据企业的战略目标来确定，它以长期销售预算为依据。但在编制资本支出预算时，应全面考虑销售、生产、现金等有关因素。在上述各种预算确立后，可编制现金预算，最后编制各种预计财务报表。

从全面预算的内容体系来看，全面预算具有全面性和系统性。所谓全面性是指预算内容必须涵盖企业经营的全部和财务的全部。所谓系统性是指各项预算之间存在着密切的内在联系，它们环环相扣，按一定的逻辑顺序编制而成。经营预算、资本预算与财务预算缺一不可，它们是一个整体，相互支撑，相互依赖，是一个完整而紧密的系统。

## 五、全面预算编制方式

预算的编制就是根据公司的战略目标确定年度预算总目标，对预算总目标分解、量化，并下达到预算执行者的过程，是基础、关键性环节。全面预算编制方式视企业不同情况、不同的预算模式分为以下三种方式：

（一）自上而下式

在这种方式下，预算目标由公司总部根据公司战略计划，结合本地区同行业平均资本报酬率、子公司经营状况及拥有的资源条件，结合其他因素而提出的。总部预算管理委员会从公司战略发展需要，编制全面而详细的预算管理方案。在预算管理体系中，各层级预算责任单位只是预算的执行者，一切权利都集中在预算管理委员会。这种方式最大的优点就是从企业整体出发，能确保整体的利益。最大的缺点就是与预算息息相关的基层的员工没有参与到预算的编制中来，仅由预算管理委员会编制的预算难免与实际存在偏差，员工很难完全接受这种预算，影响预算执行的效果。一般而言，这种预算编制方式适用于单一产品生产和经营的企业，适用于集权制企业。

（二）自下而上式

这种方式主要适用于资本型的控股集团，总部提出责任目标和预算编制的指导性原则，各预算责任单位根据自身情况，编制年度预算。预算编制完成后经董事会授权的预算管理委员会批准后下达执行，同时预算责任单位将正式下达的预算方案上报预算管理委员会备案。在自下而上式中，管理总部对预算只有最终审批权，主要起到管理中心的作用，预算主要是总部监控各预算责任单位落实其预算情况的一种手段。总部的责任是确定战略目标（如投资收益率），分部的管理责任是制定预算并执行预算来实现总部制定的战略目标，分部编制并上报的预算在总部看来只是对总部战略目标实现的一种承诺，总部审批下级上报预算的目的只是对其可靠性进行的核实，预算的主动性来自于各分部。这种方式的优点在于充分体现分权主义和人本管理，将子公司置于市场前沿，提高了各子公司的主动性和独立作战的能力。

采用该种方式的不足是：第一，由于这种方法只注重结果而忽视过程，一旦结果成为既成事实，则没有任何回旋的余地，难免导致管理失控。第二，宽打窄用，各预算责任单位为获得集团资源而有意多报或少报预算，造成资源浪费。第三，不利于预算责任单位潜能的最大发挥，如很多预算责任单位为了以后每个预算年度都能顺利完成预算指标，而采取“挤牙膏”式的利润预算方式，这样每年很容易便达到预算指标并且使得利润逐年增长然而增幅不大。可见，在这种方式下，总部对子公司预算的审批关键在于审核预算责任主体上报的预算与其实际潜能之间的差距也即预算松弛现象。

（三）上下结合式

在预算编制过程中，经历了自上而下和自下而上的往复，顾名思义，上下结合式取前两式之长。据我国企业目前的实际情况而言，采用上下结合式预算编制方式是最可取的。不仅能使各预算责任主体的主观能动性得到很好的发挥，而且还能提高预算编制的效率。预算编制遵循的是先“自上而下”再“由下而上”的上下结合过程，也即预算目标应自上而下下达，而预算编制则应自下而上实行。企业按部门、按业务、按人员分解预算目标，各责任单位在编制过程中将资源与企业战略相匹配，将集中和民主很好地结合起来。

该方式的主要步骤是：首先由预算管理委员会提出预算思想与目标；其次下发预算目标并由各子公司、二级单位结合自身情况编制预算草案；再次由预算管理委员会进行初步协调和汇总；然后预算管理委员会召集各子公司、二级单位负责人等进行协调各级预算，并形成最终预算审批通过。这一阶段如果一次协调不够，还可以将协调后形成的预算方案下发到各子公司和二级单位进行平衡，并上报再协调，直到各方的目标达到完全一致为止；最后对通过的预算方案以内部法案的形式下达到各子公司、二级单位执行。其编制流程如图5-5所示：

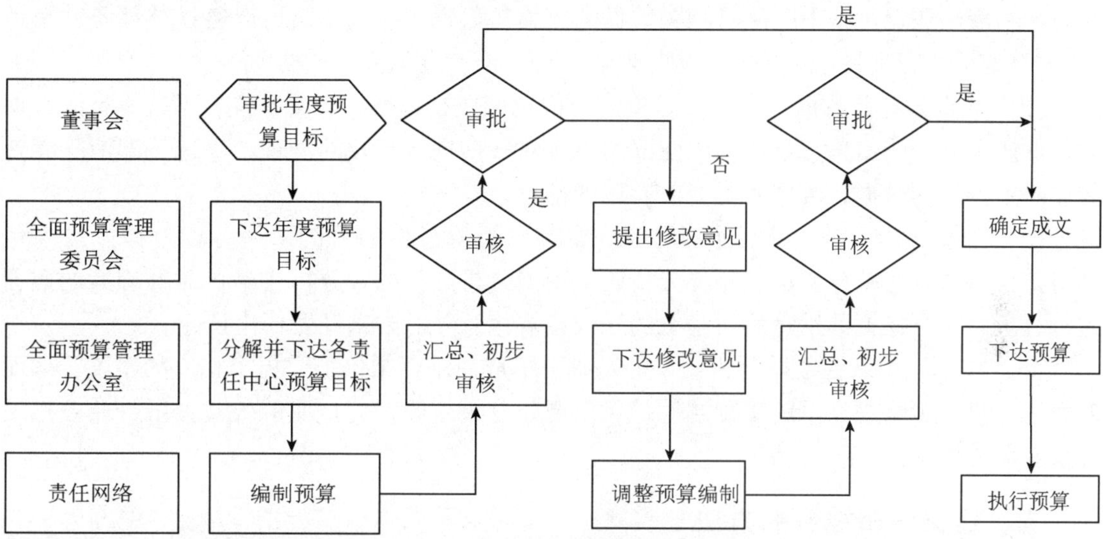


**图5-5 上下结合式全面预算的编制流程**

采用该种方式的优点在于：第一，能够有效保证企业战略的实现。第二，按照统一、明确的规则分解预算目标，体现了公平、公正的原则，避免挫伤“先进”、保护“后进”。第三，预算的编制必须以目标的实现为前提，避免预算编制过程中的讨价还价、“宽打窄用”，提高了预算编制效率。基于以上分析，采用上下结合的预算编制流程更为合理。通过“自上到下，自下到上”充分交流沟通，既能保证预算的合理性，又能调动各方积极性。

# 第七节 运营分析控制

## 一、运营分析控制的定义

运营分析是指以统计报表、会计核算、管理信息、计划指标和相关资料为依据，运用科学的分析方法对一段时期内的经营管理活动情况进行系统的分析研究，旨在真实地了解经营情况，发现和解决经营过程中的问题，并按照客观规律指导和控制企业经营活动。

《企业内部控制基本规范》第三十四条规定：“运营分析控制要求企业建立运营情况

分析制度，经理层应当综合运用生产、购销、投资、筹资、财务等方面的信息，通过因素分析、对比分析、趋势分析等方法，定期开展运营情况分析，发现存在的问题，及时查明原因并加以改进。”

## 二、运营分析控制的流程

运营分析控制的流程一般包括以下四个阶段：

（1）数据收集。企业各职能部门应根据本部门运营分析的目的收集相关数据，一方面在履行本部门职责过程中应注意相关数据的收集与积累，另一方面可以通过外部各种渠道（如网络媒体、行业协会、中介机构、监管部门等）广泛收集各种数据。

（2）数据处理。数据是血液，是资产，但也可能是垃圾。也就是说，不是所有的数据都能够产生有用的信息。企业各职能部门只有对数据进行有效的清理与筛选，即消除噪音和删除不合格的数据，数据才能变成有用的信息。

（3）数据分析。企业各职能部门围绕本部门运营分析的目的采用各种分析方法（包括对比分析法、比率分析法、趋势分析法、因素分析法、综合分析法等）对处理后的数据进行分析，充分挖掘数据背后所隐藏的原因或规律，并对未来经营作出预测。

（4）结果运用。在数据分析结果的基础上形成总结性结论，并提出相应的建议，从而对发展趋势、策略规划、前景预测等提供重要的分析指导，为企业的效益分析、业务拓展提供有力的保障。

## 三、运营分析控制的方法

### （一）比较分析法

比较分析法是运营分析最基本的方法，有纵向比较法和横向比较法。纵向比较公司历史数据，可以知道公司某一方面的变动情况。纵向比较法也称“水平分析法”；横向与同行业其他上市公司比较，可以衡量公司在同行业中的竞争力和地位。

### （二）比率分析法

比率分析法是利用两个或若干相关数据之间的某种关联关系，运用相对数形式来考察、计量和评价，借以评价企业运营状况的一种分析方法。

### （三）趋势分析法

趋势分析法，是根据企业连续若干会计期间（至少 3 期）的分析资料，运用指数或动态比率的计算，比较与研究不同会计期间相关项目的变动情况和发展趋势的一种财务分析方法。趋势分析法也叫“动态分析法”。

### （四）因素分析法

因素分析法，是通过分析影响重要指标的各项因素，计算其对指标的影响程度，来说明指标前后期发生变动或产生差异的主要原因的一种分析方法。

因素分析法按分析特点可以分为连环替代法和差额计算法两种。连环替代法是在通过比较分析确定差异的基础上，利用各种因素的顺序“替代”，从数值上测定各个相关因素对指标差异的影响程度的计算方法。差额计算法是连环替代法的一种简化形式。它是利用各个因素的分析期值与基期值之间的差异，依次按顺序替换，直接计算出各个因素对指标变动影响程度的一种分析方法。

#### （五）综合分析法

综合分析法，是指将反映企业运营各个方面的指标纳入一个有机的整体之中，以系统、全面、综合地对企业运营状况进行分析与评价。目前，在实践工作当中应用比较广泛的综合分析体系包括杜邦财务分析体系、可持续增长率分析体系、EVA 价值树分析体系等。

## 第八节　绩效考评控制

### 一、绩效考评控制的定义

绩效考评是指运用科学的方法，对企业或其各分支机构一定经营期间内的生产经营状况、资本运营效益、经营者业绩等进行定量和定性的考核、分析作出客观、公正的综合评价。作为一个反馈控制手段，绩效考评在内部控制中作用显著。《企业内部控制基本规范》第三十五条规定：“绩效考评控制要求企业建立和实施绩效考评制度，科学设置考核指标体系，对企业内部各责任单位和全体员工的业绩进行定期考核和客观评价，将考评结果作为确定员工薪酬以及职务晋升、评优、降级、调岗、辞退等的依据。”

### 二、绩效考评的内容

绩效考评的本质是一个由各个要素组成的具有整体目的性和内在联系性的系统。一个典型的绩效考评系统应由评价主体、评价客体、评价目标、评价指标、评价标准、评价方法、评价报告等基本要素构成。

#### （一）评价主体与客体

绩效考评系统的评价主体主要是公司董事会和各级管理者，评价客体是各级管理人员和全体员工，当然也涉及对部门的绩效考评。

#### （二）评价目标

评价目标是指通过绩效考评所要达到的目的。评价目标与组织目标相关联，多依赖于战略目标的层层分解。企业应当建立以绩效为核心的分配激励制度，将绩效考核与薪酬相挂钩，切实做到薪酬安排与员工贡献相协调，既体现效率优先又兼顾公平，杜绝高管人员获得超越其实际贡献的薪酬；同时，要注意发挥企业福利对企业发展的重要促进作用，既要吸引企业所需要的员工，降低员工的流动率，又要激励员工，提高员工士气及员工对企业的认可度与忠诚度。

### （三）评价指标

评价指标是指对评价客体的哪些方面进行评价。目前，评价指标的反映内容已经从过去的仅仅关注财务结果逐步拓展到关注驱动财务结果的非财务活动。考虑到绩效考核的目的不同，故要准确、客观地评价客体的业绩，必须对不同目的的绩效考核的评价指标进行个性化处理。

### （四）评价标准

评价标准是判断评价客体业绩优劣的基准。评价标准最初是以实际的业绩水平为准来评判，但随着组织背景的逐渐变化，评价标准也随之变化。就目前而言，绩效考评系统最为常用的三类标准是预算标准、历史标准和行业标准（包括竞争对手的标准）。

### （五）评价方法

评价方法解决的是如何评价的问题，即采用一定的方法运用评价指标和评价标准，从而获得评价结果。目前，在实践中应用比较广泛的评价方法主要有三类：单一评价方法（比如经济增加值方法）、综合评价方法（比如综合评分法）和多角度平衡评价方法（比如平衡计分卡法）。

### （六）评价报告

评价报告实际上属于绩效考评系统的输出信息，也是绩效考评系统的结论性文件。评价报告的编制应按照评价指标制定与计算、评价指标的实际值与评价标准的差异计量和分析、评价结论的得出、形成评价报告、奖惩建议等几个步骤进行，但其关键步骤在于评价指标计算和差异分析。

绩效考评系统各要素之间存在相互依存、相互支持的关系。具体表现在：评价目标是绩效考评系统的指南和目的，它决定了评价指标的选择、评价标准的设置、评价方法的确立和评价报告的编报。评价目标从定性和定量两个维度又分解为评价指标和评价标准，即评价指标反映评价目标的具体内容，评价标准反映评价目标的具体水平。评价指标和评价标准相互影响。评价指标和评价标准是形成评价方法的基础，其类型的选择会影响评价方法的确立。评价方法不仅是对评价指标和评价标准的具体运用，而且还是对实际业绩是否达到评价目标的判断和处理过程。评价报告是整个绩效考评系统的输出信息，是对绩效考评系统其他要素的最终反映和综合体现。当然，评价报告的深度、广度与可信度要取决于评价指标、评价标准和评价方法的科学性。绩效考评系统各要素及其关系如图 5-6 所示。

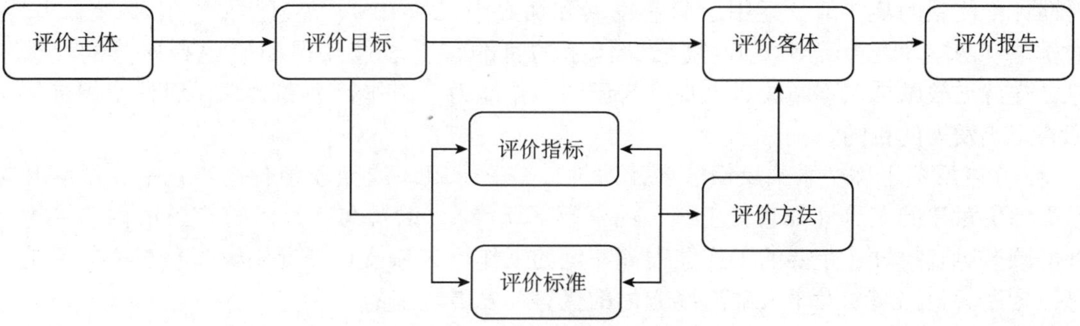


图 5-6 绩效考评系统构成

## 三、绩效考评控制的过程

绩效考评的工作可分为三部分：

（1）绩效考评前——应制定合理而详细的考评标准。只有制定合理而详细的考评标准并进行公布，为成员制定目标，令其明确自己前进的方向，才能令被考评者对应达到的目标及应做到的标准有个清晰明了的认识。考评标准越细致，反映被考评者的情况越全面，组织可以更加清晰地了解被考评者的优劣面。

（2）绩效考评中——考评者必须秉持诚实正心的态度及保持内部沟通的畅通。考评者必须秉持诚实正心的态度，以组织的综合目标及宗旨为依据，对被考评者的各方面进行综合评估。“用人所长，容人所短。”考评者不应求全责备，瑕不掩瑜，每个人都有特定的工作方式和特长，组织应为成员提供充分的发挥空间。使用合适的人才显然比使用优秀的人才划算，使用优秀的人才需要付出相应的费用。

在考评过程中，为尽可能做到公平合理，组织内部必须发扬民主，建立畅通的沟通渠道，使最关键的问题能够得到及时的反馈，避免出现“一言堂”，单凭个人的印象评定结果，影响考评的公正性。

（3）绩效考评后——要有奖惩措施及前程规划方案。对考评结果，要以严肃认真的态度进行处理，按照考评前制订的方案进行奖罚，对受罚者应予以导正，给予指示，使其明确方向，不致令被考者对考评工作产生惶惶不安或淡漠、不以为然的心理。

## 四、绩效考评控制的方法

目前，国内许多企业认识到绩效考评的重要性，积极学习和借鉴国外先进的绩效考评理论和方法，如引入目标管理、360 度绩效反馈等考核方法。应将这些考核方法与我国文化背景和企业具体情况结合起来，必须从企业的实际情况出发，努力探索出一套科学、合理和完善的绩效考评体系，包括考核的目的、原则、程序和方法。这样才能提高绩效管理的成效，造就出一批能征善战的人才队伍，以使企业在激烈的市场竞争中赢得长期发展优势。

### （一）360 度反馈体系

最近的一项调查显示，入选《财富》的 1000 家企业中，超过 90% 的企业已将 360 度反馈评价体系的某些部分运用于职业发展和绩效中，如 IBM、摩托罗拉、诺基亚、福特、迪士尼、西屋、麦当劳等。360 度反馈体系的目的在于通过获得和使用高质量的反馈信息，支持与鼓励员工不断改进与提高自己的工作能力、工作行为和效绩，以使组织最终达到管理或发展的目的。

360 度反馈也称全景式反馈或多元评价，是一个组织或企业中各个级别的、了解和熟悉被评价对象的人员（如直接上级、同事及下属等），以及与其经常打交道的内部顾客和外部顾客对其绩效、重要的工作能力和特定的工作行为和技巧等提供客观、真实的反馈信息，帮助其找出组织及个人在这些方面的优势与发展需求的过程。

### （二）目标管理体系

早在 40 年前，著名管理学家彼得·德鲁克就在他的《管理实践》一书中提出了目标管理这一思想。它的精要之处就在于提供了一种将组织的整体目标转化为组织单位和每个成员目标的有效方式。最初，目标管理这一思想只是应用于企业管理中的计划工作中。后来，这一方法不仅在计划工作中得到了广泛应用，而且还成了绩效考评的一种有效手段，是对管理人员和专门职业人员进行绩效考评的首选方法。

这种方法把员工是否达到由员工和管理人员共同制定的目标作为依据。具体是指员工与其上司协商制定个人目标（如生产成本、销售收入、质量标准、利润等），然后以这些目标作为对员工考评的基础。目标管理考评体系的整个过程实际上是一个循环系统，即从企业共同目标到部门特定目标，最后到个人目标。经验研究表明，这一方法有助于改进工作效率，而且还能够使公司的管理者根据迅速变化的竞争环境对员工进行及时的引导。

### （三）关键绩效指标（KPI）评价法

关键绩效指标是通过对组织内部某一流程的输入端、输出端的关键参数进行设置、取样、计算、分析。衡量流程绩效的一种目标式量化管理指标，是把企业的战略目标分解为可运作目标的工具，是企业建立完善的绩效体系的基础，是管理中“计划—执行—评价”中的“评价”不可分割的一部分，反映个体与组织关键绩效贡献的评价依据和指标。

关键绩效指标是用于衡量被评价者绩效的定量化或定性化的标准体系。定量的关键绩效指标可以通过数据来体现，定性的关键绩效指标则需通过对行为的描述来体现。关键绩效指标体现绩效中对组织目标的增值部分。这就是说，关键绩效指标是连接个体绩效与组织目标的一个桥梁。关键绩效指标是针对在组织目标中起到增值作用的工作而设定的，基于这样的关键绩效指标对绩效进行评价，就可以保证真正使得对组织有贡献的行为受到鼓励。

### （四）图尺度评价法

图尺度评价法是最简单和运用最普遍的工作绩效评价技术之一。它列举出一些绩效构成要素（如“工作质量”和“工作数量”）和工作绩效等级（如“优、良、中、差、劣”），在进行工作绩效评价时，首先针对每一位员工从每一项评价要素中找出最能符合其绩效状况的分数，然后将每一位员工所得到的所有分值进行加总，即得到其最终的工作绩效评价结果。

当然，许多企业并不仅仅停留在对一般性工作绩效因素（如“工作质量”和“工作数量”）的评价上，它们还将作为评价标准的工作职责进行进一步分解，形成更详细和有针对性的工作绩效评估表。一般职责标准都是从工资说明书中选取出来的，职责的重要性以百分比的形式反映出来。在图尺度评价表中一般还会在每项评价因素后留一个空白地，留给评价人作一般性说明，这一方法在对被评价者的一些一般性绩效进行评价时是非常有用的。

（五）平衡计分卡评价法

平衡计分卡的核心思想是通过财务、客户、内部经营过程、学习与成长四个指标之间相互驱动的因果关系展现组织的战略轨迹，实现绩效测—绩效改进以及战略实施—战略修正的目标。平衡计分卡的绩效测评评价指标既包含财务指标，同时又通过客户满意度、内部经营程序及组织的学习与成长等非财务指标来补充财务指标，并与这些处在因果关系链上的非财务指标共同作为公司“未来财务绩效的驱动器”。这些财务与非财务的测评指标都来源于企业的战略，是对它们自上而下进行分解的结果，这样在战略与目标之间就形成了一个双向的形成与改进循环。

平衡计分卡不仅为企业提供了一种创新的绩效测评系统框架，而且还为企业的战略管理与绩效测评之间建立系统的联系提供了思路与方法，使绩效测评体系成为企业战略管理的组成部分。但是，平衡计分卡也有缺陷，一是没有提出支持集团战略与集团下属各战略业务单位战略之间实现动态调整的理论框架；二是无法解决一个战略业务单位内部个人绩效测评的问题。

（六）行为锚定等级评价法

行为锚定等级评价法是近年来日益得到重视的一种绩效方法。这种方法结合了关键事件法和评分表法的主要要素。考评者按某一序数值尺度给各项指标打分，不过，评分项目是某人从事某项职务的具体行为事例，而不是一般的个人物质描述。

行为锚定等级评价法侧重于具体且可衡量的工作行为，它将职务的关键要素分解为若干绩效因素，然后为第一绩效因素确定有效果或无效果行为的一些具体实例。其结果可以形成诸如“预测”“计划”“实施”“解决眼前问题”“贯彻执行命令”以及“处理紧急情况”等的行为描述。举个例子来说，对于“按资历对加班任务作公平分配”以及“告诉工人们如果有问题随时可以来和他谈”这类的叙述，一位经理对其属下的基层监督人员可以用 5 分制尺度中的 1 分（几乎从不）或者 5 分（几乎总是）作出评价。

# 第九节　合同控制

## 一、合同控制的定义

《企业内部控制应用指引第 16 号——合同管理》对合同的定义作出了明确的规定。合同是指企业与自然人、法人及其他组织等平等主体之间设立、变更、终止民事权利义务关系的协议，其中不包括企业与职工签订的劳动合同。所谓合同控制，就是企业通过梳理合同管理的整个流程，分析关键风险点，并采取有效措施，将合同风险控制在企业可接受范围内的整个过程。

## 二、合同控制的意义

在市场经济环境中，合同已成为企业最常见的契约形式，甚至可以说，市场经济就是合同经济。然而，合同管理往往又是企业内部控制中最容易疏忽和薄弱的环节。如果企业未订立合同、未经授权对外订立合同、合同对方主体资格未达要求、合同内容存在重大疏漏和欺诈，可能导致企业合法权益受到侵害；如果合同未被全面履行或监控不当，又可能导致企业诉讼失败、经济利益受损；合同纠纷处理不当，则可能损害企业利益、信誉和形象。

因此，加强合同管理对于企业防范和降低合同风险、促进长期可持续发展具有重要意义。具体而言，加强合同管理有助于防范企业法律风险，维护合法权益；有助于降低企业营运风险，提高经营管理水平；有助于控制企业财务风险，提升资金使用效率。

## 三、合同业务的一般流程

合同业务的一般流程大致可分为两个阶段：合同订立和合同履行。合同订立阶段主要包括合同调查、订立前的谈判、合同文本拟订、合同审批、合同签署等环节；合同履行阶段主要包括合同履行、合同补充和变更、合同解除、合同结算、合同登记等环节。具体的合同控制流程如图 5-7 所示。

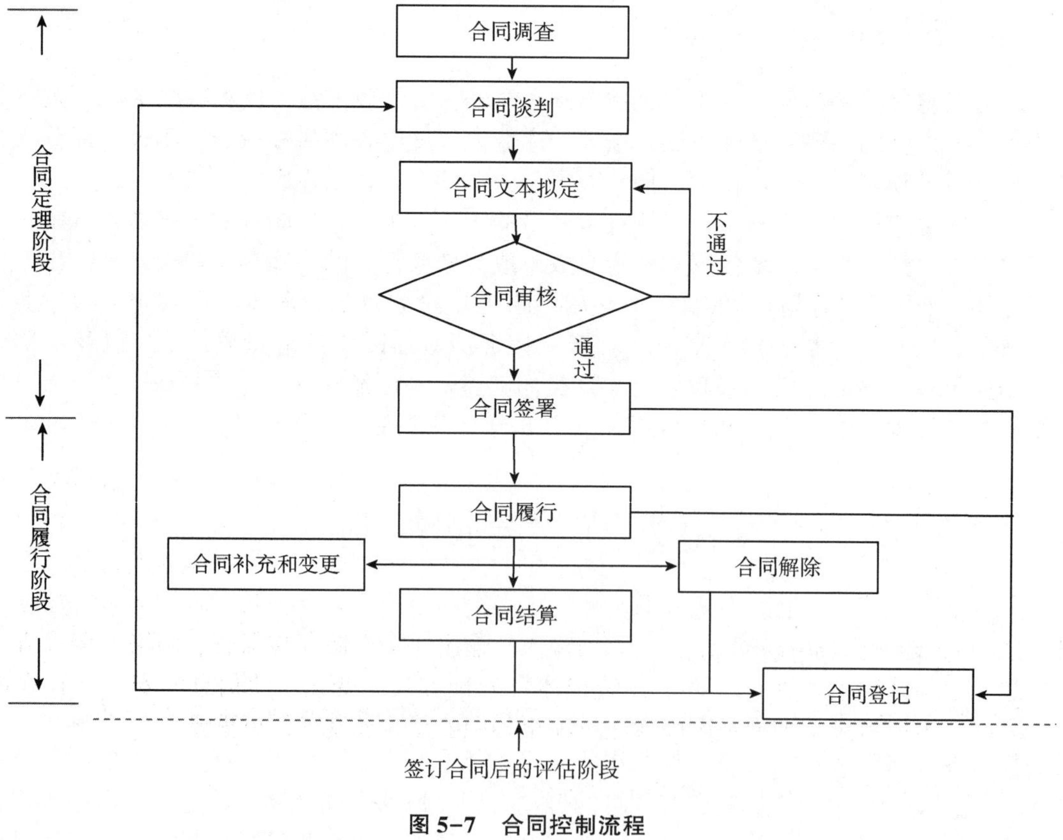


图 5-7　合同控制流程

## 四、合同控制的措施

企业需要建立一系列制度体系和机制保障，促进合同管理的作用得到有效发挥。企业加强合同控制的措施主要包括以下内容：

### （一）建立分级授权管理制度

企业应当根据经济业务性质、组织机构设置和管理层级安排，建立合同分级管理制度。属于上级管理权限的合同，下级单位不得签署。对于重大投资类、融资类、担保类、知识产权类、不动产类合同上级部门应加强管理。下级单位认为确有需要签署涉及上级管理权限的合同，应当提出申请，并经上级合同管理机构批准后办理。上级单位应当加强对下级单位合同订立、履行情况的监督检查。

### （二）实行统一归口管理

企业可以根据实际情况指定法律部门等作为合同归口管理部门，对合同实施统一规范管理，具体负责制定合同管理制度，审核合同条款的权利义务对等性，管理合同标准文本，管理合同专用章，定期检查和评价合同管理中的薄弱环节，采取相应控制措施，促进合同的有效履行等。

### （三）明确职责分工

公司各业务部门作为合同的承办部门负责在职责范围内承办相关合同，并履行合同调查、谈判、订立、履行和终结责任。公司财会部门侧重于履行对合同的财务监督职责。

### （四）健全考核与责任追究制度

企业应当健全合同管理考核与责任追究制度，开展合同后评估，对合同订立、履行过程中出现的违法违规行为，应当追究有关机构或人员的责任。

# 第十节 信息化控制

信息化控制的内容包括两个方面：一是实现内部控制手段的电子信息化，从而尽可能地减少和消除人为操纵的因素，变人工管理和人工控制为计算机、网络管理和控制。二是对电子信息系统的控制，包括了对电子信息技术控制要求运用电子信息技术手段建立内部会计控制系统，减少和消除人为操纵因素，确保内部会计控制的有效实施；同时要加强对财务会计电子信息系统开发与维护、数据输入与输出、文件储存与保管、网络安全等方面的控制。采用计算机处理后，由于存储载体及处理方式的变化，使信息的安全性存在隐患。因此，不但信息的控制程序和方法不完全相同，而且控制变得更重要。

## 一、计算机信息系统面临的风险

信息系统的安全性取决于信息系统的可用性、可靠性以及保密性等质量特征。具体而言，计算机信息系统所面临的风险主要表现在以下几个方面：

（一）系统开发和软件质量风险

系统开发风险是由于系统开发人员与用户之间沟通不足，导致系统无法完全满足用户对信息的需求，或是企业购入的软件质量存在漏洞，为企业信息的可靠性埋下了隐患。因此，信息系统开发的成熟性，以及相应软件的质量直接关系到信息的安全、真实、完整和可靠。

（二）人员分工变化以及数据和责任高度集中的风险

由于采用计算机信息系统，将出现部分岗位分工的消失和责任的集中，在这种环境下更容易发生舞弊行为。系统内部工作人员为了达到窃取或者泄露商业机密、非法转移资金、掩盖各种舞弊行为等目的，或者为协助竞争对手获取或破坏业务或会计数据，从而对业务或会计软件、数据资料进行非法篡改、删除，影响信息的安全也容易由于系统内部工作人员的操作错误，导致发生重大的损失。因此，数据处理部门内部人员要有明确的岗位和职责分工。职责分工必须将系统开发部门与系统应用部门的职责相分离，对每一项可能引起舞弊或欺诈的经济业务都不能由一个人或一个部门经手到底，必须分别由几个人或几个部门承担，通过进行内部职责分工来补救不相容职能集中化的不足。在计算机信息系统中，不相容的职务主要有系统开发的职务与系统操作的职务、数据维护管理职务与数据审核职务等。

（三）数据和文件丢失和泄露的风险

数据和文件方面的风险来自三个方面：一是数据和文件的秘密性遭到破坏，二是数据和文件的完备性遭到破坏，三是数据和文件的可用性遭到破坏。这三类风险的发生可能来源于企业内部，如信息系统本身开发和维护不够完善，或是企业组织结构划分不当、系统操作人员缺乏职业道德等，都可能导致上述风险的发生。这三类风险的发生也可能来源于企业外部，如外部组织的恶意攻击、商业间谍活动等。

（四）病毒侵袭和黑客攻击的风险

计算机病毒，不仅能破坏计算机的程序、数据和文件，而且还能够破坏计算机的硬件，使整个系统瘫痪。计算机病毒可以通过电子邮件、磁盘、光盘和网络等途径进行传播对网络信息系统的安全构成极大的威胁。黑客攻击主要是指非法侵入计算机信息系统或者程序、对计算机信息系统功能进行删除、修改、增加、干扰，造成系统不能正常运行；对计算机信息系统中存储、处理、传输的数据和应用程序进行删除、修改，增加或者故意制作、传播病毒等破坏、影响计算机信息系统正常运行的行为。在商业活动中的黑客，是指竞争对手和专门进行盗窃商业秘密的机构或者组织。他们通过捕获、查卡、消息轰炸、电子邮件轰炸等方式非法侵入、偷窃或者破坏数据。防范计算机病毒和黑客攻击是维护系统安全的重要工作。

## 二、信息系统的内部控制的一般方法

由于上述风险的存在，使得计算机信息控制的方法与手工环境下的控制存在较大的差别。计算机信息系统控制的一般控制方法有系统组织控制、系统开发控制、系统硬件与系统软件控制、数据和文件资料控制、系统接触控制等。

### （一）系统组织控制

计算机管理信息系统控制与传统手工系统控制一样，首先需要考虑内部牵制。在计算机信息系统的条件下工程序设计、日常操作与资料保管三个不相容职务必须分离。如果程序员兼任操作员，那么程序员就有可能通过篡改程序，从而达到舞弊的目的，而且其掩盖作弊也是非常容易的。为此，工程序员只能负责程序的编制和修改，不能从事数据的输入与处理等操作。同理，操作人员不能从事计算机的编程和修改。另外，计算机设计程序和文件的保管应由程序员和操作员以外的人担任。因为不论是程序员或者操作员，兼任数据库文件或程序文件的保管，都有可能发生篡改文件的舞弊行为。此外，还应当独立设置稽核岗位，稽核人员不得由操作员兼任。

另外，如果是财务会计信息系统工程序员编制完程序后，需要呈报财政部门严格审查。只有经过审查合格的程序才允许投入应用。向软件公司购买的通用财务软件，必须是经过财政部正式批准的软件。

### （二）系统开发控制

系统开发控制是为了避免系统开发阶段因沟通不足而导致信息系统的安全性和有效性存在问题，确保信息系统开发过程中各项活动的合法、有效而设计的控制措施。计算机信息系统开发是一个复杂的系统工程，为了保证系统开发各个环节的相互衔接，使系统能够按时、按质投入运行，应对系统开发过程加强控制，把握好两个关键控制点：

（1）邀请用户参与，加强系统开发人员与用户的沟通。系统程序设计人员是软件工程师，并不完全了解企业的具体情况和可行要求，因此在系统分析、系统设计等方面也需要业务部门的帮助，听取他们的意见和建议，才能使系统更加符合用户的需要。所以，用户和系统开发人员的通力协作是确保信息系统成功开发的前提条件。同时，信息系统替代手工系统对企业而言是一次革命，系统开发前用户参与的程度越高，系统度就越高，成功率也就越高。

（2）做好项目的调试。系统初步开发后，要经过三个步骤的调试：程序调试、系统调试和用户验收调试。程序调试是检验设计的程序功能是否能实现程序处理、数据是否正确。系统调试是检测整个系统运行的连续性、可靠性和正确性。用户验收调试是看系统是否符合相关法规的规定，能否满足用户需求。只有经过这三个步骤的调试，信息系统才能正式投入运行。

### （三）系统硬件和软件维护控制

系统硬件维护包括两个方面：一是对系统硬件所处的环境的维护，如机房的温度、湿度、电压和网络设施的保护等；二是对系统硬件的检查、更换等。软件维护包括对维护软件的完善性维护、适应性维护和纠错性维护。

（四）数据、文件资料控制

系统开发过程中会形成一系列的文件资料，主要有四种：(1) 系统说明书。主要反映系统具备的功能、系统之间的相互关系以及系统与其他系统的关系。(2) 程序说明书。主要反映程序所要实现的任务及程序处理流程。(3) 数据结构说明书。主要反映输入、输出信息的内容格式、项目代码、数据类型与长度等。(4) 运行说明书。主要说明系统的启动、数据输入工程序运行、数据输出、系统停止运行等的具体规定以及运行突然停机的应急处理措施等。信息系统运行过程中还会源源不断地产生相应的数据和文件。这些数据、文件资料是重要档案，必须严格控制。数据、文件资料的调出使用，必须经过批准并登记记录；修改数据、文件，必须经过审批与复核验收并作修改记录；数据文件资料的保管，必须由专人负责。

（五）系统接触控制

系统接触控制的目的是防止未经授权批准，擅自接触计算机设备和数据等资源，保护系统硬件、软件资源的安全。通常的措施有以下几种：

(1) 系统资源使用限制。系统资源包括所有的程序库、数据库、全部硬件设备以及所有的文件与打印记录，只能由经过授权批准的人员才能接触和使用，建立系统资源使用记录报告制度，系统主管人员应经常检查计算机使用报告文件和数据文件的使用记录。

(2) 工作环境保护。计算机对工作环境有比较高的要求。要保证工作场所有一个适宜的温度和湿度，做好防磁、防火、防尘操作人员必须定位、定岗，个人各自操作个人的机器，未经批准不得擅自调换；每台机器每天开机的起讫时间，操作人员应该用专设的登记簿登记，要有备用设备。如备用的可移动磁盘，在硬盘受损时作应急之用；备用电源，以防突然停电对计算机运行的影响。

## 三、信息系统的应用控制

应用控制的目的是使信息的输入、处理和输出符合企业的要求与相关制度的规定。信息在输入、处理、输出过程中，要有相应的事前审查，某一环节一旦发生错误，就有自动的补救措施，确保信息的真实、完整与可靠。在计算机处理业务过程中，最容易出错和作弊的环节是数据输入，因此必须加强输入控制。

（一）输入控制

输入控制的目的是为了保证输入的数据已经经过审批，并能够正确而完整地输入计算机。输入控制的要求是：(1) 数据在输入前确认已经得到审批，所有的凭证都应经该项业务的审批人员签字和稽核员的稽核；(2) 系统的每一项功能模块均设置了操作权限和口令密码，口令密码要严格保密，除操作人员外，不得告诉其他任何人；(3) 要将所有的数据在计算机档案中记录输入操作日志，便于随时监督和检查；(4) 在系统内设置能够退回与改正不正确或非法输入数据的控制功能，当操作人员由于疏忽而输入错误数据时，系统能够自动检测出错误，并拒绝接受错误数据。

### （二）处理控制

处理控制是由信息系统程序执行的内部功能，包括数据的验证、计算、比较、合并及排序等内部活动。处理控制要求信息系统能自动对出差错的数据拒绝执行，使信息系统在数据处理过程实现内部控制功能。

### （三）输出控制

虽然输入控制和处理控制已经大体上能够保证数据的准确性，但还不可能完全保证输出信息的真实与安全，所以有必要建立输出控制。信息的输出，必须经过授权批准，输出的信息只能提供给经授权批准的人员。为此，需要建立输出信息的控制制度，由专人负责信息资料的分发、保管，并登记输出资料的使用人员、日期和份数。计算机输出按其内容可以分为数据处理结果的输出和控制信息的输出，对两类输出应采用不同的控制方法。

（1）数据处理结果输出的控制。对数据处理结果的输出，可采用人工手段检查输出信息的准确性。根据记录的合计数，检查输出报表等信息是否完整根据记录顺序号，检查记录是否有缺漏或者重复现象。根据其他文件，比如职工花名册、工资单等进行核对检查，防止错发工资等。同时，还应加强输出信息分发与保管的控制，应建立输出档案记录制度，记录输出报表等信息的名称、日期、份数、编号、接收部门和接收人签收等事项。

（2）控制信息的输出控制。控制信息包括输出控制、处理控制中计算机完成的各项控制程序的反馈信息，如计算机输出的数据输入处理差错表、计算机操作记录等。这些输出的控制信息，是揭示错误或者舞弊行为的重要证据，需妥善保管，防止输出的信息遭受破坏、篡改或丢失。

# 第六章　信息、沟通与内部监督

## 导入案例

### 史上最愚蠢的十分钟

2008年9月15日上午10点，拥有158年历史的美国第四大投资银行——雷曼兄弟公司向法院申请破产保护，消息转瞬间通过电视、广播和网络传遍地球的各个角落。令人匪夷所思的是，在如此明朗的情况下，德国国家发展银行在10点10分时，居然按照外汇掉期协议的交易，通过计算机自动付款系统，向雷曼兄弟公司即将冻结的银行账户转入了3亿欧元。毫无疑问，3亿欧元将是肉包子打狗有去无回。

转账风波曝光后，德国社会各界大为震惊，舆论哗然，普遍认为，这笔损失本不应该发生，因为此前一天，有关雷曼兄弟公司破产的消息已经满天飞，德国国家发展银行应该知道交易的巨大风险的存在，并事先做好防范措施才对。此事惊动了德国财政部，财政部长佩尔·施泰因布吕克发誓，一定要查个水落石出并严厉惩罚相关责任人。

人们不禁要问，短短10分钟里，德国国家发展银行内部到底发生了什么事情，从而导致如此愚蠢的低级错误？一家法律事务所受财政部的委托，带着这个问题进驻银行进行全面调查。

法律事务所的调查员先后询问了银行各个部门的数十名职员，几天后，他们向国会和财政部递交了一份调查报告，调查报告并不复杂深奥，只是一一记载了被询问人员在这10分钟内忙了些什么。然则，答案就在这里面。看看他们忙了些什么：

首席执行官乌尔里奇·施罗德：我知道今天要按照协议预先的约定转账，至于是否撤销这笔巨额交易，应该让董事会开会讨论决定。

董事长保卢斯：我们还没有得到风险评估报告，无法及时作出正确的决策。

董事会秘书史里芬：我打电话给国际业务部催要风险评估报告，可那里总是占线，我想还是等一会儿再打吧。

国际业务部经理克鲁克：星期五晚上准备带上全家人去听音乐会，我得提前打电话预订门票。

国际业务部副经理伊梅尔曼：忙于其他事情，没有时间去关心雷曼兄弟公司的消息。

负责处理与雷曼兄弟公司业务的高级经理希特霍芬：我让文员上网浏览新闻，一旦有雷曼兄弟公司的消息就立即报告，现在我要去休息室喝杯咖啡了。

文员施特鲁克：10点3分，我在网上看到了雷曼兄弟公司向法院申请破产保护的新闻，马上就跑到希特霍芬的办公室，可是他不在，我就写了张便条放在办公桌上，他回来后会看到的。

结算部经理德尔布吕克：今天是协议规定的交易日子，我没有接到停止交易的指令，那就按照原计划转账吧。

结算部自动付款系统操作员曼斯坦因：德尔布吕克让我执行转账操作，我什么也没问就做了。

信贷部经理莫德尔：我在走廊里碰到了施特鲁克，他告诉我雷曼兄弟公司的破产消息，但是我相信希特霍芬和其他职员的专业素养，一定不会犯低级错误，因此也没必要提醒他们。

公关部经理贝克：雷曼兄弟公司破产是板上钉钉的事，我想跟乌尔里奇·施罗德谈谈这件事，但上午要会见几个克罗地亚客人，等下午再找他也不迟，反正不差这几个小时。

有德国经济评论家说，在这家银行，上到董事长，下到操作员，没有一个人是愚蠢的，可悲的是，几乎在同一时间，每个人都开了点小差，加在一起结果就创造出了"德国最愚蠢的银行"。实际上，只要当中有一个人认真负责一点，那么这场悲剧就不会发生。演绎一场悲剧，短短10分钟就已足够。

请从企业信息交流的角度分析为什么史上最愚蠢的十分钟为什么会发生？

（作者根据有关资料整理而成）

# 第一节 内部信息传递

## 一、内部信息传递的定义

按照《企业内部控制应用指引第17号——内部信息传递》的规定，内部信息传递使企业内部管理层级之间以报告为载体和形式传递生产经营管理信息的过程。信息在企业内部进行有目的的、及时的、准确的、安全的传递，对贯彻企业发展战略、正确识别生产经营中的风险、及时纠正操作错误、提高决策质量具有重要作用。

## 二、信息的内涵

要了解内部信息传递的流程，首先应该知道信息是什么、信息具有哪些特征。只有这样，才能很好地理解和把握信息搜集、组织和传递活动。

信息是对人有用的、能够影响人们行为的数据。信息是数据的含义，是人们对数据的理解，是数据加工后的结果。数据是信息的载体，没有数据便没有信息，因此信息不能单独存在。要想获得信息就要先获得载荷信息的数据，再对其进行加工。将数据加工成信息有时很简单，有时很复杂，有时需要很多数据、经过复杂的加工过程才能得到信息。在一家企业内，一般来说，地位越高的管理者所需要的信息越需要加工和处理。图6-1是企业中的基层、中层和高层管理者对信息的需求特征。

信息还有下面一些特征：

（1）共享性。一方面，同一内容的信息可以在同一时间为多人所用；另一方面，同一内容的信息可以被多次使用，并通过传递可实现信息共享。

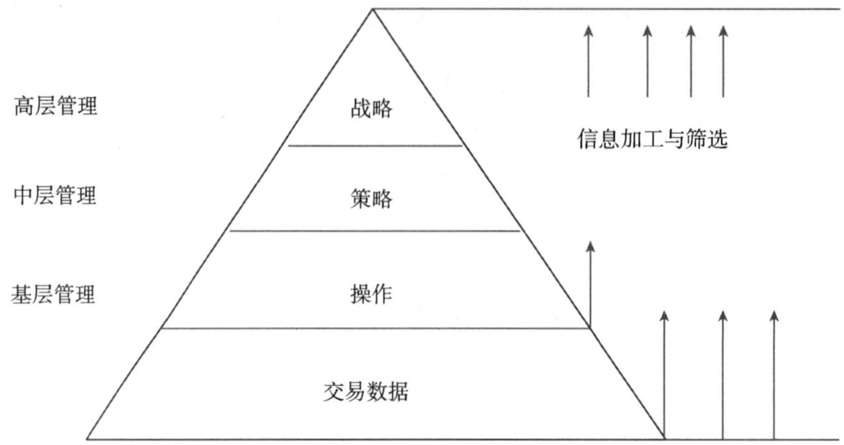


**图 6-1　基层、中层和高层管理者对信息的需求特征**

（2）可传递性。信息是事物存在方式的直接或间接显示。它依附于一定的载荷媒体（声、光、电、磁、语言、表情、文字、数字、符号、图形、图像等）进行呈现、传递和扩散。这些载荷媒体就是我们所说的广义的数据。信息技术极大地扩展了信息的扩散范围，提高了信息的传递速度和共享程度。

（3）可编码性。信息可以用标准符号（如数字、字母等）来表示。在信息社会中将有更多的信息以数字形式表示。它的采集、存储、处理、传输都是数字化的，因此极易识别、转换、传递和接收，也更易于处理。

（4）具有价值。信息是一种资源，同样有其效用和成本。信息的效用表现为，可能为使用者提供新的知识或创造新的价值，可能为使用者的特定决策减少不正确性。信息成本包括收集、输入、处理、存储以及信息形成与传递过程中的全部耗费。

## 三、内部信息传递的基本流程

内部信息传递流程是根据企业生产经营管理的特点来确定的，其形式千差万别，没有一个最优的方案。一般来说，内部信息传递至少包括两个阶段：一是信息形成阶段，二是信息使用阶段。

以内部报告为例，内部报告形成阶段的起点是报告中指标的建立；根据所确定的报告指标，确定所要搜集和存储的相关信息；对搜集的信息进行加工，以一种美观的和可理解的表现形式组织这些信息，形成内部报告；审核形成的内部报告，如果不符合决策要求，就要重新修订或补充有关信息，直到达到标准为止。

内部报告使用阶段的起点是内部报告向指定位置和使用者的传递。使用者获得内部报告后，要充分地理解和有效地利用其中的信息，以评价业务活动和制定相关决策。与此同时，要定期对企业内部报告的全面性、真实性、及时性、安全性等进行评估，一旦发现不妥之处，要及时地进行调整。图 6-2 列示了内部信息传递的基本流程。

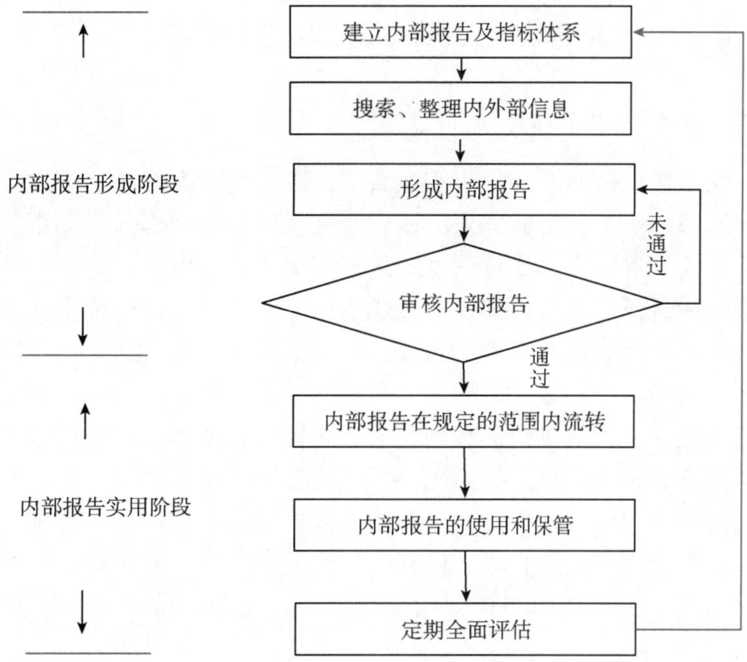


**图 6-2 内部信息传递的基本流程**

## 四、内部信息传递的总体要求

为服务于企业生产经营管理决策，做好各项内部报告工作，企业管理人员需要从各种渠道获取相应的信息。企业内部信息有来自业务第一线人员根据市场或业务工作整理的信息，也有来自管理人员根据相关内部信息对所负责部门形成的指示或情况通报。尽管有关信息的来源、内容、提供者、传递方式和渠道等各不相同，但收集和传递相关信息一般应遵循以下原则：

（1）真实准确性。虚假或不准确的信息将严重误导信息使用者，甚至导致决策失误，造成巨大的经济损失。内部报告的信息应当与所要表达的现象和状况保持一致，若不能真实反映所计量的经济事项，就不具有可靠性。

（2）及时有效性。如果信息未能及时提供，或者及时提供的信息不具有相关性，或者提供的相关信息未被有效利用，都可能导致企业决策延误，经营风险增加，甚至可能使企业较高层次的管理陷入困境，不利于对实际情况进行及时有效的控制和矫正，同时也将大大降低内部报告的决策相关性。只有那些切合具体任务和实际工作，并且能够符合信息使用单位需求的信息才是具有使用价值的。

（3）遵守保密原则。企业内部的运营情况、技术水平、财务状况以及有关重大事项等通常涉及商业秘密，内幕信息知情者（包括董事会成员、监事、高级管理人员及其他涉及信息披露有关部门的涉密人员）都负有保密义务。这些内部信息一旦泄露，极有可能导致企业的商业秘密被竞争对手获知，使企业处于被动境地，甚至造成重大损失。

## 五、内部信息传递各环节的主要风险点及控制措施

### （一）建立内部报告和指标体系

内部报告仅仅是信息传递的一种形式或载体，决定企业内部信息传递有效性最关键的问题在于报告中承载的信息。企业首先应该理清究竟应该编制哪些内部报告，进而确定各个报告中的指标如何设置。内部报告信息的采集和加工都是由报告中的指标来决定的。因此，内部报告指标的选择，既是内部报告传递的起点，也是决定内部报告质量的基础。内部报告指标体系的科学性直接关系到内部报告信息的价值。企业要根据自身的发展战略、生产经营、风险管理的特点，建立系统的、规范的、多层级的内部报告指标体系。内部报告指标体系中应该包含关键信息指标和辅助信息指标，还要根据企业内部和外部的环境政策，建立指标的调整和完善机制，使指标体系具有动态性和权变性。

内部报告指标体系的设计最重要的依据是企业内部报告使用者的需求，要为具有不同信息使用目的用户提供诸如生产管理、经营决策、财务管理、业绩评价、风险评估、资源配置等相关决策信息。在建立内部报告指标环节中，主要风险点又可以具体细分为以下方面：

（1）未以企业战略和管理模式为指导设计内部报告及指标体系。任何企业决策都要以企业总体战略目标为指导和依据，因此，在设计用于决策的内部报告指标时，也必须围绕企业战略。当内部报告指标远离了企业战略或者企业自身没有明确的战略时，内部信息传递就无法实现为企业战略实施提供的服务，企业战略目标也就难以实现了。同时，内部报告的组成和内容还需配合企业内部管理控制的程序和方法，使内部报告更好地为企业管理控制服务。例如，如果企业管理采用的预算管理模式没有预算报告和考核报告，预算管理就不能实施。

（2）内部报告体系或者指标体系不完整或者过于复杂。在构建内部报告体系及其指标体系时，可能出现报告或指标体系不完整，即遗漏重要信息的情况。这样一来，指标不能够全面反映决策需要的信息，导致内部报告对决策的有用性降低；相反，另一种情形就是内部报告数量过多，各个报告中设立的指标过于复杂，使报告使用者难以理解和驾驭，这样也会干扰决策的制定，降低决策质量。

（3）指标体系缺乏调整机制。社会经济发展日新月异，企业的内部和外部环境瞬息万变。如果内部报告指标体系确定后始终一成不变，就很难与生产经营快速变化的环境相适应。当内部报告指标不适应企业决策信息的要求时，其价值也就丧失了。

（4）指标信息难以获得或者成本过高。有些企业内部报告指标只能在理论上讲得通，但是，在实际操作中，其指标所需信息的辨认和采集工作难度很大，成本很高。那么，根据内部信息传递的可用性和成本效益原则，这样的指标就不应该设置，否则将降低内部信息传递的效率和效果。

### （二）搜集整理内外部信息

企业各种决策的制定离不开各种来源信息的支持。企业需要根据内部报告指标，搜集

和整理各种信息，以便企业随时掌握有关市场状况、竞争情况、政策变化及环境的变化，保证企业发展战略和经营目标的实现。在搜集整理内外部信息的过程中，主要风险点又可以具体细分为以下几方面：

（1）搜集的内外部信息不足或者过多。在搜集信息的过程中，由于某些原因，未能搜集或者未能及时搜集到反映经济活动的信息，就会造成无法决策或者决策拖延；有些时候，由于企业信息的来源过多，如行业协会组织、社会中介机构、业务往来单位、市场调查、来信来访、网络媒体、政府监管部门、会计账簿、经营管理资料、调研报告、专项信息、内部刊物、办公网络等渠道都会获得成千上万的各种信息，这就可能导致信息冗余。信息过多不但增加了信息处理的成本，而且还降低了总体信息的相关性，同样会干扰决策。

（2）信息内容不准确。目前，企业内外部各种信息的来源复杂，有些信息的准确性无法保证。此外，信息在搜集和录入过程中，可能由于人为破坏或者操纵疏忽而产生错误信息。决策者如果根据不准确的信息进行决策，很可能导致决策错误。

（3）信息搜集和整理成本过高。成本效益原则是信息搜集的约束条件。某一信息的搜集成本过高时，超过了其带来的收益，就会使企业“得不偿失”。生产和传输该信息就失去了意义。

### （三）编制及审核内部报告

企业各职能部门应将收集的有关资料进行筛选、抽取，然后根据各管理层级对内部报告的需求和先前制定的内部报告指标建立各种分析模型，提取有效数据，进行汇总、分析，形成结论，并提出相应的建议，从而对生产经营活动、资源配置效率、战略执行情况等提供信息反馈，对企业的发展规划、前景预测等提供重要的分析和指导，为企业的效益分析、业务拓展提供有力的决策支持。因报告类型不同、反映的信息特点不同，企业内部报告的格式不尽一致。但是，编制内部报告的总体原则就是信息要完整，内容要与决策相关，表述要能够便于使用者理解。一般情况下，企业内部报告应当包括报告名、编号、执行范围、内容、起草或制定部门、报送和抄送部门、时效要求等。此外，编制完成的内部报告要经过有关部门和人员的审核。只有通过审核的内部报告，才能进行传递。审核不合格的报告，要发回编制单位，分析原因，进行修订。在编制及审核内部报告的过程中，主要风险点又可以具体细分为以下几个方面：

（1）内部报告内容不完整或难以理解。内部报告的内容要根据事先设置的指标来编制。但是，由于指标计量的信息未能取得或者信息不符合分析模型的要求而无法得出结论，则会导致内部报告的内容缺失。内部报告内容不完整，将降低信息的相关性和可靠性，直接影响对决策的支持程度。另外，由于内部报告制作者的经验和水平的局限，形成的内部报告还可能由于内容表述含糊不清、抽象晦涩，或者与使用者的知识背景不符，导致报告使用者对报告内容难以理解。这样也会降低内部报告的使用价值。

（2）内部报告编制不及时。按照编制的时间不同，内部报告分为定期报告和非定期报告两大类。非定期报告包括异常事件报告、临时查询报告和按照使用者某种特定要求提供的非常规报告等。定期报告应在每个报告周期结束后、在指定的时点前编制完成。非定期报告中的异常事件报告应在事件发生后最短的时间内完成，临时查询报告和非常规报告应在相关的决策需要制定的时间之前完成。缺乏及时性的内部报告，不能及时反馈信息，无法支持决策，也就失去了其存在的价值。

(3) 未经审核即向有关部门传递。内部报告编制完成后，要经过一个独立于报告编制岗位的审核。如果没有对内部报告进行审核，就不能及时发现内部报告中由于人为故意或者疏忽造成的错误，也就无法保证内部报告的质量。

### (四) 内部报告传递

内部报告中的信息多为企业内部生产经营管理信息，涉及企业的商业秘密。因此，内部报告在传递过程中需要有严密的流程和安全的渠道。一方面，为了提高信息的共享性和利用程度，企业应当充分利用信息技术，强化内部报告信息的集成和共享，拓宽内部报告的传递渠道；另一方面，信息技术广泛和深入的应用也增加了信息非法传递、使用和披露的风险。在内部报告传递的过程中，主要风险点又可以具体细分为以下几个方面：

(1) 缺乏内部报告传递规范流程。内部报告涉及企业的重要信息，对企业内部控制和管理决策具有重大的影响。由于企业信息系统的快速发展，企业需要编制和传递越来越多的内部报告，同时，也有越来越多的企业利益相关者使用内部报告。如果企业缺乏规范和完善的内部报告传递制度，或者内部报告传递具有较大的随意性，则内部报告在传递过程中就会面临较大风险，其完整性、真实性、及时性和可靠性均无法得到保证。

(2) 内部报告误传递或丢失。内部报告在传递过程中，由于人为故意或者疏忽，可能出现内部报告错误传递，包括传递时间错误、传递地点错误、接收人错误等，甚至可能出现内部报告在传递中丢失的情况。这样会给企业的信息安全带来巨大威胁。

(3) 内部报告传递系统中断。信息技术在企业信息系统广泛应用，从而 IT 技术在信息传递中具有举足轻重的作用。企业在得益于计算机、数据库和网络带来的信息快速传递的好处的同时，也往往会遭受因为系统的各种故障而导致的信息系统中断，进而无法及时使用和传递系统中的重要信息，影响相关决策的制定。

### (五) 内部报告的使用和保管

对于内部报告的使用，要做到有效使用和安全使用。内部报告有效使用是要求企业各级管理人员应当充分利用内部报告进行有效决策，管理和指导企业的日常生产经营活动，及时反映全面预算的执行情况，协调企业内部相关部门和各单位的运营进度，严格地进行绩效考核和责任追究，以确保企业实现发展战略和经营目标。企业应当有效利用内部报告进行风险评估，准确识别和系统分析企业生产经营活动中的内外部风险，确定风险应对策略，以实现对风险的有效控制。在内部报告使用的过程中，主要风险点又可以具体细分为以下几个方面：

(1) 企业管理层在决策时没有使用内部报告提供的信息。良好的内部报告设计会给企业管理层的决策予以信息方面的支持。然而，如果内部报告在设计上没有体现决策者的需求，或者内部报告的表述不能够为决策者所理解，那么决策者就会放弃对内部报告的利用。

(2) 商业秘密通过企业内部报告被泄露。如果企业没有建立和实施内部报告的保密制度，内部报告的使用者在使用过程中没有对内部报告进行妥善保管，就可能导致企业的重要信息和机密信息在这一过程中被泄露，严重时可能导致企业面临巨大的经济损失，甚至要为此承担法律责任。

#### （六）内部报告的评估

随着企业内外部环境的不断变化，企业的内部报告体系和内部报告传递机制的适用性可能改变。企业应当对内部报告体系是否合理、完整，内部信息传递是否及时、有效，进行定期的评估。经过评估发现内部报告及其传递存在缺陷的，企业应当及时进行修订和完善，确保内部报告提供的信息及时、有效。在内部报告评估的过程中，主要风险点又可以具体细分为以下几个方面：

（1）企业缺乏完善的内部报告评估机制。内部报告及其指标体系和传递机制的构建，是需要与相应的环境相适应的。如果企业内外部环境发生变化，而内部报告的内容和传递方式没有随之调整的话，内部报告的作用就会大打折扣甚至丧失。如果企业缺乏完善内部报告评估机制，就不能定期且有效地对内部报告进行全面评估，这将大大影响企业内部报告的有效性和经济价值。

（2）未能根据评估结果对内部报告体系及其传递机制进行及时调整。企业定期对其内部报告系统及其传递机制进行评估后，如果没有及时地调整那些在评估中被认为已经不合时宜的内部报告、控制指标和传递制度，那么内部报告就无法保持其有效性和经济价值。

## 第二节　信息系统

### 一、信息系统的定义

按照《企业内部控制应用指引第 18 号——信息系统》的规定，信息系统是指企业利用计算机和通信技术，对内部控制进行集成、转化和提升所形成的信息化管理平台。信息系统是由计算机硬件、软件、人员、信息流和运行规程等要素组成的。信息系统在改变企业传统运营模式的同时，也对传统的内部控制观点和控制方法产生了深远的影响。企业原有的内部控制越来越不适应企业的业务发展和管理的提升。信息系统的实施触发了企业管理模式、生产方式、交易方式、作业流程的变革，为管理工作的重心从经营成果的反映向经营过程的控制转移创造了技术条件。

### 二、组织管理层次及其信息特点

#### （一）组织管理的层次

通常，一个组织的管理层次可以分为三个层次，即高层、中层和基层。

（1）高层位于组织最高层，需要对整个组织负责，通常包括 CEO（总经理）、总裁、副总裁等。其主要任务是从组织整体利益出发，制定组织目标及战略，对组织实行统一指挥和综合管理。高层管理属于战略级管理。

（2）中层是介于高层和基层之间的中间层次，主要任务是根据高层所确定的目标和战略，制订资源分配计划和进度表，协调所属部门的资源及活动，组织基层单位来实现总体目标。中层管理属于战术级管理。

（3）基层的主要任务是按照中高层制订的计划，具体去执行和完成计划。基层管理区别于中层管理和高层管理的特点是以执行为主。基层管理属于作业级管理。

### （二）不同管理层次的信息需求特点

由于管理层次的构成和目的不同，每个层次的信息需求也不同。高层关注组织的全局性、方向性以及涉及与目标有关的大政方针和战略问题。组织的高层管理者在战略制定过程中不仅需要使用组织内部的数据，而且还需要了解组织的外部数据和竞争情报，需要了解宏观环境、市场、竞争对手、顾客和行业发展、政府政策倾向等方面的信息，以决定未来的发展方向。其信息需求具有以外部信息为主、概括性高、面向预测和未来、不确定程度高等特点。

中层主要关注在既定组织战略方针下如何进行组织和安排。中层由组织的中层管理者构成，如财务、营销、生产、人力资源、研发等部门的主管等。他们需要对职能部门的业务数据进行概括、综合和分析，以确保对组织资源进行有效利用，计划并控制相关业务活动，确保组织总目标和部门分目标的实现。其信息需求具有以内部信息为主、概括性较高、面向阶段和综合、中等程度不确定性等特点。

基层关注怎样执行，如具体实行计划、进行生产等。基层由组织的基层管理者组成，如车间主任、财务会计、生产调度员等。他们收集、验证和记录事务处理数据，以监督日常业务活动，对其负责的业务活动进行指导以保证组织的正常运转。其信息需求具有来源于组织内部、详细程度高、重复性和可预见性程度高、精确性高等特点。表6-1描述了不同管理层次间信息需求特点的差别。

**表6-1 不同管理层次的信息需求特点**

| | 高层（战略层） | 中层（管理层） | 基层（作业层） |
|---|---|---|---|
| 信息来源 | 外部为主，内部为辅 | 内部为主，外部为辅 | 组织内部 |
| 概括性 | 概括 | 较概括 | 详细 |
| 时间性 | 预测和未来 | 阶段性综合 | 重复可预见 |
| 不确定程度 | 高 | 中 | 低 |

## 三、信息系统的类型及应用

### （一）信息系统的类型

一般来说，组织的三种管理层次对应着四种不同类型的信息系统：

（1）经理信息系统（executive information system，EIS）：支持组织的战略层，帮助高层管理者进行长期战略计划活动的信息系统。

（2）决策支持系统（decision support system，DSS）和管理信息系统（management information system，MIS）：支持组织中层管理者进行监督、控制、管理和决策的信息系统。

（3）业务处理系统（transaction processing system，TPS）：处理和记录企业经营运作所必需的组织基本活动和作业信息的计算机系统，服务于组织的作业层。

表 6-2　四种不同类型信息系统的主要特性

| | 信息输入 | 信息处理 | 信息输出 | 用户 |
|---|---|---|---|---|
| EIS | 企业内外综合性数据 | 图形、模拟、人机交互 | 预测、查询响应 | 高层管理人员 |
| DSS | 少量的数据或大量用于数据分析的数据、分析模型或数据分析工具 | 人机交互、模拟、分析 | 专项报告、决策分析、查询响应 | 专家、决策分析人员 |
| MIS | 汇总的事务数据、大量数据，简单模型 | 例行报表、简单模型、低层分析 | 汇总报表和异常报告 | 中层管理人员 |
| TPS | 业务、事件 | 排序、列表、合并、更新 | 详细报告、列表、总结 | 操作人员、监督人员 |

### （二）基层的信息系统应用

基层的信息系统主要是指业务处理系统。业务处理系统（TPS）是负责记录、处理并报告组织中重复性的日常活动，记录和更新企业业务数据的信息系统。TPS 是为组织作业层服务的基本信息系统，它是信息系统在组织中早期的应用形式，也是最基本的信息系统形式。其主要作用是运用信息技术手段加工和处理业务信息，如财务上的应收应付、库存的进出、销售情况记录、生产情况记录等。TPS 的处理过程通常包括数据输入、业务处理、数据库维护、文件和报告生成、查询处理五个基本活动。通常，TPS 包括以下主要功能：（1）及时收集、保存、传递、处理业务数据；（2）为标准的业务流程提供数据处理手段；（3）建立并维持庞大的业务数据库；（4）信息检索包括例行的报告与查询服务；（5）监控功能包括维持系统的正常运作。

企业各职能领域典型的 TPS 如表 6-3 所示。组织中这些不同领域的 TPS 在处理企业信息过程中有着大量协作和信息交换。

表 6-3　企业各职能领域主要的业务处理系统

| | 销售和营销 | 生产制造 | 财务/会计 | 人力资源 |
|---|---|---|---|---|
| 主要职能 | 销售管理<br>市场研究<br>促销<br>定价<br>新产品需求 | 生产调度<br>采购<br>收/发货<br>工艺管理<br>运行管理 | 预算<br>总账<br>成本会计 | 人员记录<br>劳保<br>福利<br>培训<br>劳工关系 |
| 主要应用系统 | 销售订单处理信息系统<br>市场信息收集系统<br>定价系统 | MRP<br>采购订单控制系统<br>工艺系统<br>质量控制系统 | 总账<br>会计应收/应付系统<br>预算编制<br>资金管理系统 | 工资单处理系统<br>员工档案管理<br>福利系统 |

### （三）中层的信息系统应用

中层的信息系统主要是指管理信息系统（狭义）和决策支持系统。

1. 管理信息系统（狭义）

对于管理信息系统（MIS），狭义的理解则是指那些能从内部和外部收集数据，经过加工处理，形成有用的信息，以预定的形式提供给以中层为主的各管理层使用的信息系统。这里的管理信息系统是指狭义的管理信息系统。在组织信息系统中，MIS（狭义）起着承上启下的连接作用。一方面，MIS（狭义）的运行很大程度上依赖于业务处理系统（TPS）所提供的数据，它通过对业务信息的汇总和分析，向管理者提供定期和预定的报告、报表和查询，支持管理层（主要是中层）高效地组织、计划和控制企业的运行；另一方面，MIS 也为 DSS 和 EIS 提供数据支持。

MIS 的组成可粗略地分为输入、处理及输出三部分。输入数据源来自组织内外两方面，最主要的是通过 TPS 获取的内部数据。MIS 的处理和输出是运用获取的数据，按照预先设定的数据处理要求，通过分类、汇总、排序、计算及数据的析取等工作，输出规定格式的报表，满足管理人员（以中层管理人员为主）的查询要求。MIS 输出各式报表，通常包括按周期生成的周期报表、按管理者要求提供的定制报表、报告异常情况的异常报表、提供详细数据的明细表和提供纵向/横向对比的汇总对比报表等。管理者（以中层管理者为主）借助 MIS（狭义），可以了解企业在成本、利润、客户服务、产品销售等方面的执行情况，辅助完成如订货决策等一些高度结构化的决策活动，实现资源的调度和计划的制定、执行、控制和调整，及时发现企业运营中存在的问题，寻求改善和提高，从而有效地控制企业的运行，以确保组织的战略目标通过管理层的战术运作得以实现。

2. 决策支持系统。

决策支持系统（DSS）也是服务于管理层（主要是中层管理者）的信息系统。决策支持系统的定义为：以信息技术为手段，应用决策科学及有关学科的理论与方法，以人机交互方式辅助决策者解决半结构化和非结构化决策问题的信息系统。DSS 具有如下一些基本特征：（1）DSS 主要用来解决半结构化和非结构化的决策问题，分析能力强；（2）DSS 主要面向决策者，特别是中高层的管理人员；（3）DSS 用于提供决策支持，而不能代替决策者决策，人仍然是决策的主体；（4）DSS 易于为非计算机专业人员（管理者）以交互会话的方式方便地使用；（5）DSS 引入了模型和分析技术，把模型或分析技术与传统的数据存取技术及检索技术结合起来；（6）DSS 强调对环境及决策问题变化的适应性和快速响应能力。

DSS 与 MIS（狭义）的区别。虽然同样服务于管理层，但 DSS 与 MIS（狭义）的出发点不同，因而有着较明显的区别。表 6-4 列举了 DSS 与 MIS（狭义）的主要区别。

**表 6-4　MIS（狭义）与 DSS 的区别**

| | MIS（狭义） | DSS |
|---|---|---|
| 出发点 | 面向信息、报表和控制 | 面向特定的决策问题 |
| 解决的问题 | 多为结构化问题 | 非结构化、半结构化问题 |

续表

| | MIS（狭义） | DSS |
|---|---|---|
| 特征 | 信息处理 | 决策支持 |
| 目标 | 效率 | 有效性 |
| 处理技术 | 以计算机为主进行处理 | 以人机会话为主进行处理 |
| 用户 | 组织 | 个人、群体、组织 |
| 驱动方式 | 数据驱动 | 模型驱动 |
| 典型问题 | "一切运行正常吗？" | "假如……怎么办？" |
| 分析能力 | 弱 | 强 |

#### （四）高层的信息系统应用

高层的管理信息系统主要是指经理信息系统。经理信息系统（EIS）是服务于组织的战略层，通过先进的图形技术和通信技术帮助高层管理人员解决非结构化决策问题，并由高层管理人员亲自使用的计算机信息系统。EIS一般具有如下特征：（1）专门用于支持高层管理决策；（2）操作简便，使用前不需要培训；（3）一般为个体决策者量身定做；（4）数据来源于组织内部和外部的各种信息源；（5）采用图、表、文字等形式输出信息，内容直观、简明、一目了然；（6）为决策者提供选择、析取、分离、追踪、获取信息的功能；（7）可提供决策者需要的各种报告，如状态报告、异常情况报告、趋势分析报告、数据挖掘报告等；（8）为决策者提供各种方便的通信工具。EIS的基本功能包括：（1）办公支持功能：提供如文字处理、日程安排、地址簿、待处理事务清单、电子邮件服务等办公自动化功能以及公司内外的产业新闻等。（2）分析支持功能：提供非结构化问题的决策查询功能；调用DSS的功能；关于趋势、关键指标、异常报告等的图形分析输出功能；关键词查询、数据挖掘功能；帮助和解释文档的功能。（3）个性化定制功能：允许对报告的形式、图表的类型和菜单的内容进行方便的修改。（4）图示功能：能生成多种图形并可选择各种类型的显示。（5）规划功能：项目管理、日程安排。（6）数据集成功能：与组织中的计算机资源和其他类型的信息系统进行高效的集成和整合，具有远程访问功能和数据安全功能。

## 四、常见的管理信息系统介绍

#### （一）企业资源规划（ERP）及系统

ERP的管理范畴包括企业内部的所有环节，如订单、采购、库存、计划、生产制造、质量控制、运输、分销、服务与维护、财务、人事等。ERP是将企业所有资源进行集成的数字化管理，简单地说是将企业的"三流"——物流、资金流和信息流进行全面一体化管理的信息系统。

ERP的功能模块不同于以往的MRP或MRPⅡ模块，它不仅可用于生产企业管理，而且在许多其他类型的企业，如非生产、从事公益事业的企业也可以导入ERP系统。对于企业的“三流”不仅包括对于“三流”的管理，而且还反映了各流之间的广泛接口，从根本上支持了基于业务流程的部门间协同工作。一般而言，ERP 系统框架及功能可以划分为财务管理、物流管理、生产管理、人力资源管理等。

（1）财务管理。财务系统作为 ERP 系统的一部分，与系统的其他模块有相应的接口，能够相互集成。例如，它可将由生产、采购输入的信息自动记入财务模块并生成总账、会计报表，省略了输入凭证的过程，几乎完全替代传统的手工操作。ERP 财务系统主要包括会计核算与财务管理两大部分。会计核算部分的主要功能是记录、核算、反映和分析资金的动向，它由总账、应收账、现金、固定资产、多币制等部分构成。财务管理部分的主要功能是基于会计核算的数据，再加以分析，从而进行相应的预测、管理和控制活动。财务管理部分侧重财务计划、控制、分析和预测。

（2）生产控制管理。生产控制管理是 ERP 系统的核心功能，它将企业的整个生产过程有机地结合在一起，使企业能够有效地降低库存，提高效率。同时，各个原本分散的生产流程自动连接，也使生产流程能够前后连贯，不会出现生产脱节，耽误交货时间。ERP 中的生产控制管理以计划为导向，首先确定一个总生产计划，再经过系统层层细分并下达到各部门执行，使生产部门和采购部门等都能按计划进行。生产控制管理的主要功能包括生产计划、物料需求计划、能力需求计划、车间制造、制造标准等。

（3）物流管理。ERP 系统中物流管理主要包括分销管理、库存管理和采购管理等三方面内容。分销管理主要包括从产品的销售计划开始，对销售产品、销售地区、销售客户等各种信息进行管理和统计，并可对销售数量、金额、利润、绩效、客户服务等作出全面的分析。分销管理模块中主要包括信息的管理和服务功能、销售订单管理功能以及销售的统计和分析功能。库存管理是用来控制存储物料的数量，以保证稳定的物流，支持正常的生产，但又能最小限度地占用资本。它是一种相关的、动态的、真实的库存控制管理系统。它能够结合和满足相关部门的需求，随时间变化动态地调整库存，精确地反映库存现状。采购管理的功能是能够随时提供订购、验收的信息，跟踪和催促外购或委外加工的物料，保证货物及时到达，建立供应商档案，用最新的成本信息来调整库存的成本等。

（4）人力资源管理。人力资源管理作为一个独立的子系统主要包括人力资源规划与决策、职务胜任力考核、招聘、工资、工时和差旅核算等功能。

### （二）客户关系管理（CRM）及系统

按照目前流行的功能分类方法，CRM 应用系统可以分为运营型 CRM、分析型 CRM、协同型 CRM。如果把 CRM 比作一个完整的人，那么运营型 CRM 是 CRM 的四肢，分析型 CRM 则是 CRM 的大脑和心脏，而协作型 CRM 就是各个感觉器官。

1. 运营型 CRM 系统

运营型 CRM 系统使企业在网络环境中以电子化方式完成从市场、销售到服务的全部商务过程。它主要有以下五个方面的应用：

（1）CRM 销售套件。包括销售信息管理、销售过程定制、销售过程监控、销售预测、销售信息分析等。CRM 销售套件对企业的典型作用在于帮助企业管理跟踪从销售机会产生到结束的全程信息。

（2）CRM 营销套件。它使企业可以自始至终掌握市场营销活动的信息管理、计划预算、项目跟踪、成本明细、效果评估等，帮助企业管理者清楚地了解所有市场营销活动的成效与投资回报率。

（3）CRM 服务套件。它帮助企业以最低的成本为客户提供包括服务请求及投诉的创建、分配、解决、跟踪、反馈、回访等相关服务环节的闭环处理模式。

（4）CRM 电子商务套件。它是使客户关系管理成为企业商务过程电子化的"前沿阵地"（front office），帮助企业将门户站点、各种商务渠道集成在一起，开拓新的销售渠道及商务处理方式。

（5）CRM 商务平台套件。它是产品的基础核心平台，实现产品的基础数据维护、安全控制、动态配置与工作流定制等功能。

2. 分析型 CRM 系统

分析型 CRM 系统主要是分析运营型 CRM 中获得的各种数据，进而为企业的经营、决策提供可靠的量化的依据。分析型 CRM 系统具备如下六大支柱性功能：

（1）客户分析。该功能旨在让营销人员可以完整、方便地了解客户的概貌信息，通过分析与查询，掌握特定细分市场的客户行为、购买模式、属性以及人口统计资料等信息。

（2）客户建模。该功能主要依据客户的历史资料和交易模式等因素来构造预测模型。从技术方面看，客户建模主要是通过信息分析或者数据挖掘等方法获得。

（3）客户沟通。客户分析的结果可以与客户建模所形成的一系列适用规则相联系。当这个客户的某个行为触发了某个规则，企业就会得到提示，启动相应的沟通活动。客户沟通功能可以集成来自企业各个层次的各种信息，包括客户分析和客户建模的结果，针对不同部门的不同产品，帮助企业规划和实施高度整合的营销活动。

（4）个性化。该功能帮助企业根据不同客户的消费模型建立相应的沟通方式和促销内容，以非常低的成本实现真正的一对一营销。

（5）优化。该功能帮助企业建立最优的处理模式。优化功能还可以基于消息的优先级别和采取行动所需资源的就绪状况来指导和帮助营销人员提高工作效率。

（6）接触管理。该功能可以帮助企业有效地实现客户联络并记录客户对促销活动的反应，将客户所发生的交易与互动事件转化为有意义、高获利的营销商机。这种功能又被称作"实时事件注入"。

分析型 CRM 把大容量的销售、服务、市场及业务数据进行整合，将完整的和可靠的数据转化为有用的、可靠的信息，将信息转化为知识，进一步为整个企业提供战略上和技术上的商业决策，为客户服务和新产品的研发提供准确的依据，使得公司能够把有限的资源集中到所选择的有效的客户群体，同这些客户群体保持长期且富有成效的关系。

3. 协作型 CRM 系统

协作型 CRM 是指企业直接与客户互动（通常通过网络）的一种状态，它能实现全方位地为客户交互服务和收集客户信息，形成与多种客户交流的渠道。

协作型 CRM 的主要功能有以下几点：

（1）电话接口。电话接口能提供与世界先进水平的电话系统集成的接口。

（2）电子邮件和传真接口。电子邮件和传真接口能与电子邮件和传真集成，接收和发送电子邮件和传真，能自动产生电子邮件以确认信息接收等。

（3）网上互动交流。网上互动交流能进一步加强与网络服务器的集成以支持互动浏览、个性化网页、站点查询等功能。

（4）呼出功能。呼出功能支持电话销售/电话市场推广，如预知拨号、持续拨号和预先拨号等功能。

### （三）供应链管理（SCM）及系统

供应链管理（supply chain management，SCM）与传统的物流管理在存货管理的方式、货物流、成本、信息流、风险、计划及组织间关系等方面存在显著的区别。

SCM 系统中，原材料和零部件的供应商、产品制造企业、运输和分销公司、零售企业以及售后服务企业作为经济实体和供应链中的节点企业向最终消费者提供产品和服务，供应链系统同时连接业务伙伴间交付过程的物流、信息流和资金流。供应链可以划分为以下类型：

（1）稳定的供应链和动态的供应链。相对稳定而且单一市场需求组成的供应链稳定性较强，相对频繁变化而且需求复杂的供应链动态性较高。实际运作中，需要根据不断变化的需求，相应地改变供应链的组成。

（2）平衡的供应链和倾斜的供应链。当供应链的容量能满足用户需求时，供应链处于平衡状态；而当市场变化加剧，造成供应链成本增加、库存增加、浪费增加时，企业不是在最优状态下运作，供应链则处于倾斜状态。

（3）有效性供应链和反应性供应链。有效性供应链是以最低的成本将原材料转化成零部件、半成品、产品，并以尽可能低的价格有效地实现以供应为基本目标的 SCM 系统。反应性供应链主要体现供应链的市场中介的功能，即把产品分配到满足用户需求的市场，对未预知的需求作出快速反应的 SCM 系统。

目前所说的 SCM 软件是进行供应链组织间的计划、安排进度和供应链计划的执行与控制，着重于整个供应链和供应网络的优化以及贯穿于整个供应链计划的实现。好的 SCM 软件供应商提供的套件包括了从订单输入到产品交付的全部业务过程，其中包括预测、生产计划、需求和分销管理、运输计划以及各种形式的业务智能。一般 SCM 软件都由五个主要模块组成，即需求计划模块、生产计划和排序模块、分销计划模块、运输计划模块、企业或供应链分析模块。

### （四）电子商务（E-business）及系统

电子商务是一种新兴的商务模式，它能够提供准确、快速、高的商务运作，是当今世界商务运作发展的主流方向。目前，世界上几个主要的发达国家都在大规模用电子商务来取代传统的商务活动方式，以达到全面提高其市场竞争力的目的。

电子商务的主要技术是电子支付技术。电子支付是指从事电子商务交易的当事人，包括消费者、厂商和金融机构。通过信息网络，使用安全的信息传输手段，采用数字化方式进行的货币支付或资金流转。随着计算机技术的发展，电子支付的工具越来越多。这些支付工具可以分为三大类：

（1）电子货币类，如电子现金、电子钱包等。

（2）电子信用卡类，包括智能卡、借记卡、电话卡等。

（3）电子支票类，如电子支票、电子汇款、电子划款等。

这些方式各有自己的特点和运作模式，适用于不同的交易过程。以下重点阐述电子现金、电子钱包、电子支票和智能卡。

（1）电子现金。这是一种以数据形式流通的货币。它把现金数值转换成为一系列的加密序列数，通过这些序列数来表示现实中各种金额的市值，用户在开展电子现金业务的银行开设账户并在账户内存钱后，就可以在接受电子现金的商店购物了。

（2）电子钱包。这是电子商务活动中网上购物顾客常用的一种支付工具，是在小额购物或购买小商品时常用的新式钱包。使用电子钱包购物，通常需要在电子钱包服务系统中进行。电子商务活动中的电子钱包的软件通常都是免费提供的，用户可以直接使用与自己银行账号相连接的电子商务系统服务器上的电子钱包软件。

（3）电子支票。这是一种借鉴纸张支票转移支付的优点，利用数字传递将钱款从一个账户转移到另一个账户的电子付款形式。电子支票的支付是在与商户及银行相连的网络上以密码方式传递的，多数使用公用关键字加密签名或个人身份编码代替手写签名。用电子支票支付，事务处理费用较低，而且银行也能为参与电子商务的商户提供标准化的资金信息，因而可能是最有效率的支付手段。

（4）智能卡。智能卡即在塑料卡上安装嵌入式微型控制器芯片的IC卡，已由摩托罗拉和Bull HN公司于1997年研制成功。在一些国家，人们更多地使用ATM卡。智能卡与ATM卡的区别在于两者分别是通过嵌入式芯片和磁条来储存信息。但由于智能卡存储信息量较大，存储信息的范围较广，安全性也较好，因而逐渐引起人们的重视。

### （五）智能决策支持系统（IDSS）

人工智能（artificial intelligence，AI）是指让机器模仿人类的思维与行为的一门学科。人工智能研究的是如何用人工方法和技术，即用各种自动机器或计算机模仿、延伸和扩展人的智能，实现某些“机器思维”或脑力劳动的自动化。人工智能是一个综合性很强的新兴学科，有多个分支领域，典型的有专家系统、神经网络、遗传算法等。

智能决策支持系统（intelligence decision supporting system，IDSS），是决策支持系统（DSS）与人工智能（AI）技术相结合，应用人工智能技术，使DSS能够更充分地应用原有的知识，如关于决策问题的描述性知识、决策过程中的过程性知识、求解问题的推理性知识，通过逻辑推理来帮助解决复杂决策问题的辅助决策系统。它既有处理定量问题的功能，又有处理定性问题的功能。IDSS的核心思想是将AI与其他相关科学成果相结合，使DSS具有人工智能，可简单地表达为以下公式：智能决策支持系统（IDSS）= 决策支持系统（DSS）+人工智能（AI）。

与决策支持有关的人工智能技术主要有专家系统、神经网络、遗传算法、机器学习、自然语言理解等：

（1）专家系统。用大量的专门知识解决特定领域中实际问题的计算机系统，可以通过对问题进行推理而得出相应的结论，或者提出合适的建议。

（2）神经网络。利用神经元的信息传播模型进行学习和应用，可以通过训练学会识别模式。

（3）遗传算法。模拟生物遗传过程的群体优化搜索方法，通过这种方式，可以为具体问题产生循序渐进的解决方案。

（4）机器学习。让计算机模拟和实现人类的学习，获取解决问题的知识。

（5）自然语言理解。让计算机理解和处理人类进行交流的自然语言。

#### （六）商业智能（BI）

商业智能（business intelligence，BI）通常被理解为：运用数据仓库、联机分析处理和数据挖掘等技术来分析和处理数据，将企业中现有的数据转化为知识，帮助企业作出明智的业务经营决策的工具。

商业智能的概念和决策支持系统有一定交叉，又不完全相同。有人认为商业智能范围广，涵盖了决策支持系统；有人认为商业智能只是决策支持系统的一类。这些争议目前尚无定论。总体上，商业智能可以看作一类技术或解决方案的总称。这一类技术或解决方案的目的是连接企业的数据和决策，关键是从许多来自不同的企业运作系统的数据中，提取出有用的数据，进行清理以保证数据的正确性。然后经过抽取（extraction）、转换（transformation）和装载（load），即 ETL 过程，合并到一个企业级的数据仓库里，从而得到企业数据的一个全局视图。在此基础上利用合适的查询和分析工具、数据挖掘工具、OLAP 工具等对其进行分析和处理（这时信息变为辅助决策的知识）。最后将知识呈现给管理者，为管理者的决策过程提供支持。

从管理的角度看，商业智能能提供迅速分析数据的技术和方法，包括收集、分析和管理数据，将这些数据转化为有用的信息，然后分发到企业各处，辅助商业决策的制定。从技术角度看，商业智能是将数据仓库、联机分析和数据挖掘等技术与业务结合起来应用于商业决策的过程，实现技术服务于商业决策的目的。

## 第三节　沟　通

### 一、沟通的内涵

沟通，即信息交流，是指将某一信息传递给客体或对象，以期客体作出相应反应的过程。按沟通的渠道划分，沟通可以分为正式沟通和非正式沟通。正式沟通是指在企业正式结构、层次系统进行沟通。非正式沟通是指通过正式系统以外的途径进行沟通。按沟通的对象划分，沟通可以分为内部信息沟通和外部信息沟通。内部信息沟通是指企业经营、管理所需的内部信息、外部信息在企业内部的传递与共享。外部信息沟通是指企业与利益相关者之间信息的沟通。

沟通是把信息提供给适当的人员，以便他们能够履行与经营、财务报告和合规相关的职责。但是，沟通还必须在更广泛的意义上进行，以便处理期望、个人和团体的职责以及其他重要问题，没有沟通就不可能实现控制。沟通是技术性的，已经在管理工作中得到广泛的应用，但比技术更有意义的是企业组织内外部的有效交流。

## 二、内部沟通的方式

充分的内部沟通对企业控制环境、控制作业、风险评估等各方面都起着至关重要的作用。企业所采取的沟通方式要能够达到顺畅沟通的目的，使员工了解自己应承担的责任、应实现的目标以及这些目标对企业的影响。有效的信息沟通需要合理考虑来自不同部门和岗位、不同渠道的相关信息，并进行合理筛选和相互核对。

企业员工应当采取电子沟通、书面沟通、口头沟通等多种方式，实现所需的内部信息、外部信息在企业内部准确、及时地传递和分享，确保董事会、管理层和企业员工之间有效沟通。

（1）电子沟通包括互联网、电子邮件、电话传真等方式。这种沟通方式在现代企业中已经开始扮演越来越重要的角色。但是由于网络的开放性及技术上的要求，信息的安全性是值得考虑的问题。

（2）书面沟通包括例行或专题报告、调查研究报告、员工手册、内部刊物、教育培训资料等方式。书面沟通以文字为媒体，其优点是比较规范、信息传递准确度高、信息传递范围广、有据可查、便于保护。但是，书面沟通也存在缺点，如为了形式规范而耗用较长的时间，导致成本效益不对等，并且缺少反馈或反馈机制不灵敏等。

（3）口头沟通包括例行会议、专题会议、座谈会、讲座等形式。在这种形式下，沟通迅速、灵活且反馈及时，但是往往由于信息的汇总及传递机制不到位导致信息失真的可能性较大。

## 三、内部沟通应当重点关注的内容

### （一）明确的职责和有效的控制

各部门定期组织对本部门员工进行相关岗位培训，使员工明确其行为要达到的目标以及自己的职责与他人的职责如何相互影响。

人事部门根据公司制定的各种绩效考核办法对各级人员进行绩效考核，并及时将考核结果反馈给被考核人，以有效检查各级人员对其职责的理解和有效控制。

### （二）内部沟通与交流

管理层定期向董事会就最新的业绩、发展、风险、重要事件或事故等问题进行汇报。

公司管理层定期或不定期地召开各种会议，及时与相关职能部门领导、下属单位负责人就生产、运营等情况进行沟通、交流。

财务部门应该定期向各部门交流和通报财务状况、经营成果、预算执行情况等，还定期将应收账款情况反馈给销售（信用）部门和清欠办公室。

生产部门应该与销售部门定期沟通，以确保生产出的产品不至于积压或者生产不至于满足不了市场的需求。

采购部门、下属单位采购部门应该定期组织与其他业务部门就采购需求、价格信息、采购经验等方面进行沟通与交流。

员工除了正常向其直属上级汇报工作这一沟通渠道之外，还可以通过各种方式与本单位主要领导进行直接沟通。将公司各职能部门负责人的联系方式公布在通讯录上，员工可以通过电话、邮件、面谈等方式与其直接进行沟通、交流。

公司员工需要有在组织中向上传递重要信息的渠道，可以通过书信（可匿名）、电话、电子邮件等形式，向审计部门或内部控制与企业风险管理部门反映违规违纪问题及有关意见、建议和要求。在问题发生时，每天处理重要经营事项的一线员工常常处在认识问题的最佳位置。销售代表或客户主管可能了解重要客户的产品设计需求。生产人员可能发现高成本的流程缺陷。采购人员可能面临来自供应商的不当刺激。会计部门的员工可能知悉销售额或库存的虚报，或发觉出于私人利益使用主体资源的情形。要想使这些信息得以向上汇报，必须既有开放的沟通渠道，又有明确的倾听意愿。员工必须相信他们的上级确实想了解问题，并且将会有效地解决问题。同时，公司应规定对举报的处理时限及查报结果的要求。对举报属实、查处后为公司挽回或减少重大损失的，应酌情奖励举报人。

公司组织开展合理化建议活动，鼓励员工对公司管理、生产、研发等各方面提出合理化建议，并对有突出贡献的单位和个人给予适当的奖励。

管理层与董事会及其委员会之间的沟通至关重要。管理层必须让董事会了解最新的业绩、发展、风险、主要行动以及其他任何相关的事项或情形。与董事会沟通越好，董事会就能越有效地行使监督职责，在重大事项上起到尽责的董事会的作用，并提供建议和忠告。反过来也一样，董事会也应该与管理层沟通所需的信息，并进行指导和反馈。以管理层与审计委员会的沟通为例，审计委员会可能关注的问题包括：公司主要的经营风险是什么？这些风险是否在财务报表中适当地反映出来了？对于未能在财务报表中反映出来的重大风险，管理层对此是如何处理的？向公司董事会提供的关于公司业绩的相关信息，与通过财务报告和信息披露向投资者提供的业绩信息是否一致？管理层应就上述问题尽量与审计委员会成员沟通。

## 四、外部沟通的方式

### （一）与投资者和债权人的沟通

投资者和债权人是企业资本的提供者，也是企业风险的主要承担者。因此，企业有必要向他们及时报告企业的战略规划、经营方针、投融资计划、年度预算、经营成果、财务状况、利润分配方案以及重大担保、合并分立、资产重组等方面的信息。

电话会议和视频会议已经成为了管理层与财务分析师进行沟通的一种常见形式。如果公司财务报表数据难以及时反映公司经营的基本面，那么采取电话会议的形式进行沟通更有效。

财务报告是管理层与外部投资者沟通的重要媒介。财务报告向投资者们解释了他们的钱是如何用于投资的，这些投资的业绩如何以及公司当前业绩是如何与公司整体文化和战略保持一致的。

财务报告不仅提供了公司已发生交易的记录，而且还反映了公司管理层对于公司未来的估计和预测。例如，财务报告中包括对于坏账的估计、对于有形资产使用寿命的预测。此外，财务报告中还隐含了一种预测，即公司的支出在未来将会产生超过成本的现金流量收益。与外部投资者相比，公司管理层更容易对公司的未来作出准确的预测。因此，财务报告是一种潜在的与投资者进行沟通的有效方式。然而，如同我们已经讨论过的那样，投资者们也很容易对管理层提供的财务报告产生怀疑。美国的《萨班斯—奥克斯利法案》要求 CEO 和 CFO 必须保证公司的财务报告公允地反映公司的财务业绩，同时保证公司的内部控制足以支持财务报告。该项要求增加了公司管理层的责任和义务，同时也减轻了外部投资者的怀疑。

### （二）与客户的沟通

客户是企业产品和服务的接受者或消费者，企业经营目标的实现依赖于客户的配合。企业可以通过客户座谈会、走访客户等多种形式，定期听取客户对消费偏好、销售政策、产品质量、售后服务、货款结算等方面的意见和建议，收集客户需求和客户的意见，妥善解决可能存在的控制不当问题。

### （三）与供应商的沟通

供应商处于供应链的上游，对企业的经营活动有很强的制约能力。企业可以通过供需见面会、订货会、业务洽谈会等多种形式与供应商就供货渠道、产品质量、技术性能、交易价格、信用政策、结算方式等问题进行沟通，及时发现可能存在的控制不当问题。

### （四）与中介机构的沟通

这里的中介机构主要包括外部审计师和律师。外部审计师对企业的财务报告进行审计，通过一系列完善的审计程序通常能够发现企业日常经营以及财务报告中存在的问题。外部审计师会关心如下问题：公司主要的经营风险是什么？这些风险是否在公司的财务报表中被适当地反映出来了？我们的审计测试应侧重于哪些方面？我们对公司业绩的评估是否与外部投资者以及分析师的评估相一致？如果不一致，我们是否忽略了某些方面，或者管理层在披露时是否误报了公司的真实业绩？企业应当定期与外部审计师进行会晤，听取外部审计师关于财务报表审计、内部控制等方面的建议，以保证内部控制的有效运行以及双方工作的协调。企业在组织经济活动时，不可避免地要与其他企业发生经济纠纷，因此需要聘请律师来帮助处理纠纷，以保障企业的利益。同时，由于我国的经济法规逐渐健全和明细，企业需要熟悉经济法规的专业人员参与经济项目的制定与实施过程。企业可以根据法定要求和实际需要，聘请律师参与有关重大业务、项目和法律纠纷的处理，并保持与律师的有效沟通。

### （五）与监管机构的沟通

监管机构对企业的经营方针和战略有重要的影响。企业应当及时向监管机构了解监管政策和监管要求及其变化，并相应完善自身的管理制度。同时，企业应认真了解自身存在的问题，积极反映诉求和建议，努力加强与监管机构的协调。

沟通是双向的。在传递信息后，信息传递者的任务并没有结束，还应积极从信息接受者那里获取反馈信息，以促进信息获取质量的改进和信息传递程序的优化。通过沟通，企业员工能够明确他人的信息需求，并对自己的职责有更清晰的认识，从而有助于工作的顺利完成和效率的提高。

# 第四节　监督系统

缺乏监督系统的企业内部控制很容易出现制度虚设、人浮于事的问题。在这种情况下，内部控制会对企业内外部环境的变化以及潜在的风险缺乏敏感性，并进而导致控制低效甚至失效。

## 一、监督系统对内部控制的支持作用

现代企业处于不断变化的经营环境之中，无论是企业的产品、服务，还是企业的管理方式、控制制度，都需要具备一定的“柔性”，以便对环境的变化作出积极反应或相应调整。对于内部控制而言，企业外部市场、战略目标、组织结构以及生产技术等因素的变化都可能导致原本有效的内部控制措施失去作用。保持内部控制制度的适用性和效率性离不开监督系统的支持。引入内部控制监督系统的目的在于评估企业内部控制及其组成要素的有效性并保证监督、审查的结果得到足够的重视和及时的处理。

监督系统对内部控制的支持作用主要体现在：

（1）确保内部控制在企业的各个层次以及经营管理环节中的有效实施。

（2）发现、报告与纠正内部控制设计、运行中存在的问题与缺陷。

（3）评价内部控制实施的效率与效果。

（4）帮助管理层改进识别与管理风险的过程。

（5）评估内部控制运行状况与效率并提供相关的保证。

## 二、监督系统的要素与主要参与者

要对内部控制实施有效监督必须有一套完整而科学的监督系统，这套监系统不仅要能够实时地跟踪、监督内部控制的执行情况，而且还要能够对特定的内部控制问题作出评价与反应。

### （一）监督系统的组成

监督系统的主要活动应包括：持续监督、个别评估与报告缺陷。企业可以通过持续监督、个别评估或者将这两种方式相结合来对内部控制进行监督。持续监督存在于日常的经营过程中，它包括交易行为中日常的管理和监督活动以及员工在履行其评价内部控制系统运行质量的职责时的相关活动。个别评估则是指基于有计划的定期检查，或基于经营或日常监督过程中产生的例外事项的后续检查。持续监督和个别评估相结合可以使企业内部控制在不断变化的经营环境中保持有效性。进一步地，监督系统中还应包含适当的程序与政策以保证内部审计和审查的工作结果与建议能获得管理层的注意并及时得到处理，在监督过程中发现的内部控制缺陷必须向相关的内部控制责任人报告，严重的缺陷则需要向高级管理层和董事会报告。

从某种程度上说，监督系统离不开对企业内部控制的记录。对企业内部控制进行记录的程度根据企业的规模、经营的复杂性和其他因素的影响而有所不同。适当的记录通常会使内部控制的监督更加有效果和效率。当企业管理者需要向外部利益相关者提供关于企业内部控制效率的报告时，设计一套内部控制记录模式并保持有关的记录显然能够帮助管理者证明自己在建立和实施企业内部控制方面有所建树。

### （二）监督系统的主要参与者及其职能

为了保证监督系统发挥作用，根据内部控制的关键环节设定相应的监督制度，并将监督的职责具体分配到组织的各个层级、部门以及个人是必不可少的制度安排。图 6-2 描绘了内部控制监督系统的主要参与者、他们的角色以及与其他各参与者之间的相互关系。

下面简单介绍董事会、审计委员会、高级管理层和内部审计的职能。

（1）董事会。董事会对内部控制的有效性负最终责任，也就是说董事会对内控制度的建立健全、有效实施及其检查监督都负有责任。董事会委托相关委员会（如审计委员会等）负责对内部控制进行监督和报告，定期从这些委员会接受并审阅内部控制的相关报告。

（2）审计委员会。审计委员会受董事会的委托，负责指导内部控制监督程序。审计委员会应定期与直接负责实现内部控制目标的管理人员、内部审计师沟通以获取有关内部控制的保证以及其他相关信息，并据此判断内部控制的有效性。

（3）高级管理层。内部控制是否有效在很大程度上取决于高级管理层的表现。企业高管包括首席执行官、总裁、财务总监、副总监等。首席执行官、总裁、副总监并不广泛地参与内部控制监督程序，而主要由财务总监、首席审计师负责对内部控制（尤其是内部会计控制）的监督职能。

（4）内部审计。对内部控制进行评价与监督是内部审计的中心任务。内部审计的工作内容和工作成果是评价内部控制充分性和有效性的一个独立的意见来源，并且内部审计可以促进其他与内部控制监督程序有关的人员采用更为积极有效的控制和监督方法。

## 第五节 内部控制监督系统的实施

理想的企业内部控制需要包含持续的自我监督程序以及适当的个别评估，并将持续监督程序“嵌入”日常经营过程，同时根据对特定风险的评价与持续监督程序的有效性来确定个别评估的范围与频率。也就是说，内部控制监督系统不仅要保持对内部控制的动态、持续的“线”形监督，而且还要实施对某事件、某时刻的“点”的监督。

## 一、持续监督

建立持续监督系统有助于在企业日常经营过程中对内部控制的有效性进行实时监督和评价。通常，应当由管理层来设计企业的持续监督机制，这包括内部控制执行状况的常规反馈机制以及对经营活动和控制目标的监督机制等。具体的持续监督活动则由职能部门经理和项目经理负责，将监督内部控制作为其职责的一部分并定期检查内部控制活动的有效性。持续监督系统可以从企业日常经营活动中获得有关内部控制职能发挥情况的数据和信息。将这些数据和信息与财务、预算报告系统中的数据进行比较、分析，即可在此基础上对经营活动实施持续监督，并提示管理层对发现的误差或例外事项予以关注。

那么，如何实施持续监督呢？具体措施如下：

（1）将资产和资源的管理责任分配给相关责任人。

（2）要求相关人员在执行关键控制活动时签字确认并承担相应责任。

（3）分析、比较实际的生产、销售或其他经营数据与计划、目标数据。

（4）定期进行账实核对，对发现的不一致进行原因调查和调整。

（5）通过与外部相关方（如顾客、供应商、监管机构等）沟通获取信息，并对企业内部生成的信息加以验证或发现内部控制存在的问题。

（6）定期检查员工对企业行为准则的了解和遵守情况，检查员工是否按照规定履行了关键控制活动。

## 二、个别评估

虽然对内部控制的持续监督能够较为迅速地发现企业内部控制存在的问题，但要更为深入地了解存在问题的具体情况及其内在原因则需要对内部控制实施个别评估。相对于持续监督对内部控制所进行的连续、全面、系统的监督检查，个别评估对内部控制的监督检查则是不定期和有针对性的。个别评估主要关注某一特定时刻或时期内部控制的有效性，可以采用自我评估、检查内部控制设计以及直接测试等形式个别评估的实施可能源自对某一时点的内部控制效率性作出评估和确证的需要，管理计划或策略的重要变更、组织规模的显著扩张或者缩减、运营方式、财务或预算信息处理方式的重大变化等也会触发对个别评估的需要。影响个别评估的范围与频率的因素包括：对风险的评估、持续监督程序的有效性、实施个别评估的人员的专业技能等。

个别评估可以由公司的管理层、内部审计部门以及外部专家等单独或者共同完成。实施个别评估的人员需要了解作为评估对象的内部控制的预期目标以及内部控制实际的运行情况，确定评估的目标、标准以及方法并完整记录评估程序和评估结果。一个规范化的过程为评估提供了良好的基础，无论使用何种技术或手段，通常都取决于公司环境和所进行的评估的性质和范围。

## 三、缺陷报告

对于在内部控制监督系统中发现的内部控制缺陷，需要有相应的确认和报告机制。取得内部控制缺陷报告的途径包括：向公司内部或外部（如顾客、供应商、审计师、监管方等）调查与访谈、内部控制持续监督、个别评估的评价结果。为了使内部控制的缺陷及时获得注意和适当的处理，要选择恰当的缺陷报告对象与报告方式。例如，监督系统发现的某职能部门内部控制执行过程中存在的问题和缺陷应与负责该部分内部控制的相关人员沟通，并向部门经理报告缺陷。为了保证缺陷报告得到及时反映，将发现的内部控制缺陷报告给该内部控制责任人的同时，还应报告给至少比该控制责任人职位高一级的相关人员，严重的内部控制缺陷还应向高层管理者和董事会汇报。

## 四、内部控制监督程序的效率性考虑

内部控制的监督程序不仅包括管理层以及不参与内部控制程序的人员从外部对内部控制进行的监督，而且还包括内部控制的执行人员对诸如按需定制程序或标准一览表等具有独立性的方法的应用。既然内部控制监督系统植根于企业、与企业的内部控制紧密相连，监督程序的运行效果和效率很可能会受到以下因素的影响：

（1）企业组织结构、治理结构、管理制度以及企业文化。

（2）管理层对内部控制和内部控制监督的态度。

（3）实施监督的人员与机构的职业技能与专业水平。

（4）实施监督的人员与机构的独立性。

（5）企业日常运营（生产、销售、财务、管理等）信息的记录、处理和存储方式以及信息系统的特点。

尽管内部控制监督程序不可避免地带着所在企业的文化、管理、制度特色的影子，但是为了保证监督程序的有效性，有必要保持监督活动相对于运营过程的独立性。不能混淆企业的日常管理控制活动和对内部控制的监督活动（如管理层在运营过程中进行的例行检查不能视为监督，而应视为控制活动）。为了实现内部控制监督程序的既定目标，应保证监督程序具备以下内容：

（1）对参与监督程序的委员会的权利、义务和受托责任有明确的划分和委托。

（2）所有利益相关群体都应该理解和接受包括内部控制方法在内的监督程序，这些利益相关群体包括董事会、相关委员会、CEO、总裁、CFO、首席内部审计师、高级管理层的监督委员会以及监督程序的其他参与者，如外包服务的供应商等。

（3）以法规、政策和程序的形式描述监督程序，采用书面政策指南、正式的组织统图、书面工作说明、操作说明书、信息系统流程图等文件。

（4）向负监督职责的人员定期提供相关且可靠的详细报告，以方便其履行应尽的关注义务。

（5）向监督程序的参与者提供教育和指导，以确保其正确履行职责。

（6）监督程序的参与者应定期评价程序的有效性并进行适当和必要的调整。

（7）对于在内部控制监督程序运行过程中可能出现的各种问题，需要对其解决方案进行完整和准确的文字记录。

# 第七章　业务活动控制

## 导入案例

### 白酒行业巨额资金流失

白酒企业再现巨额存款离奇失踪案。继酒鬼酒、泸州老窖存款丢失后近期洋河又暴1.2亿多元存款丢失，而洋河股份还并未及时公告消息。在整个行业寒冬的情形下，洋河股份的经营情况也不乐观。洋河股份日前公布的年报显示，2014年营业收入为146.72亿元，同比下降2.34%；净利润45.07亿元，同比下降9.89%。这是洋河股份上市以来第二次双降。在行业不景气的情况下，洋河的一系列问题也暴露出来。

洋河股份4月29日发布的2014年年报称，控股子公司苏酒集团贸易股份有限公司（以下简称“苏酒贸易”）在中国工商银行股份有限公司郑州解放路支行和中国工商银行股份有限公司开封豪德支行储蓄存款合计1.3亿元，而截至2014年4月8日，储蓄账户余额仅为3.37万元。苏酒贸易在中国工商银行开封豪德支行储蓄存款3000万元，截至2014年6月30日，储蓄账户余额仅为669.4万元。涉及侵权责任纠纷事项，公安机关已介入调查，进行相关案件侦查和资产保全措施，苏酒贸易已分别启动民事诉讼程序向有关责任单位和个人追偿损失。

巨款丢失为何不公告？白酒专家肖竹青接受《中国经营报》记者采访时表示：一直以来，在白酒行业，洋河的公司治理结构做得很成功，市场化程度也很高，但通过存款丢失事件，我们发现，完美的洋河其实也并不完美。在2014年1月，酒鬼酒就曾公告称，其子公司在中国农业银行杭州分行某支行开户的活期结算账户内，约1亿元存款被盗，除最终追回的3699万元外，其余资金至今下落不明。泸州老窖在2014年10月也发布公告称，其在中国农业银行长沙某支行的一笔1.5亿元存款流向不明。2015年1月，泸州老窖公告称，其在中国工商银行南阳某支行等两处存款共3.5亿元失踪。

原本酒鬼酒、泸州老窖存款失踪就引发市场一片哗然。尽管都是存款丢失，但上述两家企业在第一时间就对外披露存款丢失情况。反观洋河股份，此前并未发布过涉及存款丢失的任何相关公告，对存款丢失一直藏着掖着，直到发布年报时避无可避。

有媒体报道称，洋河股份应该较早获悉了逾亿元存款不翼而飞的信息，最迟获悉时间肯定在2015年2月12日之前，其隐匿巨额存款丢失信息的行为涉嫌信披违规。对于外界的质疑，洋河回应称，两起存款纠纷还达不到公告标准，在年报中披露就可以。

中国食品商务研究院研究员朱丹蓬对于洋河也出现此类问题颇为意外。“洋河就是担心‘丑闻’对公司形象或股价造成影响才迟迟不公告。毕竟作为上市企业，这样的事情非常敏感。对于现金流很大的白酒企业来说也是每个银行都在抢的VIP客户，所以这其中也有很多银行的相关人员从其中谋利，在白酒行业较为普遍。”

肖竹青表示，这种不及时发公告的行为违背信息披露原则。“洋河是中国酒业最早推动利用银行存款为交换条件实现银行卖酒模式开创者之一，这在行业内已是公开的秘密，其营销模式曾经是酒业学习的标杆。”

肖竹青指出：“现在白酒行业处于寒冬之时，这也体现了白酒企业、银行、小贷公司三方都处于尴尬的局面。”在他看来，一方面，上市公司酒企业绩增长压力巨大，但是现金流和存款多；另一方面，银行遭遇余额宝等互联网金融冲击，存款搬家严重，揽储困难。

与此同时，中小企业融资困难，经常在去银行办理融资贷款时候因为手续不全或指标不符合而被银行介绍到小贷公司和担保公司融资，被迫接受要贷款先买酒的胁迫条件。于是三方各取所需，银行酒企就采取暗箱操作的方式，通过异地存款的方式，银行答应帮助卖酒等诸多附加条件。有些银行为揽储，还变相支付酒厂财务顾问费或公关费，所以酒厂管理层就有动力舍近求远跨区异地存款。

“最终为何存款不见了，可能是暗箱操作的额外条款不能兑现，原因也是多方面的。”肖竹青表示，有一种可能性是揽储的资金掮客（很多是酒厂代理商）与酒厂财务或管理层勾结，把酒厂的异地存款默许定向放款给能卖通小贷公司或其他从银行贷不到款的次级贷款人。如果按时回款，则皆大欢喜；如果按时不能还款，银行就把钱扣了。

此外，银行从酒厂异地高息揽储，或答应酒厂的卖酒目标需要转嫁给小贷公司，或由担保公司来实现，但是当前小贷公司连环交叉担保出事或贷款人跑路都会影响到贷款的安全。

白酒企业日子好过的时候，小贷公司及时把钱还上就皆大欢喜。但在现行经济下，存款卖酒模式就出现了多方无奈。小贷公司既支付了高额利息又从银行买了那么多酒，成本上升之下销售不力问题也就集中爆发。

在业界看来，“存款卖酒”模式的出现，是白酒产业由巅峰走向衰落、由强势走向式微的典型象征。

“洋河的绵柔、海之蓝等在白酒行业不景气的时期，市场投入上是一线大品牌的作风，但价格在中等，因此既有大品牌的范儿又有性价比。绵柔香型也符合目前健康人群的需求，但行业不景气，强劲的发展势头也在放缓。”米丹蓬表示。一直以来，洋河的市场化程度很高，在白酒板块中，茅台、五粮液是靠品牌驱动，而洋河则是市场反应速度很快，包括海之蓝、梦之蓝等切中了市场需求。但目前整个白酒行业都处于产能过剩的时期，洋河也不例外。

肖竹青认为，之前的黄金10年白酒企业卖酒主要依靠渠道，当禁止“三公消费”，公款买单不复存在后也造成渠道的恐慌，渠道库存压力加大，现在等于问题集中爆发。对于走团购营销模式的洋河来说，如今也在力推营销转型，以渠道驱动转变为自营消费，回归到消费者模式，探索像卖快消品一样卖酒，做终端的展示、推广等。这与之前洋河把酒卖给渠道经销商就完事不一样，需要重新布局商超、酒店等渠道。

不否认，之前洋河粗犷的卖酒模式已经跟不上行业发展，此前像团购一样的贿赂营销模式已经翻篇了，不再具有市场，而走精细化经营道路对于洋河来说也存在巨大的挑战。肖竹青表示，凭借存款丢失并不能完全否定洋河，但以前洋河的完美形象也确实一去不复返了。

（作者根据网络相关资料整理而成）

# 第一节　资金活动控制

资金活动是指企业投资、筹资和资金营运等活动的总称，资金决定着企业的竞争能力和可持续发展能力，是企业生存和发展的重要基础，被视为企业生产经营的血液，一直受到企业的高度重视。资金是企业流动性最强、控制风险最高的资产，是企业生存和发展的基础。为加强企业对资金的内部控制，保证资金安全，提高资金使用效益，企业必须加强资金管理与控制。

## 一、资金活动控制的总体要求

### （一）资金活动内部控制的必要性

企业资金的最初来源主要是股东对企业的投资和企业从银行借款或发行债券，用于购买材料、设备，支付人工成本和其他费用等，通过销售产成品收回货币资金进行再生产。当企业有可分配利润时，向股东分配利润；当借款或债券到期时，应还本付息；当企业拥有较多资金时，可以进行投资，以期获得一定的投资收益，提高资金利用效率；当企业资金短缺时，企业可以将部分投资的金融产品出售，以满足生产经营对资金的需求。首先，资金活动影响企业生产经营的全过程。企业生产经营活动的开展，总是依赖于一定形式的资金支持；生产经营的过程和结果，也是通过一定形式的资金活动体现出来。因此，资金管理一直被视为企业财务管理的核心内容，构成企业经营管理的重要部分。其次，资金活动内部控制通常是企业内部管理的薄弱环节。由于影响企业资金活动的因素很多、涉及面很广、不确定性很强，企业资金活动的管理和控制面临的困难很大。一是做好资金活动的管控，需要企业对自身业务活动作出科学的、准确的定位；二是做好资金活动的管控，需要对企业所处的政治、经济、文化和技术等环境作出客观的、清晰的判断；三是做好企业资金活动的管控，需要企业相机抉择，合理处理自身与外界的各种关系和矛盾。企业由于受到主客观条件的限制，很难做到自动对资金活动施以有效控制。资金活动内部控制的失误，往往给企业带来致命打击。因此，资金活动及其内部管控情况，对企业的生产经营影响巨大。加强和改进资金活动内部控制，是企业生存和发展的内在需要。再次，国际金融危机爆发后，全球经济萧条，大量企业陷入困境，资金链断裂导致很多企业经营困难甚至破产倒闭，因此，如何防范资金风险、维护资金安全、提高资金效益成了企业内部控制的关键问题。在这种背景下，财政部会同有关部委单独立项制定了《企业内部控制应用指引第 6 号——资金活动》（下称“资金活动指引”），为我国企业应对危机防范和化解资金活动相关风险、全面提升经营管理水平提供了科学指导和制度保障。

### （二）资金活动涉及的主要风险

企业资金活动中可能存在的风险包括：

（1）资金管控不严，可能出现舞弊、欺诈，导致资金被挪用、抽逃。

（2）投资决策失误，引发盲目扩张或丧失发展机遇，可能导致资金链断裂或资金使用效益低下。

（3）筹资决策不当，引发资本结构不合理或无效融资，可能导致企业筹资成本过高或债务危机。

### （三）资金活动控制的总体要求

企业应当根据自身发展战略，完善严格的资金授权、批准、审验等相关管理制度，加强资金活动的集中归口管理，明确筹资、投资、营运等各环节的职责权限和岗位分离要求，定期或不定期地检查和评价资金活动情况，落实责任追究制度，确保资金安全和有效运行。

## 二、资金活动控制流程

### （一）筹资活动的业务流程

筹资活动是企业资金活动的起点，也是企业整个经营活动的基础。通过筹资活动，企业取得投资和日常生产经营活动所需的资金，从而使企业投资、生产经营活动能够顺利进行。企业应当根据经营和发展战略的资金需要，确定融资战略目标和规划，结合年度经营计划和预算安排，拟订筹资方案，明确筹资用途、规模、结构和方式等相关内容，对筹资成本和潜在风险作出充分估计。筹资活动的内部控制，不仅决定着企业能不能顺利筹集生产经营和未来发展所需资金，而且还决定着企业能以什么样的筹资成本筹集资金。能以什么样的筹资风险筹集所需资金，决定着企业所筹集资金最终的使用效益。较低的筹资成本、合理的资本结构和较低的筹资风险，能够使企业应付自如、进退有据，不至于背负沉重的压力，可以从容地追求长期目标，实现可持续发展。

企业为满足生产经营或战略发展需要，可通过银行借款或者发行股票债券等形式筹集资金。企业应当根据筹资目标和规划，结合年度全面预算，拟订筹资方案，明确筹资用途、规模、结构和方式等相关内容，对筹资成本和潜在风险作出充分估计。境外筹资还应考虑所在地的政治、经济、法律、市场等因素。

通常情况下，筹资的业务流程包括提出筹资方案、筹资方案论证、筹资方案审批、筹资计划编制与执行、筹资活动的监督、评价与责任追究等环节，如图 7-1 所示。

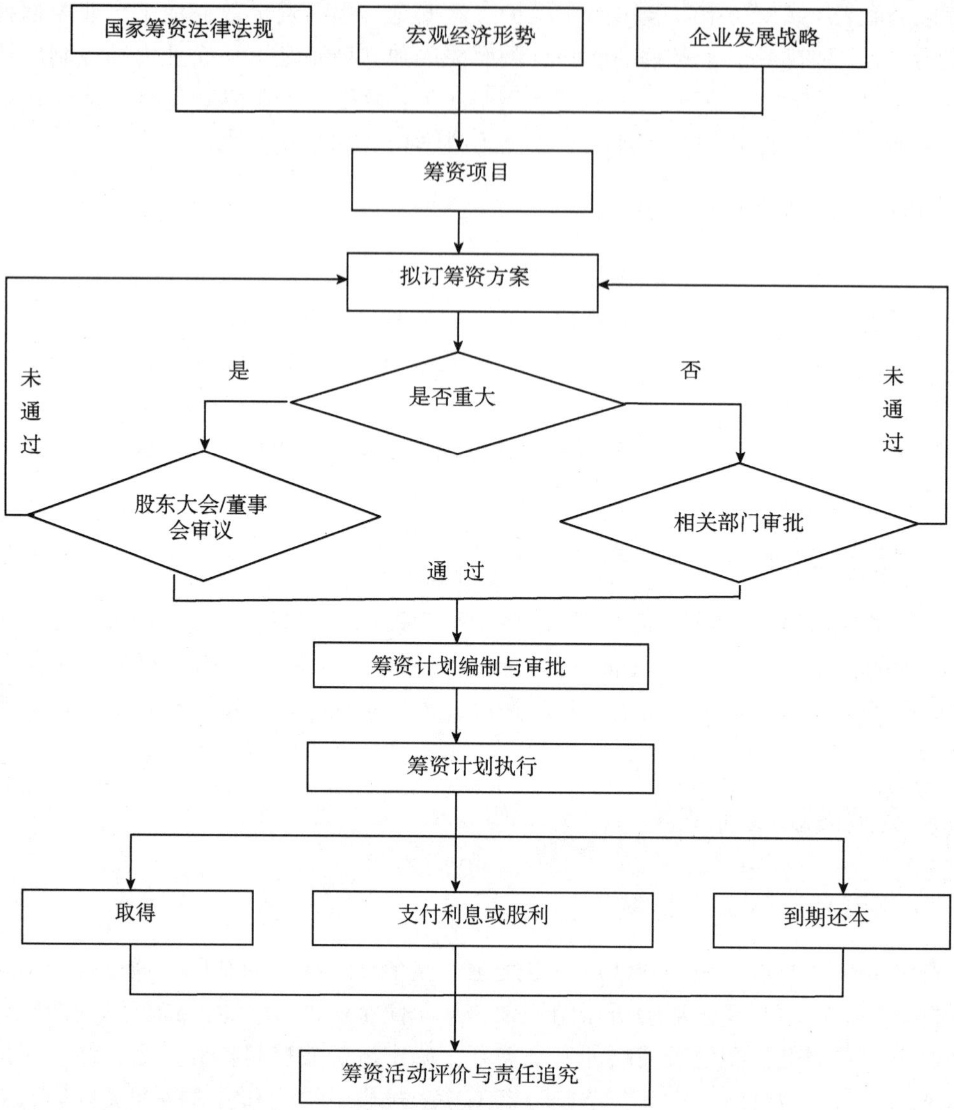


**图 7–1　筹资活动流程**

1. 筹资业务的控制目标

（1）在企业内部按照分级授权审批的原则进行审批，审批人员与筹资方案编制人员应适当分离。在审批中，应贯彻集体决策的原则，实行集体决策审批或者联签制度。筹资方案需经有关管理部门批准的，应当履行相应的报批程序。重大筹资方案，应当提交股东（大）会审议，选择批准最优筹资方案。

（2）按规定进行筹资后评价，评估执行及效果与方案的一致性，对存在违规现象的，严格追究其责任。加强筹资活动的检查监督，严格按照筹资方案确定的用途使用资金，确保款项的收支、股息和利息的支付、股票和债券的保管等符合有关规定，维护筹资信用。

（3）保证筹资方案符合企业整体发展战略、项目可行。财务部门与其他生产经营相关业务部门沟通协调，根据企业经营战略、预算情况与资金现状等因素，提出筹资方案。筹资方案应包括筹资金额、筹资形式、利率、筹资期限、资金用途等内容。

2. 筹资业务的关键控制点

(1) 筹资方案提出

①进行筹资方案的战略性评估，包括是否与企业发展战略相符合，筹资规模是否适当。

②进行筹资方案的经济性评估，如筹资成本是否最低，资本结构是否恰当，筹资成本与资金收益是否匹配。

③进行筹资方案的风险性评估，如筹资方案面临哪些风险，风险大小是否适当、可控，是否与收益匹配。

(2) 筹资方案审批

①根据分级授权审批制度，按照规定程序严格审批经过可行性论证的筹资方案。

②审批中应实行集体审议或联签制度，保证决策的科学性。

(3) 筹资计划制定

①根据筹资方案，结合当时经济金融形势和企业能力，分析不同筹资方式的资金成本，正确选择筹资方式和不同方式的筹资数量，财务部门或资金管理部门制定具体筹资计划。

②根据授权审批制度报有关部门批准。

(4) 筹资活动的实施

①是否按筹资计划进行筹资。

②签订筹资协议，明确权利和义务。

③按照岗位分离与授权审批制度，各环节和各责任人正确履行审批监督责任，实施严密的筹资程序控制和岗位分离控制。

④做好严密的筹资记录，发挥会计控制的作用。

(5) 筹资活动监督、评价与责任追究

①促成各部门严格按照确定的用途使用资金。

②监督检查，督促各环节严密保管未发行的股票、债券。

③督促正确计提、支付利息。

④加强债务偿还和股利支付环节的监督管理。

⑤评价筹资活动过程，评估筹资活动效果，反思成效与不足，追究违规人员责任。

3. 筹资业务的主要风险点

筹资管理的主要风险点包括：

(1) 筹资活动违反国家法律、法规，可能遭受外部处罚、经济损失和信誉损失或资金冗余及债务结构不合理，就可能造成筹资成本过高。

(2) 筹资分析报告未经适当审批或超越授权审批，可能产生重大差错或舞弊、欺诈行为而使企业遭受损失。

(3) 筹资授权未以授权书为准，而是逐级授权、口头通知，可能产生重大差错或舞弊、欺诈行为，从而使企业遭受损失。

(4) 筹资没有考虑筹资成本和风险评估等因素，可能产生重大差错、舞弊或欺诈行为，从而使企业遭受损失。

(5) 筹资活动的效益未与筹资人员的绩效挂钩，则会导致筹资决策责任追究时无法落实到具体的部门及人员。

（二）投资活动的业务流程

投资主要是指长期股权投资，包括对子公司投资、对联营企业投资和对合营企业投资及投资企业持有的对被投资单位不具有共同控制或重大影响并且在市场中没有报价、公允价值不能可靠地计量的权益性投资。

投资活动业务流程一般包括拟订投资方案、投资方案可行性论证、投资方案决策、投资计划编制与审批、投资计划实施、投资项目的到期处置等环节（如图 7-2 所示）。

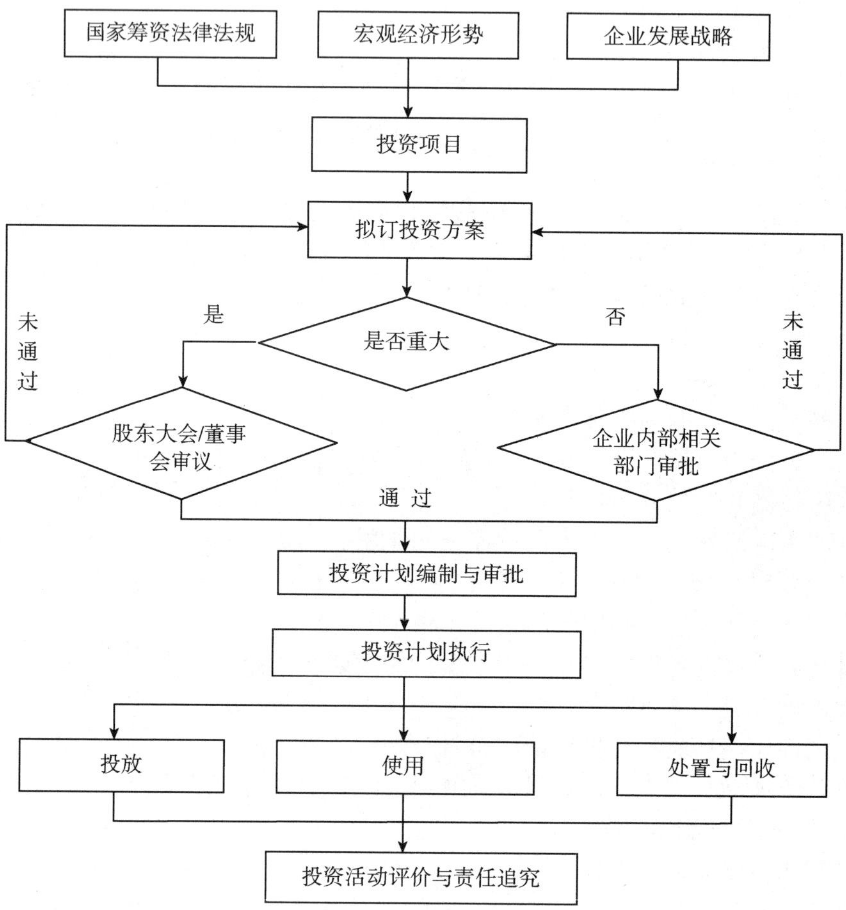


**图 7-2　投资活动流程**

1. 投资活动的控制目标

（1）根据企业发展战略、宏观经济环境、市场状况等，合理资金投放结构，科学确定投资项目。

（2）按照规定的权限和程序对投资项目进行决策审批，要通过分级审批、集体决策来进行。决策者应与方案制定者适当分离，投资方案需要经过有关管理部门审批，应当履行相应的报批程序。重大投资项目，应当报经董事会或股东（大）会批准，选择批准最优投资方案。

（3）保证投资活动按计划合法、有序、有效进行。企业指定专门机构或人员对投资项目进行跟踪管理，及时收集被投资方经审计的财务报告等相关资料，定期组织投资效益分析。

2. 投资活动的关键控制点

（1）投资方案提出。①进行投资方案的战略性评估，包括是否与企业发展战略相符合。②投资规模、方向和时机是否适当。③对投资方案进行技术、市场、财务可行性研究，深入分析项目的技术可行性与先进性、市场容量与前景以及项目预计现金流量、风险与报酬，比较或评价不同项目的可行性。

（2）投资方案审批。①明确审批人对投资业务的授权批准方式、权限、程序和责任，不得越权。②审批中应实行集体决策审议或者联签制度。③与有关被投资方签署投资协议

（3）编制投资计划。①核查企业当前资金额及正常生产经营预算对资金的需求量，积极筹措投资项目所需资金。②制定详细的投资计划，并根据授权审批制度报有关部门审批。

（4）实施投资方案。①根据投资计划进度，严格按分期、进度适时投放资金，严格控制资金流量和时间。②以投资计划为依据，按照职务分离制度和授权审批制度，各环节和各责任人正确履行审批监督责任，对项目实施过程进行监督和控制，防止各种舞弊行为，保证项目建设的质量和进度要求。③做好严密的会计记录，发挥会计控制的作用。

（5）投资后的跟踪。

（6）投资资产处置控制。

3. 投资活动的主要风险点

（1）投资行为违反国家法律、法规，可能遭受外部处罚、经济损失和信誉损失。

（2）投资项目或对被投资企业未经科学、严密的评估和论证或没有经过专业机构的独立评估，可能因为决策失误而导致重大损失。

（3）投资核销没有经过充分调研或没有经过严格审批，可能导致企业资产虚增或资产流失，造成资金和资产浪费及损失。

（4）投资业务未经适当审批或超越授权审批，可能产生重大差错或舞弊、欺诈行为，从而导致损失。

（5）资产减值的确定和审批不合理、不规范，可能导致企业资产虚增或资产流失，造成资金和资产浪费及损失。

（6）资产减值的会计处理不规范或没有经过严格审批，可能导致资产账目混乱，增加管理成本或因资产减值、会计披露不当而造成企业外部投资者的决策失误。

### （三）资金营运活动的业务流程

为加强企业对资金营运的内部控制，提高资金使用效益，保证资金的安全，防范资金链条断裂，企业必须加强对货币资金的管理和控制，建立健全货币资金内部控制，确保经营管理活动合法而有效。

1. 资金营运的关键控制点

（1）审批控制点。

（2）复核控制点。

（3）收付控制点。

（4）记账控制点。

（5）对账控制点。

（6）银行账户管理控制点。

（7）票据与印章管理控制点。

2. 资金营运的主要风险点

资金营运活动中的主要风险有资金调度不合理、营运不畅、资金活动管控不严等。控制措施包括：资金平衡、预算管理、有效调度、会计控制。

3. 资金营运的业务流程

企业资金营运过程，从资金流入企业形成货币资金开始，到通过销售收回货币资金、成本补偿确定利润、部分资金流出企业为止，形成资金营运的一个完整循环。制造业、流通业资金营运流程如图 7-3 所示。

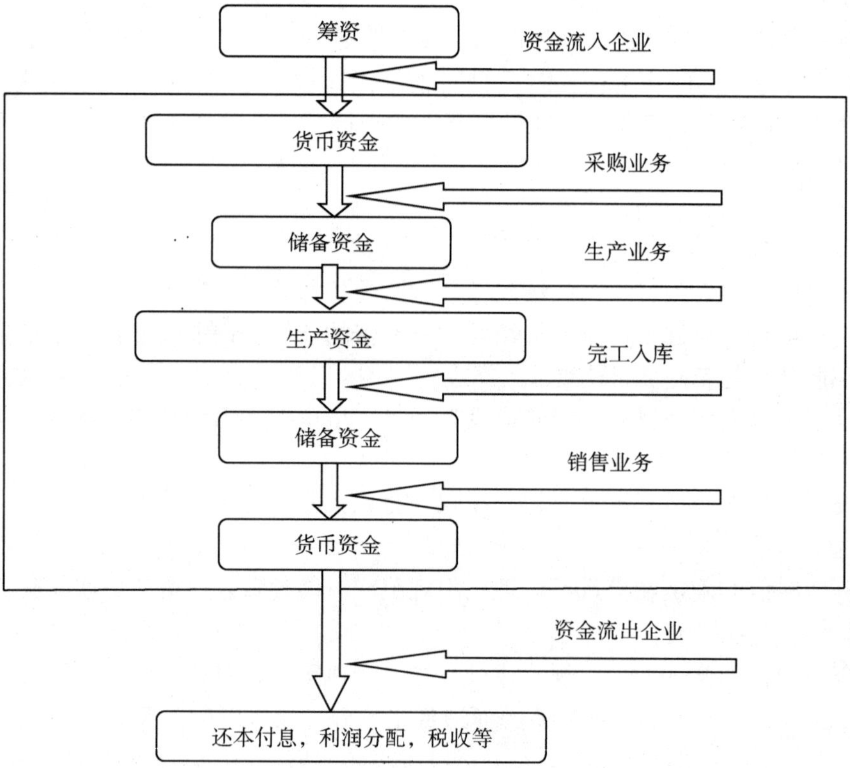


**图 7-3　资金营运流程**

## 第二节　采购业务控制

采购，是指企业在一定的条件下从供应市场获取产品或服务作为企业资源，以保证企业生产及经营活动正常开展的一项企业经营活动；是指个人或单位在一定的条件下从供应市场获取产品或服务作为自己的资源，为满足自身需要或保证生产、经营活动正常开展的一项经营活动。

## 一、采购业务内部控制的总体要求

### （一）完善采购管理制度

企业应当结合实际情况，全面梳理采购业务流程，完善采购业务相关管理制度，统筹安排采购计划，明确请购、审批、购买、验收、付款、采购后评估等环节的职责和审批权限，确保管理流程科学合理，能够较好地保证物资和劳务供应顺畅。

### （二）严格执行与监控

企业各部门按照规定的审批权限和程序办理采购业务，落实责任制，建立价格监督机制，定期检查和评价采购过程中的薄弱环节，采取有效控制措施，确保物资和劳务采购能够经济、高效地满足企业的生产经营需要。

## 二、采购业务流程

采购业务流程一般从编制需求计划和采购计划开始，通过请购、选择供应商，然后根据实际情况来确定采购价格，通过谈判协商订立采购合同，进一步管理供应过程，并验收、入库（退货）付款，最终实现会计控制等环节。采购业务流程如图 7-4 所示：

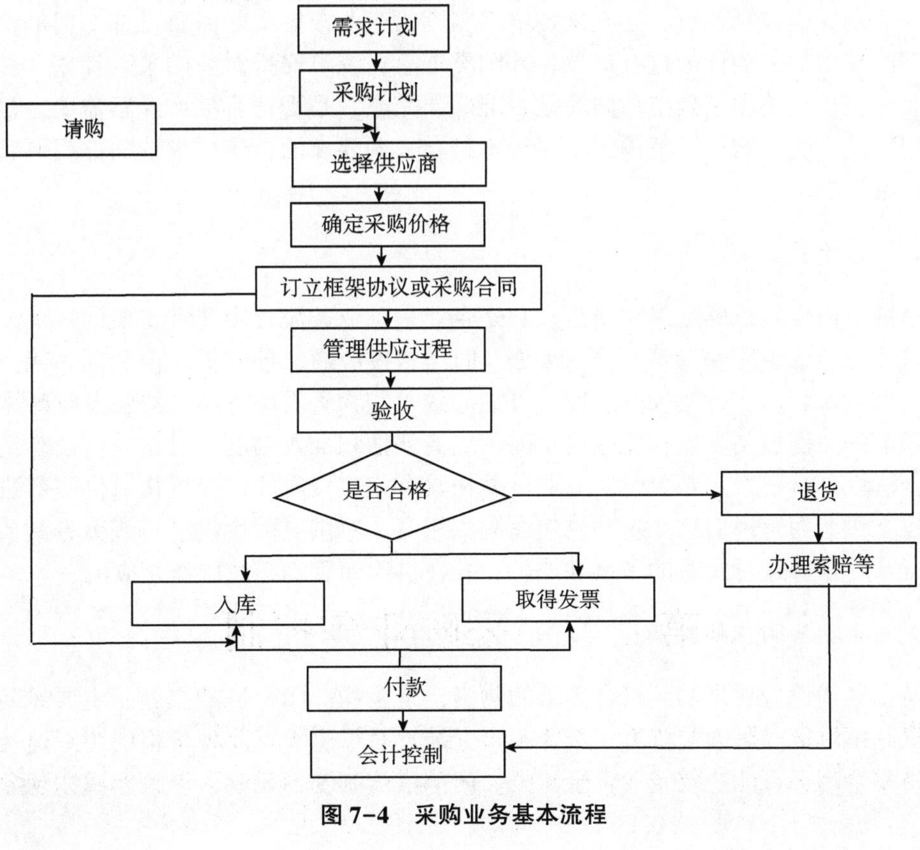


**图 7-4　采购业务基本流程**

## 三、采购业务的主要风险点

### （一）编制需求计划和采购计划环节

采购业务从计划（或预算）开始，包括需求计划和采购计划。企业实务中，需求部门一般根据生产经营需要向采购部门提出物资需求计划。采购部门根据该需求计划归类汇总平衡现有库存物资后，统筹安排采购计划，并按规定的权限和程序审批后执行。主要风险有：需求或采购计划不合理、不按实际需求安排采购或随意超计划采购，甚至于生存经营计划不协调等，造成企业资源浪费或库存成本上升，从而影响企业正常生产经营。不按规定维护安全库存、未按照要求及时调整采购计划，影响企业正常运行。

此环节的关键控制要点：生产经营部门应根据实际需求情况，及时编制需求计划。需求部门提出需求计划时，不能指定或变相指定供应商。企业根据发展目标实际需要，结合库存和在途情况，科学安排采购计划。采购计划应纳入采购预算管理，经相关负责人审批后，作为企业刚性指令严格要求。

### （二）请购环节

请购是指企业生产经营部门根据采购计划和实际需要提出的采购申请。主要风险有：缺乏采购申请制度，造成企业管理混乱；请购未经适当审批或超越授权审批，可能导致采购物资过量或短缺，影响企业正常生产经营。

此环节的关键控制要点：建立采购申请制度。企业根据实际需要设置专门的请购部门对需求部门提出的采购计划进行审核，并归类汇总，统筹安排企业的采购计划。在审批采购申请时，应重点关注采购申请内容是否准确、完整，是否符合生产经营需要，是否符合采购计划，是否在采购预算范围内。对于不符合采购要求的，应要求请购部门调整请购内容或者拒绝批准。

### （三）选择供应商环节

选择供应商也就是确定采购渠道。它是企业采购业务流程中非常重要的环节。主要风险有：缺乏完善的供应商管理办法，无法及时考核供应商，导致供应商选择不当，影响企业利润。大额采购未实行招投标制度，可能导致采购物资质次价高，甚至出现舞弊行为。

此环节的关键控制要点：建立科学的供应商评估和准入制度，对供应商信誉情况的真实性和合法性进行审查。必要时，企业可委托具有相应资质的中介机构对供应商进行资信检查。建立供应商管理信息系统和供应商淘汰制度，对供应商提供物资或劳务的质量、价格、交货及时性等进行实时的考察和评价，并在供应商管理系统中作相应记录。

### （四）确定采购价格环节

如何以最优性价比采购到符合需求的物资，是采购部门永恒的主题。主要风险有：采购定价机制不科学，采购定价方式选择不当，缺乏对重要物资品种价格的跟踪监控，引起采购价格不合理，可能造成企业资金流失。内部稽核制度不完善，导致因回扣现象等造成企业损失。

此环节的关键控制要点：健全采购定价机制，采取协议采购、招标采购、比价采购、动态竞价采购等多种方式，科学合理地确定采购价格。建立采购价格数据库，定期开展重要物资的市场需求形势及价格走势、商情分析并合理利用。

### （五）订立采购合同环节

采购合同是指企业根据采购需要、确定的供应商、采购方式、采购价格等情况与供应商签订的具有法律约束力的协议。主要风险有：未经授权对外订立采购合同，合同对方主题资格、履约能力等未达要求，合同内容存在重大疏漏或欺诈，可能导致企业合法权益受到损害。未能根据市场情况及时调整合同内容，造成企业采购行为脱离市场供需情况。

订立采购合同的关键控制要点：根据确定的供应商、采购方式、采购价格情况，准确描述合同条款，明确双方权利、义务和违约责任，按照规定权限签署采购合同。

### （六）管理供应过程环节

管理供应过程，主要指企业建立严格的采购合同跟踪制度，科学评价供应商的供货情况，并根据合理选择的运输工具和运输方式，办理运费投保事宜，实时掌握物资采购供应过程中的情况。主要风险有：缺乏对采购合同履行情况的有效跟踪，运输方式选择不合理，忽略运输过程的风险，导致物资损失或无法保证供应。未对供应商的供应过程做好记录，导致供应商过程评价缺少原始资料。

此环节的关键控制要点：对重要物资建立并执行合同履约过程中的巡视、点检和监造制度。实行全过程的采购登记制度或信息化管理，确保采购过程的可追溯性。

### （七）验收环节

验收环节是指企业对采购物资的检验接收，以确保其符合合同规定或者产品质量要求。主要风险有：验收标准不明确，验收程序不规范，导致不合格产品流入企业。对验收过程中的异常情况不作及时处理，导致账实不符，给企业造成损失。

验收环节的关键控制要点：制度明确的采购验收标准，结合物资特性确定必检物资目录，规定此类物资出具质量检验报告方可入库。验收人员应当根据采购合同及质量检验部门出具的质量检验证明，重点关注采购合同、发票等原始单据与采购物资的数量、质量、规格型号等核对一致。对验收合格的物资，要填制入库凭证。验收时涉及技术性强的、大宗的和新特物资，还应进行专业测试，必要时可委托具有检验资质的机构或者聘请外部专家协助验收。

## 四、完善企业采购业务内部控制的措施

### （一）设计采购作业流程

企业要明确合同签订流程。首先，各部门根据需要提出采购计划，采购计划经分管部门领导审批通过后编制相关请购单交采购部门审核。其次，采购部门按通过审核的请购单

事项进行招标采购，经过供应商筛选、产品打样、价格谈判等环节，选出本次采购的供应商，签订协议或合同。同时采购部门也应进行供货过程控制，确保所采购产品及时有效地投入生产。再次，采购部门、验收部门、仓储部门应密切配合，做好产品的到货验收、仓储以及品质反馈工作，并编制相关记录与凭证，以备控制和查验，对其中不符合要求的产品由采购部门协商退货及议定新交货期。最后，由会计部门进行账务处理及应付账款的交付。

### （二）集中采购管理，建立采购事务的集体决策机制

年初，由采购部门将企业其他部门的采购计划进行集中，整合成一个统一的采购计划。由采购部门与供应商进行洽谈，统一完成采购方的采购计划，降低采购成本。同时，利用集中库存，避免质量验收标准不一致带来的影响。

### （三）相互牵制和配合协调配合并行

采购人员的定期轮换，可以有效避免采购人员与供应商之间的串联舞弊。明确采购人员职责，有助于提高工作效率，划分责权利，避免相互推诿，有利于绩效考核（见表 7-1）。

### （四）实现基础信息高度共享

企业可以要求所有的采购单据都要及时在计算机中进行维护，使得业务的可追溯性增强。可随时查询任何时间与任何供应商发生的采购业务，并可以查出该笔业务所处的状态，包括库存接收的数量、采购退货的数量、发票数量、金额等，减少了业务操作中的人为因素。另外，由专人定期按照设定的指标对供应商的状态进行分析，包括供应商供货质量分析、数量分析等，并从中总结规律，制定相应的供应商管理策略。如设定相应的配额和询价优先级等，使各个部门的信息高度共享，加强了彼此之间的监督。

**表 7-1　采购人员具体职责**

| | 具体职责 |
|---|---|
| 采购主管 | 拟订采购部门工作方针与目标，编制年度采购计划及预算。<br>负责主要物料的采购（组织、检查）工作，签订采购合同。<br>建立并完善企业采购制度，做好部门间的协调工作。<br>与供应商建立长期的战略合作伙伴关系。 |
| 采购经理 | 分派采购人员的日常工作。<br>协助采购人员与供应商商谈价格、付款方式、交货日期等。<br>负责一般物料的采购（组织、检查）工作。<br>追踪采购进度，督导保险、索赔等事宜。<br>负责市场调研及供应商的考核。 |
| 采购人员 | 经办一般险物料的采购，查访厂商，与供应商洽谈具体业务。<br>处理退货及一般索赔案件，收集价格情报及替代品资料。 |
| 会计人员 | 负责请购单验收单及相关的账务登记工作。 |

# 第三节 资产管理控制

不同的企业组织形式不同，经济业务不同，面临的内部控制与风险管理的环境和基础不同，因此其内部控制与风险管理活动也千差万别。本章以某大型制造企业为例介绍企业内部控制与风险管理活动。

## 一、资产管理的总体要求

为促进实现资产管理目标，资产管理指引的基本要求是全面梳理各项资产的管理流程，及时发现资产管理中的薄弱环节，采取有效措施及时加以改进，不断提升资产管理水平，确保资产安全，提高资产效能。

### （一）全面梳理资产管理流程

一般工商企业，存货、固定资产和无形资产在资产总额中占比最大。无论是新企业或是存续企业，为组织生产经营活动，都需要制定相关资产管理制度，按照严格的制度管理各项资产。为了保障资产安全、提升资产管理效能，企业应当全面梳理资产流程。在梳理过程中，既要注意从大类上区分存货、固定资产和无形资产，又要分别对存货、固定资产和无形资产等进行细化和梳理。比如，存货需要从原材料、在产品、半成品、产成品、商品、周转材料等进行梳理；固定资产需要从房屋建筑物、机器设备和其他固定资产进行梳理；无形资产需要从专利权、非专利技术、商标权、特许权、土地使用权等进行梳理。企业梳理资产管理流程，应当贯穿各类存货、固定资产和无形资产“从进入到退出”各个环节。比如，对存货通常可以从验收入库、仓储保管、出库、盘点和处置等环节进行梳理。梳理存货、固定资产和无形资产管理流程，不仅要对照现有管理制度，检查相关管理要求是否落实到位，而且还应当审视相关管理流程是否科学、是否能够较好地保证物流顺畅、是否能够不断减少物流风险、是否能够不断降低相关成本费用、各项资产是否最大限度地发挥了应有的效能，等等。

### （二）查找资产管理薄弱环节

通过全面梳理资产管理流程，查找资产管理薄弱环节，是企业强化资产管理的关建步骤。这些薄弱环节若不引起重视并加以及时改进，通常引发资产流失或运行风险，或者企业资产不能发挥应有的效能。资产管理指引针对当前企业资产管理实务中存在的实际问题，分别存货、固定资产和无形资产，要求企业着力关注下列主要风险：一是存货积压或短缺，可能导致流动资金占用过量、存货价值贬损或生产中断；二是固定资产更新改造不够、使用效能低下、维护不当、产能过剩，可能导致企业缺乏竞争力、资产价值贬损、安全事故频发或资源浪费；三是无形资产缺乏核心技术、权属不清、技术落后、存在重大技术安全隐患，可能导致企业法律纠纷，缺乏可持续发展能力。企业应当在全面梳理资产管理流程的基础上，着重围绕上述三个方面的主要风险，结合企业实际进行细化，全面查找资产管理漏洞，确保资产管理不断处于优化状态。

### （三）健全和落实资产管控措施

在全面梳理资产流程、查找管理薄弱环节之后，企业应当对发现的薄弱环节和问题进行归类整理，深入分析，查找原因，健全和落实相关措施。企业应当按照内部控制规范提出的各项存货、固定资产和无形资产管理要求，结合所在行业和企业的实际情况，建立健全各项资产管理措施。属于缺乏相关资产管理制度的，应当建立健全相关制度；属于现行管理制度不健全的，应当对现行制度予以补充完善；属于现行制度执行不到位的，应当加大制度执行力，避免形式主义做“表面文章”。一些企业由于“实物流”管控不严，导致重大风险的发生，往往不是属于制度不健全，而是制度一大堆，手册到处有，更多的是用于应付检查，实际执行是两回事。这种做法是自欺欺人，到头来是企业自身遭受损失。在激烈的竞争时代，企业只有科学管理，强化管控措施，确保各项资产安全并发挥效能，才能防范资产风险，提升核心竞争力，实现发展目标。

## 二、资产管理业务的业务流程

资产管理业务是指企业对拥有或控制的存货、固定资产和无形资产进行管理的活动。资产管理业务是企业生产经营的直接表现，也是企业内部控制与风险管理的关键环节。资产是企业从事生产经营活动并实现发展战略的物质基础，它既是企业利润产生的母体，也是有较大风险的领域。鉴于资产管理的重要性，《企业内部控制基本规范》将合理保证资产安全作为内部控制目标之一，同时单独制定了《企业内部控制应用指引第 8 号——资产管理》，着重对存货、固定资产和无形资产等资产提出了全面风险管控要求，旨在促进企业在保障资产安全的前提下，提高资产效能。资产管理业务的主要风险事件：（1）涉及企业存货、固定资产、无形资产业务未经适当审批或超越授权审批，可能造成重大差错、舞弊而导致资产流失。（2）资产购买决策不充分，可能造成企业资源的浪费。（3）验收程序不规范，可能导致资产账实不符和资产损失。（4）资产的使用、维护、管理不善可能造成企业资产使用效率低下或资产损失。例如，存货保管不善，可能导致存货损坏、变质、浪费、被盗和流失等；无形资产、固定资产的处置决策和执行不当，可能导致企业权益受损。（5）资产盘点工作不规范，可能由于未能及时查清资产状况并作出处理而导致财务信息不准确。（6）涉及资产的会计处理不适当，可能导致企业资产账实不符或资产损失。

### （一）存货管理控制流程

存货主要包括原材料、在产品、产成品、半成品、商品及周转材料等。企业代销、代管、代修、受托加工的存货，虽不归企业所有，也应纳入企业存货管理范畴。不同类型的企业有不同的存货业务特征和管理模式；即使同一企业，不同类型存货的业务流程和管控方式也可能不尽相同。企业建立和完善存货内部控制制度，必须结合本企业的生产经营特点，针对业务流程中主要风险点和关键环节，制定有效的控制措施；同时，充分利用计算机信息管理系统，强化会计、出入库等相关记录，确保存货管理全过程的风险得到有效控制。图 7-5、图 7-6 分别列示了生产企业和商品流通企业存货流转的程序。

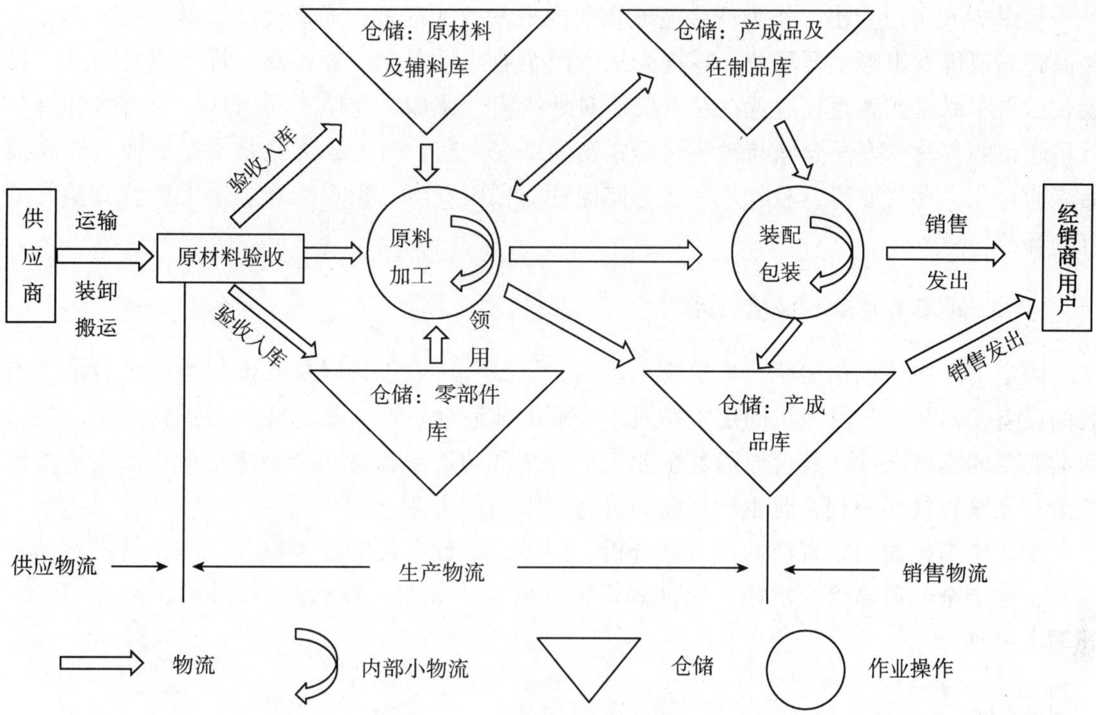


**图 7-5　生产企业物流流程**

从图 7-5 可以看出，一般生产企业的存货业务流程可分为取得、验收、仓储保管、生产加工、盘点处置等阶段，历经取得存货、验收入库、仓储保管、领用发出、原料加工、装配包装、盘点清查、销售处置等主要环节。具体到某个特定生产企业，存货业务流程可能较为复杂，不仅涉及上述所有环节，甚至有更多、更细的流程，且存货在企业内部要经历多次循环。比如，原材料要经历验收入库、领用加工，形成半成品后又入库保存或现场保管，领用月半成品继续加工，加工完成为产成品后再入库保存，直至发出销售等过程。也有部分生产企业的生产经营活动较为简单，其存货业务流程可能只涉及上述阶段中的某几个环节。

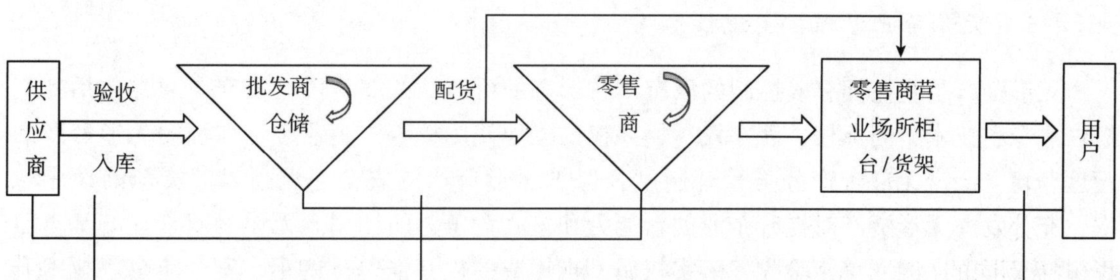


**图 7-6　商品流通企业物流流程**

从图 7-6 可以看出，作为商品流通企业的批发商的存货，通常经过取得验收入库、仓储保管和销售发出等主要环节；零售商从生产企业或批发商（经销商）那里取得商品，经验收后入库保管或者直接放置在经营场所对外销售。比如，仓储式超市货架上摆放的商品就是超市的存货，商品仓储与销售过程紧密联系在一起。总之，无论是生产企业，还是商品流通企业，存货取得、验收入库、仓储保管、领用发出、盘点清查、销售处置等是其共有的环节。

（二）固定资产管理业务流程

固定资产主要包括房屋、建筑物、机器、机械、运输工具以及其他与生产经营活动有关的设备、器具、工具等。固定资产属于企业的非流动资产，是企业开展正常的生产经营活动必要的物资条件，其价值随着企业生产经营活动逐渐转移到产品成本中。固定资产的安全、完整直接影响到企业生产经营的可持续发展能力。

企业应当根据固定资产的特点，分析、归纳、设计合理的业务流程，查找管理的薄弱环节，健全全面风险管控措施，保证固定资产安全、完整、高效运行、固置等五个环节，如图 7-7 所示。

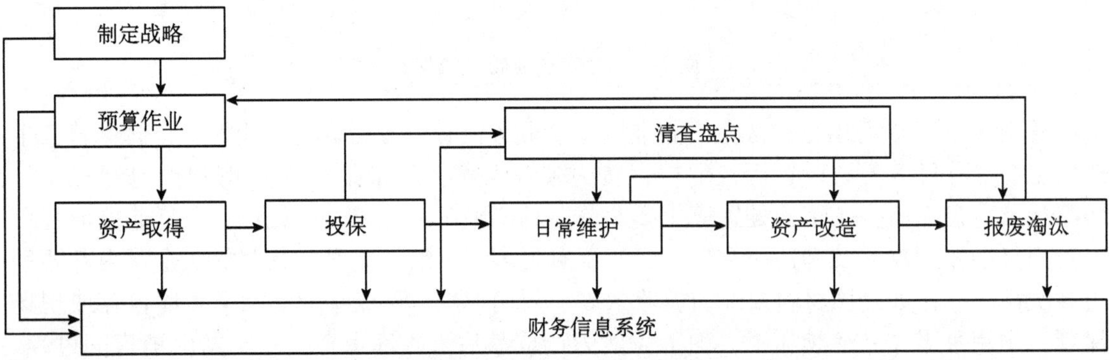


**图 7-7　固定资产基本业务流程**

（三）无形资产管理控制流程

无形资产是企业拥有或控制的没有实物形态的可辨认的非货币性资产，通常包括专利权、非专利技术、商标权、著作权、特许权、土地使用权等。企业应当加强对无形资产的管理，建立健全无形资产分类管理制度，保护无形资产的安全，提高无形资产的使用效率，充分发挥无形资产对提升企业创新能力和核心竞争力的作用。无形资产管理的基本流程包括无形资产的取得、验收并落实权属、自用或授权其他单位使用、安全防范、技术升级与更新换代、处置与转移等环节，如图 7-8 所示。

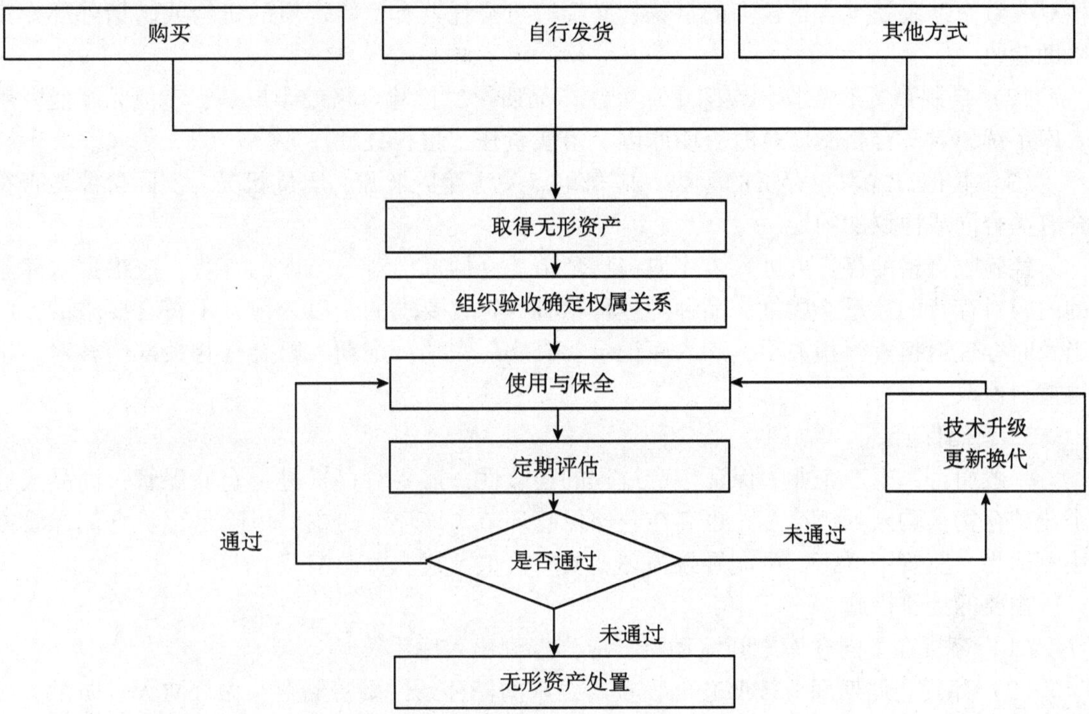


图 7-8 无形资产基本业务流程

## 三、资产管理各环节主要风险和控制措施

### （一）存货

1. 取得存货

存货的取得有诸如外购、委托加工或自行生产等多种方式，企业应根据行业特点、生产经营计划和市场因素等综合考虑，本着成本效益原则，确定不同类型的存货取得方式。该环节的主要风险是：存货预算编制不科学、采购计划不合理，可能导致存货积压或短缺。

主要的控制措施：企业存货管理实务，应当根据各种存货采购间隔期和当前库存，综合考虑企业的经营计划、市场供求等因素，充分利用信息系统，合理确定存货采购日期和数量，确保存货处于最佳库存状态。考虑到存货取得的风险管控措施主要体现在预算编制和采购环节，将由相关的预算和采购内部控制应用指引加以规范。

2. 验收入库

不论是外购原材料或商品，还是本企业生产的产品，都必须经过验收（质检）环节，以保证存货的数量和质量符合合同等有关规定或产品质量要求。该环节的主要风险是：验收程序不规范、标准不明确，可能导致数量克扣、以次充好、账实不符。

主要的控制措施：

（1）外购存货的验收应当重点关注合同、发票等原始单据与存货的数量、质量规格等核对一致。涉及技术含量较高的货物，必要时可委托具有检验资质的机构或聘请外部专家协助验收。

（2）自制存货的验收，应当重点关注产品质量，检验合格的半成品、产成品才能办理入库手续，对不合格品应及时查明原因、落实责任、报告处理。

（3）其他方式取得存货的验收，应当重点关注存货来源、质量状况、实际价值是否符合有关合同或协议的约定。

经验收合格的存货可进入入库或销售环节。仓储部门对于入库的存货，应根据入库单的内容对存货的数量、质量、品种等进行检查，符合要求的予以入库；不符合要求的，应当及时办理退换货等相关手续。入库记录要真实、完整，定期与财会等相关部门核对，不得擅自修改。

3. 仓储保管

一般而言，生产企业为保证生产过程的连续性，需要对存货进行仓储保管；商品流通企业的存货从购入到销给客户也存在仓储保管环节。该环节的主要风险是存货仓储保管方法不适当、监管不严密，可能导致损坏变质、价值贬损、资源浪费。

主要的控制措施：

（1）存货在不同仓库之间流动时，应当办理出入库手续。

（2）存货仓储期间要按照仓储物资所要求的储存条件妥善储存，做好防火、防洪、防盗、防潮、防病虫害、防变质等保管工作，不同批次、型号和用途的产品要分类存放。生产现场的在加工原料、周转材料、半成品等要按照有助于提高生产效率的方式摆放，同时防止浪费、被盗和流失。

（3）对代管、代销、暂存、受托加工的存货，应单独存放和记录，避免与本单位存货混淆。

（4）结合企业实际情况，加强存货的保险投保，保证存货安全，合理降低存货意外损失风险。

（5）仓储部门应对库存物料和产品进行每日巡查和定期抽检，详细记录库存情况；发现毁损、存在跌价迹象的，应及时与生产、采购、财务等相关部门沟通。对于进入仓库的人员应办理进出登记手续，未经授权的人员不得接触存货。

4. 领用发出

生产企业的生产部门领用原材料、辅料、燃料和零部件等用于生产加工，仓储部门根据销售部门开出的发货单向经销商或用户发出产成品，商品流通领域的批发商根据合同或订货单等向下游经销商或零售商发出商品，消费者凭交款凭证等从零售商处取走商品等，都涉及存货领用发出问题。该环节的主要风险是：存货领用发出审核不严格、手续不完备，可能导致货物流失。

主要的控制措施：企业应当根据自身的业务特点，确定适用的存货发出管理模式，制定严格的存货准出制度，明确存货发出和领用的审批权限，健全存货出库手续，加强存货领用记录。通常情况下，对于一般的生产企业，仓储部门应核对经过审核的领料单或发货通知单的内容，做到单据齐全，名称、规格、计量单位准确；符合条件的准予领用或发出，并与领用人当面核对、点清交付。在商场超市等商品流通企业，在存货销售发出环节应侧重于防止商品失窃、随时整理弃置商品、每日核对销售记录和库存记录等。无论是何种企业，对于大批存货、贵重商品或危险品的发出，均应当实行特别授权；仓储部门应当根据经审批的销售（出库）通知单发出货物。

5. 盘点清查

存货盘点清查一方面是要核对实物的数量，是否与相关记录相符、账实相符；另一方面也要关注实物的质量，是否有明显的损坏。该环节的主要风险是：存货盘点清查制度不完善、计划不可行，可能导致工作流于形式、无法查清存货真实状况。

主要的控制措施：企业应当建立存货盘点清查工作规程，结合本企业实际情况确定盘点周期、盘点流程、盘点方法等相关内容，定期盘点和不定期抽查相结合。盘点清查时，应拟订详细的盘点计划，合理安排相关人员，使用科学的盘点方法，保持盘点记录的完整，以保证盘点的真实性、有效性。盘点清查结果要及时编制盘点表，形成书面报告，包括盘点人员、盘点时间、盘点地点，实际所盘点存货名称、品种、数量、存放情况以及盘点过程中发现的账实不符情况等内容。对盘点清查中发现的问题，应及时查明原因，落实责任，按照规定权限报经批准后处理。多部门人员共同盘点，应当相互制衡，严格按照盘点计划认真记录盘点情况。此外，企业至少应当于每年年度终了开展全面的存货盘点清查，及时发现存货减值迹象，将盘点清查结果形成书面报告。

6. 存货处置

存货销售处置是存货退出企业生产经营活动的环节，包括商品和产成品。对外销售以及存货因变质、毁损等进行的处置。该环节的主要风险是：存货报费处置责任不明确、审批不到位，可能导致企业利益受损。

主要的控制措施：企业应定期对存货进行检查，及时、充分了解存货的存储状态，对于存货变质、毁损、报废或流失的处理要分清责任、分析原因、及时处理。

### （二）固定资产

1. 取得固定资产

固定资产涉及外购、自行建造、非货币性资产交换换入等方式。生产设备、运输工具、房屋建筑物、办公家具和办公设备等不同类型固定资产有不同的验收程序和技术要求，同一类固定资产也会因其标准化程度、技术难度等的不同而对验收工作提出不同的要求。通常来说，办公家具、电脑、打印机等标准化程度较高的固定资产验收过程较为简化，对一些复杂的大型生产设备，尤其是定制的高科技精密仪器，以及建筑物竣工验收等，需要一套规范、严密的验收制度。该环节的主要风险是：新增固定资产验收程序不规范，可能导致资产质量不符合要求，进而影响资产运行；固定资产投保制度不健全，可能导致应投保资产未投保、索赔不力，不能有效防范资产损失风险。

主要的控制措施：

（1）建立严格的固定资产交付使用验收制度。企业外购固定资产应当根据合同、供应商发货单等对所购固定资产的品种、规格、数量、质量、技术要求及其他内容进行验收，出具验收单，编制验收报告。企业自行建造的固定资产，应由建造部门、固定资产管理部门和使用部门共同填制固定资产移交使用验收单，验收合格后移交使用部门投入使用。未通过验收的不合格资产不得接收，必须按照合同等有关规定办理退换货或采取其他弥补措施。对于具有权属证明的资产，取得时必须有合法的权属证书。

（2）重视和加强固定资产的投保工作。企业应当通盘考虑固定资产状况，根据其性质和特点，确定和严格执行固定资产的投保范围和政策。投保金额与投保项目力求适当，对应投保的固定资产项目按规定程序进行审批，办理投保手续，规范投保行为，应对固定资产损失风险。对于重大固定资产项目的投保，应当考虑采取招标方式确定保险人，防范固定资产投保舞弊。已投保的固定资产发生损失的，应及时调查原因及受损金额，到保险公司办理相关的索赔手续。

2. 资产登记造册

企业取得每项固定资产后均需要进行详细登记，编制固定资产目录，建立固定资产卡片，便于固定资产的统计、检查和后续管理。该环节的主要风险是：固定资产登记内容不完整，可能导致资产流失、资产信息失真、账实不符。

主要的控制措施：

（1）根据固定资产的定义，结合自身实际情况，制定适合本企业的固定资产目录，列明固定资产编号、名称、种类、所在地点、使用部门、责任人、数量、账面价值、使用年限、损耗等内容，有利于企业了解固定资产使用情况的全貌。

（2）按照单项资产建立固定资产卡片，资产卡片应在资产编号上与固定资产目录保持对应关系，详细记录各项固定资产的来源、验收情况、使用地点、责任单位和责任人、运转情况、维修情况、改造情况、折旧情况、盘点情况等相关内容，便于固定资产的有效识别。固定资产目录和卡片均应定期或不定期复核，保证信息的真实和完整。

3. 固定资产运行维护

该环节的主要风险是：固定资产操作不当、失修或维护过剩，可能造成资产使用效率低下、产品残次率高，甚至发生生产事故或资源浪费。

主要的控制措施：

（1）固定资产使用部门会同资产管理部门负责固定资产日常维修、保养，将资产日常维护流程体制化、程序化、标准化，定期检查，及时消除风险，提高固定资产的使用效率，切实消除安全隐患。

（2）固定资产使用部门及管理部门建立固定资产运行管理档案，并据以制定合理的日常维修和大修理计划，并经主管领导审批。

（3）固定资产实物管理部门审核施工单位资质和资信，并建立管理档案；修理项目应分类，明确需要招投标项目。修理完成，由施工单位出具交工验收报告，经资产使用和实物管理部门核对工程量并审批，重大项目应专项审计。

（4）企业生产线等关键设备的运作效率与效果将直接影响企业的安全生产和产量，操作人员上岗前应由具有资质的技术人员对其进行充分的岗前培训，特殊设备实行岗位许可制度，需持证上岗，必须对资产运转进行实时监控，保证资产使用流程与既定操作流程相符，确保安全运行，提高使用效率。

4. 固定资产升级改造

企业需要定期或不定期对固定资产进行升级改造，以便不断提高产品质量，开发新品种，降低能源资源消耗，保证生产的安全环保。固定资产更新有部分更新与整体更新两种情形，部分更新的目的通常包括局部技术改造、更换高性能部件、增加新功能等方面，需权衡更新活动的成本与效益综合决策；整体更新主要指对陈旧设备的淘汰与全面升级，更侧重于资产技术的先进性，符合企业的整体发展战略。该环节的主要风险是：固定资产更新改造不够，可能造成企业产品线老化、缺乏市场竞争力。

主要的控制措施：

（1）定期对固定资产技术先进性进行评估，结合盈利能力和企业发展可持续性，资产使用部门根据需要提出技改方案，与财务部门一起进行预算可行性分析，并且经过管理部门的审核批准。

（2）管理部门需对技改方案实施过程适时监控、加强管理，有条件的企业应建立技改专项资金并定期或不定期审计。

5. 资产清查

企业应建立固定资产清查制度，至少每年要全面清查一次，保证固定资产账实相符，及时掌握资产盈利能力和市场价值。固定资产清查中发现的问题，应当查原因，追究责任，妥善处理。该环节的风险主要是：固定资产丢失、毁损等造成账实不符或资产贬值严重。

主要的控制措施：

（1）财务部门需定期组织固定资产使用部门和管理部门进行清查，明确资产权属，确保实物与卡、财务账表相符。在清查作业实施之前编制清查方案，经过管理部门审核后进行相关的清查作业。

（2）在清查结束后，清查人员需要编制清查报告，管理部门需就清查报告进行审核，确保真实性、可靠性。

（3）清查过程中发现的盘盈（盘亏），应分析原因，追究责任，妥善处理，报告审核通过后及时调整固定资产账面价值，确保账实相符，并上报备案。

6. 抵押质押

抵押是指债务人或者第三人不转移对财产的占有权，而将该财产抵押作为债权的担保。当债务人不履行债务时，债权人有权依法以抵押财产折价或以拍卖、变卖抵押资产的价款优先受偿。质押也称“质权”，就是债务人或第三人将其动产移交债权人占有，将该动产作为债权的担保。当债务人不履行债务时，债权人有权依法就该动产卖得的价金优先受偿。企业有时因资金周转等原因以其固定资产作抵押物或质物向银行等金融机构借款，如到期不能归还借款，银行则有权依法以该固定资产折价或拍卖。该环节的主要风险是：固定资产抵押制度不完善，可能导致抵押资产价值低估和资产流失。

主要的控制措施：

（1）加强固定资产抵押、质押的管理，明晰固定资产抵押、质押流程，规定固定资产抵押、质押的程序和审批权限等，确保资产抵押、质押经过授权审批及适当序。同时，应做好相应记录，保障企业资产安全。

（2）财务部门办理资产抵押时，如需要委托专业中介机构鉴定评估固定资产的实际价值，应当会同金融机构有关人员、固定资产管理部门、固定资产使用部门现场勘验抵押品，对抵押资产的价值进行评估。对于抵押资产，应编制专门的抵押资产目录。

7. 固定资产处置

该环节的主要风险是：固定资产处置方式不合理，可能造成企业经济损失。其主要控制措施为：企业应当建立健全固定资产处置的相关制度，区分固定资产不同的处置方式，采取相应控制措施，确定固定资产处置的范围、标准、程序和审批权限，保证固定资产处置的科学性，使企业的资源得到有效的运用。

主要的控制措施：

（1）对使用期满、正常报废的固定资产，应由固定资产使用部门或管理部门填制固定资产报废单，经企业授权部门或人员批准后对该固定资产进行报废清理。

（2）对使用期限未满、非正常报废的固定资产，应由固定资产使用部门提出报废申请，注明报废理由、估计清理费用和可回收残值、预计处置价格等。企业应组织有关部门进行技术鉴定，按规定程序审批后进行报废清理。

（3）对拟出售或投资转出及非货币交换的固定资产，应由有关部门或人员提出处置申请，对固定资产价值进行评估，并出具资产评估报告。报经企业授权部门或人员批准后予以出售或转让。企业应特别关注固定资产处置中的关联交易和处置定价，固定资产的处置应由独立于固定资产管理部门和使用部门的相关授权人员办理，固定资产处置价格应报经企业授权部门或人员审批后确定。对于重大固定资产处置，应当考虑聘请具有资质的中介机构进行行资产评估，采取集体审议或联签制度。涉及产权变更的，应及时办理产权变更手续。

（4）对出租的固定资产由相关管理部门提出出租或出借的申请，写明申请的理由和原因，并由相关授权人员和部门就申请进行审核。审核通过后应签订出租或出借合同，包括合同双方的具体情况、出租的原因和期限等内容。

### （三）无形资产

企业应当在对无形资产取得、验收、使用、保护、评估、技术升级、处置等环节进行全面梳理的基础上，明确无形资产业务流程中的主要风险，并采用适当的控制措施实施无形资产内部控制。

（1）无形资产取得与验收。该环节的主要风险是：取得的无形资产不具先进性，或权属不清，可能导致企业资源浪费或引发法律诉讼。

其主要控制措施为：企业应当建立严格的无形资产交付使用验收制度，明确无形资产的权属关系，及时办理产权登记手续。企业外购无形资产，必须仔细审核有关合同协议等法律文件，及时取得无形资产所有权的有效证明文件，同时特别关注外购无形资产的技术先进性；企业自行开发的无形资产，应由研发部门无形资产管理部门和使用部门共同填制无形资产移交使用验收单，移交使用部门使用；企业购入或者以支付土地出让金方式取得的土地使用权，必须取得土地使用权的有效证明文件。当无形资产权属关系发生变动时，应当按照规定及时办理权证转移手续。

（2）无形资产的使用保全。该环节的主要风险是：无形资产使用效率低下，效能发挥不到位；缺乏严格的保密制度，致使体现在无形资产中的商业机密泄漏；由于商标等无形资产疏于管理，导致其他企业侵权，严重损害企业利益。

其主要控制措施为：企业应当强化无形资产使用过程的风险管控，充分发挥无形资产对提升企业产品质量和市场影响力的重要作用；建立健全无形资产核心技术保密制度，严格限制未经授权人员直接接触技术资料，对技术资料等无形资产的保管及接触应保有记录，实行责任追究制，保证无形资产的安全与完整；对侵害本企业无形资产的，要积极取证并形成书面调查记录，提出维权对策，按规定程序审核并上报等等。

(3) 无形资产的技术升级与更新换代。该环节的主要风险是：无形资产内含的技术未能及时升级换代，导致技术落后或存在重大技术安全隐患。

其主要控制措施为：企业应当定期对专利、专有技术等无形资产的先进性进行评估。发现某项无形资产给企业带来经济利益的能力受到重大不利影响时，应当考虑淘汰落后技术，同时加大研发投入，不断推动企业自主创新与技术升级，确保企业在市场经济竞争中始终处于优势地位。

(4) 无形资产的处置。该环节的主要风险在于：无形资产长期闲置或低效使用，就会逐渐失去其使用价值；无形资产处置不当，往往会造成企业资产流失。其主要控制措施为：企业应当建立无形资产处置的相关管理制度，明确无形资产处置的范围、标准、程序和审批权限等要求。无形资产的处置应由独立于无形资产管理部门和使用部门的其他部门或人员按照规定的权限和程序办理；应当选择合理的方式确定处置价格，并报经企业授权部门或人员审批；重大的无形资产处置，应当委托具有资质的中介机构进行资产评估。

## 第四节 销售业务控制

企业强化销售业务管理，应当对现行销售业务流程进行全面梳理，查找管理漏洞，及时采取切实可行的措施加以改正；与此同时，还应当注重健全相关管理制度，明确以风险为导向的、符合成本效益原则的销售管控措施，实现与生产、资产、资金等方面管理的衔接，落实责任制，有效防范和化解经营风险。

### 一、销售业务的流程

销售与收款业务是指销售商品、提供劳务并取得货款的行为，主要包括确定客户、订立销售合同、客户信用审核、发货、销售发票的开具、销售货物以及应收账款控制等环节的业务。企业销售业务流程主要包括销售计划管理、客户开发与信用管理、销售定价、订立销售合同、发货、收款、客户服务和会计系统控制等环节。图 7-9 所示的销售流程适用于各类企业的一般销售，具有通用性。企业在实际开展销售业务时可以参照此流程，并结合自身业务特点和管理要求，构建和优化销售业务流程。销售与收款业务内部控制与风险管理目标：(1) 规范销售行为，防止销售过程中的差错与舞弊。(2) 建立健全客户信用评价管理体系，规避及减少信用风险。(3) 加强销售合同管理，规范经营行为，防范经营风险。(4) 规范销售发票开具行为，准确确认收入，确保收入的真实、完整。(5) 加强应收账款管理，降低坏账风险。

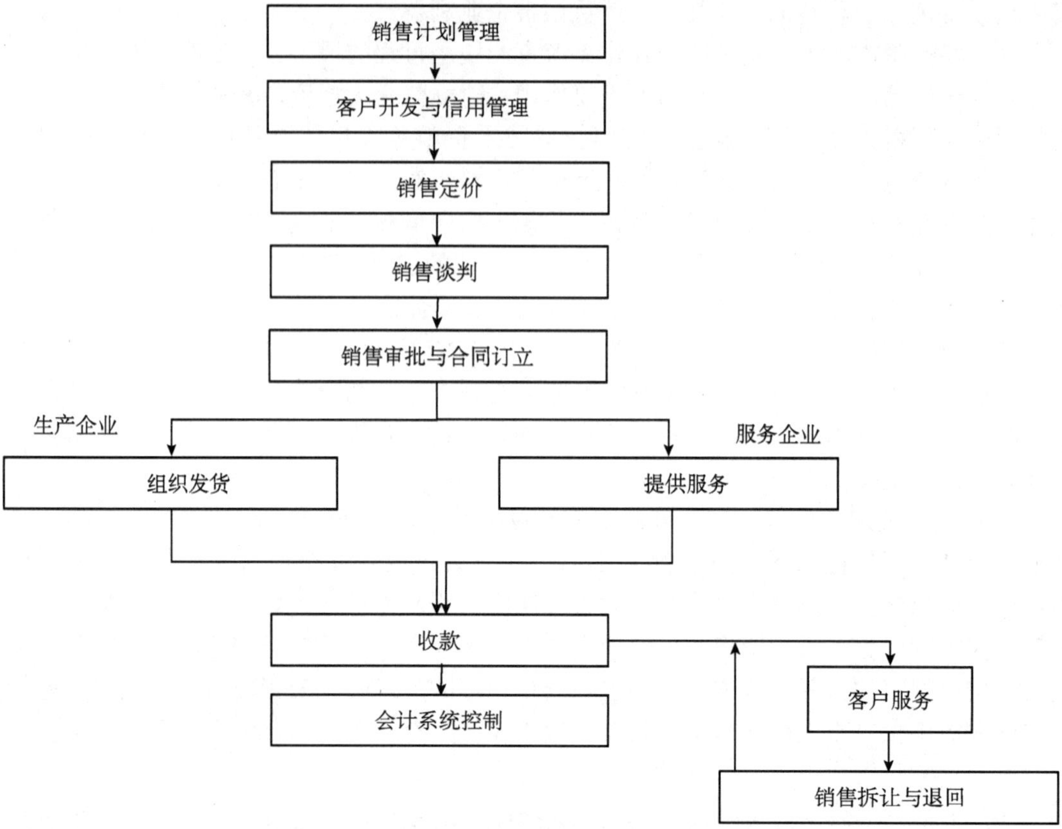


**图 7-9　销售业务流程**

## 二、销售与收款业务的主要风险与控制措施

### （一）销售计划管理

销售计划是指在进行销售预测的基础上，结合企业生产能力，设定总体目标额及不同产品的销售目标额，进而为能实现该目标而设定具体营销方案和实施计划以支持未来一定期间内销售额的实现。该环节主要风险是：销售计划缺乏或不合理或未经授权审批，导致产品结构和生产安排不合理，难以实现企业生产经营的良性循环。

主要的控制措施：

（1）企业应当根据发展战略和年度生产经营计划，结合企业实际情况，制订年度销售计划。在此基础上，结合客户订单情况，再制订月度销售计划，并按规定的权限和程序审批后下达执行。

（2）定期对各产品（商品）的区域销售额、进销差价、销售计划与实际销售情况等进行分析，结合生产现状，及时调整销售计划，调整后的销售计划需履行相应的审批程序。

### （二）客户开发与信用管理

企业应当积极开拓市场份额，加强现有客户维护，开发潜在目标客户，对有销售意向的客户进行资信评估，根据企业自身风险接受程度确定具体的信用等级。该环节的主要风险是：现有客户管理不足、潜在市场需求开发不够，可能导致客户丢失或市场拓展不力；客户档案不健全，缺乏合理的资信评估，可能导致客户选择不当，销售款项不能收回或遭受欺诈，从而影响企业的资金流转和正常经营。

主要的控制措施：

（1）定价机制和信用方式控制。企业应当在进行充分市场调查的基础上，合理细分市场并确定目标市场，根据不同目标群体的具体需求，确定定价机制和信用方式，灵活运用销售折扣、销售折让、信用销售、代销和广告宣传等多种策略和营销方式，促进销售目标实现，不断提高市场占有率。

（2）客户信用销售业务档案控制。建立和不断更新维护客户信用动态档案，由与销售部门相对独立的信用管理部门对客户付款情况进行持续跟踪和监控，提出划分、调整客户信用等级的方案。根据客户信用等级和企业信用政策，拟定客户赊销限额和时限，经销售、财会等部门具有相关权限的人员审批。对于境外客户和新开发客户，应当建立严格的信用保证制度

### （三）销售定价

销售定价是指商品价格的确定、调整及相应审批。该环节的主要风险是：定价或调价不符合价格政策，未能结合市场供需状况、盈利测算等进行适时调整，造成价格过高或过低、销售受损；商品销售价格未经恰当审批或存在舞弊，可能导致损害企业经济利益或者企业形象。

主要的控制措施：

（1）基准定价控制。应根据有关价格政策、综合考虑企业财务目标、营销目标、产品成本、市场状况及竞争对手情况等多方面因素，确定产品基准定价。定期评价产品基准价格的合理性，定价或调价需经具有相应权限人员的审核批准。

（2）价格浮动控制。在执行基准定价的基础上，针对某些商品可以授予销售部门一定限度的价格浮动权，销售部门可结合产品市场特点，将价格浮动权向下实行逐级递减分配，同时明确权限执行人。价格浮动权限执行人必须严格遵守规定的价格浮动范围，不得擅自突破。

（3）销售折扣与折让控制。销售折扣、销售折让等政策的制定应由具有相应权限人员审核批准。销售折扣、销售折让授予的实际金额、数量、原因及对象应予以记录，并归档备查。

### （四）订立销售合同

企业与客户订立销售合同，明确双方权利和义务，以此作为开展销售活动的基本依

据。该环节的主要风险是：合同内容存在重大疏漏和欺诈，未经授权对外订立销售合同，可能导致企业合法权益受到侵害；销售价格、收款期限等违背企业销政策，可能导致企业经济利益受损。

主要的控制措施：

（1）合同谈判控制。订立销售合同前，企业应当指定专门人员与客户进行业务洽谈、磋商或谈判，关注客户信用状况，明确销售定价、结算方式、权利与义务条款等相关内容。重大的销售业务谈判还应当吸收财会、法律等专业人员参加，并形成完整的书面记录。

（2）合同审批控制。企业应当建立健全销售合同订立及审批管理制度，明确必须签订合同的范围，规范合同订立程序，确定具体的审核、审批程序和所涉及的部门人员及相应权责。审核、审批应当重点关注销售合同草案中提出的销售价格、信用政策、发货及收款方式等。重要的销售合同，应当征询法律专业人员的意见。销售合同草案经审批同意后，企业应授权有关人员与客户签订正式销售合同。

### （五）发货

发货是根据销售合同的约定向客户提供商品的环节。该环节的主要风险是：未经授权发货或发货不符合合同约定，可能导致货物损失或客户与企业产生销售争议、销售款项不能收回。

主要的控制措施：

（1）销售部门应当按照经审核后的销售合同开具相关的销售通知单交仓储部门和财会部门。

（2）仓储部门应当落实出库、计量、运输等环节的岗位责任，对销售通知进行审核，严格按照所列的发货品种和规格、发货数量、发货时间、发货方式、接货地点等，按规定时间组织发货，形成相应的发货单据，并连续编号。

（3）相关部门应当以运输合同或条款等形式明确运输方式、商品短缺、毁损或变质的责任、到货验收方式、运输费用承担、保险等内容，货物交接环节应做好装卸和检验工作，确保货物的安全发运，由客户验收确认。

（4）相关部门应当做好发货各环节的记录，填制相应的凭证，设置销售台账，实现全过程的销售登记制度。

### （六）收款

收款是指企业经授权发货后与客户结算的环节，按照发货时是否收到货款，可分为现销和赊销。该环节的主要风险是：企业信用管理不到位，结算方式选择不当票据管理不善，账款回收不力，导致销售款项不能收回或遭受欺诈；收款过程中存在舞弊，使企业经济利益受损。

主要的控制措施：

（1）结合公司销售政策，选择恰当的结算方式，加快款项回收，提高资金的使用效率。对于商业票据，结合销售政策和信用政策，明确应收票据的受理范围和管理措施。

（2）建立票据管理制度，特别是加强商业汇票的管理：一是对票据的取得、贴现、背书、保管等活动予以明确规定；二是严格审查票据的真实性和合法性，防止票据欺诈；三是由专人保管应收票据，对即将到期的应收票据，及时办理托收，定期核对盘点；四是票据贴现、背书应经恰当审批。

（3）加强赊销管理。一是需要赊销的商品，应由信用管理部门按照客户信用等级审核，并经具有相应权限的人员审批。二是赊销商品一般应取得客户的书面确认，必要时，要求客户办理资产抵押、担保等收款保证手续。三是应完善应收款项管理制度，落实责任，严格考核，实行奖惩。销售部门负责应收款项的催收，催收记录（包括往来函电）应妥善保存。

（4）加强代销业务款项的管理，及时与代销商结算款项。

（5）收取的现金、银行本票、汇票等应及时缴存银行并登记入账，防止由销售人员直接收取款项，如必须由销售人员收取的，应由财会部门加强监控。

### （七）客户服务

客户服务是在企业与客户之间建立信息沟通机制，对客户提出的问题，企业应予以及时解答或反馈、处理，不断改进商品质量和服务水平，以提升客户满意度和忠诚度。客户服务包括产品维修、销售退回、维护升级等。该环节的主要风险是：客户服务水平低，消费者满意度不足，影响公司品牌形象，造成客户流失。

主要的控制措施：

（1）结合竞争对手客户服务水平，建立和完善客户服务制度，包括客户服务内容、标准、方式等。

（2）设专人或部门进行客户服务和跟踪。有条件的企业可以按产品线或地理区域建立客户服务中心。加强售前、售中和售后技术服务，使客户服务人员的薪酬与客户满意度挂钩。

（3）建立产品质量管理制度，加强销售、生产、研发、质量检验等相关部门之间的沟通协调。

（4）做好客户回访工作，定期或不定期地开展客户满意度调查；建立客户投诉制度，记录所有的客户投诉，并分析产生原因及解决措施。

（5）加强销售退回控制。销售退回需经具有相应权限的人员审批后方可执行；销售退回的商品应当参照物资采购入库管理。

### （八）会计系统

会计系统控制是指利用记账、核对、岗位职责落实和相互分离、档案管理、工作交接程序等会计控制方法，确保企业会计信息真实、准确、完整。会计系统控制包括销售收入的确认、应收款项的管理、坏账准备的计提和冲销、销售退回的处理等内容。该环节的主要风险是：缺乏有效的销售业务会计系统控制，可能导致企业账实不符、账证不符、账账不符或者账表不符，影响销售收入、销售成本、应收款项等会计核算的真实性和可靠性。

主要的控制措施：

（1）企业应当加强对销售、发货、收款业务的会计系统控制，详细记录销售客户、销售合同、销售通知、发运凭证、商业票据、款项收回等情况，确保会计记录、销售记录与仓储记录一致。具体为：财会部门开具发票时，应当依据相关单据（计量单、出库单、货款结算单、销售通知单等）并经相关岗位审核。销售发票应遵循有关发票管理规定，严禁开具虚假发票。财会部门对销售报表等原始凭证审核销售价格、数量等，并根据国家统一的会计准则制度确认销售收入，登记入账。财会部门与相关部门月末应核对当月销售数量，保证各部门销售数量的一致性。

（2）建立应收账款清收核查制度，销售部门应定期与客户对账，并取得书面对账凭证，财会部门负责办理资金结算并监督款项回收。

（3）及时收集应收账款相关凭证资料并妥善保管；及时要求客户提供担保；对未按时还款的客户，采取申请支付令、申请诉前保全和起诉等方式及时清收欠款。对收回的非货币性资产应经评估和恰当审批。

（4）企业对于可能成为坏账的应收账款，应当按照国家统一的会计准则规定计提坏账准备，并按照权限范围和审批程序进行审批。对确定发生的各项坏账，应当查明原因，明确责任，并在履行规定的审批程序后作出会计处理。企业核销的坏账应当进行备查登记，做到账销案存。已核销的坏账又收回时应当及时入账，防止形成账外资金。

# 第五节　研究与开发控制

研究与开发是企业核心竞争力的本源，是促进企业自主创新的重要体现，是企业加快转变经济发展方式的强大推动力。钱学森同志曾经说过，科技创新就是自主研发拥有曾经“买不到、买不起、买回来已落后”的核心技术；即使买到产品，也买不到产权；买到产权，也买不到知识；买到知识，也买不到人才。由此说明，创新、产权、知识、人才是核心资源，自主创新是第一要务。本节讲解研究与开发的内部控制设计，旨在有效地控制研究与开发环节的风险。

## 一、研究与开发的业务流程

研究与开发，是指企业为获取新产品、新技术和新工艺等所开展的各种研发活动。但是，研发活动具有投入大、周期长、不确定性高的特点，因此研发活动的成败对企业生产经营影响较大。加强研发活动控制，有利于促进企业自主创新、增强核心竞争力、有效控制研发风险以及实现发展战略。通过梳理研究与开发业务流程，针对主要风险点和关键环节，采取切实有效的控制措施，不断提升研发活动全过程的风险管控效能。图 7-10 列示了一般生产企业研究与开发活动的业务流程。

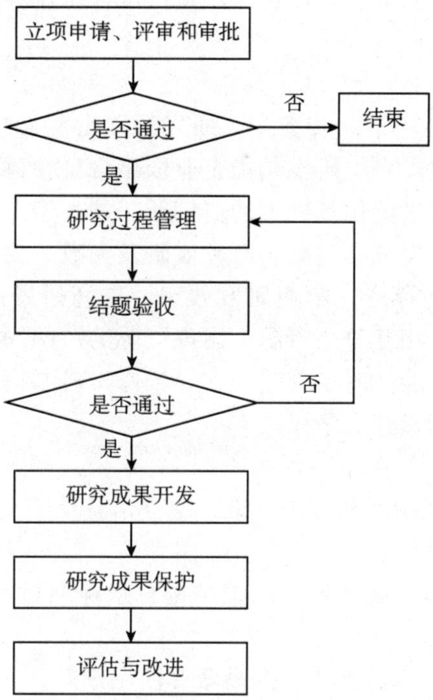


**图 7-10 企业研究与开发活动流程**

## 二、研究与开发的主要风险和控制措施

### （一）立项

立项主要包括立项申请、评审和审批。该环节的主要风险是：研发计划与国家（或企业）科技发展战略不匹配，研发承办单位或专题负责人不具有相应资质，研究项目未经科学论证或论证不充分，评审和审批环节把关不严，可能导致创新不足或资源浪费。

主要的控制措施：

（1）建立完善的立项、审批制度，确定研究开发计划制定原则和审批人，审查承办单位或专题负责人的资质条件和评估、审批流程等。

（2）结合企业的发展战略、市场及技术现状，制订研究项目开发计划。

（3）企业应当根据实际需要，结合研发计划，提出研究项目立项申请，开展可行性研究，编制可行性研究报告。企业可以组织独立于申请及立项审批之外的专业机构和人员进行评估论证，出具评估意见。

（4）研究项目应当按照规定的权限和程序进行审批，重大研究项目应当报经董事会或类似权力机构集体审议决策。审批过程中，应当重点关注研究项目促进企业发展的必要性、技术的先进性以及成果转化的可行性。

（5）制定开题计划和报告，开题计划经科研管理部门负责人审批，开题报告应对市场需求与效益、国内外在该方向的研究现状、主要技术路线、研究开发目标与进度、已有条件与基础、经费等进行充分论证、分析，保证项目符合企业需求。

### （二）研发过程管理

研发过程是研发的核心环节。实务中，研发通常分为自主研发、委托研发和合作研发。本节主要介绍自主研发。自主研发是指企业依靠自身的科研力量独立完成项目，包括原始创新、集成创新和在引进消化基础上的再创新三种类型。其主要风险包括：第一，研究人员配备不合理，导致研发成本过高、舞弊或研发失败。第二，研发过程管理不善、费用失控或科技收入形成账外资产，影响研发效率，提高研发成本甚至造成资产流失。第三，多个项目同时进行时，相互争夺资源，出现资源的短期局部缺乏，可能造成研发效率下降。第四，研究过程中未能及时发现错误，导致修正成本提高。第五，科研合同管理不善，导致权属不清，知识产权存在争议。

主要的控制措施：

（1）建立研发项目管理制度和技术标准，建立信息反馈制度和研发项目重大事项报告制度，严格落实岗位责任制。

（2）合理设计项目实施进度计划和组织结构，跟踪项目进展，建立良好的工作机制，保证项目顺利实施。

（3）精确预计工作量和所需资源，提高资源使用效率。

（4）建立科技开发费用报销制度，明确费用支付标准及审批权限，遵循不相容岗位牵制原则，完善科技经费入账管理程序，按项目正确划分资本性支出和费用性支出，准确开展会计核算，建立科技收入管理制度。

（5）开展项目中期评审，及时纠偏调整；优化研发项目管理任务分配方式。

### （三）结题验收

结题验收是对研究过程形成的交付物进行质量验收。结题验收分检测鉴定、专家评审、专题会议等三种方式。其主要风险包括：由于验收人员的技术、能力、独立性等造成验收成果与事实不符；测试与鉴定投入不足，导致测试与鉴定的不充分，不能有效地降低技术失败的风险。

主要的控制措施：

（1）建立健全技术验收制度，严格执行测试程序。

（2）对验收过程中发现的异常情况应重新进行验收申请或补充进行研发，直至研发项目达到研发标准为止。

（3）落实技术主管部门验收责任，由独立的、具备专业胜任能力测试人员进行鉴定试验，并按计划进行正式的、系统的、严格的评审。

（4）加大企业在测试和鉴定阶段的投入，对重要的研究项目可以组织外部专家参加鉴定。

### （四）研究成果开发

研究成果开发是指企业将研究成果经过开发过程转换为企业的产品。其主要风险包括：研究成果转化应用不足，导致资源闲置；新产品未经充分测试，导致大批量生产不成熟或成本过高营销策略与市场需求不符，导致营销失败。

主要的控制措施：

（1）建立健全研究成果开发制度，促进成果及时有效转化。

（2）科学鉴定大批量生产的技术成熟度，力求降低产品成本。

（3）坚持开展以市场为导向的新产品开发消费者测试。

（4）建立研发项目档案，推进有关信息资源的共享和应用。

### （五）研究成果保护

研究成果保护是企业研发管理工作的有机组成部分。有效的研发成果保护，可保护研发企业的合法权益。其主要风险包括：未能有效识别和保护知识产权，权属未能得到明确规范，开发出的新技术或产品被限制使用；核心研究人员缺乏管理激励制度，导致形成新的竞争对手或技术秘密外泄。

主要的控制措施：

（1）进行知识产权评审，及时取得权属。

（2）研发完成后确定采取专利或技术秘密等不同保护方式。

（3）利用专利文献选择较好的工艺路线。

（4）建立研究成果保护制度，加强对专利权、非专利技术、商业秘密及研发过程中形成的各类涉密图纸工程序、资料的管理，严格按照制度规定借阅和使用，禁止无关人员接触研究成果。

（5）建立严格的核心研究人员管理制度，明确界定核心研究人员范围和名册清单并与之签署保密协议。

（6）企业与核心研究人员签订劳动合同时，应当特别约定研究成果归属、离职条件、离职移交程序、离职后保密义务、离职后竞业限制年限及违约责任等内容。

# 第六节　工程项目控制

## 一、工程项目控制的总体要求

《企业内部控制应用指引第 11 号——工程项目》要求企业全面梳理工程立项、招标、造价、建设、验收等各环节的流程，明确相关部门和岗位的职责权限，完善工程项目各项管理制度，确保全面实现工程项目控制目标。

1. 全面梳理工程项目各环节业务流程

加强工程项目控制，首先要全面梳理工程项目各个环节业务流程，针对各风险领域查找、界定关键控制点。在对工程项目的流程进行梳理时应当遵照两个原则：一是要确保法规的遵循性；二是要保证基本流程的完整性。

相比企业的其他经营活动，工程项目在立项、设计、招标、建设、验收等方面面临的监管要求更为严格。比如，国家规定年产 50 万吨及以上钾矿肥项目由国务院投资主管部门核准，其他磷、钾矿肥项目由地方政府主管部门核准；建筑工程开工前，建设单位应当向工程所在地县级以上人民政府建设行政主管部门申请领取施工许可证等。此类规定很多，每个环节上都有许多法律规范性要求。这就要求企业在梳理工程项目业务流程时，一定要认真关注流程设计是否符合法规要求，凡国家法律法规对工程项目审批、核准、备案等有明确规定的，必须体现在流程控制之中。

工程项目的流程还应当贯穿工程项目的全过程。企业应当按照工程形成的顺序依次检查立项至验收（包括后评估）的流程，重点关注流程是否完整，前后是否顺利衔接，是否按照规定的程序排列。对于某些企业，工程项目可能是其经营发展中的重要组成部分，如石油勘探、交通建设，常年都有大量的工程项目。但对更多的企业而言，工程项目尤其是大型工程，发生的频率并不高。而且，同一企业工程项目类型不同，复杂程度也会不同。无论企业发生的工程项目有多少，复杂程度如何，基本流程都是一样的。很多企业实务中会将工程设计、施工等出包给专业机构，对于这样的企业，业务和控制流程不能因为出包行为而中断，但其流程和控制措施可以相对简化和有所变化。

2. 明确相关部门和岗位的职责权限

工程项目业务复杂，涉及的内设职能部门和工作岗位众多，如企业规划发展部门、工程管理部门、设计部门、造价管理部门物资供应部门、财务部门、审计部门等。企业应当在全面梳理工程项目业务流程的基础上，健全项目管理组织体系，明确相关部门和岗位的职责权限，确保办理工程项目业务中的不相容职务，包括可行性研究与决策、概预算编制与审核、项目实施与价款支付、竣工决算与审计等相互分离、相互制约、相互监督。

工程建设具有专业性和复杂性的特点，建设过程中涉及的利益主体较多，包括勘察单位、设计单位、监理单位、施工单位等。因此工程项目的控制范围不仅局限于企业内部，而且还包括大量与企业外相关主体之间的权责划分、沟通协调。但不相容职务相互分离、相互监督、全程监控的原则都是一致的。

为予以区别，下文中将以建设单位指代“企业”。建设单位通常是指工程项目的投资主体或投资者，它是工程项目管理的主体。需要注意的是，上述这些主体之间并不是完全割裂的。如：对于自建项目，建设单位和施工单位就是同一家，具有监理资质的设计单位也可以承担监理工作等；对于大型企业集团而言，勘察单位、设计单位、施工单位等可能是其二级单位。但重合的前提是执行和监督必须相互独立，严禁在同一经营实体或同一行政单位直接管辖范围内搞设计、施工、监理“一条龙”作业。

3. 完善工程项目各项管理制度

梳理业务流程、明确职责权限，是为了根据权责分配和岗位职责，结合业务运行中的关键部位和薄弱环节更好地履行管控职能。与此同时，必须将业务流程、职责权限和管理要求等有机结合，形成具有科学性、规范性和约束力的工程项目管理制度，实现以制度管人，按制度办事，促进工程项目规范、廉洁、高效运行。一般而言，企业应当不断建立并完善工程项目质量控制制度进度控制制度、财务管理制度、资金管理制度、成本控制制度、招标投标制度、合同管理制度、施工现场管理制度、物资采购制度、档案管理制度、项目考核与评价制度等，并采取措施推动各项管理制度有效执行。

## 二、工程项目的业务流程

工程项目，是指企业自行或者委托其他单位进行的建造、安装工程。工程项目投入资源多，占用资金大，建设工薪长，涉及环节多，因此面临较高风险。本节研究了工程项目中的立项、设计、招标、建设和竣工验收等主要流程的风险，并提出了相应的控制措施。图 7-11 列示了企业工程项目的业务流程。

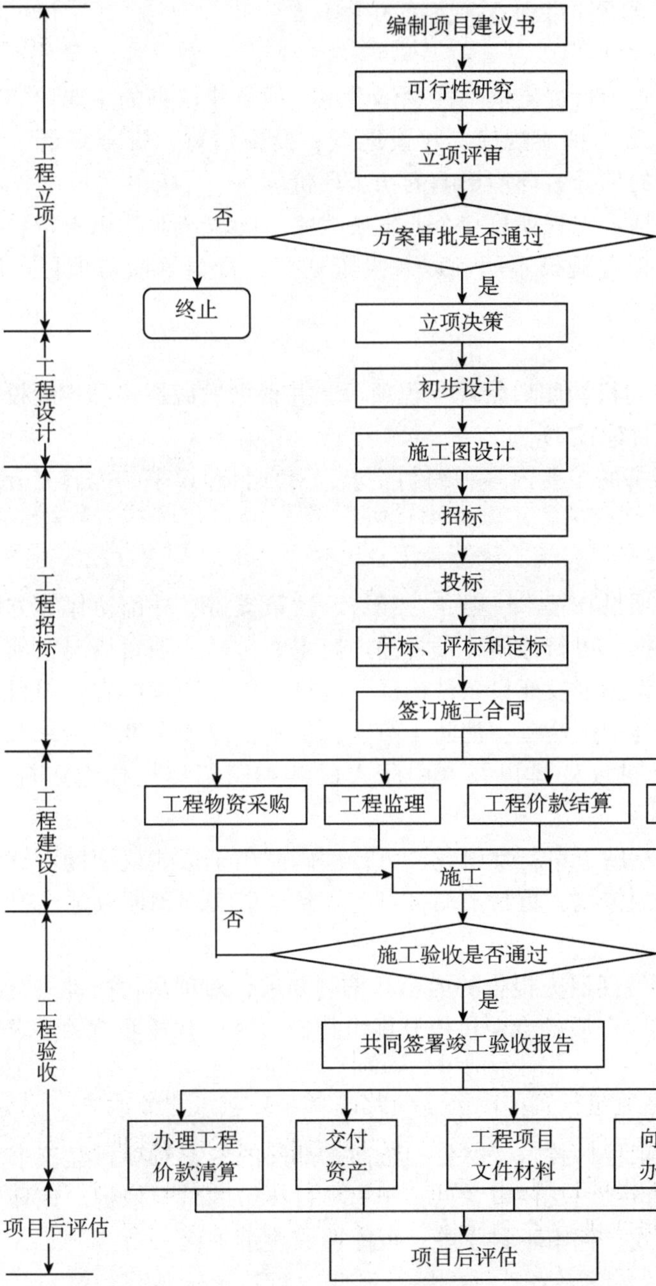


图 7-11 企业工程项目业务流程

## 三、工程项目的主要风险和控制措施

### （一）工程立项

工程立项属于项目决策过程，是对拟建项目的必要性和可行性进行技术经济论证，对不同建设方案进行技术经济比较并作出判断和决定的过程。工程立项阶段主要包括编制项目建议书、可行性研究、立项评审和立项决策四个环节。

1. 编制项目建议书

项目建议书主要对拟建项目提出框架性总体设想。项目建议书的主要内容包括：项目的必要性和依据、产品方案、拟建规模、建设地点、投资估算、资金筹措、项目进度安排、经济效果和社会效益的估计、环境影响的初步评价等。

该环节的主要风险包括：工程项目与企业发展战略与国家产业政策不符；项目建议书内容不完整、不合规，如拟建规模不明确以及投资估算、资金筹措与项目进度安排不协调等。

主要控制措施：

（1）企业应当指定专门机构归口管理工程项目，并根据发展战略和年度投资计划，结合国家产业政策，提出项目建议书。

（2）应规定项目建议书的主要内容和编制要求，对项目建议书的内容充分地进行分析论证。

2. 可行性研究

可行性研究是对建设项目在技术、财务、经济、政策支持、外部协作等方面进行全面分析，为立项决策提供依据。可行性研究报告的内容主要包括：项目概况，项目建设的必要性，市场预测，项目建设选址及建设条件论证，建设规模和建设内容，项目外部配套建设，环境保护，劳动保护与卫生防疫，消防、节能、节水，总投资及资金来源，经济、社会效益，项目建设周期及进度安排以及《中华人民共和国招标投标法》规定的相关内容等。

该环节的主要风险包括缺乏可行性研究、可行性研究流于形式或深度不够等，无法为立项决策提供充分、可靠的依据，盲目上马，可能导致难以实现预期效益或项目失败。

主要控制措施：

（1）企业应当明确可行性研究报告的内容和编制要求，对项目可行性进行深入分析。

（2）可以委托具有相应资质的专业机构开展可行性研究，并按照有关要求形成可行性研究报告。

3. 立项评审

企业应当组织规划、工程、技术、财会、法律等部门的专家对项目建议书和可行性研究报告进行充分论证和评审，出具评审意见，作为项目决策的重要依据。该环节的主要风险包括：项目评审流于形式、评审不科学等，可能造成决策失误。

主要控制措施：

（1）在项目评审过程中，应当重点关注项目投资方案、投资规模、资金筹措、生产规模、投资效益、布局选址、技术、安全、设备、环境保护等方面，核实相关资料的来源和取得途径是否真实、可靠和完整。

(2) 企业可以委托具有相应资质的专业机构对可行性研究报告进行评审，并出具评审意见。

(3) 从事项目可行性研究的专业机构不得再从事可行性研究报告的评审。

4. 立项决策

企业应当按照规定的权限和程序对工程项目进行决策。该环节的主要风险包括决策程序不规范、造成决策失误、缺乏责任追究制度等。

主要控制措施：

(1) 按规定权限和程序对工程项目进行决策。决策过程应有完整的书面记录。

(2) 重大工程项目的立项应当报经董事会或类似权力机构集体审议批准。总会计师或分管会计工作的负责人应当参与项目决策。任何个人不得单独决策或者擅自改变集体决策意见。工程项目决策失误应当实行责任追究制度。

(3) 企业应当在工程项目立项后、正式施工前，依法取得建设用地、城市规划、环境保护、安全、施工等方面的许可，并核实取得材料的合法合规性。

### (二) 工程设计

工程立项后，要进行工程设计。设计阶段是影响工程投资最主要的阶段，一般可分为初步设计和施工图设计两个阶段。

1. 初步设计

初步设计是整个设计构思基本形成的过程，主要明确建设的技术可行性和经济合理性，同时确定主要技术方案、工程总造价等。编制初步设计概算是初步设计阶段的一项重要工作，即计算从筹建到竣工验收、交付使用的预期造价。

该环节的主要风险包括：设计单位资质达不到项目要求；审计人员研究不透彻，设计出现较大疏漏；未进行多方案比选；设计深度不够，影响施工。

主要控制措施：

(1) 应选择有资质、有经验的设计单位，可以外聘设计单位。

(2) 应向招标确定的设计单位提供详细的设计要求和基础资料，进行有效的技术、经济交流，并在此基础上，采用先进的设计管理实务技术，进行多方案对比。

(3) 建立严格的初步设计审查和批准制度，确保评审质量。

2. 施工图设计

施工图设计是通过图纸把设计者的意图和设计结果呈现出来，作为施工的依据。与施工图设计关联的是施工图预算。施工图预算是施工单位投标报价的重要参考依据。

该环节的主要风险包括：预算严重脱离实际，可能导致项目投资失控；设计深度不足、设计缺陷，造成施工组织、工期、工程质量、投资失控以及生产运行成本过高；工程设计与后续施工衔接不当，导致技术方案未得到有效落实。

主要控制措施：

(1) 企业应当建立严格的概预算编制与审核制度。应当组织工程、技术、财会等部门的相关专业人员或委托具有相应资质的中介机构对编制的概预算进行审核，重点审查编制依据、项目内容、工程量的计算、定额套用等是否真实、完整和准确，确保概预算的科学合理。

（2）建立严格的施工图设计管理制度和交底制度，且按项目要求的进度交付施工图设计深度及图纸，提高设计质量，防止设计深度不足或设计缺陷带来的问题。

（3）建立设计变更管理制度。设计单位应当提供全面、及时的现场服务，避免设计与施工相脱节的现象发生。因过失造成设计变更的，应当进行责任追究。

### （三）工程招标

工程招标是指建设单位在立项之后、项目发包之前，依照法定程序，以公开招标或邀请招标等方式，鼓励潜在的投标人依据招标文件参与竞争，通过评标择优选定中标人的一种经济活动。企业的工程项目一般应当采用公开招标的方式，择优选择具有相应资质的承包单位和监理单位。招标过程包括招标，投标，开标、评标和定标，签订施工合同四个主要环节。

1. 招标

招标工作包括招标前期准备、招标公告和资格预审公告的编制与发布等。该环节的主要风险包括违背工程施工组织设计和招标设计计划，将工程肢解，投标资格不公平、不合理，违法违规泄露标底等。

主要控制措施：

（1）不得违背工程施工组织设计和招标设计计划，将应由一个承包单位完成的工程肢解为若干部分发包给几个承包单位。

（2）遵循公开、公正、平等竞争的原则，发布招标公告，提供包含招标工程的主要技术要求、主要合同条款、评标的标准和方法以及开标、评标、定标的程序等内容的招标文件。

（3）严格根据项目特点确定投标人的资格要求，做到公平合理。

（4）企业可以根据项目特点决定是否编制标底。需要编制标底的，标底编制过程和标底应当严格保密。

2. 投标

投标阶段包括现场考察、投标预备会以及投标文件的编制和送达。该环节的主要风险包括招标人与投标人串通投标或投标人之间串通舞弊，投标人资质不符合要求、以他人名义投标等，影响工程质量。

主要控制措施：

（1）在确定中标人前，企业不得与投标人就投标价格、投标方案等实质性内容进行谈判。

（2）对投标人的信息采取严格的保密措施，防止投标人之间的串通舞弊。

（3）按照招标公告或资格预审文件中的投标人资格条件对投标人进行严格审查，预防假资质中标或借资质串标。

3. 开标、评标和定标

企业应当依法组建评标委员会。评标委员会应当按照招标文件确定的标准和方法对投标文件进行评审和比较，择优选择中标候选人，及时向中标人发出中标通知书。该环节的主要风险包括：评标委员会专业水平差，出现定标失误；评标委员会与投标人之间存在舞弊行为，损害建设单位利益。

主要控制措施：

（1）企业应当依法组织工程招标的开标、评标和定标，并接受有关部门的监督。

（2）评标委员会应由企业的代表和有关技术、经济方面的专家组成，应客观、公正地提出评审意见，并对评审意见承担责任。

（3）评标委员会成员和参与评标的有关工作人员不得透露对投标文件的评审和比较、中标候选人的推荐情况以及与评标有关的其他情况，不得私下接触投标人，不得收受投标人的财物或者其他好处。

4. 签订施工合同

中标人确定后，建设单位应当在规定期限内同中标人订立书面合同。双方不得另行订立背离招标文件实质性内容的其他协议。该环节的主要风险包括：合同内容不完整、不清楚，或者订立了背离招标文件实质性内容的合同。

主要控制措施：

（1）企业应当在规定的期限内与中标人订立书面合同，明确双方的权利、义务和违约责任，如质量、进度、结算方式等。

（2）企业和中标人不得再行订立背离合同实质性内容的其他协议。

### （四）工程建设

工程建设指的是工程建设实施，即施工阶段。工程建设阶段包括的重要工作有工程物资采购、工程监理、工程价款结算、工程变更。

1. 工程物资采购

工程物资采购分为自行采购和承包单位采购。该环节的主要风险包括：采购控制不力，质次价高；对承包单位采购物资监督不足，影响工程质量与进度。

主要控制措施：

（1）企业自行采购工程物资的，可以参照采购业务控制的相关内容办理。重大设备和大宗材料的采购应当根据有关招标采购的规定执行。

（2）由承包单位采购工程物资的，企业应当加强监督，确保工程物资采购符合设计标准和合同要求。严禁不合格工程物资投入工程项目建设。

2. 工程监理

建设单位和承包单位（施工单位）应按设计和开工前签订的合同所确定的工期、进度计划等相关要求进行施工建设，并采用科学规范的管理方式保证施工质量、进度和安全。该环节的主要风险包括：监理单位监督不力，流于形式，不利于确保工程的进度、质量和安全。

主要控制措施：

（1）工程监理单位应依照国家法律、法规及相关技术标准、设计文件和工程承包合同，对承包单位在施工质量、工期、进度、安全和资金使用等方面实施监督。

（2）工程监理人员应当具备良好的职业操守，客观公正地执行监理任务。发现工程施工不符合设计要求、施工技术标准和合同约定的，应当要求承包单位改正；发现工程设计不符合建筑工程质量标准或者合同约定的质量要求的，应当报告企业，要求设计单位改正。

（3）未经工程监理人员签字，工程物资不得在工程上使用或者安装，不得进行下一道施工工序，不得拨付工程价款，不得进行竣工验收。

3. 工程价款结算

工程价款结算，是指对建设工程的发包承包合同价款进行约定和依据合同约定进行工程预付款、工程进度款、工程竣工价款结算的活动。该环节的主要风险包括建设资金使用管理混乱、项目资金不落实，影响工程进度；工程进度计算不准确，价款结算不及时等。

主要控制措施：

（1）建立成本费用支出审批制度，对建设资金的使用进行管理。

（2）资金筹集应与工程进度协调一致，以免影响工程进度。

（3）企业财会部门应当加强与承包单位的沟通，准确掌握工程进度，开展工程项目核算，并根据合同约定，按照规定的审批权限和程序办理工程价款结算，不得无故拖欠。

（4）施工过程中，如果工程的实际成本突破了工程项目预算，建设单位应当及时分析原因，按照规定的程序予以处理。

4. 工程变更

工程建设周期通常较长。在建设过程中，由于某些情况发生变化，如建设单位对工程提出新要求、出现设计错误、外部环境条件发生变化等，有时需要对工程进行必要变更。该环节的主要风险包括工程变更频繁、变更程序不规范、变更缺乏审核或审核不严等。

主要控制措施：

（1）企业应当建立严格的工程变更审批制度，严格控制工程变更。确需变更的，应当按照规定的权限和程序进行审批。

（2）重大的项目变更应当按照项目决策和概预算控制的有关程序和要求重新履行审批手续。

（3）因工程变更等原因造成价款支付方式及金额发生变动的，应当提供完整的书面文件和其他相关资料，并对工程变更价款的支付进行严格审核。

（4）因人为原因导致的工程变更，应当追究当事单位和人员的责任。

### （五）工程验收

企业收到承包单位的工程竣工报告后，应当及时编制竣工决算，开展竣工决算审计，组织设计、施工、监理等有关单位进行竣工验收。该环节的主要风险包括：竣工验收不规范，竣工决算审核不严，如质量检验不严或者相关资料不齐全等；竣工决算失真，如虚报项目投资完成额、虚列建设成本等。

主要控制措施：

（1）企业应当组织审核竣工决算，重点审查决算依据是否完备、相关文件资料是否齐全、竣工清理是否完成、决算编制是否正确。

（2）未实施竣工决算审计的工程项目，不得办理竣工验收手续。

（3）交付竣工验收的工程项目，应当符合规定的质量标准，有完整的工程技术经济资料，并具备国家规定的其他竣工条件。

（4）应当按照国家有关档案管理的规定，及时收集、整理工程建设各环节的文件资料，建立完整的工程项目档案。

工程项目后评估是指在建设项目已经完成并运行一段时间后，对项目的目的、执行过程、效益、作用和影响进行系统的、客观的分析和总结的一种技术经济活动。项目后评估通常安排在工程项目竣工验收后6个月或1年后，多为效益后评价和过程后评价。工程项目后评估本身就是一项重要的管控措施，建设单位要予以重视并认真用好。首先，建设单位应当建立健全完工项目的后评估制度，总结经验教训，为未来项目的决策和提高投资决策管理水平提出建议。其次，建设单位应当采取切实有效的措施，保证项目后评估的公开、客观和公正。原则上，凡是承担项目可行性研究报告编制、立项决策、设计、监理、施工等业务的机构，不得从事该项目的后评估工作，以保证后评估的独立性。最后，要严格落实工程项目决策及执行相关环节责任追究制度，项目后评估结果应当作为绩效考核和责任追究的依据。

## 第七节　担保业务控制

《企业内部控制应用指引第12号——担保业务》中所称“担保”是指企业作为担保人按照公平、自愿、互利的原则与债权人约定，当债务人不履行债务时，依照法律规定和合同协议承担相应法律责任的行为。担保有利于债务人的融资，但是我们也应该看到，因为担保陷入担保圈和诉讼的案件层出不穷，对外担保的风险是很大的。因此，加强企业担保业务管理，防范担保业务风险，对于维护企业利益和维持正常经营有重要的意义。

### 一、担保业务控制的总体要求

企业应制定担保业务流程，明确担保业务的评估、审批、执行等环节的内部控制要求，并设置相应记录，如实记载各环节业务开展情况，确保担保业务全过程得到有效控制。其中至少应强化对以下关键方面或者关键环节的风险控制，并采取相应控制措施：

（1）权责分配和职责分工应当明确，机构设置和人员配备应当科学合理。

（2）担保的对象、范围、条件、程序、限额和禁止担保的事项应当明确。

（3）担保评估应科学严密，担保审批权限、程序与责任应当明确。

（4）担保执行环节的控制措施应当充分有效，担保合同的签订应当经过严格的审批，担保业务的执行过程应有跟踪监测，凡担保财产与有关权利凭证的管理应当有效，办理终结担保手续应当及时。

（5）对外担保应明确责任主体，因担保造成重大失误和损失的，应追究相关责任人责任。

## 二、担保业务的一般流程

企业办理担保业务，一般包括受理担保申请、调查评估、审批、订立担保合同、担保合同执行与监控等流程。具体而言一是担保申请人提出担保申请；二是担保人对担保项目和被担保人资信状况进行审查，对担保业务进行风险评估；三是担保人根据调查评估结果，结合本企业担保政策和授权审批制度，对担保业务进行审批，重大担保业务应提交董事会或类似权力机构批准；四是担保人依据既定的权限和程序与被担保人签订担保合同；五是担保人加强对担保合同的日常管理，对被担保人的经营情况、财务状况和担保项目执行情况等进行跟踪监控；六是如果被担保人不能如期偿债，担保人应履行代为清偿义务，并向被担保人追债，同时应当按照本企业担保业务责任追究制度，严格追究有关人员的责任。具体流程如图 7-12 所示。

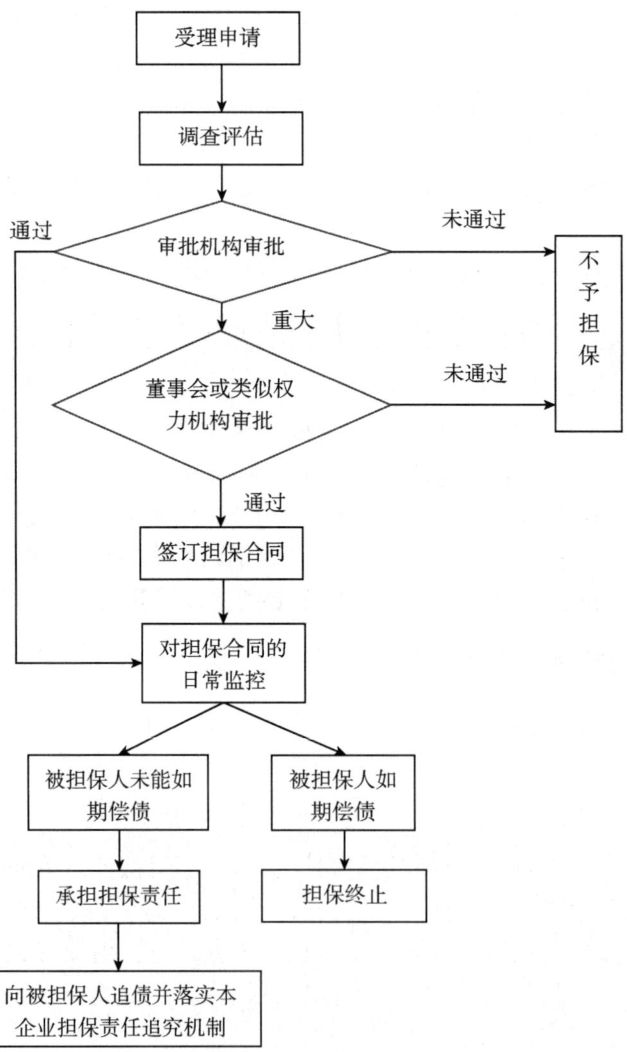


**图 7-12 担保业务流程**

## 三、担保业务的相关内容

### （一）担保合同管理

企业有关部门或人员应根据职责权限，按规定的程序订立担保合同，对担保期限及担保收费等作出明确约定。申请担保人同时向多方申请担保的企业应与其在担保合同中明确约定本企业的担保份额，并落实担保责任。企业应在担保合同中明确要求被担保人定期提供财务报告和有关资料，并及时报告担保事项的实施情况。

（1）保证合同至少包括以下内容：保证的主债权种类、数额；债务人履行债务的期限；保证的方式；保证担保的范围；双方认为需要约定的其他事项。

（2）抵押担保合同至少包括以下内容：被担保的主债权种类、数额；债务人履行债务的期限；抵押物的名称、数量、质量、状况、所有权权属或者使用权权属；抵押担保的范围，双方认为需要约定的其他事项。

（3）质押担保合同至少包括以下内容：担保的主债权种类、数额；债务人履行债务的期限；质押物的名称、数量、质量、状况；质押担保的范围，质押物和质押权利移交的时间；双方认为需要约定的其他事项。

（4）合同管理。企业应加强对担保合同的管理，指定专门部门和人员妥善保管担保合同、与担保合同相关的主合同、反担保函或反担保合同，以及抵押、质押权利凭证和有关的原始资料，保证担保项目档案完整、准确和担保财产的安全，并定期进行检查。通常担保合同正本应有公司档案室保存副本，并由财务部门及相关部门保存。

### （二）反担保

企业要求申请担保人提供反担保的，还应当对于反担保有关的资产进行评估，且申请和评估应当分离。反担保可采用的形式通常有：动产、不动产抵押和权利质押；保证。反担保中的保证应为连带责任保证。

1. 下列财产或权利可以作为反担保的抵押或抵押物：

（1）抵押物：抵押人所有的房屋和其他地上定着物；所有的机器、交通运工具和其他财产；抵押人依法有权处分的国有土地使用权、房屋和其他地上定着物；依法可以抵押的其他财产。

（2）质押物：依法可以质押的财产；汇票、支票、本票、债券、存款单、提单；依法可以转让的股票、股权；依法可以转让的商标专用权、著作权中的财产权。

2. 公司不接受下列财产作为反担保的抵押物或质押物：土地所有权、使用权不明或有争议的财产；依法被查封、扣押监管的财产；依法不得抵押或质押的财产。

3. 接受抵押或质押方式的担保。企业必须依法办理抵押或质押登记手续，所发生的登记费、手续费用由申请担保人或第三人承担。未办理完反担保有关工作，不签订担保协议；被担保人的一方，其股东或财产作反担保抵押物或质押物时，须按法律程序办理；反担保人用已出租的财产作为反担保抵押物时，应书面告知承租人。

4. 抵押或质押物的价值应经评估机构评估，其价值应达到公司规定的要求。

5. 反担保人以他人共有财产作抵押或质押物，遵守以下原则：

（1）共同拥有的财产，应征得共有人同意；

（2）按份共有的财产，以担保人所拥有的份额为限；

（3）反担保人作为反担保抵押的实物必须投保并妥善保管，不得遗失或损坏，债务清偿完毕前未经公司同意，不得将抵押实物出租、出售、转让、再抵押或以其他方式处理；

（4）反担保义务履行，根据《担保法》有关保证、抵押、质押权利实现的条款，公司有权向反担保人追偿。

### （三）担保财产管理和记录

1. 企业应建立担保事项台账，详细记录担保对象、金额、期限、用于抵押和质押的物品、权利和其他有关事项，并妥善管理有关担保财产和权利证明，定期对财产的存续状况和价值进行复核，发现问题及时处理。

2. 企业应加强对反担保财产的管理，妥善保管被担保人用于反担保的财产和权利凭证，定期合适财产的存续状况和价值，发现问题及时处理，确保反担保财产安全完整。

3. 企业应在担保合同到期时全面清理用于担保的财产、权利凭证，按照合同约定及时终止担保关系。

4. 对外提供担保预计很可能承担连带赔偿责任的，还应按照国家会计制度的规定进行确认、计量、记录和报告。

## 四、担保业务的关键风险点及控制措施

### （一）受理申请

受理申请是办理担保业务的第一步，是控制的起点。该环节的主要风险包括：企业担保政策和相关管理制度不健全，不能规范担保申请的受理；受理申请审查不严。

主要控制措施包括：第一，企业应依法制定和完善担保业务政策及相关管理制度，明确担保的对象、范围、方式、条件、程序、担保限额和禁止担保等事项。第二，受理人员应严格按照担保政策和相关管理制度对担保申请进行审查，如对与本企业有密切业务关系的企业、有潜在重要业务关系的企业、子公司等提出的申请可予受理；反之，则必须慎重处理。

### （二）调查评估

企业应当指定相关部门负责办理担保业务，对担保申请人进行资信调查和风险评估。该环节的主要风险包括：资信调查和风险评估不深入、不细致，造成担保决策失误，给企业带来担保损失。

主要控制措施包括：

第一，企业在对担保申请人进行资信调查和风险评估时，应当重点关注以下事项：（1）担保业务是否符合国家法律、法规和本企业担保政策等相关要求。（2）担保申请人

的资信状况，一般包括基本情况、资产质量、经营情况、偿债能力、盈利水平、信用程度、行业前景等。（3）担保申请人用于担保和第三方担保的资产状况及其权利归属。（4）企业要求担保申请人提供反担保的，还应当对与反担保有关的资产状况进行评估。

第二，明确不予担保的情况。对于以下几种情形不予担保：（1）担保项目不符合国家法律、法规和本企业担保政策的。（2）已进入重组、托管、兼并或破产清算程序的。（3）财务状况恶化、资不抵债、管理混乱、经营风险较大的。（4）与其他企业存在较大经济纠纷、面临法律诉讼且可能承担较大赔偿责任的。（5）与本企业已经发生过担保纠纷且仍未妥善解决的，或不能及时足额交纳担保费用的。

第三，委派具备胜任能力的专业人员开展调查和评估，调查评估人员与担保业务审批人员应当分离，调查评估结果应出具书面报告。企业也可委托中介机构对担保业务进行资信调查和风险评估工作。

### （三）审批

该环节的主要风险包括：授权审批制度不完善，造成担保审批不规范；审批不严或越权审批，可能导致企业担保决策失误或遭受欺诈；对关联方的担保审批不规范。

主要控制措施包括：第一，企业应当建立担保授权和审批制度，规定担保业务的授权批准方式、权限、程序、责任和相关控制措施，在授权范围内进行审批，不得超越权限审批。对于审批人超越权限审批的担保业务，经办人员应当拒绝办理。第二，重大担保业务，应当报经董事会或类似权力机构批准。第三，企业为关联方提供担保的，与关联方存在经济利益或近亲属关系的有关人员在评估与审批环节应当回避。第四，加强对变更担保的管理。被担保人要求变更担保事项的，企业应当重新履行调查评估与审批程序。

### （四）订立担保合同

该环节的主要风险包括：未经授权订立担保合同、未订立担保合同、担保合同存在重大疏漏或欺诈。

主要控制措施包括：第一，企业应当根据审核批准的担保业务订立担保合同。担保合同应明确被担保人的权利、义务、违约责任等相关内容，并要求被担保人定期提供财务报告与有关资料，及时通报担保事项的实施情况。担保申请人同时向多方申请担保的，企业应当在担保合同中明确约定本企业的担保份额和相应责任。第二，实行担保合同会审联签。应鼓励担保业务经办单位会同企业法律部门、财会部门、内审部门进行担保合同会审联签，以降低担保合同存在重大疏漏或欺诈的风险。第三，加强对身份证明和印章的管理，杜绝身份证明和印章被盗用而进行对外担保，从而造成担保损失。第四，规范担保合同记录、传递和保管过程，确保担保合同运转轨迹清晰完整、有案可查。

### （五）日常管理

该环节的主要风险包括：缺乏对担保合同的跟踪管理或监控不力，无法对被担保人出现的异常情况及时进行报告和处理，给企业造成损失。

主要控制措施包括：第一，加强担保合同的日常管理。定期监测被担保人的经营情况和财务状况，对被担保人进行跟踪和监督，了解担保项目的执行、资金的使用、贷款的归还、财务运行及风险等情况，确保担保合同有效履行。第二，及时报告和处理被担保人的异常情况。在担保合同的履行过程中，如果被担保人出现经营困难等异常情况，应当及时向有关管理人员报告，并妥善处理。

（六）会计系统控制

该环节的主要风险包括：会计记录和处理不及时、不准确，不利于对担保业务的日常监控，或者披露不符合有关监管要求，遭受行政处罚。

主要控制措施包括：第一，及时、足额收取担保费用，建立担保事项台账，详细记录担保对象、金额、期限、用于抵押和质押的物品或权利以及其他有关事项。第二，企业财会部门应当及时收集、分析被担保人担保期内经审计的财务报告等相关资料，持续关注被担保人的财务状况、经营成果、现金流量以及担保合同的履行情况，积极配合担保经办部门防范担保业务风险。第三，及时进行会计记录、会计处理以及相关披露。对于被担保人出现财务状况恶化、资不抵债、破产清算等情形，企业应当根据国家统一的会计准则和制度规定，合理确认预计负债和损失。属于上市公司的，应根据相关制度对担保事项进行公告。

（七）反担保财产管理

该环节的主要风险包括对反担保的权利凭证保管不善、缺乏对反担保财产的有效监控等。

企业应当加强对反担保财产的管理，妥善保管被担保人用于反担保的权利凭证，定期核实财产的存续状况和价值，发现问题及时处理，确保反担保财产安全、完整。

（八）责任追究

该环节的主要风险包括：缺乏担保业务责任追究制度，或者制度执行流于形式。

企业应当建立担保业务责任追究制度，对在担保中出现重大决策失误、未履行集体审批程序或不按规定管理担保业务的部门及人员，应当严格追究其责任。

（九）及时终止担保关系或代为清偿、权利追索

该环节的主要风险包括：未及时终止担保关系，使担保展期等；违背担保合同约定不履行代偿义务，被起诉，影响企业形象；代为清偿后对权利追索不力，造成经济损失。

主要控制措施包括：第一，企业应当在担保合同到期时，全面清查用于担保的财产、权利凭证，按照合同约定及时终止担保关系，并妥善保管担保合同、与担保合同相关的主合同、反担保函或反担保合同，以及抵押、质押的权利凭证和有关原始资料，切实做到担保业务档案完整无缺。第二，自觉承担代为清偿义务，维护企业形象和信誉。第三，利用法律武器向被担保人追索赔偿；依法处置反担保财产，减少企业损失。

# 第八节 业务外包控制

业务外包，是指企业利用专业化分工优势，将日常经营中的部分业务委托给本企业以外的专业服务机构或其他经济组织（以下简称“承包方”）完成的经营行为，即主要是指企业（以下又称“发包方”）为实现战略经营目标，通过合同或协议等形式将业务职能的部分或全部交由外部服务提供商（以下简称“承包方”）提供的一种管理行为。

企业为了聚焦于核心竞争力和节约成本，可以将其包括与会计、财务和财务报告相关的业务在内的诸多功能外包给服务机构。企业应当对业务外包实施分类管理，通常划分为重大业务外包和一般业务外包。重大业务外包是指对企业生产经营有重大影响的业务外包。业务外包通常包括：研究开发、资信调意、可行性研究、委托加工、物业管理、客户服务、IT 服务等。

## 一、业务外包控制的总体要求

### （一）完善业务外包管理制度

根据《企业内部控制应用指引第 13 号——业务外包》的要求，企业应当建立和完善业务外包管理制度，规定业务外包的范围、方式、条件、程序和实施等内容，明确相关部门和岗位的职责权限，强化业务外包全过程的监控，防范外包风险，充分发挥业务外包的优势。

### （二）强化监控

强化业务外包全过程的监控，包括对制定外包实施方案、审核批准、选择承包方、签订业务外包合同、外包过程管理、验收等环节的监控，防范外包风险，充分发挥业务外包的优势。

### （三）避免核心业务外包

企业应当权衡利弊，避免核心业务外包。

## 二、业务外包流程

业务外包流程主要包括制定业务外包实施方案、审核批准、选择承包方、签订业务外包合同、组织实施业务外包活动、业务外包过程管理、验收、会计控制等环节（如图7-13所示）。

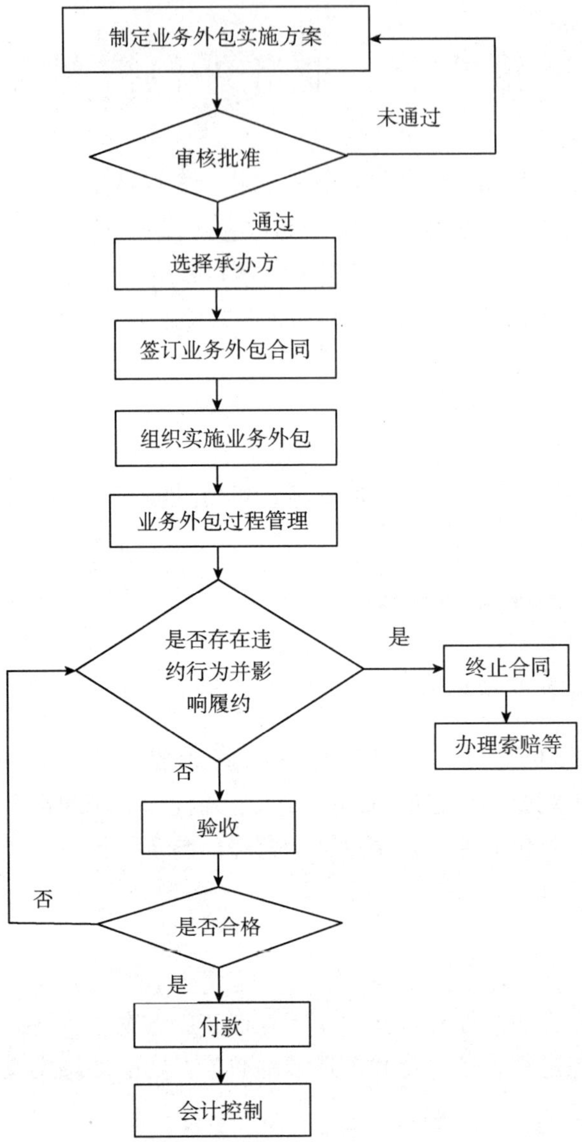


**图 7-13　业务外包基本流程**

## 三、业务外包的关键风险点及控制措施

### （一）制定业务外包实施方案

制定业务外包实施方案，是指企业根据年度生产经营计划和业务外包管理制度，结合确定的业务外包范围，制定实施方案。该环节的风险主要是：企业缺乏业务外包管理制度，导致制定实施方案时无据可依；业务外包管理制度未明确业务外包范围，可能导致有关部门在制定实施方案时，将不宜外包的核心业务进行外包；实施方案不合理、不符合企业生产经营特点或内容不完整，可能导致业务外包失败。

主要管控措施：

（1）建立和完善业务外包管理制度，根据各类业务与核心业务的关联度、对外包业务的控制程度以及外部市场成熟度等标准，合理确定业务外包的范围，并根据是否对企业生产经营有重大影响对外包业务实施分类管理，以突出管控重点，同时明确规定业务外包的方式、条件、程序和实施等相关内容。

（2）严格按照业务外包管理制度规定的业务外包范围、方式、条件、程序和实施等内容制定实施方案，避免将核心业务外包，同时确保方案的完整性。

（3）根据企业年度预算以及生产经营计划，对实施方案的重要方面进行深入评估以及复核，包括承包方的选择方案，外包业务的成本效益及风险、外包合同期限、外包方式、员工培训计划等，确保方案的可行性。

（4）认真听取外部专业人员对业务外包的意见，并根据其合理化建议完善实施方案。

### （二）审核批准

审核批准，是指企业应当按照规定的权限和程序审核批准业务外包实施方案。该环节的主要风险是：审批制度不健全，导致业务外包的审批不规范、审批不严格或者越权审批，导致业务外包决策出现重大疏漏，可能引发严重后果；未能对业务外包实施方案是否符合成本效益原则进行合理审核以及作出恰当判断，导致业务外包不经济。

主要管控措施：

（1）建立和完善业务外包的审核批准制度。明确授权批准的方式、权限、程序、责任和相关控制措施，规定各层级人员应当在投权范围内进行审批，不得超越权限审批。同时加大对分公司重大业务外包的管控力度，避免因分公司越权进行业务外包给企业带来不利后果。

（2）在对业务外包实施方案进行审查和评价时，应当着重对比分析该业务项目在自营与外包情况下的风险和收益，确定外包的合理性和可行性。

（3）总会计师或企业分管会计工作的负责人应当参与重大业务外包的决策，对业务外包的经济效益作出合理评价。

（4）对于重大业务外包方案，应当提交董事会或类似权力机构审批。

### （三）选择承包方

选择承包方，是指企业应当按照批准的业务外包实施方案选择承包方。该环节的主要风险是：承包方不是合法设立的法人主体缺乏应有的专业资质，从业人员也不具备应有的专业技术资格，缺乏从事相关项目的经验，导致企业遭受损失甚至陷入法律纠纷；外包价格不合理，外包成本过高，导致难以发挥业务外包的优势；存在接受商业贿赂的舞弊行为，导致相关人员涉案。

主要管控措施：

（1）充分调查候选承包方的合法性，即是否为依法成立，合法经营的专业服务机构或经济组织，是否具有相应的经营范围和固定的办公场所。

（2）调查候选承包方的专业资质、技术实力及其从业人员的履历和专业技能。

（3）考察候选承包方从事类似项目的成功案例、业界评价和口碑。

（4）综合考虑企业内外部因素，对业务外包的人工成本、营销成本、业务收入、人力资源等指标进行测算分析，合理确定外包，严格控制业务外包成本。

（5）引入竞争机制，按照有关法律法规，遵循公开、公平、公正的原则，采用招标等适当方式，择优选择承包方。

（6）按照规定的程序和权限从候选承包方中作出选择，并建立严格的回避制度和监督处罚制度，避免相关人员在选择承包方过程中出现受贿和舞弊行为。

### （四）签订业务外包合同

确定承包方后，企业应当及时与选定的承包方签订业务外包合同，约定业务外包的内容和范围，双方权利和义务，服务和质量标准，保密事项，费用结算标准和违约责任等事项。该环节的主要风险是：合同条款未能针对业务外包风险作出明确的约定，对承包方的违约责任界定不够清晰，导致企业陷入合同纠纷和诉讼；合同约定的业务外包价格不合理或成本费用过高，导致企业遭受损失。

主要管控措施：

（1）在订立外包合同前，充分考虑业务外包方案中识别出的重要风险因素，并通过合同条款予以有效规避或降低。

（2）在合同的内容和范围方面，明确承包方提供的服务类型、数量、成本以及明确界定服务的环节、作业方式、作业时间、服务费用等细节。

（3）在合同的权利和义务方面，明确企业有权督促承包方改进服务流程和方法，承包方有责任按照合同协议规定的方式和频率，将外包实施的进度和现状告知企业，并对存在问题进行有效沟通。

（4）在合同的服务和质量标准方面，应当规定外包商最低的服务水平要求以及如果未能满足标准实施的补救措施。

（5）在合同的保密事项方面，应具体约定涉及本企业机密的业务和事项，承包方有责任履行保密义务。

（6）在费用结算标准方面，综合考虑内外部因素，合理确定外包价格，严格控制业务外包成本。

（7）在违约责任方面，制定既具原则性又体现一定灵活性的合同条款，以适应环境、技术和企业自身业务的变化。

### （五）组织实施业务外包

组织实施业务外包，是指企业严格按照业务外包制度、工作流程和相关要求，组织业务外包过程中人、财、物等方面的资源分配，建立与承包方的合作机制，为下一环节的业务外包过程管理做好准备，确保承包方严格履行业务外包合同。企业在组织实施业务外包时，应当根据业务外包合同条款，落实双方应投入的人力资源、资金、硬件及专有资产等，明确承包方提供服务或产品的工作流程、模式、职能架构、项目实施计划等内容。该环节的主要风险是：组织实施业务外包的工作不充分或未落实到位，影响下一环节业务外包过程管理的有效实施，导致难以实现业务外包的目标。

主要管控措施：

(1) 按照业务外包制度、工作流程和相关要求，制定业务外包实施全过程的管理措施，包括落实与承包方之间的资产管理、信息资料管理、安全保密管理等机制，确保承包方在履行外包业务合同时有章可循。

(2) 做好与承包方的对接工作，通过培训等方式确保承包方充分了解企业的工作流程和质量要求，从价值链的起点开始控制业务质量。

(3) 与承包方建立并保持畅通的沟通协调机制，以便及时发现并有效解决业务外包过程存在的问题。

(4) 梳理有关工作流程，提出每个环节上的岗位职责分工、运营模式、管理机制、质量水平等方面的要求，并建立对应的即时监控机制，及时检查、收集和反馈业务外包实施过程的相关信息。

### (六) 业务外包过程管理

根据业务外包合同的约定，承包方会采取在特定时点向企业一次性交付产品或在一定期间内持续提供服务的方式交付业务外包成果。由于承包方交付成果的方式不同，业务外包过程也有所不同。前者的业务外包过程是指承包方对产品的设计制造过程，后者的业务外包过程是指承包方持续提供服务的整个过程。该环节的主要风险是：承包方在合同期内因市场变化等原因不能保持履约能力，无法继续按照合同约定履行义务，导致业务外包失败和本企业生产经营活动中断；承包方出现未按照业务外包合同约定的质量要求持续提供合格的产品或服务等违约行为，导致企业难以发挥业务外包优势，甚至遭受重大损失；管控不力，导致商业秘密泄露。

主要管控措施：

(1) 在承包方提供服务或制造产品的过程中，密切关注重大业务外包承包方的履约能力，采取承包方动态管理方式，对承包方开展日常绩效评价和定期考核。

(2) 对承包方的履约能力进行持续评估，包括承包方对该项目的投入是否能够支持其产品或服务质量达到企业预期目标，承包方自身的财务状况、生产能力、技术创新能力等是否满足该项目的要求。

(3) 建立即时监控机制，一旦发现偏离合同目标等情况，应及时要求承包方调整改进。

(4) 对重大业务外包的各种意外情况作出充分预计，建立相应的应急机制，制定临时替代方案，避免业务外包失败造成企业生产经营活动中断。替代方案，可以避免业务外包失购方存在重大违约行为，并导致业务外包合同无法履行的。

（5）有确凿证据表明承包方存在重大违约行为，并导致业务外包合同无法履行的，应当及时终止合同，并指定有关部门按照法律程序向承包方索赔。

（6）切实加强对应外包过程中形成的商业信息资料的管理。

### （七）验收

在业务外包合同执行完成后需要验收的，企业应当组织相关部门或人员对完成的业务外包合同进行验收。该环节的主要风险是：验收方式与业务外包成果交付方式不匹配，验收标准不明确，验收程序不规范，使验收工作流于形式，不能及时发现业务外包质量低劣等情况，可能导致企业遭受损失。

主要管控措施：

（1）根据承包方业务外包成果交付方式的特点，制定不同的验收方式。一般而言，可以对最终产品或服务进行一次性验收，也可以在整个外包过程中分阶段验收。

（2）根据业务外包合同的约定，结合在日常绩效评价基础上对外包业务质量是否达到预期目标的基本评价，确定验收标准。

（3）组织有关职能部门、财会部门、质量控制部门等的相关人员，严格按照验收标准对承包方交付的产品或服务进行审查和全面测试，确保产品或服务符合需求，并出具验收证明。

（4）验收过程中发现异常情况的，应当立即报告，查明原因，视问题的严重性与承包方协商采取恰当的补救措施，并依法索赔。

（5）根据验收结果对业务外包是否达到预期目标作出总体评价，据此对业务外包管理制度和流程进行改进和优化。

### （八）会计控制

会计控制是指企业应当根据国家统一的会计准则制度，加强对外包业务的核算与监督，并做好外包费用结算工作。该环节的主要风险是：缺乏有效的业务外包会计系统控制，未能全面真实地记录和反映企业业务外包各环节的资金流和实物流情况，可能导致企业资产流失或贬损；业务外包相关会计处理不当，可能导致财务报告信息失真；结算审核不严格、支付方式不恰当、金额控制不严，可能导致企业资金损失或信用受损。

主要管控措施：

（1）企业财会部门应当根据国家统一的会计准则制度，对业务外包过程中交由承包方使用的资产、涉及资产负债变动的事项以及外包合同诉讼等加强核算与监督。

（2）根据《企业会计准则》的规定，结合外包业务特点和企业管理机制建立完善外包成本的会计核算方法，进行相关会计处理，并在财务报告中进行必要、充分的披露。

（3）在向承包方结算费用时，应当依据验收证明，严格按照合同约定的结算条件、方式和标准办理支付。

# 第九节 财务报告控制

财务报告，是指反映企业某一特定日期财务状况和某一会计期间经营成果、现金流量的文件，包括资产负债表、利润表、现金流量表、所有者权益变动表（新的会计准则要求在年报中披露）、附表及会计报表附注和财务情况说明书。

## 一、财务报告内部控制的总体要求

《企业内部控制应用指引——财务报告》全面梳理了企业编制、对外提供和分析利用财务报告的主要流程，明确了主要风险点，有针对性地提出了相应的控制措施和控制要求。总的来说，企业要实现财务报告真实完整、合法合规、有效利用，应当满足以下要求。

### （一）规范企业财务报告控制流程，明晰各岗位职责

企业应当制定明确的财务报告编制、报送及分析利用等相关流程，职责分工、权限范围和审批程序应当明确规范，机构设置和人员配备应当科学合理，并确保全过程中财务报告的编制、披露和审核等不相容岗位相互分离。企业总会计师或分管会计工作的负责人负责组织领导财务报告编制和分析利用工作，企业负责人对财务报告的真实性和完整性承担责任，企业财会部门负责财务报告编制和分析报告编写工作。企业内部参与财务报告编制的各部门应当及时向财会部门提供编制财务报告所需的信息，参与财务分析会议的部门应当积极提出意见和建议以促进财务报告的有效利用，企业法律事务部门或外聘律师应当对财务报告对外提供的合法合规性进行审核。

### （二）健全财务报告各环节授权批准制度

企业应当健全财务报告编制、对外提供和分析利用各环节的授权批准制度。具体包括：编制方案的审批、会计政策与会计估计的审批、重大交易和事项会计处理的审批、对财务报告内容的审核审批等。为此，企业应做好以下几项工作：第一，根据经济业务性质、组织机构设置和管理层级安排，建立分级管理制度。第二，规范审核审批的手续和流程，确保报送和进行审核审批的级别符合所授的管理权限、申报材料翔实完整，签字盖章齐全、用印用章符合要求，切实履行检查审核义务而非流于形式等。第三，建立相关政策，限制对现有财务报告流程进行越权操作。任何越权操作行为，必须另行授权审批后方能进行，且授权审批文件应妥善归档。

### （三）建立日常信息核对制度

企业应当从会计记录的源头做起，建立起日常信息定期核对制度，以保证财务报告的真实、完整，防范出于主观故意的编造虚假交易，虚构收入、费用的风险以及由于会计人

员业务能力不足导致的会计记录与实际业务发生的金额、内容不符的风险。企业在日常会计处理中应及时进行对账，将会计账簿记录与实物资产、会计凭证、往来单位或者个人等进行相互核对，发现差异及时查明原因予以解决，并记录在适当的会计期间，以保证账证相符、账账相符、账实相符，确保会计记录的数字真实、内容完整计算准确、依据充分、期间适当。

（四）充分利用会计信息技术

企业应当充分利用信息技术，提高工作效率和工作质量，减少或避免编制差错和人为调整因素。同时，企业也应当注意防范信息技术所带来的特有风险，做好以下几项工作：第一，定期更新和维护会计信息系统，确保取数、计算公式以及数据勾稽关系准确无误。第二，建立访问安全制度，操作权限、信息使用、信息管理应当有明确规定，确保财务报告数据安全保密，防止对数据非法修改和删除。第三，对正在使用的会计核算软件进行修改、对通用会计软件进行升级和对计算机硬件设备进行更换时，企业应有规范的审批流程，并采取替代性措施确保财务报告数据的连续性。第四，做好数据源的管理，保证原始数据从录入环节的真实、准确、完整，满足财务分析的需要。第五，制定业务操作规范，保证系统各项技术和业务配置维护符合会计准则要求和内部管理规定，月结和年结流程规范、及时等等。第六，指定专人负责信息化会计档案的管理，定期备份，做好防消磁、防火、防潮和防尘等工作；对于存储介质保存在会计档案，应当定期检查，防止由于介质损坏而使会计档案丢失。

## 二、财务报告编制的业务流程

（一）财务报告编制的目的与应关注的风险

企业编制财务报表的目的，就是为报表使用者提供投资、决策信息。投资者阅读财务报告，可以得知投资的风险与报酬；债权人阅读财务报告，可以了解企业的负债比例、信贷资金使用情况及偿债能力；国家行政管理机关，通过月度财务报告可以了解企业经营状况、财务状况、税金缴纳情况。企业管理人员通过阅读财务报告，可以了解企业各项经营成果和不足，检查企业财务计划、生产经营计划的执行情况，找出问题，总结成绩，预计企业未来发展状况。企业职工通过阅读财务报告，了解企业福利情况、未来发展状况，通过企业的债务结构和盈利能力了解企业的稳定性和发展可能性。从企业财务报告内部控制的建立来看，编制、对外提供和分析利用财务报告，至少应当关注下列风险：

（1）编制财务报告违反会计法律法规和国家统一的会计准则制度，可能导致企业承担法律责任和声誉受损。

（2）提供虚假财务报告，误导财务报告使用者，造成决策失误，干扰市场秩序。

（3）不能有效利用财务报告，难以及时发现企业经营管理中存在的问题，可导致企业财务和经营风险失控。

### （二）财务报告业务流程

财务报告流程由财务报告编制流程、财务报告对外提供流程、财务报告分析流程三个阶段组成，其通用流程如图 7-14 所示。企业在实际操作中，应当充分结合自身业务特点和管理要求，构建和优化财务报告内部控制流程。

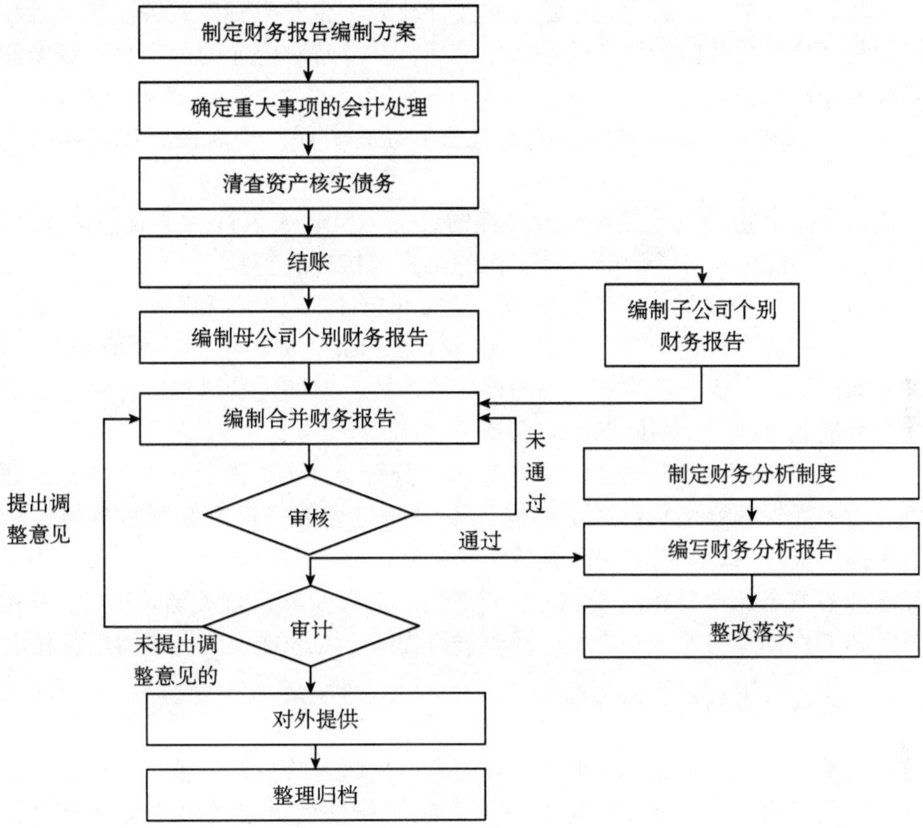


图 7-14 财务报告内部控制流程

## 三、财务报告各环节主要风险和控制措施

### （一）制订财务报告编制方案

企业财会部门应在编制财务报告前制订财务报告编制方案，并由财会部门负责人审核。财务报告编制方案应明确财务报告编制方法（包括会计政策和会计估计、合并方法范围与原则等）、财务报告编制程序、职责分工（包括牵头部门与相关配合部门的分工责任等）、编报时间等相关内容。

该环节的主要风险是：

（1）会计政策未能有效更新，不符合有关法律规定。

（2）重要会计政策、会计估计变更未经批准，导致会计政策使用不当。

（3）会计政策未能有效贯彻、执行；各部门职责、分工不清，导致数据传递出现差错、遗漏、格式不一致等。

（4）各步骤时间安排不明确，导致整体编制进度延后，违反相关报送要求。

主要控制措施：

（1）会计政策应符合国家有关法规和最新监管要求的规定。企业应按照国家最新会计准则规定，结合自身情况，制定企业统一的会计政策。企业应有专人关注与会计相关法律法规、规章制度的变化及监管机构的最新规定等，并及时对企业的内部会计规章制度和财务报告流程等作出相应更改。

（2）会计政策和会计估计调整，无论是强制还是自愿，均需按照规定的权限和程序审批。

（3）企业的内部会计规章制度至少要经财会部门负责人审批后生效，财务报告流程、年报编制方案应当经公司分管财务会计工作的负责人核准后签发。

（4）企业应建立完备的信息沟通渠道，经内部会计规章制度和财务流程、会计科目表和相关文件及时有效地传达至相关人员，使其了解相关职责要求，掌握适当的会计知识、会计政策并加以执行。企业还应通过内部审计等方式，定期进行测试，保证会计政策有效执行，且在普通业务部门、不同期间内保持一致性。

（5）应明确各部门的职责分工，总会计师或分管会计工作的负责人负责组织领导；财会部门负责财务报告编制工作；各部门应当及时向财会部门提供编制财务报告所需的信息，并对所提供信息的真实性和完整性负责。

（6）应根据财务报告的报送要求，安排工时，为各步骤设置关键时间点，并由财会部门负责督促和考核各部门的工作进度，及时进行提醒，对未能及时完成的进行相应处罚。

### （二）确定重大事项的会计处理

在编制财务报告前，企业应当确认对当期有重大影响的主要事项，并确定重大事项的会计处理。该环节的主要风险是：重大事项，如债务重组、非货币性交易公允价值的计量、收购兼并、资产减值等的会计处理不合理，会导致会计信息无法如实反映企业实际情况。

主要控制措施为：

（1）企业应对重大事项予以关注，通常包括以前年度审计调整以及相关事项对当期的影响、会计准则制度的变化及对财务报告的影响、新增业务和其他新发生的事项及对财务报告的影响、年度内合并（汇总）报告范围的变化及对财务报告的影响等。企业应建立重大事项的处理流程，报有关管理层审批后，予以执行。

（2）及时沟通需要专业判断的重大会计事项并确定相应会计处理。企业应规定下属各部门、各单位人员及时将重大事项信息报告至财会部门。财会部门应定期研究、分析并与相关部门组织沟通重大事项的会计处理，逐级报请总会计师或分管会计工作的负责人审批后下达各相关单位执行。特别是资产减值损失、公允价值计量等涉及重大判断和估计时，财会部门应定期与资产管理部门进行沟通。

### （三）清查资产核实债务

企业在编制财务报告前，应组织财务和相关部门进行资产清查、减值测试和债权债务核实工作。该环节的主要风险是：资产、负债账实不符；虚增或虚减资产、负债；资产计价方法随意变更；提前、推迟甚至不确认资产、负债等。

主要控制措施为：

（1）确定具体可行的资产清查、负债核实计划，安排合理的时间和工作进度匹配足够的人员，确定实物资产盘点的具体方法和过程，同时做好业务准备工作。

（2）做好各项资产、负债的清查、核实工作。包括：与银行核对银行对账单，盘点库存现金，核对票据；核查结算款项，如，应付款项、应交税费等是否存在，与债务、债权单位的相应债务、债权金额是否一致；核查原材料、在产品、自制半成品、库存商品等各项存货的实存数量与账面数量是否一致，是否有报废损失和积压物资等；核查账面投资是否存在，投资收益是否按照国家统一的会计准则规定进行确认和计量；核查房屋建筑物、机器设备、运输工具等各项固定资产的实存数量与账面数量是否一致，清查土地、房屋的权属证明，确定资产归属；核查在建工程的实际发生额与账面记录是否一致等。

（3）对清查过程中发现的差异，应当分析原因，提出处理意见，取得合法证据和按照规定权限审批，将清查、核实的结果及处理方法向企业的董事会或者相应机构报告，并根据国家统一的会计准则的规定进行相应的会计处理。

### （四）结账

财务报告控制企业在编制年度财务报告前，应在日常定期核对信息的基础上完成对账、调、差错更正等业务，然后实施结账操作。该环节的主要风险是：账务处理存在错误，导致账证、账账不符；虚列或隐瞒收入，推迟或提前确认收入；随意改变费用、成本的确认标准或计量方法，虚列、多列、不列或者少列费用、成本；结账的时间、程序不符合相关规定；结账后又随意打开已关闭的会计期间等。

主要控制措施为：

（1）核对各会计账簿记录与会计凭证的内容、金额等是否一致，记账方向是否相符。

（2）检查相关财务处理是否符合国家统一的会计规章制度和企业制定的核算方法。

（3）调整有关账项，合理确定本期应计的收入和应计的费用。例如计提固定资产折旧、计提坏账准备等；各项待摊费用按规定分摊并分别计入本期有关科目；属于本期的应计收益、应确认计入、本期收入等。

（4）检查是否存在因会计差错、会计政策变更等原因需要调整前期或者本期相关项目的情况。对于调整项目，需取得和保留审批文件，以保证调整有据可依。

（5）不得为了赶编财务报告而提前结账，或把本期发生的经济业务事项延至下期登账，也不得先编制财务报告后结账，应在当期所有交易或事项处理完毕并经财会部门负责人审核签字确认后，实施结账操作。

（6）如果在结账之后需要重新打开已关闭的会计期间，须填写相应的申请表经总会计师或分管会计工作的负责人审批后进行。

### （五）编制个别财务报告

企业应当按照国家统一的会计准则规定的财务报告格式和内容，根据登记完整、核对无误的会计账簿记录和其他有关资料编制财务报告，做到内容完整、数字真实、计算准确，不得漏报或者任意进行取舍。该环节的主要风险是：提供虚假财务报告，误导财务报告使用者，造成决策失误，干扰市场秩序；报表数据不完整、不准确；报表种类不完整；附注内容不完整。

主要控制措施为：

1. 企业财务报告列示的资产、负债、所有者权益金额应当真实可靠。（1）各项资产计价方法不得随意变更，如有减值，应当合理计提减值准备，严禁虚增或虚减负债。（2）各项负债应当反映企业的现时义务，不得提前、推迟或不确认负债，严禁虚增或虚减负债。（3）所有者权益应当反映企业资产扣除负债后所有者享有的剩余权益，由实收资本、资本公积、留存收益等构成。企业应当做好所有者权益保值增值工作，严禁虚假出资、抽逃出资、资本不实。

2. 企业财务报告应当如实填列当期收入、费用和利润。（1）各项收入的确认应当遵循规定的标准，不得虚列或者隐瞒收入，推迟或提前确认收入。（2）各项费用、成本的确认应当符合规定，不得随意改变费用、成本的确认标准或计量方法，虚列、多列、不列或者少列费用、成本。（3）利润由收入减去费用后的净额、直接计入当期利润的利得和损失等构成。不得随意调整利润的计算、分配方法或编造虚假利润。

3. 企业财务报告列示的各种现金流量由经营活动、投资活动和筹资活动的现金流量构成，应当按照规定划清各类交易和事项的现金流量的界限。

4. 按照岗位分工和规定的程序编制财务报告。（1）财会部门制定本单位财务报告编制分工表，并由财会部门负责人审核，确保报告编制范围完整。（2）财会部门报告编制岗位按照登记完整、核对无误的会计账簿记录和其他有关资料对相关信息进行汇总编制，确保财务报告项目与相关账户对应关系正确，计算公式无误。（3）进行校验审核工作，包括期初数核对、财务报告内有关项目的对应关系审核、报表前后勾稽关系审核、期末数与试算平衡表和工作底稿核对、财务报告主表与附表之间的平衡及勾稽关系校验等。

5. 按照国家统一的会计准则和制度编制附注。附注是财务报告的重要组成部分，企业对反映企业财务状况、经营成果、现金流量的报表中需要说明的事项，作出真实、完整、清晰的说明。检查担保、诉讼、未决事项、资产重组等重大或有财务报告控制事项是否在附注中得到反映和披露。

6. 财会部门负责人审核报表内容和种类的真实、完整性，通过后予以上报。

### （六）编制合并财务报告

企业集团应当编制合并财务报告，分级收集合并范围内分公司及内部核算单位的财务报告并审核，进而合并全资及控股公司财务报告，如实反映企业集团的财务状况、经营成果和现金流量。该环节的主要风险是：合并范围不完整；合并内部交易和事项不完整；合并抵销分录不正确。

主要控制措施为：

（1）财会部门依据经同级法律事务部门确认的产权（股权）结构图，并考虑所有相关情况以确定合并范围符合国家统一的会计准则的规定，由财会部门负责人审核、确认合并范围是否完整。

（2）财会部门收集、审核下级单位财务报告，并汇总出本级次的财务报告，经汇总单位财会部门负责人审核。

（3）财会部门制定内部交易和事项核对表及填制要求，报财会部门负责人审批后下发合并范围内的各单位。财会部门核对本单位及纳入合并范围内各单位之间内部交易的事项和金额，如有差异应及时查明原因并进行调整。编制内部交易表及内部往来报表交财会部门负责人审核。

（4）合并抵销分录应有相应的标准文件和证据进行支持，由财会部门负责人审核。

（5）对合并抵销分录实行交叉复核制度，具体编制人完成调整分录后即提交相应复核人进行审核，审核通过后才可录入试算平衡表。通过交叉复核，保证合并抵销分录的真实性、完整性。

### （七）财务报告对外提供

1. 财务报告对外提供前的审核

财务报告对外提供前需按规定程序进行审核，主要包括财会部门负责人审核财务报告的准确性并签字盖章；总会计师或分管会计工作的负责人审核财务报告的真实性、完整性、合法合规性，并签字盖章；企业负责人审核财务报告整体合法合规性并签字盖章。该环节的主要风险是：在财务报告对外提供前未按规定程序进行审核，对内容的真实性、完整性以及格式的合规性等审核不充分。

主要控制措施为：

（1）企业应严格按照规定的财务报告编制中的审核程序，由各级负责人逐级把关，对财务报告内容的真实性、完整性、格式的合规性等予以审核。

（2）企业应保留审核记录，建立责任追究制度。

（3）财务报告在对外提供前应当装订成册，加盖公章，并由企业负责人、总会计师或分管会计工作的负责人、财会部门负责人签字并盖章。

2. 财务报告对外提供前的审计

《公司法》等法律法规规定了公司应编制的年度财务报告需依法经会计师事务所审计，审计报告应随同财务报告一并对外提供。《关于会计师事务所从事证券、期货相关业务有关问题的通知》等还对为特定公司进行审计的会计师事务所的资格进行了规定。因此，相关企业需按规定在财务报告对外提供前，选择具有相关业务资格的会计师事务所进行审计。该环节的主要风险是：财务报告对外提供前未经审计，审计机构不符合相关法律法规的规定，审计机构与企业串通舞弊。

主要控制措施为：

（1）企业应根据相关法律法规的规定，选择符合资质的会计师事务所对财务报告进行审计。

（2）企业不得干扰审计人员的正常工作，并应对审计意见予以落实。

（3）注册会计师及其所在的事务所出具的审计报告，应随财务报告一并提供。

3. 财务报告的对外提供

一般企业的财务报告经完整审核并签字盖章后即可对外提供。上市公司还需经董事会和监事会审批通过后方能对外提供，财务报告应与审计报告一同向投资者、债权人、政府监管部门等报送。该环节的主要风险是：对外提供时未遵循相关法律法规的规定，导致承担相应的法律责任；对外提供的财务报告的编制基础、编制依据、编制原则和方法不一致，影响各方对企业情况的判断和经济决策的作出；未能及时对外报送财务报告，导致财务报告信息的使用价值降低，同时也违反有关法律法规；财务报告在对外提供前泄露或使不应知晓的对象获悉，导致发生内幕交易等，使投资者或企业本身蒙受损失。

主要控制措施为：

（1）企业应根据相关法律法规的要求，在企业相关制度中明确负责财务报告对外提供的对象，在相关制度性文件中予以明确并由企业负责人监督，如国有企业应当依法定期向监事会提供财务报告，至少每年一次向本企业的职工代表大会公布财务报告。上市公司的财务报告需经董事会、监事会审核通过后向全社会提供。

（2）企业应严格按照规定的财务报告编制中的审批程序，由财会部门负责人总会计师或分管会计工作的负责人、企业负责人逐级把关，对财务报告内容的真实性、完整性及格式的合规性等予以审核，确保提供给投资者。债权人、政府监管门、社会公众等的财务报告的编制基础、编制依据、编制原则和方法完全一致。

（3）企业应严格遵守相关法律法规和国家统一的会计准则对报送时间的要求在财务报告的编制，审核、报送流程中的每一步骤设置时间点，对未能按时完成相关人员进行处罚。

（4）企业应设置严格的保密程序，对能够接触财务报告信息的人员进行权限设置，保证财务报告信息在对外提供前控制在适当的范围内，并对财务报告信息的访问情况予以记录，以便了解情况，及时发现可能的泄密行为，在泄密后也易于找到相应的责任人。

（5）企业对外提供的财务报告应当及时整理归档，并按有关规定妥善保存。

### （八）财务报告分析阶段的主要风险点

1. 制定财务分析制度

企业财会部门应在对企业基本情况进行分析研究的基础上，提出财务报告分析制度草案，并经财会部门负责人、总会计师或分管会计工作的负责人、企业负责人检查、修改、审批。该环节的主要风险是：制定的财务分析制度不符合企业实际情况，财务分析制度未充分利用企业现有资源，财务分析的流程、要求不明确，财务分析制度未经审批等。

主要控制措施为：

（1）企业在对基本情况进行分析时，应当重点了解企业的发展背景，包括企业的发展史、企业组织机构、产品销售及财务资产变动情况等，熟悉企业业务流程，分析研究企业的资产及财务管理活动。

（2）企业在制定财务报告分析制度时，应重点关注：财务报告分析的时间组织形式，参加的部门和人员；财务报告分析的内容、分析的步骤、分析方法和指标体系；财务报告分析的编写要求等。

（3）财务报告分析制度草案经由财会部门负责人、总会计师或分管会计工作的负责人、企业负责人检查、修改、审批之后，根据制度涉及的要求进行试行，发现问题要及时总结上报。

（4）财会部门根据具体情况进行修正，确定最终的财务报告分析制度文稿，并经财会部门负责人、总会计师或分管会计工作的负责人、企业负责人进行最终的审批。

2. 编写财务分析报告

财会部门应按照财务分析制度定期编写财务报告，并通过定期召开财务分析会议等形式对分析报告的内容予以完善，以充分利用财务报告反映的综合信息，全面分析企业的经营管理状况和存在的问题，不断提高经营管理水平。该环节的主要风险是：财务分析报告的目的不正确或者不明确，财务分析方法不正确，财务分析报告的内容不完整，未对本期生产经营活动中发生的重大事项作专门分析；财务分析局限于财会部门，未充分利用相关部门的资源，影响质量和可用性；财务分析报告未经审核等。

主要控制措施为：

（1）编写时要明确分析的目的，运用正确的财务分析方法，并能充分、灵活地运用各项资料。分析内容包括：①企业的资产分布、负债水平和所有者权益结构，通过资产负债率、流动比率、资产周转率等指标分析企业的偿债能力和营运能力；分析企业净资产的增减变化，了解和掌握企业规模和净资产的不断变化过程。②分析各项收入、费用的构成及增减变动情况，通过净资产收益率、每股收益等指标，分析企业的盈利能力和发展能力，了解和掌握当期利润增减变化的原因和未来发展趋势。③分析经营活动、投资活动、融资活动现金流量的运转情况，重点关注现金流量能否保证生产经营过程的正常运行，防止现金短缺或闲置。

（2）总会计师或分管会计工作的负责人应当在财务分析和利用工作中发挥主导作用，负责组织领导。财会部门负责人审核财务分析报告的准确性、判断是否需要对特殊事项进行补充说明，并对财务分析报告进行补充说明。对生产经营活动中的重要资料、重大事项以及与上年同期数据相比有较大差异的情况要作重点说明。

（3）企业财务分析会议应吸收有关部门负责人参加，对各部门提出的意见，财会部门应充分沟通、分析，进而修改完善财务分析报告。

（4）修订后的分析报告应及时报送企业负责人。企业负责人负责审批分析报告，并据之进行决策，对于存在的问题及时采取措施。

3. 整改落实

财会部门应将经过企业负责人审批的报告及时报送各部门负责人，各部门负责人根据分析结果进行决策和整改落实。该环节的主要风险是：财务分析报告的内容传递不畅，未能及时使有关部门获悉；各部门对财务分析报告不够重视，未对其中的意见进行整改落实。

主要控制措施为：

（1）定期的财务分析报告应构成内部报告的组成部分，并充分利用信息技术和现有内部报告体系在各个层级上进行沟通。

（2）根据分析报告的意见，明确各部门职责。责任部门按要求落实改正，财会部门负责监督；跟踪责任部门的落实情况，并及时向有关负责人反馈落实情况。

# 第八章　内部控制评价

## 导入案例

### 内蒙古四海科技股份有限公司内部控制自评报告

内蒙古四海科技股份有限公司在2013年发布的内部控制自评报告中，对公司当年的内部控制问题进行自省，认为其财务报告内部控制和非财务报告内部控制均存在问题，主要是公司未按规定披露濮黎明（时任公司董事长、总经理、原实际控制人）与北京大河之洲集团有限公司签订的《关于股权转让及重组框架协议之补充一》，公司已于2013年7月12日收到中国证券监督管理委员会内蒙古监管局下发的《关于对内蒙古四海科技股份有限公司采取责令改正、责令公开说明措施的决定》。

对此问题，四海科技股份有限公司决定采取下述具体措施：

首先，组织公司董事、监事和高级管理人员学习《公司法》《证券法》《上市公司信息披露管理办法》等相关法规以及公司各项内部控制制度，聘请律师事务所律师对上述法规进行讲解。将此类学习形成长效机制，定期或不定期地采取各种方式学习相关法律法规，尤其是信息披露方面的法律法规，以此来提升上市公司董事、监事和高级管理人员的规范意识和信息披露意识，提升上市公司规范运作的能力。

其次，由整改小组牵头、董事会秘书负责、证券部和法务部配合，在2013年9月30日前制定各部门内部信息报告制度执行细则，以提升内部控制制度的执行力度。

最后，由公司董事长负责，公司控股股东于2013年9月30日前制定和完善向上市公司报送重大信息的相关制度，建立与公司控股股东及其关联人的长效互动机制。上市公司定期向控股股东及其他与上市公司信息披露相关的个人和单位发送询问函，要求其及时报送《上市公司信息披露管理办法》及公司制度规定的事项，以便公司能及时对外披露，保证信息披露的公平、及时、准确、完整。

公司将继续加强内部控制建设，完善与公司经营规模、业务范围、竞争状况和风险水平等相适应的内部控制制度，并随着经营状况的变化及时加以调整、规范，强化内部控制监督检查，促进公司健康、可持续发展。

（作者根据相关资料整理而成）

# 第一节　内部控制评价概述

## 一、内部控制评价的定义

我国《企业内部控制规范——基本规范》第四十六条指出："企业应当结合内部监督情况，定期对内部控制的有效性进行自我评价，出具内部控制自我评价报告。"这里的"内部控制自我评价"是指：由企业董事会和管理层实施，对企业内部控制有效性进行评价，形成评价结论，并出具评价报告的过程。内部控制有效性是指企业建立与实施内部控制，能够为控制目标的实现提供合理保证。应从以下三个方面理解内部控制评价的含义：

（1）明确企业内部控制建设的责任主体，即董事会（或类似权力机构）是建立健全和实施内部控制评价工作的主要责任方。

（2）明确内部控制自我评价的内容与要求。评价内容为内部控制的有效性，包括财务报告内部控制有效性和非财务报告内部控制有效性。内部控制评价具有全面性，要求企业的评价工作包括内部控制的设计与运行、涵盖企业及其所属单位的业务和事项，并在此评价基础上，关注业务单位、重大业务事项和高风险领域。

（3）企业对内部控制的有效性进行自我评价后，必须按照规定的要求披露年度自我评价报告。

## 二、内部控制评价的目标

企业实施内部控制评价工作，对规范、揭示和管理企业风险，实现企业经营目标和发展战略具有重大意义。内部控制评价机构在内部控制评价中的目标是对企业内部控制的有效性发表意见。内部控制评价机构应当根据国家有关法律法规和《企业内部控制规范——基本规范》的要求，结合企业实际情况，考虑企业内部控制能否对战略目标、经营管理的效率和效果目标、财务报告及相关信息真实完整目标、资产安全目标、合法合规目标等单个或整体控制目标的实现提供合理保证。

内部控制具体评价目标如下：

（1）建立健全内部控制机制，保证内部控制体系有效实施；

（2）确保企业经营业务的合法合规性；

（3）保障企业资产的安全完整性；

（4）增强企业财务信息和管理信息的真实完整性；

（5）为企业提高风险管理水平提供信息服务和决策支持；

（6）提高企业经营效率和效果，促进企业实现发展战略。

## 三、内部控制评价的原则

企业实施内部控制评价应当遵循下列原则：

（1）风险导向原则。内部控制评价应当以风险评估为基础，根据风险发生的可能性和对企业单个或整体控制目标造成的影响程度来确定需要评价的重点业务单元、重要业务领域或流程环节。

（2）全面性原则。评价工作应当包括内部控制的设计与运行，涵盖企业及其所属单位的各种业务和事项。

（3）重要性原则。评价工作应当在全面评价的基础上，关注重要业务单位、重大业务事项和高风险领域。

（4）客观性原则。评价工作应当准确地揭示经营管理的风险状况，如实反映内部控制设计与运行的有效性。

（5）独立性原则。内部控制评价机构的确定及评价工作的组织实施应当保持相应的独立性。

（6）成本效益原则。内部控制评价应当以适当的成本实现科学有效的评价。

### 四、内部控制评价的作用

1. 有助于增强企业外部人对会计信息可靠性的信心

投资者、债权人以及企业其他的利益相关者都要依赖企业呈报的会计信息进行决策，利益相关者都希望由独立的专业机构和人士对企业的内部控制系统进行鉴证并提供书面结论，来衡量企业内部控制系统的健全性和有效性，从而判断会计信息的可靠性。

目前，一些国家政府部门要求企业管理层必须对企业自身内部控制系统的完整性和有效性进行自我评价，还必须聘请独立的专业中介机构对其内部控制进行鉴定并出具书面报告。

2. 有助于企业加强内部控制，改善经营管理

内部控制是企业经营管理的重要手段，内部控制系统的构建和实施是随着企业内外部环境变化而不断变化的系统工程，企业必须对自身的内都控制系统进行评价，找出薄弱环节，及时修补完善。

内部控制评价的根本目的是监督内部控制系统是否完整、运行是否正常，评价企业为达到其经营目标所付出的努力是否有效，以保障内部控制体系能有效地展开控制活动，实现控制目标。

3. 有助于注明会计师提高工作效率，降低控制风险

现行的审计是以内部控制评价为基础的制度基础审计和风险导向审计。内部控制评价是制度基础审计和风险导向审计的一个核心环节，审计人员通过评价内部控制系统的完整性和有效性、找出可能存在风险的领域和部门，再进一步确定实质性审计的范围和重点。

## 第二节 内部控制评价的内容

内部控制评价要结合内部控制的五大要素来对被评价单位内部控制系统的总体情况进行评估，它们来源于管理层经营企业的方式，并与管理过程整合在一起。每一个要素都能够影响其他构成要素，最终影响企业内部控制系统运行的有效性。以下为内部控制五要素

重点评价的内容。

## 一、内部环境

内部环境是企业实施内部控制的基础，支配企业全体员工的内部控制意识，影响全体员工实施控制活动和履行控制责任的态度、认识和行为。内部环境类应用指引有五项，包括组织架构、发展战略、人力资源、企业文化和社会责任等指引。与以上五项应用指引相对应，控制环境评价主要关注点包括以下内容：

### （一）诚信道德与企业价值观

（1）是否存在行为准则以及商业行为、利益冲突、伦理等方面的道德标准，并有效执行。

（2）是否树立了明确的管理风格，包括明确的道德指导和在公司范围内进行沟通指导的程度。

（3）与员工、供应商、客户、投资人、债权人、保险人、竞争对象和审计师等的关系如何。

（4）针对违反政策和道德准则的情况是否采取了适当的措施，采取的措施是否在公司范围内进行了沟通。

（5）管理层对干预或逾越既定控制制度的态度。

（6）是否存在不切实际的目标压力（特别是那些短期目标压力），企业薪酬在多大程度上能够有助于业绩目标的实现。

### （二）胜任能力

（1）公司是否存在正式和非正式的工作描述，或其他能说明具体工作任务和责任的方式。

（2）公司是否存在对胜任工作所需要知识和技能的分析。

### （三）董事会

（1）董事会或审计委员会是否独立于管理层。

（2）是否建立了董事会专门委员会，必要时特别关注和处理相关重要事件。

（3）董事的知识和经验如何。

（4）董事会（或审计委员会）与首席财务官、会计人员、内部审计和外部审计人员会面的频率和时间。

（5）企业为董事会或专门委员会委员提供信息的及时性和充分性。

（6）董事会如何聘用和终止高级管理人员，是否监督高级管理人员的薪酬问题。

（7）董事会对“高级管理层基调”的态度和举措。

（8）董事会或审计委员会是否对其所发现的问题采取了相应的行动，包括特殊调查等。

### （四）公司治理层的管理理念和经营风格

（1）管理层对待风险的态度，如管理层是否经常介入特别高风险的管理业务还是在接受风险方面非常保守。

（2）公司关键职能部门（如经营、会计、数据处理、内部审计等部门）的人员流动情况。

（3）管理层对财务等重要职能的态度以及对财务报告可靠性和资产安全性的关切程度。

（4）公司高级管理层和业务部门管理层相互交流的频率，特别是双方处于不同地域时的交流频率。

（5）管理层对财务报告的态度和行动，包括对会计处理争议所持的态度和采取的行动。

### （五）公司组织结构

（1）组织结构的适当性及其提供管理活动必要信息流的能力。

（2）关键管理层的职责定义以及他们对自身职责的理解。

（3）关键管理者是否充分具备与履行其职责相关的知识和经验。

（4）组织内部报告关系的适当性。

（5）公司的组织结构如何随环境的变化而变化。

（6）公司员工数量的合理性，特别是管理人员和监督人员的数据合理性。

### （六）权力和责任的分配

（1）如何根据公司目标、经营职能和监管要求分配责任和授权，包括信息系统的责任和授权的变化。

（2）公司与控制相关的标准、程序的适当性，包括员工职责的描述。

（3）职员数量的适当性，特别是数据处理和会计职能，这些职员应具备与企业规模、业务活动和系统相适应的技能水平。

（4）授权和所分配的责任是否相吻合。

### （七）人力资源政策及实施情况

（1）企业招聘、培训、晋升、薪酬等政策和程序的恰当性。

（2）员工是否意识到他们的工作职责和公司对他们的期望。

（3）对背离既定政策和程序的行为所采取的补救措施的适当性。

（4）应征员工背景调查的适当性。

（5）人力政策与相应的道德标准是否一致。

（6）员工留任和晋升标准的适当性。

## 二、风险评估

企业组织开展风险评估机制评价，应从公司层面目标的制定、业务活动层次目标的制定、风险分析及系统应对变化的能力三面展开，具体评价的主要关注点如下：

（一）公司层面目标

（1）公司总体目标设置的合理性、充分性、与公司愿景和期望的相关性。
（2）公司总体目标沟通与传递方式的有效性。
（3）公司总体目标与战略计划的关联性和一致性。
（4）商业计划、预算与公司目标、战略计划及当前情况的一致性。

（二）业务活动层次目标

（1）业务活动层次的目标与公司目标及战略计划的一致性。
（2）业务活动层次的目标与其他活动的一致性。
（3）业务流程与业务活动层次目标的相关性。
（4）业务活动层次目标的具体性。
（5）资源充足性。
（6）是否明确企业整体目标实现的关键成功因素。
（7）管理层参与制定企业目标以及他们对目标负责的程度。

（三）风险分析及系统应对变化的能力

（1）企业识别外部风险的机制是否健全。
（2）企业识别内部风险的机制是否健全。
（3）是否为业务活动层次的每一个重要目标的实现，识别相关的重要风险。
（4）风险分析程序的全面性和相关性，包括估计风险因素的重要程度、评估风险发生的可能性以及决定应采取的行动。
（5）对于那些影响企业或业务活动目标实现的事件和活动，企业是否存在一种预见和识别机制，并及时作出适当的反应。
（6）是否存在一种机制，识别和处理那些对企业有深远影响的变革，高级管理层是否高度关注。

## 三、控制活动

控制活动是企业为保障管理层的指令有效实施和实现企业目标而建立的政策和程序。各控制活动的评价标准依不同的业务类型而不尽相同，但评价企业控制活动一般应考虑以下因素：控制活动的类型，包括人工控制和自动控制、预防性控制和发现性控制等；控制活动的复杂性，通常与企业的组织机构、市场环境、经营规模、员工素质等相关；实施控制活动需要的职业判断程度；控制活动所针对的风险事项及其重要性；该控制活动对其他控制活动有效性的依赖程度。评价控制活动的主要关注点如下：
（1）企业针对每一项业务活动是否都制定了恰当的控制政策和程序。
（2）已确定的控制政策和程序是否得到持续、恰当的执行。

## 四、信息与沟通

信息与沟通是及时、准确、完整地收集与企业经营管理相关的各种信息，并使这些信息以适当的方式在企业有关层级之间进行及时传递、有效沟通和正确应用的过程，是实施内部控制的重要条件。信息与沟通的评价工作主要集中在信息收集处理和传递的及时性、反舞弊机制的健全性、财务报告的真实性、信息系统的安全性以及利用信息系统实施内部控制的有效性等方面。评价工作的主要关注点如下：

（1）企业是否有效地获取内部和外部信息，以向管理层报告企业既定目标的实现情况。

（2）是否及时向适当的人员汇报充足的信息，以便他们有效地履行其职责。

（3）信息系统的建立或修改是否基于对信息系统的战略规划，并着眼于实现企业各个层次的目标。

（4）管理层是否通过承诺适当的资源，表现出对发展必要的信息系统的支持态度。其包括：①向员工传达其职责和控制责任的有效性。②是否建立了适当的沟通渠道供员工反映他们注意到的可疑问题。③管理层对于员工提出的提高生产效率、质量的建议或其他改进建议的接受能力。④整个企业内部是否充分交流、信息是否完整和及时、信息是否足够满足相关人员有效地履行职责的需要。⑤是否存在开放、有效的渠道与客户、供应商和外部其他方面经常交流不断变化的客户需求。⑥外部相关方了解企业道德标准的程度。⑦在收到客户、供应商、监管者和其他外部人员反映的情况后，管理层是否采取了及时、适当的应对措施。

## 五、监督

《企业内部控制规范——基本规范》第四十四条将内部监督分为日常监督和专项监督。日常监督是指企业对建立与实施内部控制的情况进行常规、持续的监督检查。专项监督是指在企业发展战略、组织结构、经营活动、业务流程、关键岗位员工等发生较大调整或变化的情况下，对内部控制的某一或者某些方面进行有针对性的监督检查。监督要素还应包括向相关管理人员和董事会上报内部控制缺陷并采取相关的改进措施。与此相应地，监督评价的主要关注点如下：

### （一）日常监督

（1）员工在从事日常活动时，在多大程度上能获知有关内部控制系统是否正常运作的信息。

（2）外部反映的情况证实内部信息或揭露问题的程度。

（3）企业是否定期将会计系统的记录结果与实物进行核对。

（4）企业是否对内部和外部审计师提出的加强内部控制措施方面的建议作出响应。

（5）公司培训、筹备会议和其他会议向管理层就内部控制有效性进行反馈的程度。

（6）是否要求员工定期声明他们是否理解并遵守了企业的行为准则，并且定期执行了重要的控制活动。

(7) 公司内部审计活动的有效性。

(二) 专项监督

(1) 企业对内部控制系统进行独立评估的范围和频率。
(2) 用于评估自身内部控制系统的方法是否合理、恰当。
(3) 文档记录水平的适当性。

(三) 缺陷报告

(1) 企业是否存在适当的机制，汇集并报告发现内部控制缺陷。
(2) 汇报程序是否恰当。
(3) 跟踪追查行动是否适当。

# 第三节　内部控制评价的程序

企业应当按照内部控制评价办法规定的程序，有序开展内部控制评价工作。内部控制自我评价的程序主要包括以下内容：

(1) 制订内部控制评价的方案，明确评价目的、范围和进度安排等内容。内部控制评价范围的确定应当遵循风险导向、自上而下的原则来确定需要评价的分支机构、重要业务单元、重点业务领域或流程环节。

(2) 评价内部控制设计的有效性。

(3) 测试内部控制运行的有效性。

(4) 确认内部控制缺陷。

(5) 出具评价结论，编制评价报告。

(6) 提出适当的措施，改进内部控制缺陷。

## 一、制定内部控制评价方案

内部控制评价方案的制订主要包括明确内部控制评价目的、确定内部控制评价范围等内容。

### (一) 明确内部控制评价目的

在内部控制评价工作开始前，评价机构中每个参与内部控制评价的人都应明确内部控制评价的目的，内部控制评价机构应结合企业实际情况，对战略目标、经营管理的效率和效果目标、财务报告及相关信息真实完整目标、资产安全目标、合法合规目标等单个或整体控制目标的实现进行评价。

内部控制评价工作应由内部审计部门等内部控制评价机构负责，还应该包括企业经营部门、财会部门、人力资源部门、信息系统、税务以及法律等部门的管理人员。对于所需的内部控制评价人员人数及经验，应决定于内部控制评价的性质及复杂程度、时间限制及可用资源等因素的评估。分派内部控制评价工作时，对于内部控制评价人员的遴选，应考虑其所具备的专业知识和技能。当需要更进一步的专业知识和技能时，可以考虑使用外部资源。

### （二）确定内部控制评价范围

内部控制评价应当以风险评估为基础，根据风险发生的可能性和对企业单个或整体控制目标造成的影响程度确定需要评价的关键控制。风险评估包括对企业目标以及对这些目标的实现有重大影响的风险分析，风险评估过程应从企业整体层面开始，并向下延伸至恰当的组织层级。对于每一个重要的目标和风险，企业都应当识别风险所影响的分支机构、重要业务单元、重点业务领域或流程环节。

风险评估程序主要应当包括以下步骤：

（1）就整体而言，业务单元或作为一个整体的企业的基本目标是什么？

（2）基本目标的子目标是什么？

（3）曾与这些子目标的实现相关联的风险是什么？

（4）这些风险发生的可能性如何？

（5）这些风险的影响有多大？

（6）根据风险发生的可能性和影响，对风险进行排序。

在进行风险评估时，内部控制评价人员应考虑的风险因素包括经营的性质，如交易量、经营的复杂性、涉及的金额、地理位置、信息系统的复杂性等因素；环境因素，如竞争情况、市场的变化、管理等因素；易受盗窃或欺诈的程度。在评估风险是否重大时，内部控制评价人员不应考虑相关内部控制的影响。

《企业内部控制规范——基本规范》指出，内部控制的主要目标包括战略目标、经营管理的效率和效果目标、财务报告及相关信息真实完整目标、资产安全目标、合法合规目标共五个主要目标类别。这种对目标的分类为风险评估提供了出发点。这五种主要的目标可进一步细化为更详细的目标，使得详细的目标与可识别的风险相联系。当风险已经被识别后，内部控制评价人员就可以确定哪些控制可以被运用到应对风险之中。

一旦风险被识别，内部控制评价人员下一步就是确定能够恰当应对这些风险的关键控制有哪些。尽管企业的每一个控制对其内部控制系统而言都是重要的，但是内部控制评价人员通常只会关注那些对发表内部控制是否有效评价结论起支撑作用的控制，即内部控制人员应只关注应对重大风险的关键控制。

### （三）编制内部控制评价方案

当内部控制评价目标及可能的风险确知后，内部控制评价人员就能够确定内部控制评价范围及所需时间，列出时间及人员的预算及分派各人的工作。

内部控制评价方案主要包括以下内容：

（1）将内部控制评价人员执行收集、分析、解释信息的程序予以书面化。

（2）陈述内部控制评价的目的，为实现每一个内部控制评价阶段的评价目的所需的抽查范围及程度。

（3）指明应当检查的风险、流程及交易事项，陈述控制测试的性质和范围。

内部控制评价工作方案应报管理层和董事会审批。

## 二、评价内部控制运行的有效性

内部控制评价方案制订后，内部控制评价人员初步识别了内部控制风险，内部控制评价人员下一步就是确定能够恰当应对这些风险的关键控制有哪些。一般而言，内部控制人员应只关注应对重大风险的关键控制。

为了识别关键控制，内部控制人员首先必须了解以下内容：

（1）为了管理或减轻已识别的重大风险，企业的内部控制是如何设计的；

（2）如果内部控制失效没有被及时发现，内部控制的失效是如何发生的。

### （一）了解内部控制

在了解内部控制时，内部控制评价人员可使用以下程序：

（1）通过检查各种文件，并与有关管理人员和职工进行谈话来了解各部门在处理经济业务时相互联系、相互制约的关系，了解各项经济业务的处理程序等，并做成书面记录。

（2）通过绘制业务处理流程图，了解本企业各项经济业务处理的程序及其在业务处理过程中所存在的内部控制情况。

（3）通过编制“问题式内部控制调查表”，来了解本企业内部控制的完善和健全程度。采用调查表的方式了解内部控制，首先要确定所需调查的问题，即针对企业各种业务的内部控制中的关键控制点或主要问题进行调查。该表列出“是”“否”及“不适用”三栏，其中“否”为控制缺陷。

（4）执行穿行测试，即内部控制评价人员选择各种类型交易的少量样本，从头到尾详细检查其处理过程的控制程序及相关文件。

### （二）判断内部控制设计有效性

内部控制评价人员应当根据风险评估程序所收集的证据，判断相关控制的设计是否有效。企业在判断内部控制设计有效性时，应当充分考虑下列因素：

（1）是否针对风险设置了合理的细化控制目标。

（2）是否针对细化控制目标设置了对应的控制活动。

当识别风险后，没有找到适当的控制来防范风险时，内部控制评价人员应确定与这些风险相关的内部控制重大缺陷是什么，是否可以通过任何补充的控制去弥补或缓和内部控制的重要缺陷，并应就不适当的或无效的控制与恰当的管理层进行讨论。如果双方就纠正措施达成一致，并且管理层采取了适当的纠正措施，则继续进行内部控制评价将不再成为必要。但是如果不能与管理层达成一致意见，内部控制评价人员需要收集进一步的证据表明风险确实存在。当控制较弱时，内部控制评价人员应该有计划、有目的地进行测试，以此来证明风险的存在和采取纠正措施的重要性。

## 三、测试内部控制运行的有效性

对内部控制设计的有效性评价后，内部控制评价人员还要检查内部控制是否按设计在有效运行。如果内部控制有章不依或执行不严，就形同虚设。因此，内部控制评价人员需要进一步检查有关的内部控制是否得到遵循以及遵循的程度如何，这项工作通常称为“控制测试”。

内部控制评价人员应当根据审批通过的评价方案组织实施内部控制评价工作，通过适当的方法收集、确认、分析相关信息，对识别出的关键控制活动进行必要的测试，获取充分、相关、可靠的证据对内部控制的有效性进行评价并作出书面记录。

### （一）评价内部控制执行的有效性

在测试内部控制执行的有效性时，内部控制评价人员应当从下列方面获取关于控制执行有效性的证据：

（1）相关控制活动是如何运行的。

（2）相关控制活动是否得到了持续一致的运行。

（3）实施相关控制活动的人员是否具备必需的权限和能力。

控制测试的方法主要包括以下三种：

（1）检查记录或文件，即审查有关凭证、账簿等相关文件或记录是否按规定的制度执行，如是否经过复核、审批等。例如，销售发票上有关审核人员已签字，可以证明该发票已被审查过。

（2）重新执行，就是按经济业务全部或局部的处理过程重新执行一遍。例如，审计人员重新根据采购合同、供货单位的销售发票编制收料单，看其是否与原来收料单上填写的规格、数量、金额一致，以确定内部控制是否得到贯彻执行。

（3）实地观察，审计人员在经济业务处理现场实地察看业务人员是否执行内部控制。例如，观察出纳员支付现金时是否有会计主管的审核签字；现金收支是否及时登入日记账；每日下班以前，是否将余款存入保险箱等。这种实地观察，一般不事先通知被观察人员。

以上控制测试方法应根据内部控制不同方式的特点加以选用。有的控制在具体实施时留有内部控制踪迹，例如在凭证上审核签字、报表上的复核签字等，对此，可用检查文件或记录的方法。而有的内部控制在具体实施时却不留踪迹，例如定期或不定期地抽查复核、一般的授权等，对此，就需要用实地观察或重新执行的方法。但是，并不是所有经济业务都可以采用重新执行的方法，如有的经济业务时过境迁，难以再现和恢复处理作业现场的当时环境，这时就不便使用重新执行的方法。即便是对留有内部控制踪迹的凭证等进行控制测试，也不能单纯地采用检查文件或记录的方法。因为内部控制踪迹还不能完全反映内部控制实施的质量，即不能反映业务人员是严格按控制要求办理或是敷衍了事、草率执行，所以还要辅以实地观察或重新执行的方法作进一步的测试。

### （二）评价证据的充分性和适当性

企业应当根据风险评估和控制测试获取与内部控制有效性相关的证据，并合理保证证据的充分性和适当性。内部控制评价人员需要实施判断来评价证据的充分性和适当性。

证据的充分性是指获取证据的数量应当能合理保证相关控制的有效，充分性的考虑既可能是定量的，如对某一特定控制的执行结果应评价多少次；也可能是定性的评价，如对不经常发生的控制活动以及对有关控制环境和风险评估的控制。内部控制评价人员在考虑证据的充分性时，应考虑以下因素的影响：

（1）控制活动失败的潜在影响。

（2）控制活动运行的部门有没有发生频繁的人员、流程和技术的变动。

（3）控制活动发生的频率。

（4）控制活动的复杂性。

（5）控制活动的运行是否需要高度的判断。

（6）控制活动是否易受到管理层的逾越。

（7）控制活动是人工控制还是自动控制。

证据的适当性是指获取的证据应当与相关控制的设计与运行有关，并能可靠反映控制的实际运行状况。适当的证据应当具备相关、可靠和及时的特征。

企业应当及时记录开展内部控制评价工作的方法和程序，并以适当形式妥善保存相关证据。

## 四、确认内部控制缺陷

在进行内部控制评估测试时，可能会发现控制薄弱环节，这些环节可能给企业带来危害和损失，因此要分析该控制弱点是否会产生潜在错误。内部控制缺陷按其影响程度，分为重大缺陷、重要缺陷和一般缺陷，不管哪类缺陷都是对内部控制有效的一种否定，是企业需要重点关注的问题。

企业内部控制评价工作组应当建立评价质量交叉复核制度，评价工作组负责人应当对评价工作底稿进行严格审核，并对所认定的评价结果签字确认后，提交企业内部控制评价部门。企业内部控制评价部门应当编制内部控制缺陷认定汇总表，结合日常监督和专项监督发现的内部控制缺陷及其持续改进情况，对内部控制缺陷及其成因、表现形式和影响程度进行综合分析与全面复核，提出认定意见，并以适当的形式向董事会、监事会或者经理层报告。重大缺陷应当由董事会予以最终认定。

董事会最终认定内部控制的重大缺陷时，应当确定这些缺陷是如何发生的，并对管理层设计，运行和监督内部控制系统的持续过程的有效性进行重新评估。

## 五、编制内部控制评价报告

内部控制评价报告主要说明内部控制程序是否符合国家有关规定，是否符合管理方针和政策，是否满足单位经营管理的需要，是否有利于单位经营目标的实现，内部控制制度在运行中存在的漏洞或缺陷，改进的措施及具体计划和进度安排等。应当结合年末控制缺陷的整改结果，编制年度内部控制评价报告。内部控制评价报告至少应当包括下列内容：

（1）内部控制评价的目的和责任主体。

（2）内部控制评价的内容和所依据的标准。

（3）内部控制评价的程序和所采用的方法。

（4）衡量重大缺陷严重偏离的定义以及确定严重偏离的方法。

(5) 被评估的内部控制整体目标是否有效的结论。

(6) 被评估的内部控制整体目标如果无效，存在的重大缺陷及其可能影响。

(7) 造成重大缺陷的原因及相关责任人。

(8) 所有在评估过程中发现的控制缺陷以及针对这些缺陷的补救措施及补救措施的实施计划等。

可以根据被评估的整体控制目标的不同，适当调整评价报告的内容。在评价报告中明确财务报表日之后截至内部控制评价日发生的、可能影响财务报告控制目标有效性的所有重大变化。

### 六、改进内部控制缺陷

企业定期对内部控制整体有效性进行评价、出具评价报告，向董事会、监事会和管理层报告内部控制设计与运行环节存在的主要问题以及将要采取的整改措施，并将内部控制评价报告作为进一步完善内部控制、提高经营管理水平和风险防范能力的重要依据。企业对于内部控制评价报告中列示的问题，应当采取适当的措施进行改进；对于认定的重大缺陷，应当及时采取应对策略，切实将风险控制在可承受度之内，并追究相关人员的责任，管理层和董事会应当根据评价结论对相关单位、部门或人员实施适当的奖励和惩戒。

## 第四节 内部控制缺陷的认定

### 一、内部控制缺陷的定义与分类

内部控制缺陷是评价内部控制有效性的负向维度，如果内部控制的设计或运行无法合理保证内部控制目标的实现，即意味着存在内部控制缺陷。企业对内部控制缺陷的认定，应当以日常监督和专项监督为基础，结合年度内部控制评价，由内部控制评价部门进行综合分析后提出认定意见，按照规定的权限和程序进行审核后予以最终认定。内部控制缺陷按不同的分类方式分为设计缺陷与运行缺陷；财务报告内部控制缺陷与非财务报告内部控制缺陷；重大缺陷、重要缺陷与一般缺陷。

#### (一) 设计缺陷与运行缺陷

内部控制缺陷按其成因分为设计缺陷和运行缺陷。设计缺陷是指内部控制设计不科学、不适当，即使正常运行也难以实现控制目标。运行缺陷是指内部控制设计比较科学、适当，但在实际运行过程中没有严格按照设计意图执行，导致内部控制运行与设计相脱节，未能有效实施控制、实现控制目标。

#### (二) 财务报告内部控制缺陷与非财务报告内部控制缺陷

财务报告内部控制缺陷，是指在会计确认、计量、记录和报告过程中出现的、对财务报告的真实性和完整性产生直接影响的控制缺陷，一般可分为财务（会计）报表缺陷、会计基础工作缺陷和与财务报告密切关联的信息系统控制缺陷等。非财务报告内部控制缺陷，是指虽不直接影响财务报告的真实性和完整性，但对企业经营管理的合法合规、资产安全、营运的效率和效果等控制目标的实现存在不利影响的其他控制缺陷。

### （三）重大缺陷、重要缺陷与一般缺陷

企业在日常监督、专项监督和年度评价工作中，应当充分发挥内部控制评价工作组的作用。内部控制评价工作组应当根据现场测试获取的证据，对内部控制缺陷进行初步认定，并按其影响程度分为重大缺陷、重要缺陷和一般缺陷。重大缺陷，是指一个或多个控制缺陷的组合，可能导致企业严重偏离控制目标。重要缺陷，是指一个或多个控制缺陷的组合，其严重程度和经济后果低于重大缺陷，但仍有可能导致企业偏离控制目标，须引起企业重视和关注。一般缺陷，是指除重大缺陷、重要缺陷之外的其他缺陷。重大缺陷、重要缺陷和一般缺陷的具体认定标准，由企业根据上述要求自行确定。

## 二、内部控制缺陷的认定标准

### （一）财务报告内部控制缺陷的认定标准

财务报告内部控制缺陷的认定标准由该缺陷可能导致财务报表错报的重要程度来确定。这种重要程度主要取决于两方面因素：第一，该缺陷是否具备合理可能性导致内部控制不能及时防止、发现并纠正财务报表错报；第二，该缺陷单独或连同其他缺陷可能导致的潜在错报金额的大小。

（1）重大缺陷。如果一项内部控制缺陷单独或连同其他缺陷具备合理可能性导致不能及时防止、发现并纠正财务报表中的重大错报，就应将该缺陷认定为重大缺陷。合理可能性是指大于微小可能性（几乎不可能发生）的可能性，对合理可能性的理解涉及评价人员的职业判断，且这种判断在不同评价期间应保持一致。重大错报中的“重大”涉及企业确定的财务报表的重要性水平。一般而言，企业可以采用绝对金额法（如规定金额超过10 000元的错报应当认定为重大错报）或相对比例法（例如，规定超过净利润5%的错报应当认定为重大错报）来确定重要性水平。如果企业的财务报告内部控制存在一项或多项重大缺陷，就不能得出该企业的财务报告内部控制有效的结论。

（2）重要缺陷。如果一项内部控制缺陷单独或连同其他缺陷具备合理可能性导致不能及时防止、发现并纠正财务报表中虽然未达到和超过重要性水平，但仍应引起董事会和经理层重视的错报，就应将该缺陷认定为重要缺陷。重要缺陷并不影响企业财务报告内部控制的整体有效性，但应当引起董事会和经理层的重视。对于这类缺陷，应当及时向董事会和经理层报告，因此也称为“应报告情形”。

（3）一般缺陷。不构成重大缺陷和重要缺陷的财务报告内部控制缺陷，应认定为一般缺陷。

### （二）非财务报告内部控制缺陷的认定标准

企业可以根据自身的实际情况，参照财务报告内部控制缺陷的认定标准，合理确定非

财务报告内部控制缺陷的定量和定性认定标准。

（1）定量标准，即对事物进行数量测定和量化处理，既可以根据缺陷造成直接财产损失的绝对金额制定，又可以根据缺陷的直接损失占本企业资产、销售收入或利润等的比率确定。

（2）定性标准，可以根据缺陷潜在负面影响的性质、范围等因素确定。

非财务报告内部控制缺陷认定标准一经确定，必须在不同评价期间保持一致，不得随意变更。

### （三）常见的内部控制重大缺陷情形

当有确凿证据表明企业在评价期末存在下列情形之一时，通常应认定为内部控制重大缺陷：企业财务报表已经或者很可能被注册会计师出具否定意见或者拒绝表示意见；企业审计委员会和内部审计机构未能有效发挥监督职能；企业董事、监事和高级管理人员已经或者涉嫌舞弊，或者企业员工存在串谋舞弊情形并给企业造成重要损失和不利影响；企业在财务会计、资产管理、资本运营、信息披露、产品质量、安全生产、环境保护等方面发生重大违法违规事件和责任事故，给企业造成重要损失和不利影响，或者遭受重大行政监管处罚。

上述控制缺陷如果对企业财务报表的真实可靠性产生影响，则为财务报告内部控制重大缺陷；如果不影响财务报告的真实可靠，则为非财务报告内部控制重大缺陷。

企业内部控制评价工作组应建立评价质量交叉复核制度，评价工作组负责人应当对评价工作底稿进行严格审核，并对所认定的评价结果进行签字确认后，提交企业内部控制评价部门。

对于认定的重大缺陷，还应及时采取应对策略，切实将风险控制在可承受范围之内，并追究有关机构或相关人员的责任。

## 三、内部控制缺陷的报告和修改

企业内部控制评价部门应当编制内部控制缺陷认定汇总表，结合日常监督和专项监督过程中发现的内部控制缺陷及其持续改进情况，对内部控制缺陷及其成因、表现形式和影响程度进行综合分析和全面复核，提出认定意见，按照规定的权限和程序进行审核后予以最终认定。

### （一）内部控制缺陷报告

内部控制缺陷报告应当采取书面形式。对于一般缺陷和重要缺陷，通常向企业经理层报告，并视情况考虑是否需要向董事会及其审计委员会、监事会报告；对于重大缺陷，应当及时向董事会及其审计委员会、监事会和经理层报告。如果出现不适合向经理层报告的情形，如存在与经理层舞弊相关的内部控制缺陷，或存在经理层凌驾于内部控制之上的情形等，应当直接向董事会及其审计委员会、监事会报告。企业应根据内部控制缺陷的影响程度合理确定内部控制缺陷报告的时限，一般缺陷、重要缺陷应定期报告、重大缺陷即时报告。

### （二）内部控制缺陷整改

企业对于认定的内部控制缺陷，应当制订内部控制缺陷整改方案，按规定权限和程序审批后执行，即明确内部各管理层级和单位整改的职责分工，确保内部控制设计与运行的主要问题和重大风险得到及时解决和有效控制。对于认定的重大缺陷，还应及时采取应对策略，切实将风险控制在可承受范围之内，并追究有关机构或相关人员的责任。董事会应负责重大缺陷的整改，接受监事会的监督。经理层负责重要缺陷的整改，接受董事会的监督。内部有关单位负责一般缺陷的整改，接受经理层的监督。内部控制缺陷整改方案一般包括整改目标、内容、步骤、措施、方法和期限等，整改期限超过一年的，还应在整改方案中明确近期目标和远期目标以及对应的整改工作任务等。

# 第五节　内部控制评价工作底稿与报告

企业内部控制评价部门应根据日常监督与专项监督的工作，结合内部控制缺陷的认定与整改结果，形成一系列评价底稿，最终形成内部控制评价报告。内部控制评价报告是内部控制评价的最终体现。

## 一、内部控制评价工作底稿

根据《企业内部控制评价指引》第十一条规定，内部控制评价工作应当形成工作底稿，详细记录企业执行评价工作的内容，包括评价要素、主要风险点、采取的控制措施、有关证据资料以及认定结果等。评价工作底稿应当设计合理、证据充分、简便易行、便于操作，可以是通过一系列评价表格加以实现。一般来说，评价工作底稿包括业务流程评价表、控制要素评价表、内部控制评价汇总表三个层次。其中，业务流程评价表形成控制要素评价表的“控制活动要素评价”部分，控制要素评价表连同内部控制缺陷汇总表一起构成内部控制评价汇总表，内部控制评价汇总表是形成内部控制报告的直接依据。

企业应尽量按照统一的格式编制内部控制评价工作底稿，格式详见表 8-1 和表 8-2。

**表 8-1　上市公司董事对公司内部控制评价的工作底稿（非独立董事版本）**

公司名称：　　　　　　　　　　　　　　　　内部控制评价报告年度：　　　年

| 序号 | 内部控制评价勤勉尽责关注要点 | | | 说明 |
|---|---|---|---|---|
| 一 | 内控制度建设情况 | | | |
| 1 | 公司是否已经建立财务报告内部控制制度并形成书面文件 | 是 | 否 | |
| 2 | 公司的财务报告内部控制制度是否形成书面文件 | 是 | 否 | |
| 二 | 内部控制评价职能部门报告情况 | | | |
| 1 | 内部控制评价职能部门是否定期直接向董事会或其下设审计委员会等专业委员会报告内部控制检查、监督和评价工作情况 | 是 | 否 | |
| 2 | 本年度内部控制评价职能部门发现的问题有哪些 | | | |

续表

| 序号 | 内部控制评价勤勉尽责关注要点 | | | 说明 |
| --- | --- | --- | --- | --- |
| 3 | 内部控制评价职能部门对发现的问题是否提出过解决建议 | 是 | 否 | |
| 三 | 内控改进：截至评价报告编报之日，公司对内部控制评价职能部门发现的问题已采取的更正或改进措施有哪些 | | | |
| 四 | 公司是否聘请过中介机构协助本公司建立健全内部控制制度 | 是 | 否 | |
| 五 | 董事会在自我评价过程中发现的问题 | | | |
| 1 | 本年度，是否发现公司财务报告或相关信息存在不真实、不准确或不完整的情况 | 是 | 否 | |
| 2 | 本年度是否发生被相关部门或监管机构（如工商、税务、环保部门等）处罚的情况 | 是 | 否 | |
| 3 | 本年度公司是否发生因内控缺失而造成的重大资产损失 | 是 | 否 | |
| 4 | 公司是否存在由于高管舞弊而导致内部控制失效的情况 | 是 | 否 | |
| 5 | 董事会是否了解监事会在审议年度监事会工作报告中对公司内部控制的意见或建议 | 是 | 否 | |
| 6 | 董事会在自我评价过程中发现的其他问题 | | | |
| 六 | 对公司财务报告相关内部控制的总体评价意见 | | | |
| 七 | 在评价过程中，发现公司的非财务报告内部控制缺陷 | | | |

董事签名：　　　　日期：　　年　　月　　日

### 表 8-2　上市公司独立董事对公司内部控制评价的工作底稿

公司名称：　　　　　　　　　　　　内部控制评价报告年度：　　年

| 序号 | 独立董事对公司财务报告内部控制评价勤勉尽责关注要点 | | | 说明 |
| --- | --- | --- | --- | --- |
| 一 | 董事会审议本年度年报前，独立董事是否与财务总监、财务部门负责人及报表编制人员进行过沟通 | 是 | 否 | |
| 二 | 在与上述人员进行沟通过程中，独立董事是否发现在编制年报时，公司存在在对本年度内季报、半年报已披露内容进行调整的情况 | 是 | 否 | |
| 三 | 本年度独立董事是否就年报审计及财务报告内部控制审计与会计师事务所进行过沟通 | 是 | 否 | |
| 四 | 在与会计师事务所沟通过程中，独立董事是否发现在编制年报时，公司存在在对本年度内季报、半年报已披露内容进行调整或更正的情况 | 是 | 否 | |
| 五 | 在与会计师事务所沟通过程中，独立董事知悉公司与财务报告相关的内部控制存在的问题有哪些 | | | |
| 六 | 本年度公司是否发生过对已披露财务信息进行更正或补充的情况。如有，请说明发生的次数和基本情况及其可能涉及的财务报告内部控制的缺陷（包括设计有效性和执行有效性） | 是 | 否 | |
| 七 | 本年度是否存在对季报、半年报已披露内容进行调整的情况或发生过对已披露财务信息进行更正或补充的情况。如有，独立董事在内部控制方面提出解决措施有哪些 | 是 | 否 | |

董事签名：　　　　日期：　　年　　月　　日

## 二、内部控制评价报告

内部控制评价报告是内部控制评价工作的主要组成部分，内部控制评价报告是董事会或类似权力机构以报告的形式对内部控制评价状况出具评价意见，并提供给相关信息使用者的一种书面文件。企业应当根据《企业内部控制基本规范》及其配套指引，设计内部控制评价报告的种类、格式和内容，按照规定的权限报经批准后对外报出。

### （一）内部控制评价报告的内容

根据《企业内部控制评价指引》第二十一条和第二十二条的相关规定，内部控制评价对外报告一般包括以下内容：

（1）董事会声明。声明董事会及全体董事对报告内容的真实性、准确性、完整性承担个别及连带责任，保证报告内容不存在任何虚假记载、误导性陈述或重大遗漏。

（2）内部控制评价工作的总体情况。明确企业内部控制评价工作的组织、领导体制、进度安排，是否聘请会计师事务所对内部控制有效性进行独立审计。

（3）内部控制评价的依据。说明企业开展内部控制评价工作所依据的法律、法规和制度。

（4）内部控制评价的范围。描述内部控制评价所涵盖的被评价单位，以及纳入评价范围的业务事项及重点关注的高风险领域。内部控制评价的范围有所遗漏的，应说明原因及其对内部控制评价报告真实完整性产生的重大影响等。

（5）内部控制评价的程序和方法。描述内部控制评价工作遵循的基本流程以及评价过程中采用的主要方法。

（6）内部控制缺陷及其认定。描述适用本企业的内部控制缺陷具体认定标准，并声明与以前年度保持一致或作出的调整及相应的原因；根据内部控制缺陷认定标准，确定评价期末存在的重大缺陷、重要缺陷和一般缺陷。

（7）内部控制缺陷的整改情况。对于评价期间发现、期末已完成整改的重大缺陷，说明企业有足够的测试样本显示，与该重大缺陷相关的内控设计合理且运行有效。针对评价期末存在的内控缺陷，公司拟采取的整改措施及预期效果。

（8）内部控制有效性的结论。对不存在重大缺陷的情形，出具评价期末内部控制有效的结论；对存在重大缺陷的情形，不得作出内部控制有效的结论，并需描述该重大缺陷的性质及其对实现相关控制目标的影响程度以及可能给公司未来生产经营带来的相关风险等。自内部控制评价报告基准日至内部控制评价报告发出日，发生重大缺陷的，企业须责成内部控制评价机构予以核实，并根据核查结果对评价结论进行相应的调整，说明董事会拟采取的措施。

### （二）内部控制评价报告的编制要求

内部控制评价报告可分为对内报告和对外报告。对外报告是为了满足外部信息使用者的需求，需要对外披露，在时间上具有强制性，披露内容和格式强调符合披露要求。对内报告主要是为了满足管理层或治理层改善管控水平的需要，不具有强制性，内容、格式和披露时间由企业自行决定。

企业因其外部环境和内部条件的变化，其内部控制系统不可能是固定的、一成不变的，而是一个不断更新和自我完善的动态体系，因此对内部控制需要经常展开评价，在实际工作中可以采用定期与不定期相结合的方式。

对外报告一般采用定期的方式，公司编制的年度内部控制评价报告经董事会审议通过，并按定期报告相关要求审核后，与年度报告一并对外披露。年度内部控制评价报告应当以 12 月 31 日为基准日。值得说明的是，根据 2014 年证监会会同财政部联合制定颁布的《公开发行证券的公司信息披露编报规则第 21 号——年度内部控制评价报告的一般规定》，公司内部控制评价结论认定公司于内部控制评价报告基准日存在内部控制重大缺陷，或者公司内部控制被会计师事务所出具了非标准内部控制审计报告以及标准内部控制审计报告披露了非财务报告内部控制重大缺陷的，公司应当在年度报告“重要提示”中对以上情况作出声明，并提示投资者注意阅读年度报告内部控制相关章节中内部控制评价和审计的相关信息。内部报告一般采用不定期的方式，即企业可以持续地开展内部控制的监督与评价，并根据结果的重要性随时向董事会（审计委员会）或经理层报送评价报告。从广义上讲，企业针对发现的重大缺陷等向董事会（审计委员会）或经理层报送的内部报告（内部控制缺陷报告）也属于非定期的报告。

根据《企业内部控制基本规范》《企业内部控制评价指引》的要求，财政部会同证监会联合制定了《公开发行证券的公司信息披露编报规则第 21 号——年度内部控制评价报告的一般规定》，对公开发行证券的公司内部控制信息披露的原则、方法、内容与格式作出了具体规定，对于指导与规范上市公司的内部控制信息披露行为、提高内部控制信息质量、保护投资者的利益具有重大意义。根据《关于 2012 年主板上市公司分类分批实施企业内部控制规范体系的通知》（财办会［2012］30 号）的规定，需要披露内部控制评价报告的上市公司，在发布年度报告时应遵照执行，鼓励自愿披露内部控制评价报告的其他上市公司参照执行。需要说明的是，该规则是对年度内部控制评价报告披露的最低要求，不论规则是否有明确要求，凡对投资者投资决策有重大影响的内部控制信息，公司均应充分披露。根据该规则，内部控制评价报告的格式如下：

**××股份有限公司××年度内部控制评价报告**

××股份有限公司全体股东：

根据《企业内部控制基本规范》及其配套指引的规定和其他内部控制监管要求（简称“企业内部控制规范体系”），结合本公司（以下简称“公司”）内部控制制度和评价办法，在内部控制日常监督和专项监督的基础上，我们对公司 20××年 12 月 31 日（内部控制评价报告基准日）的内部控制有效性进行了评价。

**一、董事会声明**

公司董事会及全体董事保证本报告内容不存在任何虚假记载、误导性陈述或重大遗漏，并对报告内容的真实性、准确性和完整性承担个别及连带法律责任。

建立健全和有效实施内部控制是公司董事会的责任；监事会对董事会建立和实施内部控制进行监督；经理层负责组织领导企业内部控制的日常运行。

公司内部控制的目标是：一般包括合理保证经营管理合法合规、资产安全、财务报告及相关信息真实完整，提高经营效率和效果，促进实现发展战略。由于内部控制存在的固有局限性，故仅能为实现上述目标提供合理保证。

## 二、内部控制评价工作的总体情况

公司董事会授权内部审计机构（或其他专门机构）负责内部控制评价的具体组织实施工作，对纳入评价范围的高风险领域和单位进行评价［描述评价工作的组织领导体制，一般包括评价工作组织结构图、主要负责人及汇报途径等］。

公司［是/否］聘请了专业机构［中介机构名称］实施内部控制评价，并编制内部控制评价报告；公司［是/否］聘请会计师事务所［会计师事务所名称］对公司内部控制有效性进行独立审计。

## 三、内部控制评价的依据

本评价报告旨在根据中华人民共和国财政部等五部委联合发布的《企业内部控制基本规范》（以下简称“基本规范”）及《企业内部控制评价指引》（以下简称“评价指引”）的要求，结合企业内部控制制度和评价办法，在内部控制日常监督和专项监督的基础上，对公司截至20××年12月31日内部控制的设计与运行的有效性进行评价。

## 四、内部控制评价的范围

内部控制评价的范围涵盖了公司及其所属单位的各种业务和事项，重点关注下列高风险领域［列示公司根据风险评估结果确定的前“十大”主要风险］。纳入评价范围的单位包括［描述公司及其所属单位的明确范围］。纳入评价范围的业务和事项包括（根据实际情况充实调整）：（一）组织架构；（二）发展战略；（三）人力资源；（四）社会责任；（五）企业文化；（六）资金活动；（七）采购业务；（八）资产管理；（九）销售业务；（十）研究与开发；（十一）工程项目；（十二）担保业务；（十三）业务外包；（十四）财务报告；（十五）全面预算；（十六）合同管理；（十七）内部信息传递；（十八）信息系统。上述业务和事项的内部控制涵盖了公司经营管理的主要方面，不存在重大遗漏。

（如存在重大遗漏）公司本年度未能对以下构成内部控制重要方面的单位或业务（事项）进行内部控制评价：［逐条说明未纳入评价范围的重要单位或业务（事项），包括单位或业务（事项）描述、未纳入的原因、对内部控制评价报告真实完整性产生的重大影响等］。

## 五、内部控制评价的程序和方法

内部控制评价工作严格遵循基本规范、评价指引及公司内部控制评价办法规定的程序执行［描述公司开展内部控制检查评价工作的基本流程］。

评价过程中，我们采用了（个别访谈、调查问题、专题讨论、穿行测试、实地查验、抽样和比较分析法等）适当方法，广泛收集公司内部控制设计和运行是否有效的证据，如实填写评价工作底稿，分析、识别内部控制缺陷［说明评价方法的适当性及证据的充分性］。

## 六、内部控制缺陷及其认定

公司董事会根据基本规范、评价指引对重大缺陷、重要缺陷和一般缺陷的认定要求，结合公司规模、行业特征、风险水平等因素，研究确定了适用本公司的内部控制缺陷具体认定标准，并与以前年度保持了一致［描述公司内部控制缺陷的定性及定量标准］，或作出了调整［描述具体调整标准及原因］。

根据上述认定标准，结合日常监督和专项监督情况，我们发现报告期内存在［数量］个缺陷，其中重大缺陷［数量］个，重要缺陷［数量］个。重大缺陷分别为［对重大缺陷进行描述，并说明其对实现相关控制目标的影响程度］。

**七、内部控制缺陷的整改情况**

针对报告期内发现的内部控制缺陷（含上一期间未完成整改的内部控制缺陷），公司采取了相应的整改措施［描述整改措施的具体内容和实际效果］。对于整改完成的重大缺陷，公司有足够的测试样本显示，与重大缺陷［描述该重大缺陷］相关的内部控制设计且运行有效（运行有效的结论需提供90天内有效运行的证据）。

经过整改，公司在报告期末仍存在［数量］个缺陷，其中重大缺陷［数量］个，重要缺陷［数量］个。重大缺陷分别为：［对重大缺陷进行描述］。

针对报告期末未完成整改的重大缺陷，公司拟进一步采取相应措施加以整改［描述整改措施的具体内容及预期达到的效果］。

**八、内部控制有效性的结论**

公司已经根据基本规范、评价指引及其他相关法律法规的要求，对公司截至20××年12月31日的内部控制设计与运行的有效性进行了自我评价。

（存在重大缺陷的情形）报告期内，公司在内部控制设计与运行方面存在尚未完成整改的重大缺陷［描述该缺陷的性质及其对实现相关控制目标的影响程度］。由于存在上述缺陷，可能会给公司未来生产经营带来相关风险［描述该风险］。

（不存在重大缺陷的情形）报告期内，公司对纳入评价范围的业务与事项均已建立了内部控制，并得以有效执行，达到了公司内部控制的目标，不存在重大缺陷。

自内部控制评价报告基准日至内部控制评价报告发出日之间［是/否］发生对评价结论产生实质性影响的内部控制的重大变化。［如存在，描述该事项对评价结论的影响及董事会拟采取的应对措施］。

我们注意到，内部控制应当与公司经营规模、业务范围、竞争状况和风险水平等相适应，并随着情况的变化及时加以调整。［简要描述下一年度内部控制工作计划］未来期间，公司将继续完善内部控制制度，规范内部控制制度执行，强化内部控制监督检查，促进公司健康、可持续发展。

董事长（已经董事会授权）签名：××

（公司签章）

××股份有限公司

20××年×月×日

（作者根据互联网有关资料整理获得）

# 第九章　内部控制审计

## 导入案例

### 泰达股份内部控制审计案例

泰达股份2013年度就曾被中审华寅五洲会计师事务所出具否定意见的内部控制审计报告。中国注册会计师协会发布的《2014年年报审计情况快报》（第八期）显示，泰达股份再次被会计师事务所出具否定意见内部控制审计报告。

中国注册会计师协会发布的《2013年年报审计情况快报》（第十三期）显示，注册会计师认为，泰达股份财务报告内部控制存在如下重大缺陷：

（1）泰达股份子公司扬州昌和工程开发有限公司在2013年存在为泰达股份其他子公司及外部单位提供担保的行为。

（2）泰达股份子公司扬州声谷信息产业发展有限公司在2013年存在为泰达股份其他子公司提供担保的行为。

（3）泰达股份子公司扬州广硕信息产业发展有限公司在2013年存在为外部单位提供担保的行为。

上述担保均未按照泰达股份内部控制制度的规定履行授权审批、信息披露等程序，与之相关的财务报告内部控制执行失效，该重大缺陷可能导致泰达股份因履行担保责任而承担损失的风险。有效的内部控制能够为财务报告及相关信息的真实完整提供合理保证，注册会计师认为上述重大缺陷使该公司内部控制失去这一功能。泰达股份管理层已识别出上述重大缺陷，并将其包含在企业内部控制评价报告中，但未在所有重大方面公允反映。2013年年底，泰达股份尚未完成上述存在重大缺陷的内部控制的整改工作，但在编制2013年度财务报表时，已对上述内部控制失效可能导致的会计差错予以关注、避免和纠正。在泰达股份2013年财务报表审计中，注册会计师已经考虑了上述重大缺陷对审计程序的性质、时间安排和范围的影响。

2014年度，泰达股份更换会计师事务所，更换的理由为前任事务所合同期满客户未续聘。泰达股份的内部控制审计机构由中审华寅五洲会计师事务所更换为普华永道中天会计师事务所，而普华永道中天会计师事务所又为泰达股份出具了否定意见的内部控制审计报告。注册会计师认为，泰达股份的财务报告内部控制存在如下重大缺陷：

（1）部分子公司未定期执行资产减值评估，或在资产减值评估过程中未发现已表明该资产已发生减值的客观证据。上述重大缺陷影响了财务报表中应收账款和可供出售金融资产相关的资产的计价以及资产减值的准确性，与之相关财务报告内部控制执行失效。泰达股份尚未在2014年年底完成上述存在重大缺陷的内部控制的整改工作，但在编制2014年度财务报表时已对资产减值损失进行了恰当调整，并对前期对应数据相应进行了追溯调整及重述。

（2）部分区域开发板块子公司未执行对于应付未付工程款进行暂估、预提的分析审核的内部控制。上述重大缺陷影响了财务报表中应付未付的一级土地开发工程款的截止性和义务认定，与之相关财务报告内部控制执行失效。泰达股份尚未在2014年年底完成上述存在重大缺陷的内部控制的整改工作，但在编制2014年度财务报表时已对“存货”“应付账款”等相关科目进行了恰当调整，并对前期对应数据相应进行了追溯调整及重述。

（3）个别区域开发板块子公司未执行对于工程施工成本归集和分摊的审核的内部控制，且尚未建立定期分析工程进度并按照完工百分比法进行相应会计处理的内部控制。上述重大缺陷影响了财务报表中应该按照完工百分比法确认收入交易的准确性和截止性，与之相关财务报告内部控制设计和执行失效。泰达股份尚未在2014年年底完成上述存在重大缺陷的内部控制的整改工作，但在编制2014年度财务报表时已对二级代建开发成本、收入及相关科目进行了恰当调整，并对前期对应数据相应进行了追溯调整及重述。

（4）从事贸易批发业务的部分子公司尚未建立从贸易批发业务所承担的存货风险、信用风险等业务实质进行分析判断所适用的收入确认原则的内部控制。上述重大缺陷影响了财务报表中贸易收入及成本确认的完整性、准确性和截止性，与之相关财务报告内部控制设计失效。泰达股份尚未在2014年年底完成上述存在重大缺陷的内部控制的整改工作，但在编制2014年度财务报表时已对这些可能存在的会计差错予以关注和纠正，并对前期对应数据相应进行了追溯调整及重述。

（5）部分子公司未执行对在建工程是否达到可使用状态进行检查的控制。上述重大缺陷影响了财务报表中在建工程、固定资产和管理费用的准确性和截止性，与之相关财务报告内部控制执行失效。泰达股份尚未在2014年年底完成上述存在重大缺陷的内部控制的整改工作，但在编制2014年度财务报表时已对这些可能存在的会计差错予以关注和纠正，并对前期对应数据相应进行了追溯调整及重述。

（6）对财务人员的专业培训不够充分，对部分会计准则的理解不够准确，会计处理及财务报告披露流程中的审核存在部分运行缺陷，未能及时发现部分子公司资产减值、应付未付工程款的计提、按完工百分比法的销售确认、贸易收入及成本的确认、在建工程转固定资产、现金流量表中对现金及现金等价物的认定、银行融资在应付票据与短期借款的分类、借款在长期负债与短期负债的分类、营业收入和利息收入的分类、BOT项目核算、尚未获得土地证的预付土地款记录等方面存在的问题。

（蔡秋红：《泰达股份换所后又被出具非标审计报告》，http：//news. esnai. com/33/2015/0330/112248. shtml，2015-03-30）

## 第一节 内部控制审计概述

随着近几年的审计丑闻事件的频繁出现，内部控制审计越来越得到更广泛的关注，世界各国都在一定程度上对内部控制审计提出了具体的要求。世界各国对企业内部控制审计的相关做法可以大致分为两类：一类是以法案形式强制要求对企业财务报告内部控制进行审计，如美国和日本；另一类是未强制要求进行内部控制审计，如欧盟各国、加拿大等。

## 一、内部控制审计的定义

内部控制审计是指会计师事务所师接受业务委托，对上市公司特定基准日内部控制设计与运行有效性进行审计，并应该在内部控制审计工作中获取充分、适当的证据，为发表内部控制审计意见提供合理保证。

这个概念有三点需要说明：

（1）内部控制审计基于特定基准日，这并不意味着注册会计师只关注企业基准日当天的内部控制，而是要考察企业一个时期内部控制的设计和运行情况。

（2）定义中的内部控制的设计和运行是与财务报告相关的内部控制，并对内部控制审计过程中注意到的非财务报告内部控制的重大缺陷，在内部控制审计报告中增加“非财务报告内部控制重大缺陷描述段”予以披露。

（3）审计对象是内部控制设计与运行的有效性。

我国《内部控制审计指引》指出，注册会计师可以单独进行内部控制审计，也可将内部控制审计与财务报表审计整合进行。

## 二、内部控制审计与财务报表审计之间的关系

财务报表审计和内部控制审计是保障企业健康运营的两个主要方面。企业既离不开财务报表审计也离不开内部控制审计。财务报表审计的目标是注册会计师通过执行审计工作，对财务报表是否按照规定的标准编制发表审计意见。规定的标准通常是企业会计准则和相关会计制度。内部控制审计就是确认、评价企业内部控制有效性的过程，包括确认和评价企业内部控制设计和内部控制运行缺陷及缺陷等级，分析缺陷形成原因，提出改善内部控制建设的建议。

### （一）内部控制审计和财务报告审计的一致性

企业内部控制的了解和测试及其有效性评估是制定财务报告审计策略、实施进一步审计程序的基础和前提。因此，内部控制审计和财务报告审计存在着很多一致，主要体现在以下五个方面：

（1）两者的最终目的一致，虽然二者各有侧重，但最终目的均为提高财务信息质量，提高财务报告的可靠性，为利益相关者提供高质量的信息。

（2）两者都采取风险导向审计模式，注册会计师首先实施风险评估程序，识别和评估重大缺陷（或错报）存在的风险。在此基础上，有针对性地采取应对措施，实施相应的审计程序。

（3）两者都要了解和测试内部控制，并且对内部控制有效性的定义和评价方法相同，都可能用到询问、检查、观察、穿行测试、重新执行等方法和程序。

（4）两者均要识别重点账户、重要交易类别等重点审计领域。注册会计师在财务报告审计中，需要评价这些重点账户和重要交易类别是否存在重大错报；在内部控制审计中，

需要评价这些账户和交易是否被内部控制所覆盖。

(5) 两者确定的重要性水平相同。注册会计师在财务报告审计中确定重要性水平，旨在检查财务报告内部控制是否存在重大缺陷。由于审计对象、判断标准相同，因此二者在审计中确定的重要性水平亦相同。

### (二) 内部控制审计和财务报告审计的区别

虽然二者存在着多方面的联系，但由于审计对象、审计重点等不同，使得二者存在实质性差异，内部控制审计独立于财务报告审计。主要体现在以下五个方面：

(1) 对内部控制了解和测试的目的不同。注册会计师在财务报告审计中评价内部控制的目的，是为了判断是否可以相应减少实质性程序的工作量，以支持财务报告的审计意见类型；在内部控制审计中评价内部控制的目的，则是为了对内部控制本身的有效性发表审计意见。

(2) 内部控制测试范围存在区别。注册会计师在财务报告审计中，根据成本效益原则可能采取不同的审计策略，对于某些审计领域，可以绕过内部控制测试程序进行审计。而在内部控制审计中，注册会计师则不能绕过内部控制测试程序进行审计，注册会计师应当针对每一审计领域获取控制有效性的证据，以便对内部控制整体的有效性发表意见。

(3) 内部控制测试结果所要达到的可靠程度不完全相同。在财务报告审计中，对控制测试的可靠性要求相对较低，注册会计师测试的样本量也有一定的弹性。在内部控制审计中，注册会计师则需要获取内部控制有效性的高度保证，因此对控制测试的可靠性要求较高，样本量选择的弹性相对较小。

(4) 两者对控制缺陷的评价要求不同。在财务报告审计中，注册会计师仅需将审计过程中识别出的内部控制缺陷区分为值得关注的内部控制缺陷和一般缺陷。而在内部控制审计中，注册会计师需要对内部控制缺陷进行严格的评估，将值得关注的内部控制缺陷进一步区分为重大缺陷和重要缺陷。重大缺陷将影响到审计意见的类型。

(5) 审计报告的内容不同。在财务报告审计中，注册会计师一般不对外报告内部控制的情况，除非内部控制影响到对财务报告发表的审计意见。在内部控制审计中，注册会计师应报告内部控制的有效性。

所以内部控制审计和财务报告审计是相辅相成的两种手段，其目的都是为了企业能够健康运行，建立一个良好的资本运作市场。

## 三、内部控制审计的现实意义

实施企业内部控制审计，是立足我国国情、借鉴国际惯例推出的一项创新之策，也是确保企业内部控制有效实施的重要标志和制度安排。

(1) 实施内部控制审计，有利于揭示企业内部控制重大缺陷，促进企业健全内部控制体系，提升经营管理水平和风险防范能力。内部控制审计是全面提升企业经营管理水平的重要制度安排。作为执业审计人员，注册会计师能够更加全面、深入、客观地评价企业内部控制，及时发现内部控制中存在的重大风险和薄弱环节，并督促管理层对内部控制缺陷采取有效的整改措施。

（2）实施内部控制审计，是提高社会认知度的需要。当今世界，企业的信誉很重要，直接影响到客户对企业产品的信任感，影响企业的生存和发展。企业信誉不仅取决于当前的资金实力和盈利能力，而且还取决于人们对企业本来的预期。企业一旦发生欺诈、管理不善或违反法规，就会引起社会的广泛关注，造成不良的社会影响，使企业价值大大下降。内部控制审计有利于预防此类问题的发生，并及时提出妥善的补救措施，所以企业进行内部控制审计能够提升企业信誉。

（3）实施内部控制审计，有利于资本市场的健康发展。如果没有一个合理的制度安排对企业提供的内部控制信息进行鉴定，那么投资者将会对信息的真实性、可靠性产生怀疑，这必然会加大交易成本，影响资本市场的规范运作和效率。因此实施内部控制审计，有利于控制内部控制信息的真实性、可靠性、完整性、有用性，促进资本市场的有效发展。

（4）实施内部控制审计，有利于增强内部控制信息披露的可靠性，维护投资者的利益。内部控制信息披露质量的高低，直接影响到投资者经营决策的有效性，进而影响投资者对资本市场的信心。内部控制审计的本质功效，在于提高内部控制信息披露的可靠性和提升内部控制信息的价值。而且，它不但可以提高内部控制信息披露的可靠性，而且还有利于维护投资者的利益。

（5）实施内部控制审计，有利于满足政府监管部门对资本市场监管的需要。市场经济的健康发展，需要政府对市场行为和市场经济秩序进行恰当、必要的监管。无论是在一些欧美国家还是在我国，直接推动内部控制审计的核心力量都是政府监管部门。内部控制审计是政府监管部门基于提升内部控制有效性及其信息披露的可靠性所做出的制度性安排，在维护资本市场完整性方面，发挥着至关重要的作用。实施内部控制审计，有利于提高政府监管效率，不断规范市场经济秩序，更好地维护社会公平与效率。

## 四、内部控制审计的范围

内部控制是由企业董事会、监事会、经理层和全体员工实施的、旨在实现控制目标的过程。内部控制的目标是合理保证企业经营管理合法合规、资产安全、财务报告及相关信息真实完整，提高经营效率和效果，促进企业实现发展战略。内部控制审计，是指会计师事务所接受委托，对特定基准日内部控制设计与运行的有效性进行审计。

尽管这里提及的是内部控制审计，但无论从国外审计规定和实践看，还是从我国的相关规定看，注册会计师执行的内部控制审计严格限定在财务报告内部控制审计。从注册会计师的专业胜任能力、审计成本效益的约束以及投资者对财务信息质量的需求看，财务报告内部控制审计是服务的核心要求。因此，审计意见覆盖的范围是针对财务报告内部控制，注册会计师对其有效性发表审计意见；对非财务报告内部控制，注册会计师会针对内部控制审计过程中注意到的非财务报告内部控制的重大缺陷，在内部控制审计报告中增加“非财务报告内部控制重大缺陷描述段”予以披露。

财务报告内部控制，是指公司的董事会、监事会、经理层及全体员工实施的旨在合理保证财务报告及相关信息真实、完整而设计和运行的内部控制以及用于保护资产安全的内部控制中与财务报告可靠性目标相关的控制。

从注册会计师审计的角度，财务报告内部控制包括企业层面的内部控制，业务流程、应用系统或交易层面的内部控制。

### （一）企业层面的内部控制

（1）与控制环境相关的控制（如对诚信和道德价值沟通和落实、对胜任能力的重视、治理层的参与程度、管理层的理念和经营风格、组织结构、职权与责任的分配、人力资源政策与实务）。

（2）针对管理层和治理层凌驾于内部控制之上的风险而设计的内部控制（例如，针对重大非常规交易的控制、针对关联方交易的控制、减弱伪造或不恰当操作财务结果的动机和压力的控制）。

（3）被审计单位的风险评估过程（如何识别经营风险、估计其重要性、评估其发生的可能性、采取措施应对和管理风险及其结果）。

（4）对内部信息传递和期末财务报告流程的控制（例如与会计政策选择和运用的程序、调整分录和合并分录的编制和批准、编制财务报表的相关的控制）。

（5）对控制有效性的内部监督（即监督其他控制的控制）和内部控制评价。

（6）集中化的处理和控制、监控经营成果的控制以及重大经营控制和风险管理实务的政策。

### （二）业务流程、应用系统或交易层面的内部控制

（1）业绩评价（对实际与预算、预测与前期、经营数据和财务数据、内部数据和外部数据作出的评价）。

（2）信息处理（应用控制和信息技术一般控制：前者如对计算准确性检查、对账户和试算平衡表审核，对例外报告的人工跟进；后者如程序变动控制、限制接触程序或数据的控制）。

（3）实物控制（如保护资产的实物安全、对接触计算机程序和数据文档设置授权、定期盘点并将盘点记录与控制记录相核对）。

（4）职责分离（即将交易授权、记录交易以及资产保管等职责分配给不同的员工）。

## 五、内部控制审计的基准日

内部控制审计基准日，是指注册会计师评价内部控制在某一时日是否有效所涉及的基准日，也是被审计单位评价基准日，即最近一个会计期间截止日。

注册会计师不可能对企业内部控制在某个期间段（如一年）内每天的运行情况进行描述，然后发表审计意见，这样做不切实际，并且无法向信息使用者提供准确清晰的信息（考虑到中间对内部控制缺陷的纠正），甚至会误导使用者。

注册会计师对特定基准日内部控制的有效性发表意见，并不意味着注册会计师只测试基准日这一天的内部控制，而是需要考察足够长一段时间内部控制设计和运行的情况，对控制有效性的测试涵盖的期间越长，提供的控制有效性的审计证据越多。单就内部控制审计业务而言，注册会计师应当获取内部控制在基准日之前一段足够长的期间内有效运行的

审计证据。在整合审计中，控制测试所涵盖的期间应当尽量与财务报表审计中拟信赖内部控制的期间保持一致。

# 第二节　计划审计工作

合理地计划内部控制审计工作，有助于注册会计师关注重点审计领域、及时发现和解决存在问题、恰当地组织和管理内部控制审计工作。同时，还可以帮助注册会计师对项目组成员进行恰当的分工、指导、监督和复核，协调其他注册会计师和外部专家的工作。

## 一、计划审计工作时应当考虑的事项

在计划审计工作时，注册会计师应当评价下列事项对财务报告内部控制、财务报表及审计工作的影响。

### （一）与企业相关的风险

注册会计师通常通过询问被审计单位的高级管理人员、考虑宏观形势对企业的影响并结合以往的审计经验，了解企业在经营活动中面临的各种风险，并重点关注那些对财务报表可能产生重要影响的风险以及这些风险当年的变化。例如，在国家货币政策趋于紧缩的形势下，企业可能较以前年度难于获得银行的贷款而普遍面临资金短缺的压力，如果被审计单位的应收账款余额较高且当年逾期应收账款有明显上升时，被审计单位的坏账风险很可能高于往年。这时，注册会计师应考虑应收账款坏账风险将导致认定层次重大错报风险。整合审计中，在审计计划阶段注册会计师既需要关注应收账款的坏账准备这一重要账户，又需要关注被审计单位计提应收账款坏账准备的这一重大业务流程的内部控制，将此设定为内部控制审计的一个重大风险。因此，了解企业面临的风险可以帮助识别重大错报风险，继而帮助注册会计师识别重要账户、重要列报和相关认定以及识别重大业务流程，对内部控制审计的重大风险形成初步评价。

### （二）相关法律法规和行业概况

注册会计师应当了解与被审计单位业务相关的法律法规及其合规性。在整合审计中，注册会计师应当重点关注可能直接影响财务报表金额与披露的法律法规，如税法、高度监管行业的监管法规（如适用）等。同时，注册会计师通过询问董事会、管理人员和相关部门人员以及检查被审计单位与监管部门的往来函件，关注被审计单位的违法违规情况，考虑违法违规行为可能导致的罚款、诉讼及其他可能对企业财务报表产生重大影响的事件，并初步判断是否可能造成非财务报告内部控制的重大缺陷。

另外，注册会计师应了解行业因素以确定其对被审计单位经营环境的影响。例如，注册会计师应考虑以下问题：

（1）被审计单位的竞争环境，如市场容量、市场份额、竞争优势、季节性因素等。

（2）被审计单位与客户及供应商的关系，如信用条件、销售渠道、是否为关联方等。

（3）技术的发展，如与企业产品、能源供应及成本有关的技术发展。

### （三）企业组织结构、经营特点和资本结构等相关重要事项

注册会计师应当了解被审计单位的股权结构、企业的实际控制人及关联方企业的子公司、合营公司、联营公司以及财务报表合并范围；企业的组织机构、治理结构；业务及区域的分部设置和管理架构；企业的负债结构和主要条款，包括资产负债表外的筹资安排和租赁安排等。注册会计师了解企业的这些情况，以便评价企业是否存在重大的、可能引起重大错报的非常规收务和关联交易，是否构成重大错报风险以及相关的内部控制是否可能存在重大缺陷。

### （四）企业内部控制最近发生变化的程度

注册会计师应当了解被审计单位本期内部控制发生的变化以及变化的程度，从而相应地调整审计计划。这些变化包括新增的业务流程、原有业务流程的更新、内部控制执行人的变更等。企业内部控制的变化将会直接影响到注册会计师内部控制审计程序的性质、时间安排和范围。例如，针对企收新增业务的重大业务流程，注册会计师应当安排有经验的审计人员了解该业务流程，并在实施审计工作中的前期识别该流程相关控制，以尽早地与企业沟通该流程中的相关控制是否可能存在重大的设计缺陷。

### （五）与企业沟通过的内部控制缺陷

注册会计师应当了解被审计单位对以前年度审计中发现的内部控制缺陷所采取的改进措施及改进结果，并相应适当地调整本年的内部控制审计计划。如果以前年度发现的内部控制缺陷未得到有效整改，则注册会计师需要评价这些缺陷对当期的内部控制审计意见的影响。

注册会计师应当阅读企业当期的内部审计报告，评价内部审计报告中发现的控制缺陷是否与内部控制审计相关且对内部控制审计程序和审计意见的影响。对于在内部审计报告中提及的可能导致财务报表发生重大错报的内部控制缺陷，注册会计师应当将其记录在内部控制缺陷汇总中，关注企业相应的整改计划和实施情况，并评价其对内部控制审计意见的影响。

### （六）重要性、风险等与确定内部控制重大缺陷相关的因素

注册会计师应当对与确定内部控制重大缺陷相关的重要性、风险及其他因素进行初步判断。

对于已识别的风险，注册会计师应当评价其对财务报表和内部控制的影响程度。注册会计师应当更多地关注内部控制审计的高风险领域，而没有必要测试那些即使有缺陷，也不可能导致财务报表重大错报的控制。

通常，对企业整体风险的评估和把握由富有经验的项目组成员完成。风险评估结果的变化将体现在具体审计步骤及关注点的变化中。

### （七）对内部控制有效性的初步判断

注册会计师综合上述考虑以及借鉴以前年度的审计经验，形成对企业内部控制有效性的初步判断。

对于内部控制可能存在重大缺陷的领域，注册会计师应给予充分的关注，具体表现在对相关的内部控制亲自进行测试而非利用他人工作；在接近内部控制评价基准日的时间测试内部控制；选择更多的子公司或业务部门进行测试；增加相关内部控制的控制测试量等。

### （八）可获取的、与内部控制有效性相关的证据的类型和范围

注册会计师应当了解可获取的、与内部控制有效性相关的证据的类型和范围。例如，第三方证据还是内部证据，书面证据还是口头证据，所获得证据可以覆盖所有测试领域还是仅能覆盖部分领域等。注册会计师应当根据《中国注册会计师审计准则第 1301 号——审计证据》对可获取的审计证据的充分性和适当性进行评价，以更好地计划内部控制测试的时间、性质和范围。内部控制的特定领域存在重大缺陷的风险越高，注册会计师所需获取的审计证据客观性、可靠性越强。

## 二、签订内部控制审计业务约定书

在注册会计师进行内部控制审计工作之前，会计师事务所应当与被审计单位签订单独的审计业务约定书。内部控制审计业务约定书应当至少包括下列内容：

（1）内部控制审计的目标和范围。

（2）注册会计师的责任。

（3）被审计单位的责任。

（4）指出被审计单位采用的内部控制标准。

（5）提及注册会计师拟出具的内部控制审计报告的形式和内容以及对在特定情况下出具的内部控制审计报告可能不同于预期形式和内容的说明。

（6）审计收费。

## 三、制定总体审计策略和具体审计计划

注册会计师在与被审计单位签订单独的内部控制审计业务约定书后，应当贯彻风险导向审计的思路，恰当地计划内部控制审计工作，配备具有专业胜任能力的项目组，并对助理人员进行适当督导，制定总体审计策略和具体审计计划。

### （一）总体审计策略

总体审计策略用以总结计划阶段的成果，确定审计的范围、时间和方向，并指导具体审计计划的制定。制定总体审计策略的过程有助于注册会计师结合风险评估程序的结果确定下列事项：

（1）向具体审计领域分配资源的类别和数量，包括向高风险领域分派经验丰富的项目

组成员，向高风险领域分配的审计时间预算等；

（2）何时分配这些资源，包括在期中审计阶段还是在关键日期调配资源等；

（3）如何管理、指导和监督这些资源，包括预期何时召开项目组预备会和总结会，项目合伙人和经理如何进行复核，是否需要实施项目质量控制复核等。

注册会计师应当在总体审计策略中体现下列内容：

（1）确定内部控制审计业务特征，以界定审计范围。

注册会计师通常需要考虑下列因素：

①被审计单位采用的内部控制标准。

②注册会计师预期内部控制审计工作涵盖的范围，包括涵盖的组成部分的数量及所在地点。内部控制审计范围应当包括被审计单位在内部控制评价基准日或在此之前收购的实体以及在基准日作为终止经营进行会计处理的业务。对于按照权益法核算的投资，审计的范围应当包括针对权益法下相关会计处理而实施的控制，但通常不包括对权益法下被投资方的控制。

③拟审计的经营分部的性质，包括是否需要具备专门知识。

④注册会计师对被审计单位内部控制评价工作的了解以及拟利用被审计单位内部相关人员工作的程度。

⑤被审计单位使用服务机构的情况以及注册会计师如何取得有关服务机构内部控制设计和运行有效性的证据。

⑥对利用在以前审计工作中或财务报表审计工作中获取的审计证据的预期。

⑦信息技术对审计程序的影响，包括数据的可获得性和对使用计算机辅助审计技术的预期。

（2）明确审计业务的报告目标，以审计计划的时间安排和所需沟通的性质。

注册会计师通常需要考虑下列因素：

①被审计单位对外公布内部控制审计报告的时间安排。

②注册会计师与管理层和治理层讨论内部控制审计工作的性质、时间安排和范围。

③注册会计师与管理层和治理层拟出具报告的类型和时间安排以及沟通的其他事项，包括审计报告、管理建议书和向治理层通报的其他事项。

④注册会计师与管理层讨论预期就整个审计业务中对审计工作的进展进行的沟通。

⑤项目组成员之间沟通的预期性质和时间安排。

⑥预期是否需要和第三方进行其他沟通。

（3）根据职业判断，考虑用以指导项目组工作方向的重要因素。

注册会计师通常需要考虑下列因素：

①财务报表整体的重要性和实际执行的重要性。

②初步识别的可能存在较高重大错报风险的领域。

③评估的财务报表层次的重大错报风险对指导、监督和复核的影响。

④被审计单位经营活动或内部控制最近发生变化的程度。

⑤与被审计单位沟通过的内部控制缺陷。

⑥有关管理层对设计、执行和维护健全的内部控制重视程度的证据，包括有关这些控

制得以适当记录的证据。

⑦注册会计师对内部控制有效性的初步判断和对内部控制重大缺陷的初步识别。

⑧可获取与内部控制有效性相关的证据的类型和范围。

⑨与评价财务报表发生重大错报的可能性和内部控制的有效性相关的公开信息。

（4）考虑初步业务活动的结果，并考虑对被审计单位执行其他业务时获得的经验是否与内部控制审计业务相关。

注册会计师通常需要考虑下列因素：

①注册会计师在执行其他业务时对被审计单位财务报告内部控制的了解。

②影响被审计单位所处行业的事项，如行业财务报告惯例、经济状况和技术革新等。

③与被审计单位相关的法律法规和监管环境。

④与被审计单位经营相关的事项，包括组织结构、经营特征和资本结构。

⑤被审计单位经营活动的复杂程度以及与被审计单位相关的风险。

⑥以前审计中对内部控制运行有效性评价的结果，包括识别出的缺陷的性质和应对措施。

⑦影响被审计单位的重大业务发展变化，包括信息技术和业务流程的变化，关键管理人员变化以及收购、兼并和处置。

（5）确定执行业务所需资源的性质、时间安排和范围。例如，项目组成员的选择以及对项目组成员审计工作的分派、项目时间预算等。

### （二）具体审计计划

具体审计计划比总体审计策略更加详细，内容包括项目组成员拟实施的审计程序的性质、时间安排和范围。计划这些审计程序，会随着具体审计计划的制定逐步深入，并贯穿于审计的整个过程。

注册会计师应当在具体审计计划中体现下列内容：

（1）了解和识别内部控制程序的性质、时间安排和范围。

（2）测试控制设计有效性程序的性质、时间安排和范围。

（3）测试控制运行有效性程序的性质、时间安排和范围。

在计划具体审计工作时，注册会计师需要评价下列事项对财务报表和内部控制是否有重要影响以及有重要影响的事项将如何影响审计工作：

（1）评估管理层评估的流程。注册会计师必须获得管理层对关于公司内部控制有效性评估的过程的了解。其主要包括：注册会计师应当决定对哪些控制实施测试，包括对财务报表中的所有重要会计科目和披露事项的相关认定的控制；评估控制失效导致错报的可能性、错报的程度以及在其他控制有效实施的情形下，实现同样的控制目标的程度；评估控制设计的有效性；根据评估其实施有效性的程序是否充足，来评估控制实施的有效性；决定内部控制缺陷的程度和导致重要缺陷及实质性漏洞发生的可能性；对审计发现是否合理以及是否支持管理层的评估进行评价。

（2）评估管理层的文档记录。其主要包括：对与财务报表重要会计科目和披露事项相关的所有认定进行控制的设计；关于重要交易是如何被初始、授权、记录、处理和报告的信息；关于交易流向的足够信息，包括识别可能发生错误或舞弊而导致重大错报的关键点；已设计的防止或发现舞弊的控制，包括谁实施控制以及相关的职责划分；对期末财务报告过程的控制；对资产保护的控制以及管理层进行测试和评估的结果。

（3）获得对内部控制的了解。其主要通过询问合适的管理层、监督人员和员工；检查公司文件；观察专用控制的应用；通过信息系统追踪与财务报告相关的交易来了解公司内部控制的各个方面。

（4）识别重要会计科目。注册会计师应首先在财务报表、会计科目或披露事项因素层次确定重要的会计科目和披露事项。决定财务报表内重要的会计科目和披露事项也是决定特殊控制测试的出发点。

（5）识别重要的流程和主要的交易类型。注册会计师应当对每一类主要的影响重要会计科目或几组会计科目的交易的重要流程进行识别。主要的交易类型指的是对财务报表产生重要影响的交易类型。

（6）理解期末财务报告流程。作为了解和评估期末财务报告流程的一部分，注册会计师应当评估公司使用编制年度和季度财务报表的输入和输出方法；期末财务报告过程中使用信息技术的程度；管理层的参与；涉及经营场所的数量；调整分录的类型（例如，标准、非标准、抵销、合并等），包括管理层、董事会和审计委员会在内的适当的机构对流程进行监管的性质和程度。

### 五、利用被审计单位内部相关人员工作时的考虑

2008 年 5 月 22 日，财政部等五部委联合发布了《企业内部控制基本规范》，要求上市公司应当对本公司内部控制的有效性进行自我评价，披露年度自我评价报告。注册会计师在进行内部控制审计工作时可以对企业内部控制自我评价进行评估，并根据评估结果来判断在内部控制审计工作中是否可以利用企业内部审计人员、内部相应减少可能本应由注册会计师执行的工作，以减少审计工作量提高设计效率。

但是在注册会计师利用企业内部审计人员、内部控制评价人员和其他相关人员的工作时，应当对其专业胜任能力和客观性进行充分评价。而且，是否利用企业的内部控制自我评价需要区分相关控制风险，若风险越高，企业的内部控制自我评价工作的利用程度就越低，注册会计师更应该对该项控制亲自进行测试。

注册会计师应当对发表的审计意见独立承担责任，其责任不因利用企业内部审计人员、内部控制评价人员和其他相关人员的工作而减轻。

## 第三节　内部控制审计的实施

注册会计师在对企业进行内部控制审计的实施阶段，应当按照自上而下的方法实施审计工作。自上而下的方法是注册会计师识别风险、选择拟测试控制的基本思路。

自上而下的方法按照下列思路展开：

（1）从财务报表层次初步了解内部控制整体风险。

（2）识别企业层面控制。

（3）识别重要账户、列报及相关认定。

（4）了解错报的可能来源。

（5）选择拟测试的控制。

在财务报告内部控制审计中，自上而下的方法始于财务报表层次，以注册会计师对财务报告内部控制整体风险的了解开始。然后，注册会计师将关注的重点放在企业层面的控制上，并将工作逐渐下移至重大账户、列报及相关的认定。这种方法引导注册会计师将注意力放在显示有可能导致财务报表及相关列报发生重大错报的账户、列报及认定上。之后，注册会计师验证其了解到的业务流程中存在的风险，选择足以应对这些风险的业务层面控制进行测试。

自上而下的方法描述了注册会计师在识别风险以及拟测试的控制时的连续思维过程，但并不一定是注册会计师执行审计程序的顺序。

## 一、识别企业层面控制

注册会计师测试企业层面控制，应当把握重要性原则，至少应当关注以下内容：

（1）与内部环境相关的控制。

（2）针对董事会、经理层凌驾于控制之上的风险而设计的控制。

（3）企业的风险评估过程。

（4）对内部信息传递和财务报告流程的控制。

（5）对控制有效性的内部监督和自我评价。

内部控制审计的实施，从财务报表层次初步了解财务报告内部控制整体风险是自上而下方法的第一步。通过了解企业与财务报告相关的整体风险，注册会计师首先可以识别出为保持有效的财务报告内部控制而必需的企业层面内部控制。此外，由于对企业层面内部控制的评价结果将影响注册会计师测试其他控制的性质、时间安排和范围，因此，注册会计师可以考虑在执行业务的早期阶段对企业层面内部控制进行评价。注册会计师应该从企业层面控制的精确度和企业层面控制的内容两方面来对企业层面内部控制进行评价。

### （一）评价企业层面控制的精确度

不同的企业层面控制在性质和精确度上存在着差异，这些差异可能对其他控制及其测试产生影响。

（1）某些企业层面控制，如企业经营理念、管理层的管理风格等与控制环境相关的控制，对及时防止或发现并纠正相关认定的错报的可能性有重要影响。虽然这种影响是间接的，但这些控制仍然可能影响注册会计师拟测试的其他控制以及测试程序的性质、时间安排和范围。

（2）某些企业层面控制旨在识别其他控制可能出现的失效情况，能够监督其他控制的有效性，但还不足以精确到及时防止或发现并纠正相关认定的错报。当这些控制运行有效时，注册会计师可以减少对其他控制的测试。

（3）某些企业层面控制本身能够精确到足以及时防止或发现并纠正相关认定的错报。

如果一项企业层面控制足以应对已评估的错报风险，注册会计师就不必测试与该风险相关的其他控制。

### （二）评价企业层面控制的内容

（1）与内部环境相关的控制。内部环境，即控制环境，包括治理职能和管理职能以及治理层和管理层对内部控制及其重要性的态度、认识和措施，良好的控制环境是实施有效内部控制的基础。

（2）针对管理层（董事会、经理层）凌驾于控制之上的风险而设计的控制。该控制对所有企业保持有效的内部控制都有重要影响。注册会计师可以根据对企业舞弊风险的评估作出判断，选择相关的企业层面控制进行测试，并评价这些控制能否有效应对管理层凌驾于控制之上的风险。

（3）企业的风险评估过程。风险评估过程包括识别与财务报告相关的经营风险和其他经营管理风险以及针对这些风险采取的措施。一方面，企业的内部控制能够充分识别企业外部环境（如在经济、政治、法律法规、竞争者行为、债权人需求、技术变革等方面）存在的风险；另一方面，充分且适当的风险评估过程需要包括对重大风险的估计、对风险发生可能性的评估以及确定应对风险的方法。注册会计师可以先了解企业及其内部环境的其他方面信息，以初步了解企业的风险评估过程。

（4）对内部信息传递和财务报告流程的控制。对财务报告流程的控制可以确保管理层按照适当的会计准则编制合理、可靠的财务报告并对外报告。

（5）对控制有效性的内部监督和自我评价。企业对控制有效性的内部监督和自我评价可以在企业层面上实施，也可以在业务流程层面上实施，包括对运行报告的复核和核对、与外部人士的沟通、对其他未参与控制执行人员的监控活动以及将信息系统记录数据与实物资产进行核对等。

此外，企业层面控制还包括集中化的处理和控制、共享的服务环境监控、经营成果的控制，针对重大经营控制以及风险管理实务而采取的政策。

## 二、在业务层面识别重要账户、列报及相关认定

（1）如果某账户或列报具有合理可能性包含了一个错报，该错报单独或连同其他错报将对财务报表产生重大影响（需要同时考虑多报和少报的风险），则该账户中或列报为重要账户或判断某账户是否重要，应当依据其固有风险，而不应考虑相关控制的影响。

（2）如果某财务报表认定具有合理可能性包含了一个或多个错报，或这些错报将导致财务报表发生重大错报，则该认定为相关认定。判断某认定是否为相关认定，应当依据其固有风险，而不应考虑相关控制的影响。

（3）在内部控制审计中，注册会计师在识别重要账户、列报及相关认定时应当评价的风险因素，与财务报表审计中考虑的因素相同。因此，在这两种审计中识别的重要账户、列报及相关认定应当相同。

（4）在财务报表审计中，注册会计师可能针对非重要账户、列报及相关认定实施实质性程序。

## 三、测试内部控制设计和运行的有效性

注册会计师应当测试内部控制设计与运行的有效性。如果某项控制由拥有必要授权和专业胜任能力的人员按照规定的程序与要求执行，能够实现控制目标，表明该项控制的设计是有效的。如果某项控制正在按照设计运行，执行人员拥有必要授权和专业胜任能力，能够实现控制目标，表明该项控制的运行是有效的。

设计不当的控制可能表明控制存在缺陷甚至重大缺陷，注册会计师在测试控制运行的有效性时，首先要考虑控制的设计。注册会计师在测试内部控制设计与运行时，应当综合运用询问适当人员、观察经营活动、检查相关文件、穿行测试和重新执行等方法。注册会计师测试控制有效性实施的程序，按提供证据的效力，由弱到强的排序为：询问、观察、检查和重新执。其中询问本身并不能为得出控制是否有效的结论提供充分、适当的证据。执行穿行测试通常足以评价控制设计的有效性。

## 四、与控制相关的风险与拟获取证据的关系

在测试所选定控制的有效性时，注册会计师需要根据与控制相关的风险，确定所需获取的证据。与控制相关的风险包括控制可能无效的风险和因控制无效而导致重大缺陷的风险。与控制相关的风险越高，注册会计师需要获取的证据越多。

与某项控制相关的风险受下列因素的影响：

（1）该项控制以防止或发现并纠正的错报的性质和重要程度。

（2）相关账户、列报及相关认定的固有风险。

（3）相关账户或列报是否曾经出现错报。

（4）交易的数量和性质是否发生变化，进而可能对该项控制设计或运行的有效性产生不利影响。

（5）企业层面控制（特别是对控制有效性的内部监督和自我评价）有效性。

（6）该项控制的性质及其执行频率。

（7）该项控制对其他控制（如内部环境或信息技术一般控制）有效性的依赖程度。

（8）该项控制的执行或监督人员的专业胜任能力以及其中的关键人员是否发生变化。

（9）该项控制是人工控制还是自动化控制。

（10）该项控制的复杂程度以及在运行过程中依赖判断的程度。

针对每一相关认定，注册会计师都需要获取控制有效性的证据，以便对内部控制整体的有效性单独发表意见，但注册会计师没有责任对单项控制的有效性发表意见。

对于控制运行偏离设计的情况（即控制偏差），注册会计师需要考虑该偏差对相关风险评估、需要获取的证据以及控制运行有效性结论的影响。

注册会计师通过测试控制有效性获取的证据，取决于实施程序的性质、时间安排和范围的组合。就单项控制而言，注册会计师应当根据与该项控制相关的风险，适当确定实施程序的性质、时间安排和范围，以获取充分、适当的证据。

测试控制有效性实施的程序，其性质在很大程度上取决于拟测试控制的性质。某些控

制可能存在文件记录，反映其运行的有效性。而另外一些控制，如管理理念和经营风格，可能没有书面运行证据。对缺乏正式运行证据的企业或企业的某个业务单元，注册会计师可以通过询问并结合运用观察活动、检查非正式的书面记录和重新执行某些控制等程序，获取有关控制有效性的充分、适当的证据。

对控制有效性的测试涵盖的期间越长，提供的控制有效性的证据就越多。注册会计师需要获取内部控制在企业内部控制自我评价基准日前足够长的期间内有效运行的证据。对控制有效性的测试实施的时间安排越接近企业内部控制自我评价基准日，提供的控制有效性的证据越有力。

在企业内部控制自我评价基准日之前，管理层可能为提高控制效率、效果或弥补控制缺陷而改变企业的控制。如果新控制实现了相关控制目标，运行足够长的时间，且注册会计师能够测试并评价该项控制设计和运行的有效性，则无须测试被取代的控制。如果被取代控制设计和运行的有效性对控制风险的评估有重大影响，注册会计师则需要测试该项控制的有效性。

注册会计师执行内部控制审计业务通常旨在对企业内部控制自我评价基准日（通常为年末）内部控制的有效性发表意见。如果已获取有关控制在期中运行有效性的证据，注册会计师应当确定还需要获取哪些补充证据，以证实在剩余期间控制的运行情况。在将期中测试的结果更新至年末时注册会计师需要考虑下列因素，以确定需获取的补充证据：

（1）期中测试的特定控制的有关情况，包括与控制相关的风险、控制的性质和测试的结果。

（2）期中获取的有关证据的充分性、适当性。

（3）剩余期间的长短。

（4）期中测试之后，内部控制发生重大变化的可能性及其变化情况。

## 五、评价内部控制缺陷

注册会计师应当评价其识别的各项内部控制缺陷的严重程度，以确定这些缺陷单独或组合起来，是否构成重大缺陷。在确定一项内部控制缺陷或多项内部控制缺陷的组合是否构成重大缺陷时，注册会计师应当评价补偿性控制（替代性控制）的影响。企业执行的补偿性控制应当具有同样的效果。

内部控制缺陷按其成因分为设计缺陷和运行缺陷，按其影响程度分为重大缺陷、重要缺陷和一般缺陷。重大缺陷，是指一个或多个控制缺陷的组合，可能导致企业严重偏离控制目标的情形。重要缺陷，是指一个或多个控制缺陷的组合，其严重程度和经济后果低于重大缺陷，但仍有可能导致企业偏离控制目标的情形。一般缺陷，是指除重大缺陷和重要缺陷以外的其他控制缺陷。

表明内部控制可能存在重大缺陷的迹象。主要包括以下内容：

（1）注册会计师发现董事、监事和高级管理人员舞弊。

（2）企业更正已经公布的财务报表。

（3）注册会计师发现当期财务报表存在重大错报，而内部控制在运行过程中未能发现该错报。

（4）企业本计委员会和内部审计机构对内部控制的监督无效。

## 六、完成审计工作

注册会计师完成审计工作后，应当取得经企业签署的书面声明。书面声明应当包括下列内容：

（1）企业董事会认可其对建立健全和有效实施内部控制负责。

（2）企业已对内部控制的有效性作出自我评价，并说明评价时采用的标准以及得出的结论。

（3）企业没有利用注册会计师执行的审计程序及结果作为自我评价的基础。

（4）企业已向注册会计师披露识别出的所有内部控制缺陷，并单独披露其中的重大缺陷和重要缺陷。

（5）企业对于注册会计师在以前年度审计中识别的重大缺陷和重要缺陷，是否已经采取措施予以解决。

（6）企业在内部控制自我评价基准日后，内部控制是否发生重大变化，或者存在对内部控制具有重要影响的其他因素。

企业如果拒绝提供或以其他不当理由回避书面声明，注册会计师应当将其视为审计范围受到限制，解除业务约定或出具无法表示意见的内部控制审计报告。

注册会计师应当与企业沟通审计过程中识别的所有控制缺陷。对于重大缺陷和重要缺陷，应当以书面形式与董事会和经理层沟通。注册会计师认为，审计委员会和内部审计机构对内部控制监督无效的，应当就此以书面形式直接与董事会和经理层沟通。所有书面沟通应当在注册会计师出具内部控制审计报告之前进行。

# 第四节　内部控制审计报告

注册会计师在完成内部控制审计工作后，应当出具内部控制审计报告。注册会计师需要在审计报告中清楚地表达对内部控制有效性的意见，并对出具的审计报告负责。

## 一、内部控制审计报告要素

注册会计师在完成内部控制审计工作后，应当出具内部控制审计报告。标准内部控制审计报告应当包括下列要素：

（1）标题。内部控制审计报告的标题统一规范为“内部控制审计报告”。

（2）收件人。内部控制审计报告的收件人是指注册会计师按照业务约定书的要求送至内部控制审计报告的对象，一般是指审计业务的委托人，内部控制审计报告需要载明收件人的全称。

（3）引言段。内部控制审计报告的引言段说明企业的名称和内部控制已经过审计。

（4）企业对内部控制的责任段。企业对内部控制的责任段说明，按照《企业内部控制基本规范》《企业内部控制应用指引》《企业内部控制评价指引》的规定，建立健全和有效实施内部控制，并评价其有效性是企业董事会的责任。

（5）注册会计师的责任段。注册会计师的责任段说明，在实施审计工作的基础上，对财务报告内部控制的有效性发表审计意见，并对注意到的非财务报告内部控制的重大缺陷进行披露是注册会计师的责任。

（6）内部控制固有局限性的说明段。内部控制无论如何有效，都只能为企业实现控制目标提供合理保证。内部控制实现目标的可能性受其固有限制的影响。这包括以下内容：

①在决策时人为判断可能出现错误和因人为失误而导致内部控制失效；

②控制的运行也可能无效；

③控制可能由于两个或更多的人员进行串通舞弊或管理层不当地凌驾于内部控制之上而被规避；

④在设计和执行控制时，如果存在选择执行的控制以及选择承担的风险，管理层在确定控制的性质和范围时需要作出主观判断。

因此，注册会计师需要在内部控制固有局限性的说明段说明。内部控制具有固有局限性，存在不能防止和发现错报的可能性。此外，由于情况的变化可能导致内部控制变得不恰当，或对控制政策和程序遵循的程度降低，根据内部控制审计结果推测未来内部控制的有效性具有一定风险。

（7）财务报告内部控制审计意见段。审计意见段应当说明：企业是否按照《企业内部控制基本规范》和相关规定在所有重大方面保持了有效的财务报告内部控制。

（8）非财务报告内部控制重大缺陷描述段。

（9）注册会计师的签名和盖章。

（10）会计师事务所的名称、地址及盖章。

（11）报告日期。审计报告的日期不应早于注册会计师获取充分、适当的审计证据（包括董事会认可对内部控制及评价报告的责任且已批准评价报告的证据），并在此基础上对内部控制的有效性形成审计意见的日期。如果内部控制审计和财务报表审计进行整合，注册会计师对内部控制审计报告和财务报表审计报告需要签署相同的日期。

## 二、内部控制审计报告类型

企业内部控制审计报告类型包括：无保留意见、否定意见和无法表示意见三种类型的内部控制审计报告。

### （一）无保留意见内部控制审计报告

如果符合下列所有条件的，注册会计师应当对财务报告内部控制审计出具无保留意见的内部控制审计报告（也称“标准内部控制审计报告”）：

（1）在基准日，被审计单位按照适用的内部控制标准的要求（《企业内部控制基本规范》《企业内部控制应用指引》《企业内部控制评价指引》以及企业自身内部控制制度的要求），在所有重大方面保持了有效的内部控制。

（2）注册会计师已经按照《企业内部控制审计指引》的要求计划和实施审计工作，在审计过程中未受到限制。

**参考格式 9-1：无保留意见内部控制审计报告**

## 内部控制审计报告

××股份有限公司全体股东：

按照《企业内部控制审计指引》及中国注册会计师执业准则的相关要求，我们审计了××股份有限公司（以下简称××公司）××年×月×日的财务报告内部控制的有效性。

**一、企业对内部控制的责任**

按照《企业内部控制基本规范》《企业内部控制应用指引》《企业内部控制评价指引》的规定，建立健全和有效实施内部控制，并评价其有效性是××公司董事会的责任。

**二、注册会计师的责任**

我们的责任是在实施审计工作的基础上，对财务报告内部控制的有效性发表审计意见，并对注意到的非财务报告内部控制的重大缺陷进行披露。

**三、内部控制的固有局限性**

内部控制具有固有局限性，存在不能防止和发现错报的可能性。此外，由于情况的变化可能导致内部控制变得不恰当，或对控制政策和程序遵循的程度降低，根据内部控制审计结果推测未来内部控制的有效性具有一定风险。

**四、财务报告内部控制审计意见**

我们认为，××公司于××年×月×日按照《企业内部控制基本规范》和相关规定在所有重大方面保持了有效的财务报告内部控制。

××会计师事务所　　　　中国注册会计师：×××
（盖章）　　　　（签名并盖章）
　　　　中国注册会计师：×××
　　　　（签名并盖章）
中国××市　　　　××年×月×日

（二）否定意见内部控制审计报告

如果注册会计师认为财务报告内部控制存在一项或多项重大缺陷，除非审计范围受到限制，否则应当对财务报告内部控制发表否定意见。若注册会计师出具否定意见的内部控制审计报告，还应当包括下列内容：（1）重大缺陷的定义；（2）重大缺陷的性质及其对财务报告内部控制的影响程度。

**参考格式 9-2：否定意见内部控制审计报告**

## 内部控制审计报告

××股份有限公司全体股东：

按照《企业内部控制审计指引》及中国注册会计师执业准则的相关要求，我们审计了××股份有限公司（以下简称××公司）××年×月×日的财务报告内部控制的有效性。

[“一、企业对内部控制的责任”至“三、内部控制的固有局限性”参见标准内部控制审计报告相关段落表述。]

四、导致否定意见的事项

重大缺陷是内部控制中存在的、可能导致不能及时防止或发现并纠正财务报表出现重大错报的一项控制缺陷或多项控制缺陷的组合。

[指出注册会计师已识别出的重大缺陷，并说明重大缺陷的性质及其对财务报告内部控制的影响程度。]

有效的内部控制能够为财务报告及相关信息的真实完整提供合理保证，而上述重大缺陷使××公司内部控制失去这一功能。

××公司管理层已识别出上述重大缺陷，并将其包含在企业内部控制评价报告中。上述缺陷在所有重大方面得到公允反映。

在××公司××年财务报表审计中，我们已经考虑了上述重大缺陷对审计程序的性质、时间安排和范围的影响。本报告并未对我们在××年×月×日对××公司××年财务报表出具的审计报告产生影响。

五、财务报告内部控制审计意见

我们认为，由于存在上述重大缺陷及其对实现控制目标的影响，××公司××年×月×日未能按照《企业内部控制基本规范》和相关规定在所有重大方面保持有效的财务报告内部控制。

××会计师事务所　　　　　　　　　　中国注册会计师：×××
（盖章）　　　　　　　　　　　　　　（签名并盖章）
　　　　　　　　　　　　　　　　　　中国注册会计师：×××
　　　　　　　　　　　　　　　　　　（签名并盖章）
中国××市　　　　　　　　　　　　　　××年×月×日

（三）无法表示意见内部控制审计报告

注册会计师只有实施了必要的审计程序，才能对内部控制的有效性发表意见。注册会计师审计范围受到限制的，需要解除业务约定或出具无法表示意见内部控制审计报告，并就审计范围受到限制的情况，以书面形式与董事会进行沟通。

注册会计师出具无法表示意见内部控制审计报告时，需在报告中指明审计范围受到限制，无法对内部控制有效性发表意见，并单设段落说明无法表示意见的实质性理由。注册会计师不应在报告中指明所执行的程序，也不应描述内部控制审计的特征，以避免对无法表示意见的误解。注册会计师在已执行的有限程序中发现财务报告内部控制存在重大缺陷的，需在报告中对重大缺陷作出详细说明。

**参考格式 9-3：无法表示意见内部控制审计报告**

## 内部控制审计报告

××股份有限公司全体股东：

按照《企业内部控制审计指引》及中国注册会计师执业准则的相关要求，我们审计了××股份有限公司（以下简称××公司）××年×月×日的财务报告内部控制的有效性。

[删除注册会计师的责任段，“一、企业对内部控制的责任”至“二、内部控制的固有局限性”参见标准内部控制审计报告相关段落表述。]

三、导致无法表示意见的事项

[描述审计范围受到限制的具体情况。]

四、财务报告内部控制审计意见

由于审计范围受到上述限制，我们未能实施必要的审计程序以获取发表意见所需的充分、适当证据，因此，我们无法对××公司财务报告内部控制的有效性发表意见。

五、识别的财务报告内部控制重大缺陷

[如在审计范围受到限制前，执行有限程序未能识别出重大缺陷，则应删除本段]

重大缺陷是内部控制中存在的、可能导致不能及时防止或发现并纠正财务报表出现重大错报的一项控制缺陷或多项控制缺陷的组合。

尽管我们无法对××公司财务报告内部控制的有效性发表意见，但在我们实施的有限程序的过程中，发现了以下重大缺陷：

[指出注册会计师已识别出的重大缺陷，并说明重大缺陷的性质及其对财务报告内部控制的影响程度。]

有效的内部控制能够为财务报告及相关信息的真实完整提供合理保证，而上述重大缺陷使××公司内部控制失去这一功能。

××会计师事务所　　　　　　　　　　　　　　中国注册会计师：×××
（盖章）　　　　　　　　　　　　　　　　　（签名并盖章）
　　　　　　　　　　　　　　　　　　　　　中国注册会计师：×××
　　　　　　　　　　　　　　　　　　　　　（签名并盖章）
中国××市　　　　　　　　　　　　　　　　　××年×月×日

（四）强调事项、非财务报告内部控制重大缺陷

1. 强调事项

如果认为内部控制虽然不存在重大缺陷，但仍有一项或多项重大事项需要提请内部控制审计报告使用者注意，注册会计师应当在强调事项段中指明，该段内容仅用于提醒内部控制审计报告使用者的关注，并不影响对内部控制发表的审计意见。

如果存在下列情况，注册会计师应当考虑在内部控制审计报告中增加强调事项段：

（1）如果确定企业内部控制评价报告对要素的列报不完整或不恰当，注册会计师应当在内部控制审计报告中增加强调事项段，说明这一情况并解释得出该结论的理由。

（2）如果注册会计师知悉在基准日并不存在但在期后期间发生的事项，且这类期后事项对内部控制有重大影响，注册会计师应当在内部控制审计报告中增加强调事项段，描述该事项及其影响，或提醒内部控制审计报告使用者关注企业内部控制评价报告中披露的该事项及其影响。

2. 非财务报告内部控制重大缺陷

对于审计过程中注意到的非财务报告内部控制缺陷，如果发现某项或某些控制对企业发展战略、法规遵循、经营的效率效果等控制目标的实现有重大不利影响，确定该项非财务报告内部控制缺陷为重大缺陷的，注册会计师应当以书面形式与企业董事会和经理层沟通，提醒企业加以改进；同时在内部控制审计报告中增加非财务报告内部控制重大缺陷描述段，对重大缺陷的性质及其对实现相关控制目标的影响程度进行披露，提示内部控制审计报告使用者注意相关风险，但无须对其发表审计意见。

**参考格式 9-4：带强调事项段的无保留意见内部控制审计报告**

## 内部控制审计报告

××股份有限公司全体股东：

按照《企业内部控制审计指引》及中国注册会计师执业准则的相关要求，我们审计了××股份有限公司（以下简称××公司）××年×月×日的财务报告内部控制的有效性。

[“一、企业对内部控制的责任”至“四、财务报告内部控制审计意见”参见标准内部控制审计报告相关段落表述。]

五、强调事项

我们提醒内部控制审计报告使用者关注［描述强调事项的性质及其对内部控制的重大影响］，本段内容不影响已对财务报告内部控制发表的审计意见。

××会计师事务所　　　　　　　　　　中国注册会计师：×××
（盖章）　　　　　　　　　　　　　　（签名并盖章）
　　　　　　　　　　　　　　　　　中国注册会计师：×××
　　　　　　　　　　　　　　　　　　（签名并盖章）
中国××市　　　　　　　　　　　　　　××年×月×日

**参考格式 9-5：非财务报告重大缺陷的内部控制审计报告**

## 内部控制审计报告

××股份有限公司全体股东：

按照《企业内部控制审计指引》及中国注册会计师执业准则的相关要求，我们审计了××股份有限公司（以下简称××公司）××年×月×日的财务报告内部控制的有效性。

[“一、企业对内部控制的责任”至“四、财务报告内部控制审计意见”参见标准内

部控制审计报告相关段落表述。]

五、非财务报表内部控制重大缺陷

在内部控制审计过程中，我们注意到××公司的非财务报告内部控制存在重大缺陷[描述该缺陷的性质及其对实现相关控制目标的影响程度]。由于存在上述重大缺陷，我们提醒本报告使用者注意相关风险。需要指出的是，我们并不对××公司的非财务报告内部控制发表意见或提供保证。本段内客不影响对财务报告内部控制有效性发表的审计意见。

××会计师事务所（盖章）

中国注册会计师：×××（签名并盖章）

中国注册会计师：×××（签名并盖章）

中国××市

××年×月×日

# 主要参考文献


[1] 朱荣恩、徐建新：《现代企业内部控制制度》，中国审计出版社 1996 年版。

[2] 李凤鸣：《内部控制设计》，经济管理出版社 1997 年版。

[3] 李鸣凤：《内部控制与风险防范》，经济科学出版社 1999 年版。

[4] 李凤鸣：《内部控制设计测试与评价》，经济科学出版社 2007 年版。

[5] 刘金文：《内部控制基本理论研究》，中国财政经济出版社 2005 年版。

[6] 杨昌红、赵凌云：《审计学》（第 3 版），清华大学出版社 2016 年版。

[7] 孙永尧：《内部控制案例分析》，中国时代经济出版社 2007 年版。

[8] 邹惠平、于吉永、闻佳凤：《企业内部控制构建》，石油工业出版社 2004 年版。

[9] 李敏主编：《企业内部控制规范》，上海财经大学出版社 2011 年版。

[10] 徐凤菊等编著：《企业内部控制与风险管理》，东北财经大学出版社 2016 年版。

[11] 谢盛纹等主编：《内部控制》，东北财经大学出版社 2012 年版。

[12] 李莲华等：《中国会计内部控制规范——阐释与应用》，立信会计出版社 2007 年版。

[13] 企业内部控制编审委员会编著：《企业内部控制主要风险点、关键控制点与案例解析》，立信会计出版社 2017 年版。

[14] 企业内部控制编审委员会编著：《企业内部控制基本规范及配套指引案例讲解》，立信会计出版社 2016 年版。

[15] 李荔：《内部控制与账簿审核》，经济科学出版社 2011 年版。

[16] 阎达五、杨有红：《内部控制框架的构建》，《会计研究》2001 年第 2 期。

[17] 余中福：《论我国上市公司内部控制的监督与评价》，《会计之友》2008 年第 2 期。

[18] 徐轶：《浅议内部控制与会计监督》，《太原经济管理干部学院学报》2004 年第 3 期。

[19] 潘晓梅：《论企业内部控制的内外监督》，《商业时代》2005 年第 6 期。

[20] 李小衡：《COSO 内部控制整体框架：内容、理论贡献和借鉴》，《北京工商大学学报（社会科学版）》2007 年第 2 期。

[21] 吴涛：《试论我国内部控制整体框架之构建》，《中国农业会计》2007 年第 7 期。

[22] 刘志远、刘洁：《信息技术条件下的企业内部控制》，《会计研究》2001 年第 12 期。

[23] 张龙平、陈作习：《美国内部控制审计制度的理论分析及启示》，《中南财经政法大学学报》2011 年第 10 期。

[24] 王怡心：《COSO 2013 的“内部控制”定义》，《中国内部审计》2013 年第 6 期。

[25] 崔海龙：《关于内部控制的经济学分析》，《品牌》（下半月）2015 年 12 期。

[26] 财政部：《内部会计控制基本规范——加强货币资金会计控制的若干规定》（征求意

见稿)，2001 年。
[27] 赵兴：《与财务报告相关的信息技术内部控制基于证券公司的尝试》，上海财经大学硕士学位论文，2006 年。
[28] 陈晓钢：《审计委员会制度框架下的公司内部控制研究》，华南农业大学硕士学位论文，2006 年。